工商管理优秀教材译丛

经济学系列——

微观经济学原理

翻译版·第8版

[美]
罗伯特·弗兰克（Robert H. Frank）
本·伯南克（Ben S. Bernanke） 著
凯特·安东诺维克斯（Kate Antonovics）
奥瑞·赫费兹（Ori Heffetz）

张晓云 译

Principles of Microeconomics Eighth Edition

清华大学出版社
北京

北京市版权局著作权合同登记号　图字：01-2022-0245

Robert H. Frank, Ben S. Bernanke, Kate Antonovics, Ori Heffetz
Principles of Microeconomics, Eighth Edition
ISBN: 9781264250387
Copyright © 2022 by McGraw-Hill Education.

All rights reserved. No part of this publication may be reproduced or transmitted in any form or by any means, electronic or mechanical, including without limitation photocopying, recording, taping, or any database, information or retrieval system, without the prior written permission of the publisher.

This authorized Chinese translation edition is published by Tsinghua University Press Limited in arrangement with McGraw-Hill Education(Singapore) Pte. Ltd. This edition is authorized for sale in the People's Republic of China only, excluding Hong Kong, Macao SAR and Taiwan.

Translation Copyright © 2023 by McGraw-Hill Education(Singapore) Pte. Ltd and Tsinghua University Press Limited.

版权所有。未经出版人事先书面许可，对本出版物的任何部分不得以任何方式或途径复制传播，包括但不限于复印、录制、录音、或通过任何数据库、信息或可检索的系统。

此中文简体翻译版本经授权仅限在中华人民共和国境内（不包括香港特别行政区、澳门特别行政区和台湾）销售。

翻译版权© 2023 由麦格劳-希尔教育（新加坡）有限公司与清华大学出版社有限公司所有。

本书封面贴有McGraw-Hill公司防伪标签，无标签者不得销售。

版权所有，侵权必究。举报：010-62782989，beiqinquan@tup.tsinghua.edu.cn。

图书在版编目(CIP)数据

微观经济学原理：翻译版：第8版/(美)罗伯特•弗兰克(Robert H. Frank)等著；张晓云译.—北京：清华大学出版社，2023.2
（工商管理优秀教材译丛.经济学系列）
ISBN 978-7-302-62626-8

Ⅰ.①微… Ⅱ.①罗…②张… Ⅲ.①微观经济学－高等学校－教材 Ⅳ.①F016

中国国家版本馆CIP数据核字(2023)第031885号

责任编辑：王　青
封面设计：常雪影
责任校对：宋玉莲
责任印制：曹婉颖

出版发行：清华大学出版社
网　　址：http://www.tup.com.cn, http://www.wqbook.com
地　　址：北京清华大学学研大厦A座　　邮　编：100084
社 总 机：010-83470000　　邮　购：010-62786544
投稿与读者服务：010-62776969，c-service@tup.tsinghua.edu.cn
质量反馈：010-62772015，zhiliang@tup.tsinghua.edu.cn

印 装 者：北京鑫海金澳胶印有限公司
经　　销：全国新华书店
开　　本：185mm×260mm　　印　张：24.5　　插　页：2　　字　数：567千字
版　　次：2023年4月第1版　　印　次：2023年4月第1次印刷
定　　价：69.00元

产品编号：094612-01

主要作者简介 ABOUT THE AUTHORS

罗伯特·弗兰克（Robert H. Frank）

弗兰克教授1972—2020年在康奈尔大学任教，担任约翰逊管理学院的管理学教授和经济学荣誉教授。1966年，他从美国佐治亚理工学院获得学士学位，其后的两年他作为和平组织的志愿者在尼泊尔的乡村教授数学和自然科学方面的课程。他1971年获得加州大学伯克利分校统计学硕士学位，1972年获得经济学博士学位。他还拥有圣加伦大学和达尔豪西大学的荣誉博士学位。在康奈尔大学任教期间，他充分利用休假时间，1978—1980年担任民用航空委员会的首席经济学家，1992—1993年在行为科学高等研究中心从事研究工作，2000—2001年在巴黎一所大学任教，主要讲授美国文明方面的课程，2008—2009年在纽约大学斯特恩商学院担任客座教授。弗兰克教授在《美国经济评论》《计量经济学》《政治经济学杂志》等专业期刊上发表过论文。20多年来，《纽约时报》定期刊载他的"经济观察"专栏。

弗兰克教授著有畅销的中级经济学教材——《微观经济学与行为》（第10版）（McGraw Hill，2021年）。他的研究主要集中于经济、社会行为中的对抗与合作，与此相关的出版物包括《选择正确的池塘》（牛津大学出版社，1995年）、《理智中的激情》（W. W. Norton，1988年）、《道德高地的代价是什么》（普林斯顿大学出版社，2004年）、《牛奶可乐经济学》（Basic Books，2007年）、《经济自然主义者的行动指南》（Basic Books，2009年）、《达尔文经济学》（普林斯顿大学出版社，2011年）、《成功与运气》（普林斯顿大学出版社，2016年）和《受影响》（普林斯顿大学出版社，2020年），这些著作被翻译成24种语言。与菲利普·库克合著的《赢家通吃的社会》（自由出版社，1995年）获得了批评家协会选择奖，同时荣登《纽约时报杂志》知名书籍排行榜和商业周刊十大最佳书籍排行榜。他编著的《奢侈病》（自由出版社，1999年）被提名为1999年骑士最佳书籍。

弗兰克教授是2004年莱昂蒂夫经济思想前沿奖的共同获得者。他分别于2004年、2010年、2012年和2018年获得约翰逊商学院斯蒂芬·罗素杰出教学奖，并于2005年获得该校苹果杰出教学奖。弗兰克教授开设的微观经济学入门教程每年都会吸引7 000多名学生。

本·伯南克（Ben S. Bernanke）

伯南克教授1975年获得哈佛大学经济学学士学位，1979年获得麻省理工学院（MIT）经济学博士学位。他1979—1985年任教于斯坦福大学商学院，1985年转而任教于普林斯顿大学，其间被授予经济学和公共事务领域的"霍华德·哈里森和加布里埃尔·施奈德贝克教授"称号，同时还担任经济系主任。伯南克教授目前是布鲁金斯学会经济研究项目的常驻杰出研究员。

2006年2月1日，伯南克教授宣誓就任美联储主席，他的第二个任期至2014年1月31日届满。他还担任过美联储主要货币政策制定机构联邦公开市场委员会主席，并于2005年6月至2006年1月担任总统经济顾问委员会主席。

伯南克教授与阿德鲁·阿贝尔（Andrew Abel）和迪恩·克劳肖（Dean Croushore）合著的中级教材《宏观经济学》（第9版）（Addison-Wesley，2017年）是该领域的畅销书。他在宏观经济学、宏观经济史和金融领域发表了大量学术著作。他对经济大萧条的原因、商业周期内金融市场和机构的作用以及经济中货币政策的效应度量问题进行了深入研究。

伯南克教授是古根汉基金和斯隆基金的研究员，他还是美国计量经济学会及美国艺术与科学学会委员。他曾任美国国家经济研究局（NBER）货币经济学项目的负责人，以及NBER商业周期测定委员会的会员。伯南克教授2001—2004年担任《美国经济评论》的编辑，并于2019年担任美国经济协会主席。伯南克教授在市民和专业团体方面的工作包括曾经担任两届蒙哥马利市教育委员会委员。2022年，伯南克教授与道格拉斯·戴蒙德（Douglas W. Diamond）和菲利普·迪布维格（Philip H. Dybvig）共同荣获诺贝尔经济学奖。

序 言 PREFACE

围绕七大核心原理通过主动学习培养经济自然主义者

本书的第 8 版适逢整个经济和高等教育发生了前所未有的巨大变化。新冠肺炎疫情使失业率达到大萧条以来的最高点,也极大地改变了各级教育机构的教学方式。

上述变化增强了我们对本书所倡导的教学理念的信心,即去粗取精,将精力放在核心概念上。我们相信,这种方法在如今的新环境下尤为适用。

在本书前面的版本中,我们提到虽然每年用在美国大学的经济学入门课程上的资金高达数百万美元,但是这项投资的回报却低得令人心寒。研究表明,在学过经济学原理课程几个月之后,上过课的学生回答简单的经济学问题的能力并不比从未学过这些课程的人强。看起来大多数学生在课程结束时甚至连最重要的基本经济学原理还没有学会。在高等教育资源日益短缺的背景下,这种令人沮丧的现象更是说不过去。

在我们看来,这个问题的根源在于这些课程想教给学生的内容总是太多了。在讲课的过程中,真正重要的问题并没有得到足够的讲解,所有内容都是匆匆带过。我们的大脑通常会忽略新信息,除非该信息反复出现。这并不奇怪,因为每天轰炸我们的海量信息中,只有一小部分可能与我们关心的事情有关。只有当某件事出现第三或第四次时,大脑才会开始建立新的电路来处理它。然而,大多数教师在备课时想的都是"我今天应该讲多少内容"。借助现代电子媒体,教师一小时可以点击 100 多张 PowerPoint 幻灯片,他们觉得应该将更多的信息展示给学生。但这并不是大脑学习的方式。教师们应该思考的是"我的学生能够吸收多少内容"。

本书就是基于这个理念:我们试图覆盖的内容越少,学生学到的就会越多。我们的基本前提是少量的经济学基本原理在经济中扮演重量级的角色,如果我们专注于这些理论,不断地重复,学生就可以在短短一个学期内真正掌握它们。本书前几版读者的热烈反应肯定了这个前提的正确性。我们避免了对数学推导的过度依赖,而是通过读者所熟悉的环境下的例子来直观地展示概念。我们在书中专注于七大核心原理,通过重复地展示和应用来加深和巩固它们。我们要求学生不断地用这些原理回答相关问题、做练习和课后习题。

本书的另一个显著特点是明确认识到学生所掌握的数学知识的明显差异及教师在授课时对数学内容的偏好差异所带来的教学难题。为了解决这一难题,我们将特定主题的更详细的数学推导放入各章的附录。例如，第5章"需求"强调了支撑效用最大化的关键直觉，并将无差异曲线和预算约束的正式表述放在附录中，让教师可以自由选择最适合其需求的方法。很多教师指出这种灵活性是其选择这本书的原因之一。

然而，纵观全书，我们关注的不是数学知识，而是鼓励学生成为"经济自然主义者"，利用经济学的基本原理来理解和解释在周围世界中观察到的现象。例如，一位经济自然主义者能够解释"为什么汽车上有婴儿安全座椅而飞机上却没有"，这是因为在汽车上提供这种座椅的空间边际成本一般是零，而在飞机上提供这种座椅的边际成本却常常高达数百美元。大量类似的例子都可以在本书中找到。我们相信每一个问题都可以让一个有好奇心的正常人想要学着去回答。利用这些例子的教学可以向学生们灌输一种理念：他们身边的每一种经济现象，其实都可以视为某种隐性的或显性的成本-收益计算的反映。这种教学方式可以极大地激发学生们的兴趣。学生们还会和他们的朋友或是家人谈起这些例子。学习经济学就像学习一门语言，在每种情况下，没有比说出来更有效的学习方法了。这些经济自然主义者的例子就是要通过促使学生们"说"经济学来实现这个目的。

对于想要学习更多经济学事例的同学，YouTube 的"Authors@Google"系列里有罗伯特·弗兰克有关这方面的讲义（www.youtube.com/watch?v=QalNVxeIKEE）或搜索"Authors@Google：Robert Frank"。

本书的主题和特点

强调七大核心原理

正像上面提到的那样，为数不多的核心原理能够解释绝大部分经济现象。本书正是通过对这些原理近乎不厌其烦的分析与应用，来确保大多数学生在学完这门课程时能够扎实地掌握这些原理。相比之下，传统的百科全书式教材使学生陷于众多复杂烦琐的细节知识中，以至于他们在学完课程之后，仍无法学以致用。

（1）稀缺原理：拥有更多的某种物品通常意味着拥有更少的另一种物品。

（2）成本-收益原理：除非边际收益至少大于边际成本，否则不要采取行动。

（3）激励原理：成本-收益的比较不仅在确定理性人该做什么决定时是有用的，同样，它在预测理性人最终实际做出的决定时也很重要。

（4）比较优势原理：当每个人都专注于他相对而言最有生产率的行为时，每个人都能做到最好。

（5）机会成本递增原理：将资源先用在机会成本较低的地方，然后再转向机会成本较高的地方。

（6）效率原理：效率是一个重要的社会目标，因为当经济蛋糕变大的时候，每个人都可以分到更大的一块。

（7）均衡原理：在均衡市场上，对个人而言，不存在未被挖掘的机会，不过不太可能通过集体行为挖掘出所有可挖掘的收益。

经济自然主义

我们的最终目标是培养经济自然主义者——他们将每一个人类行为视为成本-收益分析的隐含的或外在的结果。经济自然主义者用一种崭新的眼光来看待日常生活的寻常细节,并且积极地试图理解这些细节。下面是一些颇具代表性的例子:
- 为什么电影院为学生提供折扣票?
- 为什么我们经常看到几家便利店集中设在相邻的路口?
- 为什么超市里等待结账的队伍都差不多长?

重视学习的主动性

如果你想掌握网球中的高球扣杀技术,那么你只有一种方法,就是不断练习。学习经济学也是一样的。因此,我们在介绍新的思想之后,总会辅之以一些简单的例子作为补充,然后再提供一些说明这些新思想在现实经济中如何运作的应用性内容。我们还会在各章节中频繁地穿插一些练习,用来检测学生对这些新思想的理解程度,同时起到巩固其掌握水平的作用。在每章的末尾,我们都精心设计了一系列的复习题与练习题,帮助学生实现对核心概念的融会贯通。使用前几版教材进行教学所获得的经验告诉我们,本书确实有助于培养学生应用基本经济学原理解决现实世界中的经济难题的能力。

体现微观经济学的现代特征

将在本书第1章介绍并在后续章节不断应用的经济剩余概念,要比现有的其他任何一本教材的相关内容都更为详尽和完善。这一概念奠定了将经济效率作为重要的社会目标观点的基础。我们没有将精力放在效率与其他目标之间权衡取舍的讨论上,而是着重强调最大化经济剩余的行为有助于所有目标的实现。

2002年诺贝尔经济学奖得主丹尼尔·卡尼曼(Daniel Kahneman)教授及其他经济学家发现并证实的群体决策陷阱,如人们往往会忽视隐含成本和机会成本或者是混淆平均成本/收益与边际成本/收益等现象,将在本书第1章介绍,并将在后续章节不断应用。

基本的博弈论原理可能是最令经济自然主义者兴奋的分析工具了。在第9章,我们将揭示上述分析工具可以如何用于解决市场上和日常生活中的问题。

本版的变化

本版对所有章节的表述都在一定程度上进行了精简。我们对书中的很多案例做了更新,并将重点放在那些与当前热点事件(如新冠肺炎疫情和零工经济的兴起)相关的案例上。我们还对上一版的案例和练习重新进行了设计,使其更加清晰、更便于使用。此外,我们对全书的数据做了更新。

教辅资源

选用本书的任课教师可通过填写书后所附的教师反馈表索取下列教辅资源。

习题答案手册

由北卡罗来纳大学夏洛特分校的珀·诺兰德编写的这本手册提供了章后习题的详细解答。

习题库

包括按照每章的学习目标、AACSB 学习分类、Bloom 分类学以及难易程度分类的习题。

PowerPoints

对书中每章所介绍的重要思想和观点进行了详尽的总结和回顾,并配有生动的图表和注解。你可以根据课程需要,对这些幻灯片进行编辑、打印或重新排列。

量身定制的微观经济学讲义

对于教师们来说,换教材面临的一个最大问题就是必须准备新的讲义和课件。对于改用本书的教师来说,这个问题并不存在。教师们可以得到由罗伯特·弗兰克为其在康奈尔大学的获奖课程"微观经济学"撰写的一整套授课讲义。教师需要做的是加深学生们对于教材的理解,而不是重复书上的文字,因此讲义中增加了大量教材以外的案例,以方便教学。

目录 CONTENTS

第1部分 导　　论

第1章　像经济学家一样思考 2
经济学：研究稀缺环境下的选择 3
成本-收益原理的应用 4
　　经济剩余 5
　　机会成本 5
　　经济模型的作用 6
三种重要的决策错误 7
　　错误1：用比例而不是绝对的货币金额来衡量成本和收益 7
　　错误2：忽视隐性成本 8
　　错误3：没有从边际角度考虑问题 9
规范经济学与实证经济学 13
经济学：微观和宏观 14
本书的方法 14
经济自然主义 15
附录　应用等式、图和表格 21

第2章　比较优势 30
交换和机会成本 31
　　比较优势原理 32
　　比较优势的来源 34
比较优势和生产可能性 35
　　生产可能性曲线 35
　　个体生产率如何影响生产可能性曲线的斜率和位置 38
　　专门化和交换的益处 39
　　多人经济的生产可能性曲线 41

导致生产可能性曲线移动的因素 ·················· 43
　　　　　为什么有些国家的专门化速度很慢 ·············· 45
　　　　　专门化程度是否越高越好 ···················· 45
　　比较优势与外包 ································ 46
　　　　外包 ····································· 46

第 3 章　供给和需求 ·················· 53

　　做什么？怎样做？为谁做？中央计划与市场 ············ 54
　　市场上的买方和卖方 ····························· 55
　　　　需求曲线 ································· 56
　　　　供给曲线 ································· 57
　　市场均衡 ···································· 58
　　　　租金管制的再思考 ··························· 61
　　　　比萨饼的价格管制 ··························· 63
　　对价格和数量变化的预测与解释 ····················· 64
　　　　需求曲线的移动 ···························· 65
　　　　供给曲线的移动 ···························· 67
　　　　四个简单的规律 ···························· 69
　　效率与均衡 ··································· 72
　　　　"桌子上的现金" ···························· 72
　　　　个人最优并非社会最优 ······················· 73
　　附录　供给与需求的代数分析 ······················· 79

第 2 部分　竞争与看不见的手

第 4 章　弹性 ······················ 82

　　需求价格弹性 ································· 83
　　　　价格弹性的定义 ···························· 83
　　　　需求价格弹性的决定因素 ····················· 84
　　　　一些具有代表性的弹性估计 ···················· 86
　　　　对需求价格弹性的运用 ······················· 86
　　价格弹性的图形化解释 ··························· 87
　　　　直线形需求曲线上价格弹性的变化 ··············· 89
　　　　两个特例 ································· 90
　　弹性和总支出 ································· 91
　　需求收入弹性和需求的交叉价格弹性 ················· 95
　　供给价格弹性 ································· 96

供给弹性的决定因素 ·· 98
　　　唯一的核心投入：供给的最终瓶颈所在 ····································· 101
　附录　中点公式 ··· 105

第5章　需求 ·· 107

　需求法则 ··· 108
　　　需求的起源 ··· 108
　　　需要与欲望 ··· 109
　将欲望转换为需求 ··· 110
　　　度量欲望：效用概念 ··· 110
　　　将固定收入分配于两种产品 ·· 113
　理性支出原则 ·· 117
　　　收入效应和替代效应再探讨 ·· 118
　　　应用理性支出原则 ··· 120
　个体需求曲线和市场需求曲线 ··· 123
　　　水平相加 ·· 123
　需求与消费者剩余 ··· 124
　　　计算经济剩余 ··· 124
　附录　无差异曲线 ··· 131

第6章　完全竞争的供给 ·· 146

　考虑供给：机会成本的重要性 ··· 147
　个体供给曲线和市场供给曲线 ··· 149
　完全竞争市场中追求利润最大化的企业 ·· 150
　　　利润最大化 ·· 150
　　　完全竞争企业所面临的需求曲线 ·· 151
　　　短期生产 ·· 152
　　　一些重要的成本概念 ··· 153
　　　选择实现利润最大化的产出量 ·· 154
　　　企业停工的条件 ·· 155
　　　平均可变成本和平均总成本 ·· 156
　　　利润最大化的图形化解法 ·· 156
　　　利润最大化的条件：价格＝边际成本 ·· 157
　　　供给法则 ·· 160
　供给的决定因素再探讨 ··· 160
　　　技术 ·· 161
　　　投入品价格 ·· 161

供给者的数量	161
预期	161
其他产品价格的变动	162
供给理论的应用	162
供给和生产者剩余	164
计算生产者剩余	164

第7章 效率、交易与"看不见的手" …… 172

经济利润的核心作用	173
三种利润	173
"看不见的手"理论	176
价格的两大功能	176
对利润和损失的反应	176
自由进入和退出的重要性	182
经济租金与经济利润	183
现实中的"看不见的手"	185
均衡与社会最优之间的区别	186
对个人是明智之举,对所有人却是不智之举	187
市场均衡与效率	188
限制价格调整的成本	192
价格上限	192
价格补贴	195

第3部分 不完全市场

第8章 垄断、寡头和垄断竞争 …… 204

不完全竞争	205
不完全竞争的不同形式	205
完全竞争企业与不完全竞争企业的本质区别	207
市场力量的五个来源	208
对重要投入的排他性控制	208
专利与版权	208
政府许可与特权	208
规模经济和自然垄断	208
网络经济	209
规模经济与初始启动成本的重要性	210
垄断者的利润最大化	213

垄断者的边际收益 ··· 213
垄断者利润最大化的决策准则 ································ 215
垄断者并不一定能获得经济利润 ······························ 216
为什么在垄断市场上"看不见的手"失效了？ ····························· 217
利用折扣来扩大市场 ·· 219
价格歧视的定义 ··· 219
价格歧视如何影响产出 ··· 220
设障法价格歧视 ··· 222
价格歧视是不好的现象吗？ ·· 224
价格歧视的例子 ··· 225
针对自然垄断的公共政策 ··· 227
政府所有与政府经营 ··· 227
政府对私人垄断者的管制 ·· 228
自然垄断的排他性合同 ··· 229
反托拉斯法的有力实施 ··· 229
附录 垄断利润最大化的代数分析 ······································ 236

第 9 章 博弈论和策略性行为 ··· 238

利用博弈论分析策略选择 ··· 239
博弈的三个要素 ··· 239
纳什均衡 ·· 241
囚徒困境博弈 ·· 242
最初的囚徒困境博弈 ··· 242
卡特尔经济 ·· 244
以牙还牙与重复多次的囚徒困境博弈 ·························· 246
时机选择至关重要的博弈 ··· 248
可信威胁与可信承诺 ··· 250
位置选择至关重要时的垄断竞争 ································· 252
信用问题 ·· 254
用心理偏好解决信用问题 ·· 255

第 10 章 外部性、产权与环境 ·· 265

外部成本与外部收益 ·· 265
外部性如何影响资源配置 ·· 266
外部性如何影响供给和需求 ······································· 267
科斯定理 ·· 269

解决外部性的手段 ··· 273
　　法律法规 ··· 273
　　负外部性的最优数量并不是零 ······················· 275
　　补偿性税收和补贴 ····································· 275
产权与共有地悲剧 ··· 277
　　未定价资源问题 ··· 277
　　私人所有权的作用 ····································· 279
　　私人所有权不可行的情况 ····························· 281
地位外部性 ·· 282
　　取决于相对表现的回报 ································ 282
　　地位军备竞赛和地位军备控制协议 ·················· 284
　　具有地位军备控制协议作用的社会标准 ············ 285
环境管制中价格激励的运用 ·································· 287
　　对污染征税 ··· 287
　　拍卖污染许可证 ··· 288
　　气候变化与碳排放税 ··································· 290

第 11 章　信息经济学 ······································ 298

中间商如何增加价值 ··· 299
最优的信息量 ··· 301
　　成本-收益检验 ··· 301
　　搭便车问题 ··· 302
　　理性搜寻的两个准则 ··································· 303
　　搜寻过程所蕴含的博弈 ································ 304
　　存在搜寻成本情况下的信用问题 ····················· 305
不对称信息 ·· 306
　　次品模型 ··· 307
　　交易中的信用问题 ····································· 309
统计歧视 ··· 312
　　消失不见的政治演说 ··································· 314
保险 ··· 316
　　逆向选择 ··· 317
　　道德风险 ··· 317
　　由私人保险提供医疗保障的问题 ····················· 318
　　2010 年平价医疗法案 ·································· 319

第 4 部分　公共政策经济学

第 12 章　劳动力市场、贫穷和收入分配 …… 326
工作的经济价值 …… 327
均衡工资和雇用水平 …… 329
- 劳动力的需求曲线 …… 329
- 劳动力的供给曲线 …… 330
- 市场的转变 …… 330

对收入差异的解释 …… 331
- 人力资本理论 …… 331
- 工会 …… 331
- 补偿工资差异 …… 333
- 劳动力市场的歧视 …… 334
- 赢家通吃的市场 …… 336

近期的不平等趋势 …… 337
- 收入不平等属于道德问题吗？ …… 338

收入再分配的方法 …… 339
- 福利支出和实物转移 …… 340
- 家计调查社会福利保障制度 …… 340
- 负所得税 …… 341
- 最低工资 …… 341
- 劳动所得的税收减免 …… 342
- 穷人的公共就业 …… 344
- 各种方法的综合运用 …… 344

第 13 章　公共品和税收政策 …… 351
政府对公共品的供给 …… 352
- 公共品和私人品 …… 352
- 为公共品支付费用 …… 353

公共品的最优数量 …… 356
- 公共品的需求曲线 …… 356
- 公共品的私人供给 …… 358

法律、法规及集权化问题 …… 361
- 外部性和财产所有权 …… 361
- 地方、州还是联邦？ …… 362
- 政治程序无效率的源泉 …… 363

我们应该对什么征税 …… 367

第1部分
导　论

第1章　像经济学家一样思考
第2章　比较优势
第3章　供给和需求

微观经济学原理（翻译版·第8版）
Principles of Microeconomics, Eighth Edition

第 1 章

像经济学家一样思考

> **学习目标**
>
> 学完本章,你应该能够:
> 1. 解释并应用稀缺原理,即拥有更多的一种商品必然会减少另一种商品的拥有量。
> 2. 解释并应用成本-收益原理,即当且仅当一项活动的收益大于成本时,我们才会采取该行动。
> 3. 讨论当不坚持应用成本-收益原理时有可能犯的三个严重错误。
> 4. 解释并应用激励原理,即如果你希望预测人们的行为,那么考察对他们的激励因素将是一个不错的出发点。

你们的经济学入门课上一共有多少学生?有些学校这门课大约只有20名学生,有些学校有35名、100名或者200名学生。在某些学校,经济学入门课程的学生甚至有2 000名。究竟多少学生是最合适的?

如果不考虑成本,经济学入门课——或者其他任何课程的学生应该是一名。试想:这个学期,整个课堂上只有你和老师面对面,所有内容和进度都依据你的学习能力和学习基础量身定制,这种教学方式还会促进你与教师之间的直接交流和相互信任。此外,你学习成绩的好坏主要由实际学到的知识决定,而不是靠在多项选择题考试上碰运气。为了讨论方便,我们甚至可以假设,教育心理学家的研究表明,在这种只有一名学生的情况下学习效果是最佳的。

为什么很多大学仍然将数以百计的学生安排到同一门经济学入门课上?最主要的原因就是成本。不仅修建教室以及支付员工薪水的学校管理者要考虑成本,学生同样需要考虑成本。为你提供个人经济学课程最直接的成本(也是最主要的成本)是教师的薪水和教室的租借费用,这些费用可能高达5万美元。必须有人支付这些成本。在私立大学,成本的很大一部分由高额的学费负担;在公立大学,成本一部分由高额学费负担,一部分由税收负担。无论在哪种情况下,仍有很多学生无法负担这门课的成本。

听课的学生越多,每名学生的成本就越低。举个例子,一个学生人数为300人的经济学入门课程,每名学生的成本可能只有 200 美元。但是大课堂的低成本是以牺牲学习环境的质量为代价的。不过,与上文的一对一辅导模式相比,大班授课的成本负担大幅降低。

在选择经济学入门课程的学生人数时,学校的管理者面临一个典型的权衡问题。学生人数越多,教学质量越低——这不是一件好事;但同时,成本减少,学生需要支付的学费也就越低——这是一件好事。

本章我们将介绍三个基本的原理,这些原理能帮助你理解和解释你在现实生活中看到的一些行为方式。这些原理还能帮助你避免在日常生活中做决策时可能会犯的三个错误。

经济学:研究稀缺环境下的选择

即使在美国这样富足的社会中,稀缺仍是一个基本的社会现实。没有无限的时间、金钱和精力让我们随心所欲地去做事情。**经济学**就是研究稀缺条件下人们如何做出选择以及这些选择怎样影响社会的科学。

在前面讨论的课堂规模的例子中,在其他条件都相同的情况下,一个希望学习知识的经济系学生会倾向于选择 20 人的课堂,而不是 100 人的课堂。但事实上其他条件不可能等同。学生可以得到小班上课的收益,但这个选择使从事其他活动的资金变少。学生的选择不可避免地会归结到权衡这些相互冲突的活动的相对重要性上。

这种权衡的普遍存在性和重要性是经济学的主要原理之一。我们称之为**稀缺原理**,正是稀缺性造成了这些交易的必要性。稀缺原理也称为**无免费午餐原理**(因为施舍的午餐也不是完全免费的,总要有人支付这些午餐的费用)。

> **稀缺原理**(也称为无免费午餐原理):人的需求虽然是无限的,但是可以获得的资源有限。因此对一种商品拥有得多些,通常就意味着对另一种商品拥有得少些。

这种权衡观点隐含着一个事实:选择是在相互竞争的利益之间寻求妥协。经济学家通过使用**成本-收益分析方法**解决这种权衡问题。成本-收益分析方法建立在一个很简单的原理上:当且仅当收益超过成本时,人们才会采取某种行动。这被称为**成本-收益原理**,也是经济学的主要原理之一。

> **成本-收益原理**:当且仅当采取某种行动的额外收益超过额外成本时,个人(或者企业或社会)才会采取该行动。

了解成本-收益原理之后,我们再来讨论上文的课程规模问题。假设你所在大学针对 100 名经济系学生开设的经济学入门课程仅有两种规模——100 个座位的报告厅和 20 个座位的教室。问题:学校管理者会将规模缩减到 20 人吗?答案:当且仅当课堂规模调整的价值超出附加成本时,学校才会缩减规模。

答案听起来很简单,但要真正实施还需要衡量相对的成本和收益——这在实际中很难衡量。如果我们做一些假设使问题简化,就可以应用这种分析框架了。从成本的角度,将课堂规模从 100 人缩减到 20 人的成本是所需要的教师数量从原来的 1 位变为 5 位。此外,还需要 5 个比较小的教室,而不是 1 个大教室,这种变化也会对成本产生影响。为了讨论方便,我们进一步假设课堂规模为 20 人时,每名学生负担的成本比课堂规模为 100 人时多 1 000 美元。那么学校的管理者应该缩减课堂规模吗?应用成本-收益原理可以知道,仅当每名学生参加小班课程的人均价值比参加大班课程的价值高出至少 1 000 美元时,课堂规模的缩减才有实际意义。

你(或者你的家庭)会为了更小的经济学课堂规模多支付 1 000 美元吗?如果你的答案是否定的,并且其他学生的想法和你一样,那么维持现有的大班授课方式在经济上是合算的。但是如果你和其他同学都愿意支付额外的学费,那么将课堂规模缩减到 20 人在经济上是合算的。

需要注意的是,从经济角度来说的"最佳"课堂规模并不等同于从教育心理学角度而言的"最佳"课堂规模。之所以会产生差别,是因为经济意义的"最佳"是在比较不同课堂规模的成本和收益之后得出的结论。教育心理学家仅考虑不同课堂规模下的学习收益,而不考虑成本因素。

实际上,不同的人对于小班上课价值的判断是不同的。例如,高收入的人倾向于为小班上课支付更高的费用。这也恰恰解释了为什么在学生大多来自高收入家庭的私立大学,平均课堂规模较小而学费较高。

用来分析课堂规模问题的成本-收益框架同样可以用来解释美国的大学近年来课堂规模不断扩大的现象。在过去的 30 年间,教师薪水的大幅上涨使小班上课的成本增加。同时,来自中等收入家庭的学生对于小班上课的支付意愿基本保持不变。当小班上课的成本增加但支付意愿基本不变时,大学将倾向于采取大班授课的方式。

稀缺及相应的权衡问题同样适用于货币之外的资源。杰夫·贝佐斯(Jeff Bezos)是全球最富有的人之一,据估计他拥有的财富超过 1 800 亿美元——比美国 54% 的穷人拥有的财富总额还要多。杰夫·贝佐斯有足够的钱购买大量房屋、汽车、度假产品及其他消费品。但是杰夫·贝佐斯也和我们一样,一天只有 24 个小时,并且精力有限。因此他也需要在各种活动之间进行权衡——是建立他的商业帝国还是重新装修他的豪宅——这些活动都会占据他可以用于其他事情的时间和精力。事实上,有人曾经计算过杰夫·贝佐斯的时间价值并得出结论,他的时间价值很高,如果路边有 100 美元他也不会停下来去捡,因为这样做对他而言并不值得。

▼ ## 成本-收益原理的应用

研究稀缺条件下的选择问题时,我们通常假设人都是理性的,也就是说每个人都有明确的目标,并且会尽力实现这些目标。课堂规模例子中的成本-收益原理是研究理性人如何做出选择的一个基本工具。

如同课堂规模的例子一样,应用成本-收益原理时实际存在的唯一困难是如何理性地衡量成本和收益。只有在极少的例子中,成本和收益可以很方便地用确切的货币量来衡量。但即使相关的市场数据不存在,成本-收益原理也可以帮助我们厘清思路。

下面的例子说明了如何应用成本-收益原理。你需要决定是否进行一项经济活动,这项活动的成本用模糊的定量方法来描述。

> **例 1.1 比较成本与收益**
>
> **对于一个定价 25 美元的无线键盘，你愿意为了节省 10 美元而走到市区去购买吗？**
>
> 假设你正要到附近的校园商店购买一个售价 25 美元的无线键盘，这时候你的朋友告诉你，在市区的商店，同样的无线键盘只卖 15 美元。如果走到市区的商店需要 30 分钟，你应该在哪儿购买无线键盘？
>
> 成本-收益原理告诉我们：如果收益超过成本，就应该到市区购买无线键盘。经济活动的收益是通过活动得到的用货币衡量的价值。因此，去市区购买无线键盘的收益是 10 美元，等于你到市区购买无线键盘可以节省的金额。经济活动的成本是由于活动而放弃的用货币衡量的价值，因此去市区购买无线键盘的成本是你走到市区的时间和精力的货币价值。但我们如何估计这些货币价值呢？
>
> 一种方法是下面这种假想的竞价。假设一个陌生人愿意付钱让你做一件事，这件事同样需要你走到市区（如为她到邮局寄包裹）。如果她愿意付给你 1 000 美元，你会做吗？如果答案是肯定的，那就意味着你走到市区再返回的成本低于 1 000 美元。设想她愿意付给你的费用不断减少，直到最后你拒绝了她的出价。举个例子，如果支付给你 9 美元的时候你仍然同意走到市区再返回，但价格降到 8.99 美元时你会拒绝，那么你走到市区再返回的成本就是 9 美元。在这种情况下，你应该去市区购买无线键盘，因为去市区购买省下的 10 美元（你的收益）超过了你走这一趟的成本（9 美元）。
>
> 但假设你走一趟的成本大于 10 美元。在这种情况下，你就应该从附近的校园商店购买无线键盘。面临这种选择时，不同的人会得出不同的结论，这取决于他们所估计的成本是多少。虽然没有唯一正确的选择，但大多数被问到这个问题的人都说会去市区购买无线键盘。

经济剩余

假设例 1.1 中你走到市区再返回的成本是 9 美元。与在附近的校园商店购买无线键盘相比，到市区购买会产生 1 美元的**经济剩余**，这是去市区购买的收益与成本之差。一般来说，作为经济决策的制定者，你的目标就是获得尽可能多的经济剩余，也就是说，进行所有可以产生正的总经济剩余的经济活动，这也是对成本-收益原理的另一种描述。

需要指出的是：你的最佳选择是去市区购买无线键盘并不意味着你喜欢走到市区；同样，选择大班授课也不意味着你喜欢大班授课的方式。这只意味着你认为走到市区购买比多支付 10 美元购买要好。在这种情况下，你再次面临一个权衡问题——你需要在更低的价格与不必走到市区换来的自由时间之间进行权衡。

机会成本

当然你心理竞价的结果可能完全不同。假设走到市区再返回的时间恰好是你用来准备明天的一门很难的考试的时间，或者假设你正在看一部非常喜欢的电影，再或者你现在很疲倦需要休息一下。在这些情况下，你走到市区的**机会成本**——你为走到市区再返回所必须放弃的价值——是非常高的，你很有可能因此决定不到市区购买。

严格来讲，一项活动的机会成本等于你为了参与这项活动所放弃的所有东西的价值。例如，如果看一场电影不仅需要花 10 美元买张电影票，还需要你放弃一项本来可以去做的能挣20美元的帮人遛狗的工作,那么看这场电影的机会成本就是30美元。

在这种定义下,所有的成本(显性成本和隐性成本)都被算作机会成本,除非特殊说明,我们将严格应用这一定义。

然而,必须注意,有些经济学家所说的机会成本仅指放弃的机会的显性价值,所以,在刚才的例子中,这些经济学家在计算看电影的机会成本时,不会把买电影票的10美元也计算在内。但是,所有的经济学家最终都会认同放弃帮人遛狗工作的机会成本是20美元。

在这个例子中,如果观看有线电视中正在放映的电影的最后一个小时对你而言价值最高,那么进行这次市区往返的机会成本就是你观看电影的货币价值——你对观看电影结局的最大支付意愿。应该注意,往返的机会成本不是这段时间内你可能进行的所有活动的综合价值,而是你的最佳选择——不走这一趟时最有可能选择的活动的价值。

在本书中,会经常出现下面这样的练习。你会发现停下来思考这些问题对掌握书中的关键经济概念很有帮助。因为做这些练习的成本不是很高(很多学生甚至认为这些练习很有趣),根据成本-收益原理,它们值得你做。

练习1.1

到市区购买无线键盘比在校园商店购买便宜10美元,但此时你往返的成本是12美元,而不再是9美元。那么到市区购买无线键盘的话,你会获得多少经济剩余?你应该在哪里购买无线键盘?

经济模型的作用

经济学家将成本-收益原理作为一个抽象的模型,用来分析一个理想化的理性人在面临不同的经济活动时如何做出选择(这里的"抽象"是指能抓住事物的基本要素并且可以用逻辑方法来分析的一个简化表述)。描述诸如气候变化等复杂现象的计算机模型就是抽象模型的一个例子。这些模型在模拟时忽略了很多细节,而只包括最主要的影响因素。

非经济学家经常无端地批评经济学家的成本-收益模型,认为现实世界中人们在决定是否去市区之前根本不会进行假想的心理竞价。这种批评说明很多人对抽象模型如何帮助解释和预测人的行为存在根本的误解。经济学家清楚地知道人们在做出简单决定的时候不会先在头脑中进行假想的心理竞价。成本-收益原理真正要说明的是,一个理性的决定总是直接或者间接地建立在对成本和收益的相对衡量上。

大多数人在大多数时候做出的决定都是合理的,但是很少有人会意识到自己在决策过程中始终在权衡成本和收益,这就如同大多数骑自行车的人都没有意识到是什么使自己一直保持平衡一样。通过实践和不断地纠正错误,我们逐渐认识到不同情境中的最佳决策各是什么,就如同骑自行车的人虽然没有意识到物理法则,可是这些物理法则却已经深入其头脑中了。

尽管如此,学习成本-收益原理可以帮助我们更好地做出决定,就像知道了物理规律可以帮助我们更好地学习骑自行车一样。举个例子,一位年轻的经济学家正在教他的大儿子骑自行车。他遵循历史悠久的传统,在自行车的一侧一边跑步一边在必要时给儿子以有力的支撑。几个小时之后儿子的肘部和膝盖都是伤痕,但终于学会了骑车。一年之后,有人指出学习骑自行车的诀窍是向车子倾斜的方向微转车把。经济学家将这个信息传递给了二儿子,二儿子很快学会了骑车。正如知道一些物理知识可以帮助你学会骑自行车一样,了解一些经济学知识可以帮助你更好地做出决定。

> **重点回顾:成本-收益分析**
>
> 稀缺是经济生活中普遍存在的事实。因为稀缺,拥有较多的某种商品几乎总是意味着拥有的其他商品的减少(稀缺原理)。成本-收益原理说明,当且仅当进行一项经济活动的额外收益超出额外成本时,个人(或者企业或社会)才应该进行该活动。活动的收益减去成本就是活动的经济剩余。根据成本-收益原理,当且仅当可以创造额外的经济剩余时,我们才会进行这项活动。

三种重要的决策错误[①]

大多数情况下,理性人都会应用成本-收益原理进行分析,尽管是用一种本能的近似的判断,而不是明确精密的计算。理性人对成本和收益的比较使经济学家能够对他们可能的行为进行预测。例如,正如我们在前面提到的,我们可以预测富裕家庭的学生更倾向于选择小班授课的学校(当对于所有家庭而言小班授课的成本都相等时,对于富裕家庭而言,用支付意愿衡量的小班授课收益会更高)。

但是研究者们也指出了人们的行为与成本-收益原理不相一致的一些情况,在这些情况下,成本-收益原理并不能精确地预测人们的行为,但是在找出特定的策略来避免"坏"的决定时,成本-收益原理被证明是有用的。

错误1:用比例而不是绝对的货币金额来衡量成本和收益

下面的例子从另一个角度阐述了成本-收益原理的实用性。该案例说明即使是知道应该权衡行动利弊的人有时候也并不清楚应该如何权衡相关的成本和收益。

例1.2 比较成本与收益

> **对于一台定价2 020美元的笔记本电脑,你会为了节省10美元去市区购买吗?**
> 假设你要到附近的校园商店购买一台2 020美元的笔记本电脑,而你的朋友告诉你在市区的商店,同样的电脑只卖2 010美元。如果走到市区商店需要半个小时,你应该在哪儿购买这台电脑呢?

[①] 本节的例子受到了丹尼尔·卡内曼(Daniel Kahneman)和已故的阿莫斯·特沃斯基(Amos Tversky)的开创性研究的启发。卡内曼2002年因为把心理学研究和经济学研究结合在一起而获得了诺贝尔经济学奖。

> 假设笔记本电脑非常轻,你可以不费任何力气地随身携带。这个例子的结构和例 1.1 完全一样,唯一的区别在于笔记本电脑的价格远远高于无线键盘的价格。和上文一样,到市区购买的收益在于你能够节省的钱数——10 美元。你需要走的路程完全一样,因此去市区购买的成本也和例 1.1 中一样。如果你是完全理性的,那么在这两个例子中你所做的决定也应该是一样的。但是现实中大多数人都会选择去市区购买无线键盘,在附近的校园商店购买笔记本电脑。大多数人的理由是:"去市区买无线键盘可以节省 40%,因此值得走一趟;但是买笔记本电脑只能节省 2 020 美元中的 10 美元,不值得走一趟。"
>
> 这种推理是错误的。去市区的收益并不是你能够节省的钱数占总钱数的比例,而是节省的绝对钱数。因为到市区购买笔记本电脑的收益是 10 美元——与购买无线键盘例子中的收益相等——往返的成本也相等,两种情况下的经济剩余也就完全相等。这意味着理性决策者在两个例子中做出的决定应该完全相同。但正如我们所看到的,大多数人都做出了不同的选择。

上文讨论的决策过程中出现的错误推理方式只是人们易犯的几个决策错误之一。在下面的讨论中,我们将介绍其他两种决策错误。在一些情况下,人们往往忽略应该纳入考虑范围的成本或者收益,而在另一些情况下,人们又容易受到不相关的成本或者收益的干扰。

练习 1.2

如果纽约到东京的机票价格在 2 000 美元的基础上下调 100 美元,而纽约到芝加哥的机票价格在 200 美元的基础上下调 90 美元,哪种降价的价值更大?

错误 2:忽视隐性成本

柯南·道尔侦探小说中的传奇侦探夏洛克·福尔摩斯的成功之处在于他注意到了被多数人忽略的细节。在《银色火焰》中,一匹昂贵的赛马被人从马厩中偷走了,福尔摩斯被请来调查这一案件。负责此案的苏格兰调查员就案件的细节是否需要进一步研究的问题请教福尔摩斯。"是的,"福尔摩斯回答,并描述说,"在夜里,狗的古怪行为需要进一步调查。""狗在夜里什么也没有做啊。"一头雾水的调查员说。但是福尔摩斯意识到这正是问题的关键。当"银色火焰"被偷走的时候看门狗没有吠叫,这说明看门狗认识盗马贼。这个结论最终成为解开整个谜团的关键。

如同很多人都忽略了狗没有吠叫的事实一样,人们同样会忽略那些没有发生的经济行为的潜在价值。正如上文所说,我们只有合理地考虑被遗忘的机会,才能做出明智的决定。

一项活动的机会成本是指为了进行这项活动而必须舍弃的次优活动的价值。如果去市区购买无线键盘意味着不能观看电影结局,那么你观看电影结局的价值就是去市区购买无线键盘的机会成本。很多人忽视了这些机会的价值,也因此做出了错误的决定。为了防止人们忽视机会成本,经济学家通常将问题"我是否应该去市区"变成"我应该去市区还是应该观看电影结局"。

例 1.3　隐含成本

> **你应该使用机票兑换券飞往坎昆度过春季小假期吗？**
>
> 还有一周就到春季学期的小假期了，但你还没有决定是否与艾奥瓦大学的同学们一起飞往坎昆度假。从塞达拉皮兹到坎昆的往返机票价格是 500 美元，而你有一张机票兑换券可以用来支付机票费用。去海边度假的其他所有相关费用是 1 000 美元，你对坎昆之行的最大预算是 1 350 美元，这个数额等于你从这次旅行中可以获得的收益。这张机票兑换券除此之外仅有一个用途，即支付春假之后飞往波士顿参加你哥哥的婚礼的机票费用（你的机票兑换券很快就要到期了）。如果从塞达拉皮兹到波士顿的往返机票价格是 400 美元，那么你还会用机票兑换券支付飞往坎昆的机票费用吗？
>
> 根据成本-收益原理，当且仅当旅行的收益大于成本时，你才应该飞往坎昆度假。如果不考虑机票兑换券，这个问题就变得比较直观，只需要比较一下旅行的收益和所有的相关费用。因为机票及其他的相关费用一共是 1 500 美元，比 1 350 美元的收益多 150 美元，所以你应该选择不去坎昆度假。
>
> 但如果使用了机票兑换券，情况又是怎么样的呢？使用兑换券时，去坎昆的往返机票等同于免费，那么这次旅行你就可以得到 350 美元的经济剩余。但是随后你就需要为飞往波士顿支付 400 美元。如果你用机票兑换券支付了去波士顿的机票费用，这次周末度假的总成本就是 1 400 美元，超出收益 50 美元，你仍然没有正的经济剩余。在这种情况下，你通常会问自己："我究竟应该用机票兑换券购买去哪里的机票？"

正确应用机会成本概念的关键在于清楚地认识到我们为进行一项活动所放弃的其他事情，这无论怎么强调都不为过。下面的练习稍微修改了例 1.3 的细节，说明了如何才能正确地应用机会成本的概念。

练习 1.3

假设你的机票兑换券将在一个星期后到期，其他条件和例 1.3 中一样。那么你使用兑换券的唯一机会就是飞往坎昆。在这种情况下，你会使用机票兑换券吗？

错误 3：没有从边际角度考虑问题

在决定是否该做一件事时，相关的成本和收益是那些当你做这件事时所发生的成本和收益。有些时候人们会被应该忽视的成本所影响，而另一些时候他们所比较的又是错误的成本和收益。唯一影响行动决策的成本是那些我们可以通过不采取行动而避免的成本。类似地，我们应当考虑的收益仅是采取行动才能得到的收益。但在实际生活中，很多决策者总是受到与是否采取行动无关的成本的影响。也就是说，人们总是受到**沉没成本**——在制定决策时已经无法收回的成本的影响。例如，用于购买不可转让并且不可退款的机票的钱就是沉没成本。

正如下面的例子所表明的，无论一项行动是否被实施，沉没成本都存在，因此它与我们是否采取一项行动的决策无关。

例1.4 沉没成本

在自助餐厅里你应该吃多少？

桑柑姆是位于美国费城的一家印度餐馆，提供价格为10美元的自助餐。顾客在门口交10美元后就可以在餐馆内不受任何限制地消费，不加收其他任何费用。一天，作为一项吸引顾客的手段，餐馆老板随机挑选了20位客人实施免费优惠，而其他的顾客仍需支付10美元。如果所有的顾客都是理性的，这两组顾客的平均食物消费量是否会有区别？

吃完第一份食物之后，得到或没有得到优惠的顾客都会考虑同样的问题："我是否应该再去取一份食物？"对于理性的顾客，如果再取一份食物的收益大于成本，他就会这么做，否则答案就应该是否定的。应该注意到，在你决定是否取第二份食物时，你支付的10美元已经是沉没成本。对于那些没有得到优惠的顾客，支付的费用不可能再收回了。因此对于这两类顾客来说，再取一份食物的额外成本几乎为零。因为享受免费午餐优惠的顾客是随机挑选的，所以完全可以假设他们的食量及收入与其他顾客相同。因此，两类顾客另取一份食物的平均成本也一样。既然两类顾客另取一份食物的成本和收益都相等，他们平均消费的食物量也应该是相等的。

但心理学家和经济学家的实验结果却表明两类顾客的食物消费量并不相同。① 那些交了钱的顾客吃的食物量远比没有交钱的顾客多。交钱的顾客就好像要将他们支付的钱"吃回本"一样。他们内心的想法是尽可能地将消费的每单位食物的平均成本最小化。但是最小化平均成本并不是一个很理性的目标。具有讽刺意味的是，那些想要"吃回本"的顾客通常都会撑着自己，进而抱怨说不该去取最后的那份食物。

虽然成本-收益分析在这个例子中未能正确地预测人们的行为，但这无损于它在建议人们应当如何权衡方面的有效性。如果你的决定受到了沉没成本的影响，那么改变你的行为会让你受益。

除了要注意那些应该忽视的成本和收益以外，人们经常错误地衡量相关的成本和收益。这种错误常常发生于我们决定在多大程度上进行一项活动（而不是是否应该进行这项活动）时。这时我们可以应用成本-收益原理，反复询问自己"我是否应该加大对现有活动的投入"。

要回答这个问题，应着重分析额外一单位活动的成本和收益分别是多少。经济学家将额外一单位活动的成本称为活动的**边际成本**，将额外一单位活动的收益称为活动的**边际收益**。

在确定一项活动的最佳投入力度时，根据成本-收益原理，只要边际收益大于边际成本，就应该加大对活动的投入力度。但是正如我们将要在下面的例子中看到的，人们经常由于混淆了平均成本和边际成本两个概念而做出错误的决策。

例1.5 关注边际成本与边际收益

太空探索技术公司（SpaceX）是否应该将火箭的发射次数从每年4次增加到5次？

太空探索技术公司的会计师估计公司的巨型火箭发射项目的收益大约是每年240亿美元（每次火箭发射的平均收益为60亿美元），成本大约是每年200亿美元（每次火箭发射的平均成本为50

---

① Richard Thaler, "Toward a Positive Theory of Consumer Choice," *Journal of Economic Behavior and Organization*, 1, no.1(1980).

亿美元）。基于这些估计，他们认为公司应该增加发射次数。太空探索技术公司是否应该采纳他们的建议？

要从经济学的角度回答这个问题，我们首先需要比较多进行一次火箭发射的边际成本和边际收益。但是会计师只估计了项目的**平均成本**和**平均收益**——分别用项目的总成本和总收益除以火箭的发射次数。仅知道发射火箭的平均成本和平均收益还不足以帮助我们决定是否应该增加发射次数。当然，也存在发射的平均成本等于一次额外发射的边际成本的可能性。同样，平均成本也可能大于或者小于一次额外发射的边际成本。发射的平均收益和边际收益之间也存在类似的关系。

为了讨论方便，假设一次额外发射的边际收益与平均收益均为 60 亿美元，那么太空探索技术公司是否应该进行第五次发射？如果第五次发射的成本超出 60 亿美元，我们的答案显然是否定的。前几次发射的平均成本(50 亿美元)和第五次发射的边际成本之间不存在任何关系。

假设火箭发射次数和项目总成本之间的关系如表 1.1 所示。如果一共发射 4 次，每次发射的平均成本(第三列)就等于 200 亿美元/4＝50 亿美元，与会计师报告的数据一样。当增加了第五次发射后，表中第二列的总成本从 200 亿美元增加到 320 亿美元，即第五次发射的边际成本是 120 亿美元。已知第五次发射的边际收益为 60 亿美元，从经济学的角度分析，显然不应该进行第五次发射。

表 1.1　总成本如何随着发射次数而变化

发射次数	总成本/亿美元	平均成本/(亿美元/次)
0	0	0
1	30	30
2	70	35
3	120	40
4	200	50
5	320	64

例 1.6 说明了如何在例 1.5 中应用成本-收益原理做出正确的决策。

例 1.6　关注边际成本与边际收益

太空探索技术公司应该进行多少次火箭发射？

太空探索技术公司必须决定火箭发射次数。每次发射的收益估计为 60 亿美元，项目的总成本与火箭发射次数的关系如表 1.1 所示。那么到底应该发射多少次？

只要增加一次发射的边际收益大于边际成本，太空探索技术公司就应该继续发射火箭。在这个例子中，每次发射的边际收益与发射次数无关，是不变的常数(60 亿美元)。因此，只要发射的边际成本小于或等于 60 亿美元，太空探索技术公司就应该继续进行火箭发射。

根据边际成本的定义，我们可以从表 1.1 中第二列的总成本得到每次发射的边际成本(因为边际成本等于发射数量每增加一次引起的总成本变化，我们将边际成本的数据列在相应的两次总成本数据的中间)，即表 1.2 中的第三列。当发射次数从一次增加到两次时，边际成本是 40 亿美元，是发射两次的总成本 70 亿美元与发射一次的总成本 30 亿美元的差额。

将每次发射的边际收益 60 亿美元与表 1.2 中第三列的边际成本进行比较，我们发现前三次发射都满足成本-收益原理，但是第四次和第五次发射的情况有所不同，边际成本大于边际收益，因此美国宇航局每年应该发射三次火箭。

表 1.2 边际成本如何随着发射次数而变化

发射次数	总成本/亿美元	边际成本/(亿美元/次)
0	0	
1	30	30
2	70	40
3	120	50
4	200	80
5	320	120

练习 1.4

如果每次发射的边际收益不是 60 亿美元而是 90 亿美元,那么太空探索技术公司应该发射多少次火箭?

成本-收益分析框架强调了是否进一步采取一项活动的唯一决定因素——边际成本和边际收益,即对应现有活动增量的测度指标。不过,在很多情况下人们似乎更倾向于比较活动的平均成本和平均收益。如例 1.5 所示,即使现有水平下的平均收益超过平均成本,我们仍不能做出增加发射次数的决定。

下面的练习会进一步说明从边际角度考虑问题的重要性。

练习 1.5

一个篮球队里的最佳球员是否应包揽球队的所有投篮?

一个职业篮球队聘请了一位新的助理教练。助理教练注意到一名球员的投篮命中率远高于其他球员,因此向主教练建议让这名球员包揽所有的投篮。他认为这样做球队的得分会更高,赢得的比赛场次也会更多。

听了这个建议,主教练就以不称职为由解雇了他。助理教练的建议究竟错在哪儿了?

重点回顾:三种重要的决策错误

1. **用比例而不是绝对的货币金额来衡量成本和收益的错误**。很多决策者认为,如果成本或者收益的变化仅占初始金额的很小比例,这种变化就是不重要的。我们应该用绝对的货币金额,而不是用比例来测度成本和收益。

2. **忽视隐性成本的错误**。当对某一行动进行成本-收益分析时,一定要把所有相关的成本(包括各种备选方案的隐性成本)考虑在内。一种资源(如一张机票兑换券)即使是免费获得的,只要它的最佳替代行为的价值很高,其隐性成本就会很高。同样,这种资源如果没有其他用途,它的隐性成本就会很低。

3. **没有从边际角度考虑问题的错误**。在决定是否进行一项活动时,我们只需要考虑这项活动所带来的成本和收益,要忽略沉没成本——不进行该活动也无法避免的成

> 本。即使一张演唱会的门票花了你100美元，但如果你买了这张门票并且无法转让给其他人，对你而言，这100美元就是沉没成本，不应该影响你是否去听演唱会的决策。还有一点很重要，就是不要把边际收益和边际成本与平均收益和平均成本相混淆。对于决策者而言，一项活动的总成本和总收益通常是已知的，根据这些数据可以计算出平均成本和平均收益。人们经常错误地认为当平均收益超出平均成本时应该增加活动投入力度。而成本-收益原理告诉我们，当且仅当边际收益超过边际成本时，人们才应该增加活动投入力度。

有些成本和收益，尤其是边际成本、边际收益和机会成本，是决策的重要影响因素；其他一些成本和收益，如沉没成本以及平均成本和平均收益从根本上说则与决策无关。我们最初对成本-收益原理（当且仅当额外的收益超出额外成本时，才应该采取一项活动）的叙述就隐含了这个结论。

规范经济学与实证经济学

上面讨论的例子说明人们有时候会做出非理性的决定。需要再次申明的是，我们讨论这些例子的目的并不是要说明大多数人总是做出非理性决定。相反，大多数时候很多人做出的决定都是正确的，尤其是当这个决定关系重大或者与以前的决定类似的时候。经济学家的理性决策观点不仅为如何做出更好的决定提供了有用的建议，更为预测和解释人们的行为提供了基础。我们使用成本-收益方法讨论了为什么教师工资增加时学校倾向于大班授课，同样，我们可以用这种推理过程帮助解释几乎所有领域的人的行为。

成本-收益原理是**规范经济学原理**的一个例子，规范经济学向人们提供应该怎么做的指导。例如，根据成本-收益原理，我们在对未来做计划时必须忽略沉没成本，但是随着我们将各种决策失误讨论得更清楚，我们会发现成本-收益原理并不总是**描述性经济原理**，也就是能把我们将会做什么描述出来的原理。正如我们看到的，成本-收益原理在具体实施的时候可能很困难，而且人们有时候不能成功地观察到它给出的迹象。

因此，我们强调了解相对成本和收益确实有助于预期大多数时候人们的行为。如果一项行动的收益上升，一般情况下可以预期人们更可能采取这一行动。相反，如果一项行动的成本上升，最安全的预期就是人们更不可能采取这项行动。这个观点非常重要，所以我们将其定义为激励原理。

> **激励原理**：当一项行动的收益上升时，人们（或者企业或社会）更可能采取这项行动；如果该行动的成本上升，则采取它的可能性降低。简言之，激励会起作用。

激励原理是实证经济学原理。它强调相对成本和收益通常有助于对行为进行预测，但是不能保证人们在任何情况下都会做出理性的行动。例如，如果燃油价格急剧上涨，采用成本-收益原理时会认为必须降低暖气的温度，而采用激励原理则将预测平均的暖气温度事实上会下降。

▼ 经济学：微观和宏观

依照惯例，我们使用**微观经济学**这个术语表示对个人选择的研究和对个体市场上群体行为的研究，用**宏观经济学**这个术语表示对国家经济表现的研究以及政府为了改善经济所采取的政策的研究。宏观经济学力图弄清楚国家失业率、整体价格水平和国家产出总价值等指标的决定因素。

本章集中讨论个体决策者面临的问题，无论这个个体面临的是个人决策、家庭决策、商业决策、政府决策还是其他任何一种形式的决策。此外，我们还会讨论个体所组成的群体的经济模型，如在一个特定市场上所有购买者或销售者组成的群体。之后我们会讨论更为广泛的经济问题和度量标准。

无论讨论什么层面的问题，我们都必须记住：虽然经济需求是无限的，但可以用来满足这些需求的物质资料和人力资源是有限的。要清楚地思考经济学问题，还需要牢记权衡的含义——多拥有一单位的某种商品意味着必须减少其他商品的拥有量。我们的经济和社会在很大程度上是由人们在面临权衡时做出的选择构成的。

▼ 本书的方法

决定课堂规模只是经济学入门课程准备过程中的一个重要决策。另外还要决定课程中所要包含的主题。正如稀缺原理所说的，可以纳入经济学入门课程的主题几乎是无穷无尽的，但是可以用来讨论这些话题的时间是有限的。世上没有免费的午餐，讨论一些问题就意味着要放弃另一些问题。

所有的教材作者都必须对主题进行挑选。一本教材如果涵盖了经济学研究的所有问题，无疑会占据学校图书馆整层楼的空间，因为它太大了。我们一直认为大多数的经济学入门教材总是尽可能地介绍更多的内容。回想一下，我们之所以被吸引到经济学的研究中，主要原因在于经济学能用相对少的核心观点解释周围世界中大量繁杂的行为和事情。因此写作本书时，我们集中分析了经济学的核心观点，在全书中不断地重复这些观点的内涵，而不是力图介绍尽可能多的内容。这样读完本书后，这些核心的经济学观点就会深入读者的脑海中。这种只学习最重要的东西并且牢记于心的学习方法，远胜于学了一大堆不是非常重要的内容而且最后还忘记了很大一部分的做法。

到目前为止，我们讨论了三个核心观点：稀缺原理、成本-收益原理和激励原理。这些观点将会在以后的讨论中不断出现，以帮助读者温故知新，并且当提出一个新的主要观点后，我们会正式重述该观点以进一步强化。

本书写作中的第二个特别之处在于我们非常强调学习过程中参与的重要性。譬如，你只有通过说和写才能学会西班牙语，只有通过练习才能学会打网球，同样你也只有通过参与经济活动才能了解经济学。我们希望能够帮助读者学习如何应用经济学，而不只是阅读或者被动地听作者或教师讲经济学，我们会尽最大的努力鼓励读者参与经济活动。

比如，我们经常会假设一个明确的背景，举例告诉读者经济学的观点如何影响现实中的经济活动,而不只是介绍观点的内容。分析完例子后我们还会让读者试着解答一些练习题,学会在现实生活中应用这些经济学观点。最好是做完练习题之后再看答案(答案附在每一章的最后)。

仔细想想上面介绍的经济学观点的应用:你是否真的清楚结论是如何得出的?是否真的通过例子知道了这些经济学观点的内涵?试着解答章节后面的练习题,尤其是那些涉及你还不是很了解的观点的问题,要仔细思考。试着用这些经济学原理解释周围的事情(我们在后面的经济自然主义者专栏中会详细说明这一点)。最后,当你发现一个有趣的观点或者例子时,不妨将它告诉身边的朋友。你会发现解释一个观点或例子能够帮助你理解并且记住例子中暗含的经济学原理。越积极地参与到学习过程中来,学习的效果就会越好。

经济自然主义

能够初步运用成本-收益框架分析问题后,你将有望成为一名"经济自然主义者",也就是说你能够在经济学的帮助下更好地理解和把握日常生活。学过生物学的人能比别人观察到自然界的更多细微之处。举个例子,同样是4月上旬走在一条林荫道上,非生物专业的学生看到的可能只是树木,而生物专业的学生却能看出树木之间种类的不同,并且知道为什么有些树木已经发出新芽,而有些树木仍然是光秃秃的一片。同样,外行人可能只会注意到一些动物雄性比雌性的体形大,但生物专业的学生却知道只有当雄性的配偶较多时才会出现雄性体形大于雌性的现象。为了争得配偶,这些雄性之间通常会进行流血争夺,自然选择的结果造成雄性体形偏大。相反,在单配偶的动物中雄性的体形几乎和雌性的体形一样大,这是因为同性之间的争夺不是很激烈。

与上面的道理一样,学习一些简单的经济学原理可以帮助我们从一个全新的角度观察和分析人类社会中的细节。没有经验的人通常会忽略这些细微之处,但是经济自然主义者不仅会看到这些,还会积极地尝试解释这些现象。下面讨论几个经济自然主义者可能会问自己的问题。

经济自然主义者1.1 为什么很多硬件生产商的计算机内包含了价值超过1 000美元的免费软件,而计算机的价格却仅稍高于1 000美元?

软件行业与其他很多行业的不同之处在于顾客很关注产品的兼容性能。举个例子,当你和你的同学一起参加一个项目时,如果你们能够采用同样的文字处理系统,任务会简单得多。再举个例子,如果一位行政主管使用的财务软件与会计师使用的软件一样,那么在处理税务问题时,这位主管也会轻松很多。

上面的两个例子说明随着使用同种产品人数的增多,拥有并且使用这种软件系统的价值会随之增加。这种特定的关系赋予最常用的程序的生产商很大的竞争优势,使其他程序很难进入市场。

意识到这一点后,Intuit公司向计算机制造商免费提供个人财务管理软件Quicken。

计算机制造商很愿意接受这种免费软件,这会让其计算机更具竞争力。Quicken 很快成为个人财务管理软件行业的权威。通过免费提供软件,Intuit 公司为自己争得了更多的市场份额,同时为 Quicken 的升级版本及其他相关的软件创造了很大的需求。Intuit 公司的个人所得税软件 Turbo Tax 和 Macintax 因而成为个人税务软件的标准。

受这个成功故事的启发,其他软件制造商也采取了同样的做法。现在很多硬件都捆绑了大量软件程序,很多软件制造商甚至愿意付费给计算机制造商,以求计算机能够安装自己的软件程序。

免费软件的例子说明有时候一种产品的收益与使用的人数相关。下面的例子说明有时候一种产品的成本也与使用的人数有关。

经济自然主义者 1.2 为什么汽车制造商不生产没有加热器的汽车?

事实上现在美国国内出售的每辆新车都有加热器,但是并非所有的汽车都有卫星导航系统。为什么会有这种差别呢?

有些人可能会说这是因为加热器人人需要,而对于很多人而言卫星导航系统可有可无。但在夏威夷和加利福尼亚南部,加热器几乎没有存在的价值。

虽然加热器并不总是有用,生产商还要为其支付额外的费用,但加热器的成本并不高,而且在美国大部分地区的某段时间内都是有用的。随着时间的推移,人们的收入越来越高,生产商发现购买不带加热器的汽车的人越来越少。事实上在所有汽车内安装加热器的成本小于仅在部分汽车上安装而导致的生产过程中的管理费用。当然如果没有加热器的汽车价格相对较低,肯定会有一些消费者选择购买不带加热器的汽车。但是为了迎合这些消费者而专门生产不带加热器的汽车是得不偿失的。

同样的原因也可以解释为什么当前生产的某些车型都安装了卫星导航系统。例如,2020 款 BMW 750i 的购买者发现无论他们是否需要,车内都安装了卫星导航系统。这些花费 85 000 美元买车的人收入较高,因此可以选择时,大多数人还是会选择安装了卫星导航系统的车型。同样,当所有汽车在生产时都配置了卫星导航系统时,为少数人提供不带卫星导航系统的汽车的成本反而更高。

购买低档车的车主平均收入比 BMW 750i 车主低得多。因此从经济的角度考虑,这些车主通常不会选择装有卫星导航系统的汽车,这解释了为什么很多低档车仅将卫星导航系统作为一个可选择的装备,而不是每辆车中都安装。但是随着收入持续增长,没有安装卫星导航系统的新车最终将退出历史舞台。

上一个例子为下面这个比较奇怪的问题提供了解答的思路。

经济自然主义者 1.3 为什么专供驾车者使用(指驾车者无须下车即可接受服务)的自动出纳机的键盘按键上都有盲人专用键?

电梯按钮上和自动出纳机键盘上的盲人专用键可以帮助盲人充分参与日常的活动。但即使他们可以做很多正常人能做的事情,却显然无法在公路上驾驶汽车。那么为什么生产自动出纳机的厂商还要在为驾车者设计的机器上安装盲人专用键呢？

答案在于一旦键盘的模型被制作出来，生产带有盲人专用键的键盘的成本并不会高于生产普通键盘的成本。生产带有盲人专用键的键盘和普通键盘需要不同的模型，并且会产生两种类型的存货。如果带有盲人专用键会影响人们的使用，或许企业会生产普通键盘。但实际上这些按键对视力正常的使用者并没有造成障碍，因此最好、最便宜的方法就是只生产带有盲人专用键的键盘。

上面的例子是康奈尔大学的学生比尔·乔阿在回答下面这道练习题时提出的。

练习 1.6

运用成本-收益分析方法，分析你所处环境中的一些事情和行为。

我们认为学习经济学最有效的方法就是多做一些类似练习1.6的作业，多尝试使用经济学解释周围的世界。如果你能够不断地这么做，你就会变成一名终身经济学自然主义者。你对经济学概念的了解不会随着时间的推移而衰退，反而会越来越清晰，因此我们强烈建议读者采取这种方法。

小结

- 经济学研究稀缺条件下人们如何做出选择以及这些选择对社会的影响。对人类行为的经济学分析建立在理性人——每个人都有明确的目标，并且会尽其所能地实现这个目标的假设之上。在力图实现目标的过程中，人们通常会面临权衡：因为物质和人力资源都是有限的，因此多拥有一单位的某种商品意味着减少另一种商品的拥有量。

- 本章重点讨论了理性人如何在多个行为中做出决策。我们使用的基本分析工具是成本-收益分析。成本-收益原理说明当且仅当一项活动的收益超过或者等于其成本时，人们才会进行这项活动。一项活动的收益由一个人最多愿意为这项活动支付的货币价值表示，而活动的成本由一个人为了该活动所放弃的活动的货币价值表示。

- 使用成本-收益框架时，我们不需要假设人们永远都是理性的。文中我们指出了决策者在生活中通常会犯的三种错误：认为小比例变化不重要的倾向、忽视隐性成本的倾向及没有从边际角度考虑问题的倾向，如未能忽视机会成本或未能比较边际成本与边际收益。

- 问题通常不是是否应该进行一项活动，而是应该在多大程度上进行这项活动。事实上，只要边际收益（多进行一单位活动带来的额外收益）超出边际成本（多进行一单位活动带来的额外成本），理性人就会增加活动的投入力度。

- 微观经济学研究个体决策以及个体市场上的群体决策情况，宏观经济学研究国家经济的表现以及政府用来改善经济状况的政策。

核心原理

- **稀缺原理**(也称为**无免费午餐原理**)
  虽然我们有无穷无尽的需求,但是可得的资源有限,因此多拥有一单位的某种商品就意味着要减少其他商品的拥有量。
- **成本-收益原理**
  当且仅当额外收益至少等于额外成本时,个人、家庭(或者企业或社会)才会进行一项活动。
- **激励原理**
  当一项行动的收益上升时,人们(或者企业或社会)更可能采取这项行动;如果该行动的成本上升,则采取它的可能性将降低。

名词与概念

average benefit	平均收益	microeconomics	微观经济学
average cost	平均成本	normative economic principle	规范经济学原理
descriptive economic principle	描述性经济学原理	opportunity cost	机会成本
economic surplus	经济剩余	positive economic principle	实证经济学原理
economics	经济学		
macroeconomics	宏观经济学	rational person	理性人
marginal benefit	边际收益	sunk cost	沉没成本
marginal cost	边际成本		

复习题

1. 你在网球队的一个朋友告诉你"单人网球课比团体网球课好"。解释这句话的意思,然后用成本-收益原理解释为什么并非对每个人而言私人课程都是最佳选择。

2. 判断正误:你为了节省 30 美元而开车到市区购买家用电器的决定取决于这 30 美元占总花费的比例。简述你的理由。

3. 为什么有些人在决定是否看电影时,10 美元的票价对其决策的影响会大于因为看电影不帮人遛狗而损失的 20 美元的收入?

4. 很多人认为,使用机票兑换券时他们的飞机旅行是免费的。解释为什么这些人通常会做出不合理的旅行决策。

5. 这学期你交给大学的不可返还的学费对你而言是不是沉没成本?如果学校会对开学后前两个月内退学的同学全额返还学费,你的回答会有什么变化?

练习题

1. 假设你所在的学校正在考虑是否要斥资2 000万美元新建一个最先进的娱乐设施。所有的学生都认为现有的娱乐设施已经残破不堪,如果建一个新的设施要好得多。然而,当学生们被要求就是否建新的设施投票时,超过78%的学生投了反对票。为什么所有学生都认为新设施要比现有设施好得多,大多数学生却投了反对票?

2. 约会前你最多愿意为洗车支付6美元。你为别人洗车最少要得到3.5美元。今天晚上你要外出,但你的车很脏。当你决定洗车时,你可以得到多少经济剩余?

3. 这个夏天为了挣到更多的钱,你种植了西红柿,然后在菜市场上以每磅30美分的价格出售。通过使用复合肥料,你可以得到如下表所示的产出增量。如果每磅复合肥料的成本是50美分,而且你的目标是赚尽可能多的钱,那么你会使用多少磅复合肥料?

复合肥料/磅	西红柿/磅
0	100.0
1	120.0
2	125.0
3	128.0
4	130.0
5	131.0
6	131.5

4.* 你和你的朋友贾马尔的兴趣相同。在下午2点时,你到当地的售票中心花30美元购买了一张当晚在锡拉库扎举行的篮球赛的门票。锡拉库扎位于你居住的伊萨卡岛北部50英里处。贾马尔同样打算到现场观看这场篮球赛,但因为他没时间去当地的售票中心,因此打算到比赛现场买票。比赛现场的门票为25美元,没有售票中心的附加费用,所以比较便宜(很多人之所以在售票中心买票是为了确保能够得到一个比较好的座位)。但下午4点突降暴风雪,很多人放弃了开车去锡拉库扎观看比赛(同时在现场买票得到好座位的可能性增大)。假设你和贾马尔都是理性人,你们当中的一个人去锡拉库扎观看比赛的意愿是否比另一个人强?

5. 肯妮娅是一个种植蘑菇的农民。她用所有的闲置资金购买蘑菇并种在农场后面的空地上。蘑菇的重量在一年后会翻倍,肯妮娅将收割这些蘑菇并拿到市场上卖,假设蘑菇的价格是一个不变的常数。肯妮娅的朋友法蒂玛向肯妮娅借200美元,并且许诺一年之后还钱。法蒂玛需要支付给肯妮娅多少利息才能补偿肯妮娅借钱的机会成本?简要地解释你的答案。

6. 假设物理考试中,你用于做第一道题的最后几秒钟可以帮你多得4分;用来做第二道题的最后几秒钟可以帮你多得10分。最后这两道题你分别得到了48分和12分,并

---

* 表示习题难度较高。

且每道题使用的时间相等。如果重新考一次,你会如何分配时间?

7. 莫妮卡和瑞秋有同样的偏好和收入。当莫妮卡到达剧院门口打算进去看演出时,她发现自己的票丢了,之前她为了买这张票花了 10 美元。瑞秋这时候也到了剧院门口,打算买一张票进去看演出。此时瑞秋发现自己丢了一张 10 美元的钞票。如果瑞秋和莫妮卡都是理性人并且都有足够的钱再买一张票,那么其中某个人买票看演出的意愿是否大于另一个人?

8. 你所在城市的居民每周需要支付 6 美元的固定垃圾清运费。他们只需要将垃圾桶放在门口,垃圾桶的数目不限。平均每个家庭每周会有 3 桶垃圾。假设现在你所在的城市改变了这种收费方式,变成按照单件收费,每个垃圾桶都需要附上一个标签,每个标签收费 2 美元而且不可以循环使用。你认为这种新的收费方式会对垃圾清运的总数产生什么影响?简要地解释你的答案。

9. 赫克托每周都会为两个孩子购买 6 瓶可乐,并放在冰箱里。他发现 6 瓶可乐总是在买回来的第一天就被喝光了。金也是每周为两个孩子购买 6 瓶可乐,但与赫克托不同的是,金告诉孩子们每个人最多只可以喝 3 瓶。如果每次孩子们在决定是否喝可乐的时候都用成本-收益原理进行分析,试解释为什么金家的可乐的存储时间长于赫克托家。

10. 假设阿德里安娜(Adriana)的家乡只有一家共享电动车公司。目前,公司的收费是每分钟 20 美分,开锁电动车时不收费。公司正在考虑修改定价方案,改为开锁电动车时收费 1 美元,之后每分钟收费 10 美分。如果阿德里安娜每次骑车时间都不少于 10 分钟,则共享电动车公司修改定价方案后,阿德里安娜每次骑行的平均时间会有何变化?请给出解释。

11. A 大学的学生每学期交 500 美元的伙食费后可以在食堂任意消费。平均每个学生每学期会消费 250 磅的食物。B 大学的学生每学期用 500 美元购买饭票,这些饭票可以保证学生购买 250 磅的食物。如果某个学生吃的食物超出 250 磅,他需要为多消费的食物支付每磅 2 美元的费用;如果学生吃的食物不足 250 磅,那么不足的部分学校会返还每磅 2 美元的费用。如果学生都是理性人,哪个学校的平均食物消费量会更多?简要地说明原因。

正文中练习题的答案

1.1 到市区购买无线键盘的收益仍然是 10 美元,但是现在的往返成本是 12 美元,因此到市区购买无线键盘的经济剩余等于 10 美元－12 美元＝－2 美元。往返一趟的经济剩余为负,因此你会在校园商店购买。

1.2 虽然去芝加哥的机票节省的比例较大,但是节省 100 美元比节省 90 美元多出了 10 美元。

1.3 因为你的机票兑换券没有其他用途,因此用兑换券购买到坎昆的机票的机会成本等于零。这意味着这趟旅行你获得的经济剩余是 1 350 美元－1 000 美元＝350 美元>0,因此你应该用兑换券购买去坎昆的机票。

1.4 第四次发射的边际收益是90亿美元,超出了80亿美元的边际成本,因此应该进行第四次发射。但第五次发射的边际成本(120亿美元)超出了边际收益(90亿美元),因此不应该进行第五次发射。

1.5 如果明星球员多投篮一次,其他球员就会少投一次。明星球员的平均命中率高于其他球员并不意味着他下一次投篮的命中率(他多一次投篮机会的边际收益)一定比其他球员高。实际上,如果球队的每次投篮机会都给明星球员,对方球队就会将所有的防御措施用到这个球员身上,球队根本无法获胜。

附录 应用等式、图和表格

虽然本书中的很多例子及每章后的练习题都与数量有关,但所涉及的数学知识都不过是高中的几何和代数。本附录将介绍解答例子和问题所需要的一些工具与技巧。

能够读懂简单的文字描述并且将其中的信息翻译成相应的等式或者图形,是一个很重要的技巧。此外,你还要学会将以表格形式给出的信息转换成等式或图形,或者将图形信息转换成表格或等式。最后,你还要学会求解二元方程组。下面的例子详细地说明了你将会用到的工具和技巧。

根据文字描述建立等式

我们首先用一个例子说明如何根据对收费项目的描述建立一个共享电动车收费等式。

例 1A.1 文字描述

一家共享电动车公司的收费方案是开锁电动车时收取 1 美元,之后每分钟收费 20 美分。用一个等式描述你骑行该公司的电动车的费用。

等式是描述两个或多个有一定取值范围的**变量**之间关系的简单的数学表达式。我们最常用到的等式通常包括两种类型的变量:**因变量**和**自变量**。在这个例子中,因变量是你骑行该公司的电动车的费用,自变量是决定账单额的变量,即你骑电动车的分钟数。你的账单由 1 美元的开锁费和每分钟 20 美分的费用构成。但是在这个例子中,这些都是**常数**,而不是变量。常数,也称为**参数**,是等式中取值不变的量。根据定义,因变量的取值是由自变量的取值决定的。

确定了因变量和自变量之后,通常要选用简单的符号来表示它们。在代数课程中,通常用 X 表示自变量,用 Y 表示因变量。很多人都发现用某种简单易懂的符号来表示变量可以帮助记忆。因此,在这个例子中,我们用 B 表示骑行电动车的账单额,用 T 表示骑行的总分钟数。

确定了相关的变量,并选择了符号来表示这些变量后,即可写出表示变量之间关系的等式:

$$B = 1 + 0.2T \tag{1A.1}$$

式(1A.1)中,B 表示骑行电动车的账单额,T 表示骑行的总分钟数。1 美元的开锁费和每分钟 20 美分的费用在等式中都是参数。需要注意的是每个符号所表示变量的单位。式(1A.1)的写法符合常规,因变量单独放在左侧,自变量或者变量和常数放在等式的右侧。

写出了账单额的等式之后,我们可以应用这个等式计算你骑行电动车的费用。例如,如果你骑

行了16分钟的电动车,只需将16分钟代入式(1A.1)中的 T,即可计算出你骑行电动车的账单额:
$$B = 1 + 0.2 \times 16 = 4.2 \tag{1A.2}$$
骑行16分钟电动车后,你需要支付4.2美元。

练习 1A.1

在例1A.1描述的共享电动车收费方案中,如果你骑行了22分钟,那么你需要支付多少钱?

用一条直线表示等式

下面的例子说明了如何用图形表示例1A.1中的账单额。

例 1A.2 画图表示等式

画图表示例1A.1中的共享电动车收费方案。用纵轴表示总费用(单位是美元)、横轴表示骑行时间(单位是分钟)。

我们要做的第一步是将文字描述转换为等式。用图形表示等式时,通常的做法是用纵轴表示因变量、横轴表示自变量。因此在图1A.1中,我们将 B 写在纵轴上,将 T 写在横轴上。画出图中曲线的一个方法是先在图中用几个点表示由不同的骑行时间以及相应的费用确定的一些点。例如,如果骑行了10分钟,则需要支付 $B=1+0.2\times10=3$ 美元。因此,在图1A.1中,横轴上10分钟对应着纵轴上的3美元,即 A 点。如果骑行了15分钟,则需要支付 $B=1+0.2\times30=4$ 美元。因此,在图1A.1中,横轴上15分钟对应着纵轴上的4美元,即 C 点。同样,如果骑行了20分钟,则需要支付 $B=1+0.2\times20=5$ 美元。因此,在图1A.1中,横轴上20分钟对应着纵轴上的5美元,即 D 点。连接所有这些点的线就是式(1A.1)所表示的骑行费用。

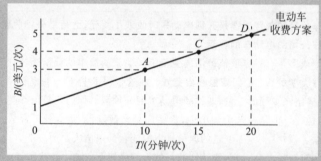

图 1A.1 例1A.1中的电动车收费方案

等式 $B=1+0.2T$ 的图形是图中所示的直线,其纵截距为1,斜率为0.20。

如图1A.1所示,等式 $B=1+0.2T$ 的图形是一条直线。参数1就是直线的纵截距——当 $T=0$ 时 B 的取值,或者这条直线与纵轴的交点。参数0.2等于这条直线的斜率,也就是随着 T 的变化 B 变化的速度。$\dfrac{因变量的增量}{自变量的增量}$ 这个比率等于直线上任意两点之间的纵轴距离除以这两点之间的横轴距离。比如,如果我们选择图1A.1中的 A 点和 C 点,那么因变量的增量是 $4-3=1$,而相应的自变量的增量是 $15-10=5$,因此二者的比率为 $1/5=0.2$。通常对于任一等式 $Y=a+bX$,参数 a 是纵截距,参数 b 是斜率。

从图中的直线得出等式

下面的例子说明了如何根据图中的直线推导直线所表示的等式。

例 1A.3　根据图推导等式

图 1A.2 是某共享电动车公司收费方案的图形。该图对应的等式是什么？根据这个方案，电动车的开锁费是多少？每分钟收取的费用又是多少？

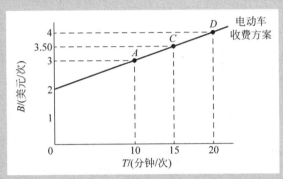

图 1A.2　另一个电动车收费方案

A 点与 C 点之间的垂直距离为 $3.5-3=0.5$ 个单位，水平距离为 $15-10=5$ 个单位，因此这条直线的斜率等于 $0.5/5=0.1$。纵截距（$T=0$ 时 B 的取值）是 2，因此这个新方案的费用等式为 $B=2+0.1T$。

图中直线的斜率等于线上任意两点之间因变量的增量除以自变量的增量。对于 A 点和 C 点，因变量的增量是 $3.5-3=0.5$，而自变量的增量是 $15-10=5$，因此斜率等于二者的比率 $0.5/5=0.1$。已知直线的纵截距等于 2，因此等式为

$$B = 2 + 0.1T \tag{1A.3}$$

在该方案下，解锁电动车的费用即为 $T=0$ 时的账单额，也就是 2 美元。每分钟收取的费用等于直线的斜率 0.1，即每分钟 10 美分。

练习 1A.2

写出下图中直线表示的等式。解锁电动车的固定费用是多少？每分钟收取的费用又是多少？

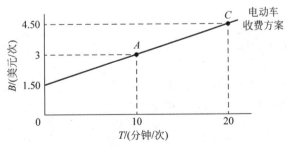

纵截距和斜率的变化

例 1A.4 和例 1A.5 以及练习 1A.3 和练习 1A.4 都说明了一条直线是如何随着纵截距或斜率的变化而变化的。

例 1A.4 纵截距的变化

描述当电动车的解锁费用从 2 美元上涨到 3 美元时，图 1A.2 中表示收费方案的直线将如何变化。

电动车的解锁费用从 2 美元上涨到 3 美元后，表示收费方案的直线的纵截距将上升 1 美元，但斜率保持不变。解锁费用的上涨导致表示收费方案的直线平行上移，如图 1A.3 所示。对于任何给定的骑行时间，新方案下解锁费用均比原来高 1 美元，因此骑行 10 分钟原来只需支付 3 美元（A 点），现在则需要支付 4 美元（A' 点）。同样，骑行 15 分钟原来只需支付 3.5 美元（C 点），现在则需要支付 4.5 美元（C' 点）；骑行 20 分钟原来只需支付 4 美元（D 点），现在则需要支付 5 美元（D' 点）。

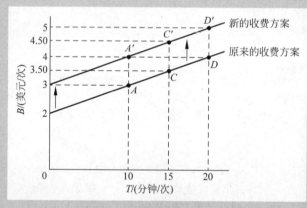

图 1A.3　纵截距增加的效应
直线的纵截距增加使直线平行上移。

练习 1A.3

如果解锁费用从 2 美元下降到 1 美元，那么图 1A.2 中表示收费方案的直线会有什么变化？

例 1A.5 斜率的变化

描述当每分钟的骑行费用从 10 美分上涨到 20 美分时，图 1A.2 中表示收费方案的直线将如何变化。

因为电动车的解锁费用不变，因此新收费方案的纵截距仍然是 2。但是如图 1A.4 所示，新方案的斜率变成了 0.2，是原来斜率的 2 倍。一般来说，等式 $Y=a+bX$ 中，b 的增加意味着等式对应的直线的斜率更陡峭。

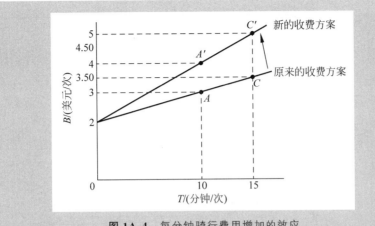

图 1A.4 每分钟骑行费用增加的效应

因为电动车的解锁费用不变,因此新收费方案的纵截距与原来的纵截距相等。每分钟骑行费用变成20美分后,该收费方案的斜率从0.1增长到0.2。

练习 1A.4

说明如果每分钟的骑行费用从10美分下降到5美分,图 1A.2 中表示收费方案的直线将如何变化。

练习 1A.4 说明了当等式 $Y = a + bX$ 中的 b 下降时,等式所对应的直线的斜率将变得不那么陡峭。

根据表格写出等式,画出图形

例 1A.6 和练习 1A.5 说明了如何根据表格中的信息写出等式,画出图形。

例 1A.6 将表格转化为图形

表 1A.1 列出了共享电动车费用等式中的 4 个点。如果这个等式中所有的点都位于同一条直线上,求出等式的纵截距,并画出图形。解锁电动车的费用是多少?每分钟骑行的费用是多少?计算骑行 30 分钟时需要缴纳的总费用。

表 1A.1 共享电动车收费方案中的点

总费用/(美元/次)	骑行时间/(分钟/次)
2.50	5
3.75	10
5.00	15
6.25	20

这个问题的一种解决方法是在图中标出表中的任意两个点。因为等式中所有的点都在同一条直线上,因此这条线肯定经过等式的任意两点。图 1A.5 中用 A 点表示表 1A.1 中骑行时间为 10 分

钟时总费用等于3.75美元的情况（第2行），用C点表示表1A.1中骑行时间为20分钟时总费用等于6.25美元的情况（第4行）。通过这两点的直线就是费用等式所对应的图形。

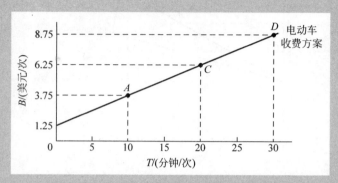

图1A.5　根据一些点画出骑行费用等式的图形

根据表1A.1中第2行的A点及第4行的C点，画出经过这些点的直线即可得到骑行费用的图形。

除非你画图非常精确或使用了画图纸，否则这种定两点画直线的方法很难精确表示。还有一种方法是直接计算等式。因为等式用一条直线表示，因此它的基本形式为$B=f+sT$，其中f表示解锁费用，s表示斜率。根据之前画出的A点和C点，我们可以计算收费方案的斜率$s=\dfrac{因变量的增量}{自变量的增量}=\dfrac{2.5}{10}=0.25$。

接下来我们要计算f的数值，即解锁电动车的固定费用。在收费方案中的C点，骑行时间为20分钟时总费用为6.25美元，因此将$B=6.25, s=0.25, T=20$代入等式$B=f+sT$，得到：

$$6.25 = f + 0.25 \times 20 \tag{1A.4}$$

整理得到：

$$6.25 = f + 5 \tag{1A.5}$$

可以解出$f=1.25$。电动车骑行费用等式为

$$B = 1.25 + 0.25T \tag{1A.6}$$

根据这个等式，解锁电动车的费用是1.25美元，每分钟的费用是25美分（0.25美元/分钟），骑行时间为30分钟时，总费用为$B=1.25+0.25\times 30=8.75$（美元），如图1A.5所示。

练习1A.5

下表列出了电动车骑行收费方案中的4个点。

总费用/（美元/次）	骑行时间/（分钟/次）
2.50	5
4.25	10
6.00	15
7.75	20

如果所有的点都位于同一条直线上，在不画图的情况下计算相应等式的纵截距。解锁电动车的费用是多少？每分钟骑行的费用是多少？骑行30分钟的总费用是多少？

求解联立方程组

例 1A.7 和练习 1A.6 演示了当你需要求解包含两个未知数的两个方程时应该怎么做。

例 1A.7　求解联立方程组

假设你正在两家共享电动车公司之间进行选择。如果选择公司 1,则你骑行电动车的费用将用下式计算:

$$B = 0.5 + 0.3T \quad (1A.7)$$

式(1A.7)中,B 是骑行总费用,以美元为单位;T 是以分钟衡量的骑行时间。如果选择公司 2,则你骑行电动车的费用将用下式计算:

$$B = 2 + 0.15T \quad (1A.8)$$

如果想要使骑行公司 2 的电动车更便宜,你应该骑行多长时间?

公司 1 吸引人的地方在于电动车解锁费用较低,但也有一个缺点,即每分钟骑行费用相对较高。相反,公司 2 收取的电动车解锁费用相对较高,但每分钟骑行费用较低。那些骑行时间较短(如 4 分钟)的人选择公司 1(总费用=1.7 美元)比选择公司 2(总费用=2.6 美元)好,因为公司 1 收取的较低的解锁费用可以抵消每分钟较高的骑行费用。相反,那些骑行时间较长(如 15 分钟)的人选择公司 2(总费用=4.25 美元)比选择公司 1(总费用=5 美元)好,因为公司 2 收取的每分钟较低的骑行费用可以抵消较高的解锁费用。

此时我们的任务是找出骑行时长的平衡点,也就是使两家公司的电动车骑行总费用相等的骑行时长。求解这个问题的方法之一是画出两家公司的收费方案的图,找出它们的交点。在交点上,两个方程同时成立,即两种方案下的骑行时长和总费用相等。

在图 1A.6 中,表示两种方案的直线相交于 A 点,骑行 10 分钟的总费用都是 3.5 美元。所以使两个方案平衡的骑行时长是 10 分钟。如果你的骑行时长超过 10 分钟,那么选择公司 2 会省钱。例如,如果你骑行 20 分钟,公司 2 收取的费用(5 美元)比公司 1 收取的费用(6.5 美元)便宜 1.5 美元。相反,如果你的骑行时长不足 10 分钟,那么选择公司 1 更好。例如,如果骑行 5 分钟,公司 1 收取的费用(2 美元)比公司 2 收取的费用(2.75 美元)少 75 美分。骑行 10 分钟时,两家公司收取的费用相同(3.5 美元)。

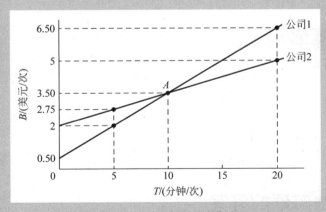

图 1A.6　骑行时长的平衡点

当骑行时长为 10 分钟时,两家公司收取的费用相等。当骑行时长超过 10 分钟时,公司 2 的费用较低;不足 10 分钟时,公司 1 的费用较低。

这个问题也可以用代数方法求解。就像刚才讨论的图解法一样,我们的目标是找出使两个方程都得到满足的点(T,B)。第一步,我们改写这两家公司的收费方程,把一个放在另一个上面,如下所示:

$$B = 0.5 + 0.3T \quad \text{(公司 1)}$$
$$B = 2 + 0.15T \quad \text{(公司 2)}$$

回顾一下高中代数,用一个方程某一边的项减去另一个方程所对应的项,得到的差会相等。所以,如果我们把公司的 2 方程两边都用公司 1 的方程中对应的项来减,得到:

$$\begin{array}{ll} B = 0.5 + 0.3T & \text{(公司 1)} \\ -B = -2 - 0.15T & \text{(一公司 2)} \\ \hline 0 = -1.5 + 0.15T & \text{(公司 1－公司 2)} \end{array}$$

然后,解最下面的方程(公司 1－公司 2),得到 $T = 10$。

将 $T = 10$ 代入两个方程,我们发现 $B = 3.5$。例如,公司 1 的方程求解得 $0.5 + 0.3 \times 10 = 3.5$,与公司 2 的结果 $2 + 0.15 \times 10 = 3.5$ 一样。

因为点 $(T, B) = (10, 3.5)$ 同时位于两家公司的方程上,所以上述代数解法通常被称为求解联立方程组。

练习 1A.6

假设你正在两家共享电动车公司之间进行选择。如果你选择公司 1,那么你的费用可以用下式计算:

$$B = 0.2 + 0.4T \quad \text{(公司 1)}$$

式中,B 是骑行总费用,以美元为单位;T 是以分钟衡量的骑行时长。如果你选择公司 2,那么你的骑行总费用可以用下式计算:

$$B = 5 + 0.1T \quad \text{(公司 2)}$$

用例 1A.7 中的代数方法找出使两家公司收费相同的骑行时长的盈亏平衡点。

名词与概念

constant	常数	rise	因变量的增量
dependent variable	因变量	run	自变量的增量
equation	等式	slope	斜率
independent variable	自变量	variable	变量
parameter	参数	vertical intercept	纵截距

附录中练习题的答案

1A.1 计算骑行时长为 22 分钟时的总费用,用 22 分钟代替 T 代入式(1A.1),得到 $B = 1 + 0.2 \times 22 = 5.4$(美元)。

1A.2 根据 A 点和 C 点计算斜率,已知因变量的增量=4.5-3=1.5,自变量的增量=20-10=10,因此二者的比率=1.5/10=0.15。因为直线的纵截距是1.5,因此等式为 $B=1.5+0.15T$。在该方案下,电动车的解锁费用是1.5美元,每分钟骑行费用等于收费直线的斜率0.15,即每分钟15美分。

1A.3 解锁电动车的费用减少1美元将使表示收费方案的直线平行下移1美元。

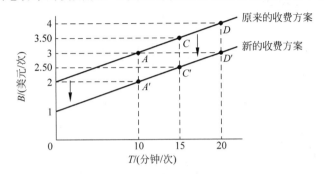

1A.4 因为电动车解锁费用不变,新方案的纵截距仍然等于2,而新方案的斜率为0.05,是原来的一半。

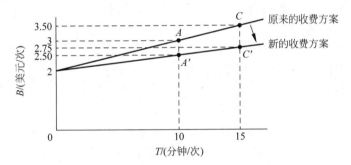

1A.5 令费用等式为 $B=f+sT$,f 表示电动车解锁费用,s 表示斜率。根据表中最开始的两个点,计算出斜率 $s=\dfrac{因变量的增量}{自变量的增量}=\dfrac{1.75}{5}=0.35$。接下来计算 f,根据表中第1行的信息写出费用等式 $2.5=f+0.35\times5$,解出 $f=0.75$。因此等式为 $B=0.75+0.35T$。根据等式,电动车的解锁费用是75美分,每分钟的骑行费用为35美分,骑行30分钟的总费用是 $B=0.75+0.35\times30=11.25$(美元)。

1A.6 用公司1的方程减公司2的方程,得

$$0=-4.8+0.3T \quad (公司1-公司2)$$

解得 $T=16$。因此,如果你的骑行时长超过16分钟,那么选择公司2更划算。

第 2 章

比较优势

学习目标

学完本章,你应该能够:
1. 解释与应用比较优势原理,并解释比较优势与绝对优势的区别。
2. 解释并应用机会成本递增原理(又称"低果先摘"原理)。用生产可能性曲线说明机会成本和比较优势。
3. 识别引起生产可能性边界移动的因素。
4. 解释比较优势在国际贸易中的作用,并说明为什么有些工作比其他工作更适合外包。

一名年轻的经济自然主义者志愿加入联合国维和部队,驻扎在尼泊尔的农村。为了节省开支,他雇用了一位名叫伯克哈曼的厨师。伯克哈曼来自邻国不丹喜马拉雅山脚下一个偏僻的小山村。虽然没有接受过正规的教育,但伯克哈曼却是位多才多艺的人。他的主要职责是准备三餐并且保持厨房的洁净,这两点伯克哈曼都做得非常好。此外,他还拥有其他技能,如能够用茅草覆盖屋顶、宰杀山羊和修鞋。伯克哈曼还是一位出色的铁匠和木匠,会修理闹钟和用石膏抹墙,在家庭医疗保健方面他也很有一套,是当地的权威。

在尼泊尔,大多数人都有多种才能,即使技能最少的村民也能提供很多服务。但是在美国则不同,美国人会雇用其他人做一些尼泊尔人自己做的事。为什么会有这样的差别呢?

一个可能的答案是尼泊尔人很穷,没有多余的钱雇用他人为自己提供服务。的确,尼泊尔是个贫穷的国家,人均收入不足美国人均收入的$\frac{1}{60}$。在尼泊尔,很少有人拥有足够的财力去支付外雇的服务。或许很多人觉得这个解释合情合理,但事实并不完全如此。尼泊尔人因为贫穷不得不亲自做很多事情,而他们过多地依靠自身能力却加剧了贫困。

除了这种每个人都尽力做所有自己能做的事情的经济体系之外,还有一种截然不同的经济体系。在这种经济体系下,每个人专门从事某项特定的生产或服务,然后通过相互交换得到各自所需的产品和服务。通常而言,这种在专门化以及产品与服务的交换基础上建立的经济体系的生产能力远远高于专门化程度低的经济体系。本章的主要目的就是讨论为什么专门化和交换会带来生产能力的提高。

本章将揭示专门化提高生产率的原因在于存在比较优势。我们说一个人在生产某种产品或服务的生产上具有比较优势，以理发为例，是指这个人理发的效率相对于他生产其他产品和服务的效率更高。本章指出如果每个人都专门从事某种其自身具有比较优势的生产或服务，那么每种产品和服务的数量都会增加。

本章还会介绍生产可能性曲线，即用图形的方法描述经济所能生产的产品和服务的组合。在这个工具的帮助下，我们可以清楚地看出专门化会如何增强哪怕是最简单的经济的生产能力。

交换和机会成本

稀缺原理（参见第1章）告诉我们：在某一种经济活动上投入的时间越多，可以投入其他活动的时间就越少。下面的例子用这个原理清楚地解释了为什么人们通过专门从事某种自己比别人干得好的活动，可以使每个人都生活得更好。

例2.1　稀缺原理

凯莉·韦斯勒应该设计自己的网页吗？

凯莉·韦斯勒是当今美国最著名、最有影响力的室内设计师之一。她的商业和住宅设计获得了众多赞誉。她为卡梅隆·迪亚兹、格温·斯特凡尼和本·斯蒂勒等名人做过室内设计，在Instagram上有70多万粉丝。

尽管凯莉将大部分时间和才华都投入了室内设计中，但她也能出色地完成很多其他设计工作。假设凯利可以在300小时内完成自己的网页设计，而其他网页设计师至少需要600小时。这是否意味着凯利应该设计自己的网页？

假设凯莉凭借自己作为室内设计师的才华，年收入超过100万美元，这意味着她花在设计网页上的任何时间的机会成本都将超过每小时500美元。凯莉很轻松地就可以找到一个时薪远低于500美元的高水平网页设计师。因此，尽管凯莉的丰富技能使她能够比大多数网页设计师更快地设计网页，但这样做并不划算。

在例2.1中，经济学家会说凯莉在设计网页方面有**绝对优势**，而在室内设计方面有**相对优势**。她在设计网页方面有绝对优势，因为她可以用比网页设计师更短的时间完成网页设计。即便如此，网页设计师在设计网页方面仍具有相对优势，因为他们设计网页的机会成本低于凯莉。

例2.1中暗含的假设是凯莉花1小时设计网页与花1小时进行室内设计得到的满足感是相同的。但是假设她厌倦了室内设计工作，觉得尝试亲手设计网页会更开心，那么她设计自己的网页可能就非常有意义。但除非她能够从设计自己的网页中获得额外的满足感，否则雇用一名网页设计师仍是更好的选择。网页设计师也将从中受益，否则他也不会在商定的价格下接受设计网页的工作。

比较优势原理

现代经济学的一个核心观点是如果两个人(或两个国家)从事不同的活动时具有不同的机会成本,他们总是可以通过交换增加产品和服务总量。下面的例子说明了这个核心观点的逻辑。

例 2.2　比较优势

安娜应该更新自己的网页吗?

假设在一个小型社会中,安娜是唯一的专业自行车技师,而辛是唯一的专业网页程序员。如果她们用来进行这两项活动的时间如表 2.1 所示,并且认为从事这两项活动得到的满足(或者不满足)程度相等,那么安娜编程的速度比辛快是否意味着安娜应该自己更新网页呢?

表 2.1　安娜和辛的生产信息　　　　　　　　　　　　　　　　　　单位:分钟

姓名	更新网页的时间	修理自行车的时间
安娜	20	10
辛	30	30

表 2.1 中的数字说明安娜在更新网页和修理自行车两项活动中都具有绝对优势。作为技师的安娜更新网页需要花费 20 分钟,而作为程序员的辛更新网页则需要花费 30 分钟。在修理自行车时,安娜相对于辛的优势更加明显:她可以在 10 分钟内修好自行车,而辛则需要 30 分钟。

但是安娜与辛相比是位更好的程序员的事实并不意味着安娜应该自己更新网页。辛在编写程序方面相对于安娜具有比较优势:她在编写程序方面更有效率。同样,安娜在修理自行车方面具有比较优势(一个人在某项活动上具有比较优势是指他进行这项活动的机会成本比其他人低)。

辛更新网页的机会成本是什么? 因为辛需要 30 分钟更新网页——与她修理自行车所需要的时间相等——因此,她更新网页的机会成本就是修理一辆自行车。换句话说,通过将时间投入更新网页而不是修理自行车上,辛的选择是有效的。相反,安娜可以在更新网页所需要的时间内修理 2 辆自行车。对她而言,更新网页的机会成本是修理 2 辆自行车。用修理的自行车数量来表示,安娜编写程序的机会成本就是 2 辆自行车,是辛机会成本的 2 倍。因此,辛在编写程序上具有比较优势。

表 2.2 总结了安娜和辛各自从事某种活动时的机会成本。该表一个有趣而重要的结论是如果辛和安娜将她们的时间部分用于更新网页、部分用于修理自行车,那么她们可以拥有的网页更新数量和自行车修理数量的总和少于她们各自专门从事自己具有比较优势的活动时的总和。假设人们每天一共需要更新 16 个网页。如果安娜用一半的时间更新网页,用另一半时间修理自行车,那么一天工作 8 个小时后安娜可以更新 12 个网页、修理 24 辆自行车。剩下的 4 个网页,辛花 2 个小时就可以完成更新工作,这样她可以用剩下的 6 个小时修理自行车。修理 1 辆自行车平均需要 30 分钟,因此 6 个小时内辛可以修理 12 辆自行车。这样当她们进行交换时,一共可更新 16 个网页、修理 36 辆自行车。

表 2.2　安娜和辛的机会成本

姓名	更新网页的机会成本	修理自行车的机会成本
安娜	修理 2 辆自行车	更新 0.5 个网页
辛	修理 1 辆自行车	更新 1 个网页

让我们看看如果安娜和辛分别专门从事她们具有比较优势的活动,会有什么样的结果。辛可以自己更新 16 个网页,安娜可以修理 48 辆自行车。专门化可以凭空多出 12 辆自行车的修理服务。

以一种产品为单位计算另一种产品的机会成本时,我们必须时刻关注生产力信息的表现形式。在例 2.2 中,我们知道了每个人做每项活动所需要的时间。相反,我们也可能知道的是每小时每个人可以进行的活动的数量。请通过下面的练习掌握采用后一种方法时如何计算机会成本。

练习 2.1

米格尔应该自己更新网页吗?

假设在一个小型社会中,米格尔是唯一的职业自行车技师,莫尼克是唯一的专业网页程序员。他们从事这两种活动的生产速度如下表所示,而且从事这两种活动带来的满足(不满足)程度相等,那么米格尔比莫尼克更新网页的速度快是否意味着米格尔应该自己更新网页?

姓名	更新网页的生产力	修理自行车的生产力
莫尼克	每小时更新 2 个网页	每小时修理 1 辆自行车
米格尔	每小时更新 3 个网页	每小时修理 3 辆自行车

上面的例子暗含的经济学原理非常重要,我们将其正式表述为一个经济学的核心原理。

比较优势原理:当每个人(或者每个国家)集中进行其机会成本最低的活动时,所有人都会实现最优。

的确,基于比较优势的专门化生产可能产生的收益构成了市场交换的基本原理。这解释了为什么每个人不是将自己时间的 10% 用于生产汽车、5% 用于购买食物、25% 用于建造房屋,然后还有 0.0001% 用于进行脑外科手术或其他活动。通过专门从事我们每个人具有比较优势的生产,我们可以生产远多于自给自足情况下的产品和服务。

现在我们重新回顾一下厨师伯克哈曼。虽然伯克哈曼多才多艺,能够自己做很多事情,但是他肯定不如在医学院受过专业训练的医生医术高明,也没有每天都在从事修理工作的修理工熟练。如果很多和伯克哈曼一样具有天生技能的人都聚集到一起,然后每个人都专门从事一种或两种产品的生产,那么他们能够生产的产品和服务的总数量及质量都要明显优于每个人独自生产所有自己所需产品和服务的情况。虽然依靠自身的技能自力更生的人应该受到社会的尊重,但是从繁荣经济的角度来看,这种做法不值得提倡。

专门化及其效应给经济自然主义者提供了充足的物质资料。下面这则体坛的例子就说明了这个道理。

经济自然主义者 2.1 0.400 的击球手都到哪儿去了?

在棒球运动中,0.400 的击球手是指 10 次击球中至少有 4 次击中的球员。虽然在职业棒球界 0.400 的击球手并不常见,但是他们出现的频率还是比较高的。例如,20 世纪早期,有位名叫卫·威力·克勒的球员是 0.432 的击球手,也就是说每 100 次击球能够击中43次以上。但是自从1941年波士顿红袜队的泰德·威廉姆斯击出0.406的成绩后,联赛中再也没有出现过0.400的击球手。为什么?

一些棒球爱好者认为0.400的击球手的消失意味着如今棒球运动员的水平下降了。但是这种观点经不起事实的检验。我们查看资料就会发现现在的棒球运动员与卫·威力·克勒相比块头更大、更强壮,奔跑速度也更快(卫·威力·克勒的身高只有1.65米,体重不足130斤)。

比尔·詹姆斯是棒球运动史的权威分析师。他认为0.400的击球手的消失反而是棒球联赛质量提升的结果。事实上投手和外场球员的水平都更高了,因此要实现0.400的击球目标也变得更困难了。

棒球队的整体水平为什么上升了?可能的原因有很多,如营养更好、训练更科学、装备更好,但要注意专门化也在球队水平的提高中发挥了重要的作用。① 过去,一名投手通常会在整场比赛中充当投手的角色。但是现在的投手包括比赛开始时的投手(先发投手)、比赛中间两到三局的投手(中场投手)及最后一局的投手(终场投手)。这些不同的角色需要不同的技能和战术。投手可能还会分成专门应付左手或右手击球球员的投手、专门让击球手出局的投手以及使击球手将球击落在比赛场地上的投手。类似地,外场球员如今很少负责多项防御,大多数球员只负责一项防御任务。有些球员专门负责防御(使对方无法充分发挥击球能力);这些"防御专家"可以在比赛的后半段帮助保持领先地位。即使是在管理和教练方面,专门化也成了主要趋势。救援投手有专门的教练而且统计专家还会应用计算机帮助发现对方击球手的弱点。专门化的增加最终导致了如今就连最弱的球队的防御能力也很出色的现状。在没有弱手的今天,击球手要在整个赛季打出0.400几乎是不可能完成的任务。

比较优势的来源

对于个体而言,比较优势通常源自与生俱来的才能。比如,有些人生来就有编写计算机程序的天赋,而有些人生来就知道修理自行车的诀窍。但比较优势的产生更多是因为教育、培训或经验。因此,我们通常雇用受过建筑培训的人来设计厨房,雇用学过法律的人来拟订合约,雇用具有物理学高学历的人来教授物理。

对一个国家而言,比较优势源于自然资源或社会文化的差异。美国拥有世界上大量杰出的研究型大学,因此在设计电子计算机软件和硬件上具有比较优势。加拿大的人均农田和森林面积居全球首位,因此加拿大在农产品生产上具有比较优势。地形和气候可以帮助解释为什么美国科罗拉多州的滑雪行业很发达,而夏威夷州则是知名的海滨度假胜地。

一些非经济因素也可能产生比较优势。比如说因为英语实际上是世界语言,因此相对于非英语国家,说英语的国家在出版、电影和流行音乐行业具有比较优势。甚至一个国家的社会制度也会影响该国在某个行业中拥有比较优势的程度。例如,鼓励创业的文化

---

① 参见 Stephen Jay Gould, *Full House*. New York: Three Rivers Press, 1996, Part 3, 作者从一个物种进化学家的角度分析了专门化及0.400的击球手减少的有趣现象。

会使该国在生产新产品上具有比较优势,而促进工艺高标准化的文化则使该国在生产高品质的已有产品上具有比较优势。

经济自然主义者2.2　　美国在电视和数字录像市场上的领先地位为什么丧失了?

美国发明了电视和录像带并且首先对其进行批量生产,但是现在美国电视和录像带的产量只占全世界总产量中很小的一部分。美国在技术研究上的比较优势可以部分地解释为什么电视机和录像机在美国被发明和改进。美国之所以具有技术研究上的比较优势,一个原因是它有杰出的高等教育体系,另一个原因是每年投入军用电子产品的高额实验经费和鼓励创业的文化。在生产这些产品的初期,美国具有优势是因为这些产品在初始阶段的研发速度比较快,因此将厂房设置在紧邻产品设计开发的地方有助于不断地改进产品。此外,早期的生产技能在很大程度上依靠熟练工人,而美国的熟练技工有很多。但随着产品开发的稳定化及复杂生产装置的自动化,生产过程中需要的熟练工人随之减少。因此,美国这种高工资国家的产品相对于低工资国家生产的同等产品而言失去了竞争优势。

> **重点回顾:交换和机会成本**
>
> 如果交换的对象具有生产不同产品和服务的比较优势,通过交换就有可能获益。假设你在生产网页产品上具有比较优势,即你生产一个网页的机会成本(用放弃的其他产品的数量来表示)小于贸易对象相应的机会成本。每个人都专门生产自己具有最低机会成本(比较优势原理)的产品或服务就可以达到最大的产量。即使贸易对象在所有活动中用绝对数量衡量的生产能力都更高,基于比较优势进行专门化生产仍然有价值。

比较优势和生产可能性

比较优势和专门化使一个经济体的产量远大于每个人都进行一小部分各种活动时的产量。本节我们将通过引进一种图形来进一步分析专门化的好处,这种图形可以用来描述一个经济体所能生产的所有产品和服务的组合。

生产可能性曲线

假设一个经济体只生产两种产品:咖啡豆和松果。这是一个小的岛国经济,所谓的"生产"就是指到岛屿中央谷底的灌木丛中摘取咖啡豆或者到可以俯瞰村庄的陡峭山腰的树上采拾松果。工人花费在摘咖啡豆上的时间越多,可以用来采拾松果的时间就越少。因此,如果人们想要喝更多的咖啡,他们就只能得到更少的松果。

如果知道每种活动中工人的生产能力,我们就可以得出工人每天可以摘的咖啡豆和松果的数量的不同组合。这一选择的组合就是经济学中的**生产可能性曲线(PPC)**。

下面我们还是用一个例子来做简单的介绍。在这个例子中只有一名工人,这名工人可以将自己的时间任意分配到两种活动上。

例 2.3　生产可能性曲线

在只有克里莎一名工人的经济体中,生产可能性曲线是什么样的?

假设一个经济体只有克里莎一名工人,她可以将自己的生产时间任意分配到生产咖啡豆或松果上。克里莎身材矮小,但是手指很灵活,这两个因素决定了她摘咖啡豆的效率高于采松果。假设她每小时可以采 2 磅[①]松果或者摘 4 磅咖啡豆。如果克里莎每天工作 6 个小时,根据上述信息,画出她的生产可能性曲线——描述在任意一种松果产量下,克里莎可以摘的咖啡豆的最大产量图。

图 2.1 的纵轴表示克里莎每天可以摘的咖啡豆量,横轴表示她每天可以采的松果量。下面先讨论两种极端的工作时间分配方案。首先假设她将自己所有的工作时间(6 个小时)都用于摘咖啡豆。这种情况下她每小时可以摘 4 磅咖啡豆,每天可以摘 24 磅咖啡豆,但此时松果的产量为零。这种咖啡豆和松果的组合用图 2.1 中的 A 点表示,也就是克里莎的生产可能性曲线的纵截距。

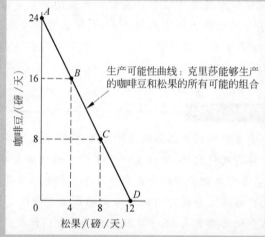

图 2.1　克里莎的生产可能性曲线
对于给定的生产关系,生产可能性曲线是一条直线。

接着假设现在克里莎不摘咖啡豆,而将所有的时间用于采松果。因为她每小时可以采摘 2 磅松果,所以每天可以采摘 12 磅松果。这种产量组合用图 2.1 中的 D 点表示,也就是生产可能性曲线的横截距。因为克里莎生产每种产品的产量与对应的生产活动时间成正比,因此她的生产可能性曲线上的其他所有点都位于经过 A 点和 D 点的直线上。

假设克里莎每天用 4 个小时摘咖啡豆、2 个小时采松果,那么她每天会得到 4 小时×4 磅/小时=16 磅咖啡豆及 2 小时×2 磅/小时=4 磅松果,在图 2.1 中用 B 点表示。但如果克里莎每天花 4 个小时采松果、2 个小时摘咖啡豆,那么她每天会得到 4 小时×2 磅/小时=8 磅松果及 2 小时×4 磅/小时=8 磅咖啡豆,在图中用 C 点表示。

既然克里莎的生产可能性曲线(PPC)是一条直线,那么它的斜率就是一个常数。克里莎的生产可能性曲线的斜率的绝对值等于这条线的纵截距和横截距的比率:(24 磅咖啡豆/天)/(12 磅松果/天)=(2 磅咖啡豆)/(1 磅松果)(注意计算比率保留每个轴的变量的单位)。这个比率说明克里莎多生产 1 磅松果的机会成本是 2 磅咖啡豆。

克里莎生产松果的机会成本(OC)可以用下面这个简单的公式表示:

$$OC_{松果} = \frac{咖啡豆减少量}{松果增加量} \tag{2.1}$$

[①] 1 磅=0.453 59 千克。

这里"咖啡豆减少量"是指减少摘咖啡豆的时间而损失的咖啡豆产量,"松果增加量"是指增加采松果的时间而增加的松果产量。同样,克里莎生产咖啡豆的机会成本也可以用下式表示:

$$OC_{咖啡豆} = \frac{松果减少量}{咖啡豆增加量} \tag{2.2}$$

下面两种说法是完全一样的:①克里莎多生产1磅松果的机会成本是2磅咖啡豆;②克里莎多生产1磅咖啡豆的机会成本是1/2磅松果。

图2.1中的生产可能性曲线向下倾斜再次证明了稀缺原理——因为我们拥有的资源有限,因此多拥有一单位某种产品必然会引起其他产品拥有量的减少(参见第1章)。只有当克里莎愿意放弃消费1/2磅松果时,她才可能多拥有1磅咖啡豆。如果整个经济体中只有克里莎一个人,那么事实上某种产品的价格就等于她生产这种产品的机会成本。因此她要支付的多生产1磅咖啡豆的价格就是1/2磅松果;或者说她要支付的多生产1磅松果的价格是2磅咖啡豆。

位于生产可能性曲线上或者曲线内的任一点是**可实现的点**,即这种产量组合可以通过利用现有的资源得到。例如,在图2.2中,A、B、C、D点和E点都是可实现的点。位于生产可能性曲线外的点是**不可实现的点**,即这种产量组合无法在现有的资源下实现。在图2.2中,F点就是一个不可实现的点,因为克里莎不可能在每天摘16磅咖啡豆的同时采8磅松果。位于曲线内的点是**无效率的点**,因为利用现有的资源完全可以在不减少一种产品产量的前提下使另一种产品增加至少1个单位的产量。例如,在E点,克里莎每天只摘8磅咖啡豆和4磅松果,但其实她可以在维持4磅松果的情况下多摘8磅咖啡豆(从E点移到B点)。或者说她可以在维持8磅咖啡豆的情况下多摘4磅松果(从E点移到C点)。位于生产可能性曲线上的点是**有效率的点**。在有效率的点处,多生产一种产品就必须减少另一种产品的产量。

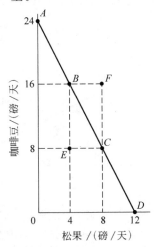

图2.2 在克里莎的生产可能性曲线上,可实现的点和有效率的点

位于生产可能性曲线上的点(如A、B、C和D点)或者以内的点(如E点)是可实现的点,位于生产可能性曲线以外的点(如F点)是不可能实现的点。位于曲线上的点是有效率的点,而位于曲线内的点是无效率的点。

练习 2.2

根据图 2.2 中的生产可能性曲线,说明下面哪些点是可实现的点并且/或者是有效率的点:
(1) 每天生产 20 磅咖啡豆、4 磅松果;
(2) 每天生产 12 磅咖啡豆、6 磅松果;
(3) 每天生产 4 磅咖啡豆、8 磅松果。

个体生产率如何影响生产可能性曲线的斜率和位置

为了说明生产可能性曲线的斜率和位置如何取决于个体的生产力,我们将克里莎的生产可能性曲线和汤姆的生产可能性曲线做个比较。假设汤姆摘咖啡豆的能力不如克里莎,但是采松果的能力比克里莎强。

例 2.4 生产率的变化

生产率的变化如何影响松果的机会成本?

汤姆身材矮小,视力很好,还具有其他优势,使他很适合采摘长在山腰树上的松果。汤姆每小时可以采摘 4 磅松果或者 2 磅咖啡豆。如果汤姆是整个经济体中唯一的工人,试画出整个经济体的生产可能性曲线。

我们用与画克里莎生产可能性曲线同样的方法画出汤姆的生产可能性曲线。如果汤姆每天将所有的工作时间(6 个小时)用于采摘咖啡豆,这种情况下他每天可以采摘 6 小时×2 磅/小时=12 磅咖啡豆和 0 磅松果,这就是汤姆的生产可能性曲线的纵截距,在图 2.3 中用 A 点表示。但是如果汤姆每天将所有的时间用来采摘松果,那么他可以得到 6 小时×4 磅/小时=24 磅松果和 0 磅咖啡豆,这就是汤姆生产可能性曲线的横截距,在图 2.3 中用 D 点表示。因为汤姆生产每种产品的产量与生产该产品的时间成正比,因此他的生产可能性曲线就是经过 A 点和 D 点的直线。

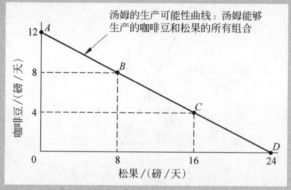

图 2.3 汤姆的生产可能性曲线
汤姆生产 1 磅松果的机会成本是 1/2 磅咖啡豆。

举个例子,如果汤姆每天花 4 个小时摘咖啡豆、2 个小时采松果,那么他每天会得到 4 小时×2 磅/小时=8 磅咖啡豆及 2 小时×4 磅/小时=8 磅松果,在图中用 B 点表示。但如果汤姆每天花 4

个小时采松果、2个小时摘咖啡豆,那么他每天会得到2小时/天×2磅/小时=4磅咖啡豆及4小时/天×4磅/小时=16磅松果,在图中用C点表示。

如何比较克里莎和汤姆的生产可能性曲线呢?注意在图2.4中汤姆摘咖啡豆的绝对生产能力低于克里莎,因此他的生产可能性曲线与纵轴的交点更靠近原点。同样,因为克里莎采松果的绝对生产能力低于汤姆,因此她的生产可能性曲线与横轴的交点更靠近原点。对于汤姆而言,多生产1磅松果的机会成本是1/2磅咖啡豆,相当于克里莎的1/4。这个机会成本的差异也体现在他们的生产可能性曲线的差异上:汤姆的生产可能性曲线斜率的绝对值是1/2,而克里莎的生产可能性曲线斜率的绝对值是2。

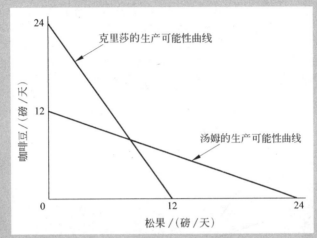

图 2.4 比较个人生产可能性曲线
汤姆在咖啡豆的生产上效率低于克里莎,但在松果的生产上效率高于克里莎。

在这个例子中,汤姆相对于克里莎在采松果上既有绝对优势又有比较优势,而克里莎相对于汤姆在摘咖啡豆上既有绝对优势又有比较优势。

我们必须再次强调,比较优势原理只是一个相对的概念——只有比较两个或多个人(或国家)的生产能力时这个概念才有经济意义。读者可以通过下面的练习巩固对这个概念的理解。

练习2.3

假设克里莎每小时可以摘2磅咖啡豆或者采4磅松果,汤姆每小时可以摘1磅咖啡豆或者采1磅松果。克里莎采1磅松果的机会成本是多少?汤姆采1磅松果的机会成本是多少?克里莎在哪项生产上具有比较优势?

专门化和交换的益处

如前所述,因不同人的机会成本不同而引起的比较优势可以使每个人都获益(参见例2.1和例2.2)。下面的例子从生产可能性曲线的角度阐述了这个道理。

例 2.5　专门化

不实施专门化的代价有多高？

假设例 2.4 中克里莎和汤姆对两项活动的时间分配恰好使每个人采的松果磅数等于摘的咖啡豆磅数，那么克里莎和汤姆可供消费的松果和咖啡豆各是多少？如果汤姆和克里莎都专门从事自己具有比较优势的生产，他们可供消费的松果和咖啡豆又各是多少？

因为汤姆在 1 个小时内可以采的松果磅数是他可以摘的咖啡豆磅数的 2 倍，因此要使两种产品的磅数相同，他就应该每采 1 个小时的松果后用 2 个小时摘咖啡豆。因为汤姆和克里莎都是每天工作 6 个小时，因此汤姆每天应该采 2 个小时松果、摘 4 个小时咖啡豆。根据这种时间分配方式，一天下来汤姆可以生产 8 磅松果和 8 磅咖啡豆。同样，克里莎在 1 个小时内可以摘的咖啡豆磅数是她可以采的松果磅数的 2 倍，因此要使两种产品的磅数相同，她就应该每摘 1 个小时的咖啡豆后用 2 个小时采松果。因为克里莎也是每天工作 6 个小时，因此克里莎每天应该摘 2 个小时咖啡豆、采 4 个小时松果，从而克里莎每天也可以生产 8 磅松果和 8 磅咖啡豆（参见图 2.5）。这样一来他们两个人每天的总产量就是 16 磅松果和 16 磅咖啡豆。但如果他们两个人都专门生产自己具有比较优势的产品，那么他们每天的总产量将是 24 磅咖啡豆和 24 磅松果。

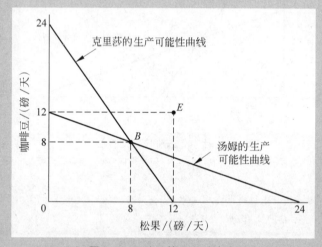

图 2.5　无分工情况下的生产

当汤姆和克里莎都花时间生产同样磅数的咖啡豆和松果时，他们每天共有 16 磅咖啡豆和 16 磅松果可供消费。

在这种情况下，如果他们彼此之间通过贸易交换自己的产品，那么现在每个人能够消费的两种产品的组合的可实现点在不进行贸易的情况下是不可实现的。例如，克里莎可以用 12 磅咖啡豆与汤姆交换 12 磅松果，这样每个人都可以多消费 4 磅咖啡豆和 4 磅松果。我们可以看到图 2.5 中的 E 点，即每个人每天可以消费 12 磅咖啡豆和 12 磅松果，位于克里莎和汤姆两个人生产可能性曲线的外部，但是该点通过专门化生产和贸易变成了可实现的点。

通过下面的练习题，读者可以看到专门化生产的好处会随着机会成本之间差异的增大而增加。

练习 2.4

机会成本的差异如何影响专门化的好处？

克里莎每小时可以摘 5 磅咖啡豆或者采 1 磅松果，而汤姆每小时可以摘 1 磅咖啡豆或者采5磅松果。假设他们每天工作6个小时,并且每个人都希望消费等量的咖啡豆和松果,那么相对于自给自足的情况而言,他们通过专门化生产可以增加多少消费量?

虽然专门化生产和贸易的好处随着贸易伙伴之间机会成本差异的扩大而增加,但这些机会成本的差异还不能完全解释贫穷国家和富裕国家之间生活水平的巨大差距。例如,2019年世界上最富裕的20个国家的人均收入超过60 000美元,而同时世界上最贫穷的20个国家的人均收入却只有600美元左右。[1] 下文还将进一步说明专门化在这些差异中的作用,这里我们首先讨论如何建立整个经济的生产可能性曲线,然后讨论除了专门化之外还有什么因素可能引起生产可能性曲线向外移动。

多人经济的生产可能性曲线

即使现实经济是由上百万人组成的,构建这样一个整体经济的生产可能性曲线的过程仍然与构建单人经济的生产可能性曲线一样。我们依旧假设一个经济体中只有两种产品(咖啡豆和松果),依旧用横轴表示松果的数量、用纵轴表示咖啡豆的数量。该经济体的生产可能性曲线的纵截距代表经济体中所有工人将所有的工作时间都用于摘咖啡豆时可以生产的咖啡豆总量,即这个假想经济体可能达到的最大咖啡豆产量,在图2.6中表示为每天100 000磅(这是为了便于画图而假想的一个数量)。该经济体的生产可能性曲线的横截距代表经济体中所有工人将所有的工作时间都用于采松果时可以生产的松果的总量,即这个假想经济体可能达到的最大松果产量,在图2.6中表示为每天80 000磅(同样是一个假想的数量)。注意图中的生产可能性曲线不再是一条直线——前面例子中只有一个工人的经济体的生产可能性曲线是一条直线——而是一条凸离原点的弓形曲线。

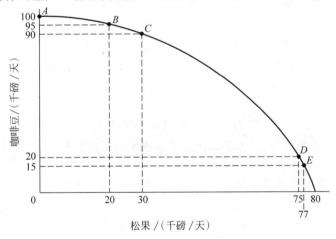

图2.6 一个大经济体的生产可能性曲线
当一个经济体中有数以百万计的工人时,生产可能性曲线的形状通常比较平缓。

---

[1] 20个最富裕的国家是澳大利亚、奥地利、比利时、加拿大、丹麦、芬兰、法国、德国、冰岛、爱尔兰、卢森堡、荷兰、挪威、卡塔尔、圣马力诺、新加坡、瑞典、瑞士、英国和美国。20个最贫穷的国家是阿富汗、布基纳法索、布隆迪、中非共和国、科摩罗、刚果民主共和国、海地、利比里亚、马达加斯加、马拉维、莫桑比克、尼日尔、卢旺达、塞拉利昂、南苏丹、苏丹、塔吉克斯坦、冈比亚、多哥和乌干达。(资料来源: IMF World Economic Outlook Database, April 2019, www.imf.org/external/pubs/ft/weo/2019/01/weodata/download.aspx.)

后文我们将解释生产可能性曲线为什么会是这种形状。不过，我们首先要指出，弓形生产可能性曲线意味着生产松果的机会成本随着整个经济体生产松果数量的增多而增加。例如，当经济体中的产品组合从只生产咖啡豆的 A 点向下移动到 B 点时，每天将少生产 5 000 磅咖啡豆而多生产 20 000 磅松果。随着松果的产量继续增加——譬如从 B 点移动到 C 点——每天少生产 15 000 磅咖啡豆而只多生产 20 000 磅松果。随着松果产量的进一步增加，这种机会成本不断增加的现象一直存在。从 D 点移动到 E 点时，每天少生产 50 000 磅咖啡豆节省的资源只能多生产 20 000 磅松果。我们可以看出在生产咖啡豆的过程中也发生了这种机会成本递增的现象。因此，随着咖啡豆产量的增加，多生产 1 磅咖啡豆的机会成本——用因之减少的松果磅数表示——也会增加。

为什么多人经济体的生产可能性曲线是弓形的？这是因为经济体中有些资源比较适合采松果而其他资源比较适合摘咖啡豆。如果最初经济体只生产咖啡豆并且开始想要一些松果，那么应该安排哪些工人不摘咖啡豆而去采松果呢？回顾我们在例 2.5 中提到的两个工人：克里莎和汤姆。汤姆在采松果上具有比较优势，克里莎在摘咖啡豆上具有比较优势。如果两个工人现在都在摘咖啡豆，而你想要安排他们中的一个去采松果，你会安排谁去？答案显然是汤姆，因为这样采 1 磅松果只会损失 1/2 磅咖啡豆，而如果让克里莎去采松果，采 1 磅松果就会损失 2 磅咖啡豆。

不管多人经济体的规模有多大，除了不同工人之间机会成本的差异可能不同于前面提到的两个工人的例子（参见例 2.5）之外，其中蕴含的原理是一样的。随着不断安排原本摘咖啡豆的工人去采松果，采松果的人数增加，到后来的某一点像克里莎这样适合摘咖啡豆的人也一定会被安排去采松果。这样到最后很多机会成本高于克里莎的人也会被要求去采松果了。

图 2.6 中生产可能性曲线的形状说明了一个一般性的原理：当不同资源的机会成本不同时，我们应该首先利用机会成本最低的资源。因为水果采摘工总是先摘最容易摘到的水果，因此我们将这个原理称为低果先摘原理。

机会成本递增原理（也称为**低果先摘原理**）：在扩大一种产品产量的时候，首先使用机会成本最低的资源，然后再逐渐使用机会成本较高的资源。

水果采摘工规则的逻辑注释　为什么水果采摘工要先采摘最低处的水果？这有下面几个原因。一个原因在于低处的水果容易采摘（因此成本更低），如果一名水果采摘工打算先采摘一定数量的水果，他显然会避免采摘高处树枝上难以采到的水果。即使他决定将树上所有的水果都摘下来，也会从低处的水果先摘起，因为这样能够更快地得到出售水果的利益。

一名要对效率低下且经济状况不佳的企业进行改革的新上任的 CEO 的任务与水果采摘工的工作差不多。CEO 的时间和精力是有限的，因此他会首先处理那些比较容易解决并且会带来经营状况最大改善的问题——最靠近地面的水果。然后，CEO 才会考虑那些对经营状况的影响不是很大的问题。

说得通俗一些，机会成本递增原理强调的就是首先利用对你而言最有利的机会。

> **重点回顾：比较优势和生产可能性**
>
> 对于一个只生产两种产品的经济体而言，生产可能性曲线描述了在一种产品的任意一种可能产量下，另一种产品可能达到的最大产量。位于曲线上或曲线内部的点称为可实现的点，位于曲线外部的点称为不可实现的点，位于曲线上的点又称为有效率的点。生产可能性曲线的斜率说明了多生产一单位横轴表示的产品的机会成本。机会成本递增原理，也称为低果先摘原理，告诉我们沿着曲线向右移动时生产可能性曲线变得越来越陡峭。此外，人们之间机会成本的差异越大，生产可能性曲线的弓形程度越明显，专门化生产带来的利益也就越大。

  导致生产可能性曲线移动的因素

生产可能性曲线列出了社会可以得到的所有产出组合。在任何一个时刻，生产可能性曲线促使社会进行贸易。人们要生产并且消费更多咖啡豆的唯一方法就是减少松果的产量和消费量。但是长期内，使所有产品的产量同时增加也不是不可能的。这就是人们所说的经济增长。如图 2.7 所示，经济增长使生产可能性曲线向外移动。经济增长可能是因为可以获得的生产资源增加，也可能是因为知识或技术的进步提高了现有资源的生产率。

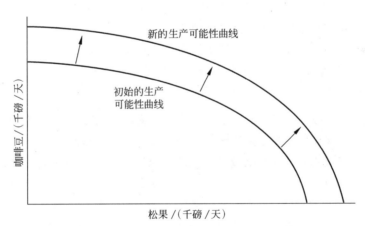

图 2.7　经济增长：生产可能性曲线的外移
生产性资源（如劳动力和资本品）的增加，以及知识和技术的改进会引起生产可能性曲线的外移。它们是经济增长的主要驱动力量。

一个经济体中可实现的生产资源增加是由哪些原因引起的？是对新厂房和设备进行投资。当工人在生产过程中使用的设备越来越好时，他们的生产率就会增加，而且通常是大幅增加。这也是引起贫穷国家与富裕国家之间生活水平巨大差异的一个重要因素。例如,根据某项研究,美国的人均资本投资价值大约是尼泊尔的人均资本投资价值的30倍。[1]

这种人均资本投资的重大差异不是一朝一夕可以形成的,而是几十年甚至几个世纪储蓄率和投资率差异累积的结果。随着时间的推移,投资率的细小差异逐渐变成每个工人可用的资本设备数量上的极端差异。这种类型的差异就像滚雪球一样:不只是高比率的储蓄和投资引起收入的增长,由此产生的收入水平增长反过来会导致储蓄和投资的进一步增长。因此随着时间的推移,最初很小的专门化生产带来的生产率优势会转化成巨大的收入差距。

人口增长同样会导致一个经济体的生产可能性曲线向外移动,因此也是经济增长的一个原因。但是因为人口增长意味着经济体中有更多张嘴要喂饱,因此仅凭人口增长不能提高国家的生活水平。如果现有的人口已经使土地、水资源及其他稀缺资源不堪重负,那么人口的增长甚至会造成生活水平的下降。

知识和技术的进步可能是经济增长最重要的来源。很早以前经济学家就发现,这种知识和技术的进步通常会经由专门化程度的增加带来更高的产出。技术进步有时候会自然地发生,但是更多时候技术进步都直接或间接地与教育水平的提高有关。

前文曾经讨论过一个2人经济体的例子,在那个例子中因为个人机会成本差异的存在,专门化生产可以使产品总量增长3倍(参见练习2.4)。现实生活中专门化生产的益处甚至远大于那个例子所描述的好处。一个原因在于专门化生产不仅将先前存在的个人技能上的差异资本化,而且通过练习和经验的增长进一步强化了个人技能。此外,专门化生产大幅减少了离职率和启动成本。这些收益不仅是因为工人的关系,也与工人使用的工具和设备有关。如果将一个任务分解成几个简单的步骤,并且每个步骤使用不同的机器设备,那么每个工人的生产率都会成倍增长。

这些因素综合到一起,可以将生产率提高几百乃至几千倍。现代经济学的鼻祖,苏格兰哲学家亚当·斯密第一个发现了劳动分工和专门化生产可以产生巨大的利益。下面是他对18世纪苏格兰大头针工厂工作场景的描述:

> 一名工人拽出金属丝,另一名工人弄直金属丝,然后第三名工人将金属丝切割成小段,第四名工人弄尖金属丝段,第五名工人研磨金属丝段的顶端做出大头针的头部;而要做出头部还需要两个或者三个不同的操作……我曾经见过一些生产大头针的小型工厂,在那些工厂中只需要10名工人……他们在全力工作之后每天一共可以生产12磅大头针。假定4 000个中等大小的大头针的重量为1磅,那么这10名工人每天一共可以生产48 000个大头针。因此,如果所有人的工作量相等,每个人就生产了48 000个大头针的1/10。但是如果这些人完全独立地从头到尾生产一个大头针,而且他们没有受过特别的培训,那么不难想象几乎所有人每天都无法独自生产20个大头针,甚至可能一个都生产不了。[2]

---

[1] Alan Heston and Robert Summers,"The Penn World Table (Mark 5): An Expanded Set of International Comparisons,1950—1988," *Quarterly Journal of Economics*,May 1991,pp. 327-368.

[2] Adam Smith,*The Wealth of Nations*(New York: Everyman's Library,book 1,1910).

专门化生产带来的生产率的增加的确很大。这就是不重视专门化生产和贸易的国家迅速走向衰退的非常重要的原因。

为什么有些国家的专门化速度很慢

你可能会问自己:"如果专门化生产真有这么好,为什么尼泊尔这样的贫穷国家不进行专门化生产?"能够提出这个问题,说明你已经有了一定的经济学思考能力。亚当·斯密为了明确地回答这一问题,用了很多年的时间研究这个现象。最后,他解释说人口密度是专门化生产的一个重要的前提条件。作为经济自然主义者的斯密发现,18世纪在英格兰的大城市这种人口密度高的地方专门化生产程度远远高于偏远的苏格兰高地的专门化生产程度。

> 在苏格兰高地这种非常荒凉的地区,有很多小山村,居民之间相隔很远。因此每个农民除了种粮食之外,还要自己充当家里的屠夫、面包师和裁缝……一个乡村木匠……不仅是木匠,还是工匠、家具匠、木头雕刻匠、造犁匠以及手推车和四轮马车制造匠。[①]

与此形成对比的是,在亚当·斯密的时代,在英格兰和苏格兰的大城市,这些不同的工作都是由不同的专业人员完成的。苏格兰高地人如果能够专门化生产,应该也会选择与英格兰大城市同样的做法,但是他们面临的市场非常小而且很分散。当然,较高的人口密度不能百分之百地保证专门化生产可以带来经济的高速增长。但是在现代船运业和电子通信技术问世前的时代,人口密度低的确是发展专门化生产的一个障碍。

尼泊尔是全球最偏远闭塞的国家之一。20世纪60年代中期,尼泊尔每平方英里的平均人口密度还不足30人(为了更清楚地理解,我们用美国新泽西州当时的人口密度作为参照,美国新泽西州当时每平方英里的平均人口密度超过1 200人)。此外,专门化生产还受到了尼泊尔崎岖地势的限制。与其他村庄的村民进行产品和服务的交换非常困难,因为大多数时候通过高低起伏的喜马拉雅山脉走到最近的村庄需要好几个小时,甚至好几天。相对于其他因素,这种村庄之间的隔离现象是尼泊尔无法通过推广专门化生产获得经济利益的主要原因。

人口密度绝对不是专门化程度的唯一重要影响因素。举个例子,如果法律和风俗习惯限制了人们之间相互贸易的自由,那么要推广专门化生产也非常困难。

专门化程度是否越高越好

当然,专门化生产促进生产率增长的事实并不意味着专门化程度越高越好,因为加深专门化的程度也有成本。例如,很多人喜欢从事多样性的工作,但是随着专门化程度的加深,工作内容越来越狭窄,工作的多样性也会越来越低。

卡尔·马克思的主要观点之一是人为工作任务的细分会影响工人的心理健康。他这样写道:

> 所有改进生产的方法……使劳动者变得支离破碎,把人变成机器

---

① Adam Smith, *The Wealth of Nations* (New York: Everyman's Library, book 1, 1910).

的附加物,破坏了工作原有的吸引力,将之变成令人憎恶的苦工。①

查理·卓别林 1936 年在电影《摩登时代》中生动地刻画了重复性工厂劳动带来的心理创伤。作为一名装配工,查理每天的任务就是拿着扳手不停地拧紧经过他面前的螺钉上的螺母。最后他在工作的压力下崩溃了,从工厂里蹒跚走出,用手上的扳手不停地拧着他看到的每个类似螺母的突起物。

这种专门化生产可能实现的额外产品的代价是不是太高了?我们至少要认识到专门化生产可以无限深化。但是专门化生产并不一定是指严格细分的、不需要任何脑力思考的重复性工作。此外,我们还要知道不专门化生产也需要付出代价。不专门化生产的国家必须承受较低的工资或很长的工作时间。

如果我们将很大一部分精力用来从事自己具有比较优势的生产,我们就可以在最短的时间内实现人生的理财目标,从而可以有更多的时间做自己感兴趣的事。

▼ 比较优势与外包

经济中促使个人专门化生产并且交换的逻辑同样推动各国进行专门化生产和贸易。和个人一样,即使一个国家在所有产品的生产上都具有绝对优势,它仍能从贸易中获益。

经济自然主义者 2.3 如果国家间的贸易如此有益,为什么很多人反对自由贸易协定?

1996 年总统竞选中最热门的一个争论是克林顿总统是否应该支持《北美自由贸易协定》(NAFTA)。该协定大幅减少了美国与其北部和南部邻国之间的贸易壁垒。第三方总统候选人罗斯·佩罗特(Ross Perot)对这个协定进行了猛烈的抨击,他认为这个协定会让美国上百万名的工人失业。如果国家间的贸易如此有益,为什么有这么多人反对?

答案在于虽然减少国际贸易壁垒可以增加每个国家产品和服务的总价值,但是并不能保证每个人都会因此受益。人们反对 NAFTA 的一个主要原因是担心因低廉的劳动而在很多产品生产上具有比较优势的墨西哥的产品会大量涌入美国市场。虽然美国消费者会因为这些产品的价格下降受益,但是很多美国人担心美国的非熟练工人会因此失业。

即使遭到工会的反对,美国最后还是签订了 NAFTA。到目前为止,还没有研究表明美国非熟练工人的失业率因此大幅上升,虽然某些行业的确蒙受了损失。尽管如此,对《北美自由贸易协定》的反对仍然十分激烈,美国总统唐纳德·特朗普上台后承诺将重新谈判《北美自由贸易协定》。由此产生的新协议《美国-墨西哥-加拿大协议》(USMCA)有一系列新条款。尽管这项协议已由三国领导人签署,但还需要得到各国立法机构的批准,才能正式生效。

外包

近几年的热点新闻是美国服务工作的外包。这种形式最开始是指由公司外的转包商提供

---

① Karl Marx, *Das Kapital*. New York: Modern Library, pp. 708, 709.

服务,后来逐渐演变成了用相对便宜的国外服务工人代替相对昂贵的美国服务工人。

一个相关的例子是病历卡归档。为了保存确切的记录,医生在检查病人后,口述病历记录。过去,这种档案是由医生的助手在空闲时间记录的,但助手也会被许多杂务扰乱心神。他们要接听电话、做接待员、进行通信准备等。由于20世纪八九十年代,保险争议和误诊诉讼日益普遍,医生在病历卡上犯错误会对自己造成严重的后果,于是很多由全职专业人员提供病历卡归档服务的独立公司应运而生。

这些公司通常只为本社区的医生提供服务。然而,虽然管理病历卡服务的很多公司都坐落在美国,实际上越来越多的工作逐步在国外开展。例如,总部位于加利福尼亚北部的公司Eight Crossings可以让医生在确保数据不泄露的情况下将口述文件上传到互联网,然后传送给印度的抄录者。完成的电子文件再传送给医生,由其对这些记录进行编辑甚至是通过网络签名。当然,医生所得的好处是这种服务的价格比由国内工人完成低,因为印度的工资比美国低得多。

在韩国、印度尼西亚、印度等国家,哪怕是熟练的高级技工的工资都只相当于美国同类工人工资的一个零头。因此,美国公司面临巨大的压力,不仅进口国外提供的低成本产品,还越来越多地进口专业服务。

正如微软公司的总裁比尔·盖茨在1999年的一次访谈中所说的:

> 作为一名职业经理,你需要仔细思考你的核心竞争力。重新审视你公司中并不直接参与核心竞争力的部分,考虑互联网技术能否使你创新这些业务。让其他公司来承担这些工作的管理责任,运用现代通信技术与负责这些工作的人紧密合作,他们现在不是雇员,而是合作伙伴。在互联网工作模式下,雇主能将互联网提供的自由发挥到极致。①

在经济学术语中,将服务外包给低工资外国工人与进口由低工资国家生产的产品是非常类似的。在两种情况下,节约的成本都有利于美国消费者,并且在两种情况下,美国的就业至少暂时会受到威胁。如果可以从国外以低成本进口某种产品,就会危及生产这种产品的美国工人的饭碗。也就是说,如果低工资的工人能在国外提供某种服务,从事这项服务的美国工人的饭碗就难保了。

经济自然主义者 2.4 美国公共广播公司的财经记者保罗·索曼的工作可以外包吗?

保罗·索曼及其助手李·克罗姆维克思负责制作美国公共广播公司(PBS)的晚间新闻节目"吉姆·莱赫(Jim Lehrer)新闻时间"中深入分析经济事件的视频材料。这份工作可以外包给海得拉巴的低工资记者吗?

在最近出版的一本书中,经济学家弗兰克·利维(Frank Levy)和理查德·默南

---

① Bill Gates, *Business@ The Speed of Thought*: *Using a Digital Nervous System* (New York: Warner Books, March 1999).

(Richard Murnane)正试图寻找可外包工作的特征。① 他们认为，任何可以计算机化的任务都可以外包。计算机化是指可以将它分割成小单位，每个单位都可以用简单的规则管理。例如，ATM机可以代替许多原本由银行出纳员完成的工作，因为它可以将这些工作细分成一系列简单的可以由机器回答的问题。同样的道理，离岸呼叫中心负责机票和住宿预订的员工遵循的也是简单的规则，这与计算机程序很相似。

由此可见，一份工作越是没有规则，它就越难以外包。其中最安全的就是利维和默南称之为"面对面"的工作。与许多按部就班的工作不同，这些工作要求进行复杂的面对面的交流，正是这种交流支撑着索曼的经济报道。

在"吉姆·莱赫新闻时间"的一次采访中，索曼询问利维"复杂的交流"的确切含义是什么。

"如果我说一个词语：bill，"利维回答，"你听见了。但问题是它是什么意思？我是在说一张纸币，还是在说一纸法律文书？你的答案来自你对整个对话内容的理解。这是很难拆分的。"②

利维和默南描述了不容易外包的第二类工作——因为种种原因需要工人处于现场的工作。例如，很难见到中国或印度的工人扩建芝加哥郊外的房子、为亚特兰大的雪佛兰巡洋舰汽车修理密封垫，或者为洛杉矶的某人补牙。

所以从两方面说，保罗·索曼的工作现在看起来是很安全的。因为这份工作需要面对面的复杂交流，也因为许多采访只能在美国进行，看来海得拉巴的记者很难替代他。

当然，一份工作相对安全并不是说它是高枕无忧的。例如，许多医生认为他们不会被外包替代，但现在一个人可以选择在新德里补牙，而仍可以省下足够的支付往返印度的机票和两周假期的费用。

美国的劳动大军目前有1.6亿多人。每个月就有近4%的人失去工作，又有差不多同样多的人找到新工作。③ 在你人生的不同时期，你会在这些群体中不断变换。从长期来看，你和其他工人最好的安全保障就是尽快适应新环境。良好的教育并不能使你免于失业，但它可以使你具有从事复杂工作的比较优势。

> **重点回顾：比较优势与外包**
>
> 国家和个人一样，即使一个贸易主体在所有方面都比另一个贸易主体具有绝对优势，贸易也可以使双方都获益。国家机会成本和全球机会成本的差异越大，一个国家可以从与其他国家的贸易中获得的利益就越多。但是贸易的扩大并不能保证每个人都会受益。尤其是高工资国家的非熟练工人短期内可能会因为低工资国家贸易壁垒的减少遭受损失。

---

① Frank Levy and Richard Murnane, *The New Division of Labor: How Computers Are Creating the Next Job Market* (Princeton, NJ: Princeton University Press, 2004).
② http://www.pbs.org/newshour/bb/economy/july-dec04/jobs 8-16.html.
③ www.bls.gov/jlt/#data.

小结

如果一个人生产的某种产品比其他人多,则称这个人在生产这种产品时具有**绝对优势**。如果一个人生产某种产品的效率比其他人高,即他生产这种产品的机会成本比其他人低,则称这个人在生产这种产品时具有**比较优势**。基于比较优势的专门化生产是贸易的基础。当每个人都专门从事他具有相对最高效率的工作时,经济蛋糕实现最大化,因此每个人可以分得的部分也就更大。

对于个人而言,比较优势可能源于能力的差异或者教育、培训及经验的不同。对于国家而言,比较优势的来源包括先天的和后天的差异,此外,语言、文化、组织机构、气候、自然资源等因素也可能产生比较优势。

生产可能性曲线用简单的方式列出了社会充分利用现有资源的条件下可能产出的所有产品组合。在一个只生产咖啡豆和松果的简单经济中,生产可能性曲线描述了在任意一种松果的可能产量(用横轴表示)下可以达到的最大的咖啡豆产量(用纵轴表示)。生产可能性曲线上任意一点的斜率表示该点处用咖啡豆磅数表示的松果的机会成本。

所有的生产可能性曲线都向下倾斜,因为根据稀缺原理,消费者要多拥有一单位某种产品就必须减少其他产品的拥有量。当一个经济体中每个工人生产某种产品的机会成本都不相等时,沿着曲线向右侧移动的过程中生产可能性曲线越来越陡。这种斜率的变化可以用机会成本递增原理(也称为低果先摘原理)解释,即在扩大任一种产品的生产时,社会总是首先使用机会成本最低的资源,然后再使用机会成本较高的资源。

推动一个国家的生产可能性曲线随着时间向外移动的因素包括新厂房和设备的投资、人口增长,以及知识和技术的进步。

经济中促使个人专门化生产和交换的逻辑同样会推动国家之间进行专门化生产和贸易。对于个人和国家而言,即使一方在所有产品的生产上都具有绝对优势,它同样能够从贸易中获益,而且这种贸易的好处会随着贸易伙伴之间机会成本差异的增大而增加。

核心原理

- **比较优势原理**

当每个人(或每个国家)集中进行其机会成本最低的经济活动时,所有人都会达到最优。

- **机会成本递增原理**(也称为**低果先摘原理**)

扩大任一种产品的生产时,首先是使用机会成本最低的资源,然后再使用机会成本较高的资源。

名词与概念

absolute advantage	绝对优势	inefficient point	无效率的点
attainable point	可实现的点	outsourcing	外包
comparative advantage	比较优势	production possibilities curve	生产可能性曲线
efficient point	有效率的点	unattainable point	不可能实现的点

复习题

1. 解释在生产某种产品或者提供某种服务时"具有比较优势"的含义。生产某种产品或者提供某种服务时"具有绝对优势"又是什么意思？

2. 哪些因素帮助美国成为全球主要的电影、书籍和流行音乐的出口国？

3. 为什么从经济学角度来说，"人们贫困是因为他们不专门化生产"的说法优于"人们自给自足是因为贫困"的说法？

4. 每天工作小时数的减少会如何影响经济体的生产可能性曲线？

5. 大幅提高劳动生产率的经济创新会如何影响生产可能性曲线？

练习题

1. 泰德给一辆汽车打蜡需要 20 分钟，冲洗一辆汽车需要 60 分钟。伊莎娜给一辆汽车打蜡需要 15 分钟，冲洗一辆汽车需要 30 分钟。他们洗车的机会成本各是多少？谁在洗车上具有比较优势？

2. 泰德每天可以给 4 辆汽车打蜡或者洗 12 辆汽车。伊莎娜每天可以给 3 辆汽车打蜡或者洗 6 辆汽车。他们洗车的机会成本各是多少？谁在洗车上具有比较优势？

3. 伊莎贝拉和安东尼奥都是汽车技师。伊莎贝拉更换一个离合器需要 4 个小时，更换一套刹车需要 2 个小时。安东尼奥更换一个离合器需要 6 个小时，更换一套刹车需要 2 个小时。说明是否有人在两个活动上都具有绝对优势，指出每种活动中谁具有比较优势。

4. 假设某个经济体中只有海伦一个人，海伦将自己的时间用来缝制衣服和烘烤面包。每小时海伦可以缝制 4 件衣服，或者烘烤 8 块面包。

(1) 如果海伦每天工作 8 个小时，画出她的生产可能性曲线。

(2) 根据你绘制的图形，下面列出的点哪些是可实现的点？哪些是有效率的点？

每天缝制 28 件衣服，烘烤 16 块面包；

每天缝制 16 件衣服，烘烤 32 块面包；

每天缝制 18 件衣服，烘烤 24 块面包。

5. 假设第 4 道题中，在缝纫机的帮助下海伦每小时可以缝制 8 件衣服，而不是 4 件。

(1) 说明海伦的生产可能性曲线会发生什么变化。

(2) 指出在使用缝纫机之前和之后，下列各点是否为可实现的点和/或有效率的点。

每天缝制 16 件衣服，烘烤 48 块面包；

每天缝制 24 件衣服，烘烤 16 块面包。

(3) 解释下面这句话的含义："提高某一种产品的生产率将增加我们生产和消费其他所有产品的能力。"

(4) 解释下面这句话的含义："任何一种产品生产率的提高都会增加我们生产和消费其他所有产品的选择余地。"

6. 克里莎每小时可以摘 4 磅咖啡豆或采 2 磅松果。汤姆每小时可以摘 2 磅咖啡豆或采 4 磅松果。每个人每天工作 6 个小时。

(1) 两个人一天最多能摘多少咖啡豆？

(2) 两个人一天最多能采多少松果？

(3) 如果克里莎和汤姆都在摘咖啡豆，然后他们决定每天应该采 4 磅松果，那么谁应该去采松果？此时他们每天还能摘多少咖啡豆？

(4) 现在假设克里莎和汤姆都在采松果，然后他们决定每天应该摘 8 磅咖啡豆，那么谁应该去摘咖啡豆？此时他们每天还能采多少松果？

(5) 克里莎和汤姆有可能一天内采 26 磅松果和 20 磅咖啡豆吗？如果可能，每个人应该分别摘多少咖啡豆、采多少松果？

(6) 点(30 磅咖啡豆,12 磅松果)是否为可实现的点？是否为有效率的点？

(7) 点(24 磅咖啡豆,24 磅松果)是否为可实现的点？是否为有效率的点？

(8) 在一个纵轴表示每天摘的咖啡豆磅数、横轴表示每天采的松果磅数的图上标出 (1)~(7) 列出的所有点。

7.* 参考第 6 道题中的两人经济体。

(1) 假设克里莎和汤姆可以在全球市场上以每磅 2 美元的价格买卖咖啡豆，以每磅 2 美元的价格买卖松果。如果每个人完全专门从事其具有比较优势的经济活动，那么他们通过出售产品可以赚到多少钱？

(2) 在上述价格下，克里莎和汤姆最多可以从全球市场上购买多少咖啡豆？最多可以购买多少松果？他们有可能每天消费 40 磅松果和 8 磅咖啡豆吗？

(3) 当他们可以以上述价格在全球市场上自由买卖时，在同一张图上画出他们所有可能消费的产品的组合。

8. 在美国，以下哪项工作最容易受到外包的影响：家庭医疗服务提供商、发型师或计算机程序员？

正文中练习题的答案

2.1

姓名	更新网页的生产力	修理自行车的生产力
莫尼克	每小时更新 2 个网页	每小时修理 1 辆自行车
米格尔	每小时更新 3 个网页	每小时修理 3 辆自行车

---

* 表示习题难度较高。

表中的数字说明米格尔在两项经济活动中都具有绝对优势。作为技师的米格尔可以在1个小时内更新3个网页，而作为程序员的莫尼克只能在1个小时内更新2个网页。修理自行车时米格尔的绝对优势更加明显，每小时可以修理3辆自行车，而莫尼克只能修理1辆。

但是在例2.2中，米格尔相对于莫尼克更精于更新网页的事实并不意味着米格尔应该自己更新网页。米格尔更新1个网页的机会成本是修理1辆自行车，而莫尼克的机会成本是修理1/2辆自行车。在更新网页上莫尼克比米格尔具有比较优势，而在修理自行车上米格尔比莫尼克具有比较优势。

2.2 在右边的图中，A 点（20磅咖啡豆，4磅松果）不可实现；B 点（12磅咖啡豆，6磅松果）可实现并且有效率；C 点（4磅咖啡豆，8磅松果）也是可实现的，但属于无效率点。

2.3 克里莎采1磅松果的机会成本是1/2磅咖啡豆，汤姆采1磅松果的机会成本是1磅咖啡豆。因此，汤姆在摘咖啡豆方面具有比较优势，而克里莎在采松果方面具有比较优势。

2.4 因为汤姆每小时采的松果磅数是每小时摘的咖啡豆磅数的5倍，因此他用5个小时摘的咖啡豆数等于1个小时采的松果数。因为他每天工作6个小时，因此他每天花5个小时摘咖啡豆、1个小时采松果。这样分配时间后，他可以得到5磅咖啡豆和松果。同样，如果克里莎得到的咖啡豆和松果磅数也要相等，她每天必须花5个小时采松果、1个小时摘咖啡豆。这样，他们每天的产品组合就是10磅咖啡豆和10磅松果。但是通过专门化生产，他们可以生产与消费30磅咖啡豆和30磅松果。

第 3 章

供给和需求

> **学习目标**
>
> 学完本章,你应该能够:
> 1. 描述需求曲线和供给曲线如何对市场上买卖双方的行为进行了总结。
> 2. 讨论供给曲线和需求曲线如何相互作用以确定均衡的价格与数量。
> 3. 说明供给曲线和需求曲线的移动如何影响均衡的价格与数量。
> 4. 解释并应用效率原理和均衡原理(又称"桌子上不存在现金"原理)。

在任何时候,纽约市的食品店、餐馆和私人厨房的食品储备都足以满足该地区1 000万名居民约一个星期的生活之用。由于绝大多数人要求足够的营养和丰富的食品,而纽约市几乎不生产食品,因此纽约市每天有数百万磅的食品和饮料需要被运到城市的各个角落。

毫无疑问,在喜欢的杂货店购买食品、在中意的意大利餐馆就餐的很多美国人,不会想到供给一个城市居民日常需要的这个近乎不可思议的过程。但事情的确是这样。即使对纽约市的供给只是每天把一定数量的食品送到一个个目的地,这也是一项很不平常的事情,至少需要一支训练有素的队伍才能完成。

事实上,整个过程更为复杂。例如,系统必须设法保证有足够的食品运到,它们不仅需要满足纽约市民的各种口味,还必须是市民所喜欢的种类。既不能有过多的雉鸡,熏制食品也不能太少;既不能有过多的咸肉,蛋类也不能太少;既不能有过多的鱼子酱,金枪鱼罐头也不能太少……对于各类食品和饮料,也需要做出类似的决策:瑞士硬干酪、菠萝伏洛干酪、戈贡佐拉干酪和羊乳酪的数量应该不多不少。

然而这些仍不足以描述大城市日常供给的决策和行动的复杂性。一些人要决定每种食品的生产地点、生产方式和生产人员;另一些人要决定运送到城市中成千上万个餐馆和食品店的各类食品的数量;还有一些人则需要决定运输的方式——大卡车或小卡车,安排它们在指定的时间将食品运到指定的地点,并要保证有足够的汽油和合格的司机。

成千上万的人需要决定他们在这项集体工作中扮演的角色。一些人——数量合适即可——应选择驾驶运送食品而不是木材的卡车。一些人需要掌握机修工的基本技能,而不是成为一个木匠。另一些人要做农民,而不是建筑师或者泥瓦匠。还有一些人则需要成为高档餐厅的厨师,或者麦当劳的汉堡包制作工,而不是水管工和电工。

尽管包含数量繁多、内容复杂的任务,纽约市的食品供应工作却进行得井井有条。有时候,杂货店会出现牛后腹肉排短缺的情况,或者一个宴会被告知最后一只烤鸭已经卖掉了。我们之所以会记得这些情况,正是因为它们很少见。更多的时候,纽约市的食品运送系统都在一环紧扣一环地运作着,并不为人们所关注。

在纽约市的房屋租赁市场上,情况则大不相同。根据一项估计,纽约市长期以来人口的增长超过住房供应的增长。① 这个美国人口最密集的城市已经面临房屋短缺的局面。但奇怪的是,在短缺的情况下,公寓式建筑还在被拆除,附近的居民在这些闲置的土地上种起了花草。

纽约市不仅存在出租房屋紧缺的问题,还面临房东与房客间的长期关系紧张问题。举一个典型的例子,一位住在朝东阁楼里的摄影师与房东打了8年的官司,法律文书多达上千页。"每次我在自己的房间装上门铃,"摄影师回忆道,"他都会把它拆掉,因此最后我拆了他的门铃线。"②而房东则指责这位摄影师妨碍他更新屋内设施。房东认为,摄影师之所以愿意让房子保持现在这种简陋的局面,是为了将房租维持在较低的水平。

同样是在这个城市,存在两种截然不同的情况:在食品业,各种产品和服务可以满足多种需要,人们(至少是那些有足够收入的人)一般对他们得到的及可以选择范围内的产品和服务比较满意。与此相反,在房屋租赁市场上,长期的短缺与不满在买方和卖方中普遍存在。为什么会存在这种差异?

简单地说,在纽约市,房屋的分配受到一个复杂的管理租赁规则的限制,而食品的分配却由市场力量支配——这种力量就是供给和需求。尽管与我们通常的直觉不同,但是理论和实际都表明,看起来混乱无序的市场力量与政府机构(举例而言)相比,在很多情况下可以实现对经济资源更好的分配,即使政府机构制定法规是出于良好的意愿。

本章将研究市场如何对食品、房屋以及其他产品和服务进行高效率的分配。当然,市场不可能是完美的。本章将对通常被普通大众忽视或误解的市场的作用进行充分的说明。但是,在讨论中我们将试图说明为什么多数时间里市场都可以正常运行,而政策法规却很少可以在解决复杂经济问题时起到积极作用。

这门课程的主要目的是使大家了解市场的运行规律,本章首先做一个简要的介绍。随着课程内容的不断深入,我们将就市场的各种经济因素以及市场所存在的一些问题和优势进行详细讨论。

  做什么?怎样做?为谁做?中央计划与市场

没有一个城市、国家或社会——无论它们的组成方式如何——能够忽略那些基本的

---

① 更详细的信息参见 www.citylab.com/equity/2017/05/is-housing-catching-up/5282461。
② 引自 John Tierney, "The Rentocracy: At the Intersection of Supply and Demand," *New York Times Magazine*, May 4, 1997, p.39。

经济问题。举例来说,我们应该消耗多少有限的时间和资源来建造房屋、生产食品以及提供其他产品和服务?在生产食品时,我们应该应用何种技术?对于每一项任务应该指派谁来完成?这些产品和服务应该如何在人们之间进行分配?

在有历史记载的数千个社会中,这类事件基本上有两种解决途径。其中一种途径是由少数人代表大多数人进行经济决策。例如,历史上的一些农业社会、家族或其他小型社会采用自给自足的方式生活,由某个部落或家族首领负责绝大多数重要的生产和分配决策。在中央计划经济的国家,中央委员会为国家的农业和工业设定生产目标,为实现这些目标订立控制计划(包括对具体生产人员的详细说明),并为这些产品和服务的分配与使用制定方针。

21世纪初,多数地区的经济系统由自由市场上相互影响的个体实施生产和分配的决策。在资本主义社会或自由市场经济中,人们自主决定他们从事的工作、生产和购买的产品。事实上,现的经济中并不存在纯粹的自由市场。现代工业国家大多是"混合经济",产品和服务由自由市场、规章制度及其他形式的控制因素共同分配。在大多数时候,人们可以自由地开办、关闭或出售自己的企业,因此关于自由市场的判断是合理的。由于个体在劳动市场上得到的收入决定了他的购买力,因此产品和服务的分配由基于消费购买力的个体偏好决定。

在很多国家,为了使生产和消费更加有效,市场已经替代了中央控制。人们普遍认为经济学家在一些问题上总是表现出意见的不一致(正如一些人所说的,"如果将所有的经济学家都集中在一个地方,他们仍然不会得出什么结论")。而事实却是,在很多问题上,经济学家们的观点惊人一致,特别是关于市场在分配社会稀缺资源时起到的关键作用的观点。举例来说,最近的一项调查显示90%以上的美国经济学家认为像纽约市那样对房屋租赁市场进行管制弊大于利。尽管这种管制是出于使中低收入家庭可以负担租赁费用的良好目的,但是这样做会给纽约市的房屋市场带来负面影响。为了解释这种现象,我们需要研究产品和服务在自由市场上的分配方式,以及非市场的产品和服务分配手段经常不能达到预期效果的原因。

 ## 市场上的买方和卖方

我们首先介绍一些简单的概念和定义,以解释买方和卖方之间的相互作用如何决定在市场上进行交易的各种产品和服务的价格及数量。我们首先对市场进行定义:任何一种商品的市场由这种商品的买方和卖方组成。举例而言,在一个特定日子的一个特定地点,比萨饼的市场就是那群在这一时间和地点有可能购买或出售比萨饼的人(或者其他经济体,如公司)。

在比萨饼的市场上,卖方包括专门或者在适当的环境下出售比萨饼的人和公司。类似的,市场上的买方则包括购买或可能购买比萨饼的人。

在美国的大多数地区,花不到10美元就可以买到一张不错的比萨饼或者一餐饭所需的其他食品,那么比萨饼的价格是如何制定的?扩展到我们日常生活中交易的其他商品,我们可能会问:"为什么有些商品便宜,而其他商品比较贵?"亚里士多德、柏拉图、哥白尼和牛顿都无法回答这个问题。仔细想想,我们会惊奇地发现,在漫长的人类历史上,不但那些睿智且具有创造性思维的大思想家无法回答,就连著有《国富论》(1776年)的苏格兰哲学家亚当·斯密都无法回答上面的问题。

亚当·斯密及其他早期的经济学家认为商品在市场上交易的价格由其生产成本决定。但是尽管成本的确对价格有所影响,他们却无法解释为什么莫奈的油画比皮埃尔·奥古斯特·雷诺阿(Pierre-Auguste Renoir)的画贵得多。

斯坦利·杰文斯(Stanley Jevons)和19世纪的其他经济学家试图通过考察人们消费不同的商品和服务时得到的价值来解释价格问题。这种思路听起来很合理,因为人们会为自己认为价值高的商品支付更高的费用。但支付意愿并不是决定价格的全部因素。在沙漠中,一个人如果没有水喝,几个小时后就会死去,但是1加仑水的价格却不到1美分。与此形成鲜明对比的是,黄金并不是人们在生活中必须拥有的,但是每盎司黄金却卖到了1 800多美元的高价。

生产的成本,对于使用者而言的价值,哪一个是决定价格的因素?当代经济学家认为二者共同决定了商品的价格。19世纪末英国经济学家阿尔弗雷德·马歇尔最早提出了这种观点,他认为成本和使用价值的相互作用决定了商品的市场价格以及购买和出售的数量。在下文中,我们将研究马歇尔的这种思想,同时给出一些具体应用的实例。首先,我们介绍马歇尔的两项具有开创性的研究成果——需求曲线和供给曲线。

需求曲线

在比萨饼的市场上,需求曲线是说明在每种价格上,人们愿意购买的比萨饼的数量的简单图形。为了方便起见,经济学家通常用纵轴表示价格、横轴表示数量。

需求曲线的一个基本性质是,随着价格的增加,曲线向下倾斜。举例来说,比萨饼的需求曲线告诉我们随着价格的下降,人们的购买数量会增加。图3.1是芝加哥的比萨饼日需求曲线(尽管经济学家常说需求曲线和供给曲线,在示例中我们通常将其画成直线)。

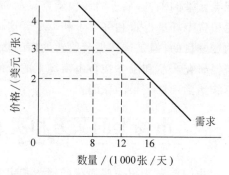

图 3.1 芝加哥的比萨饼日需求曲线
对于任何商品,需求曲线均为价格的减函数。

图3.1中的需求曲线告诉我们,当比萨饼的价格较低(如每张2美元)时,一天之中消费者的购买数量会达到16 000张;当价格为每张3美元时,数量为12 000张;当价格为每张4美元时,数量仅为8 000张。比萨饼的需求曲线——像其他商品一样——向下倾斜,部分原因在于消费者对价格变化的反应。因为随着比萨饼价格的逐步升高,消费者可能转而购买鸡肉三明治、汉堡包或者其他食品以替代比萨饼,这称为价格的**替代效应**。另外,价格的升高会降低消费者的购买力,进而减少需求数量:价格较高时,消费者可能没有能力购买低价格时的消费数量。这称为价格的**收入效应**。

需求曲线向下倾斜的另一个原因是消费者支付意愿的差异。成本-收益原理告诉我们,如果预期收益高于成本,人们就会购买这种商品。预期收益是**消费者的购买意愿**,是其购买这种商品所愿意支付的最高价格。商品的成本是消费者在购买时必须支付的价格,是商品的市场价格。在大多数市场上,不同的消费者具有不同的购买意愿。因此,根据成本-收益原理,较高的价格与较低的价格相比,愿意购买的消费者更少。

从另一个角度考察这个问题,需求曲线向下倾斜表示随着商品需求量的增加,边际消费者的购买意愿逐渐降低。这里的边际消费者是指购买最后一单位商品的人。例如,在图 3.1 中,如果消费者的日需求量为 12 000 张,第 12 000 张比萨饼的买方的购买意愿就是每张 3 美元(如果有人愿意支付更高的价格,每张 3 美元对应的需求量就会高于 12 000 张)。类似的,如果消费者的日需求量为 16 000 张,边际消费者的购买意愿仅为每张 2 美元。

根据我们的定义,需求曲线表示每种价格下商品的需求量。这称为需求曲线的横向解释。根据横向解释,我们可以由纵轴上的价格找到所对应的消费者需求数量。因此,当价格为每张 4 美元时,由图 3.1 可以看出,对应的比萨饼需求量为每天 8 000 张。

需求曲线还有另一种理解,我们可以根据横轴的需求数量在纵轴上找到所对应的商品价格。因此,如图 3.1 所示,当比萨饼的日需求量为 8 000 张时,边际消费者的购买意愿为每张 4 美元。这被称为需求曲线的纵向解释。

练习 3.1

在图 3.1 中,日需求量 10 000 张对应的边际消费者购买意愿是多少?每张价格为 2.5 美元时,对应的比萨饼日需求量又是多少?

供给曲线

在比萨饼市场上,供给曲线是说明任意价格下比萨饼卖方愿意出售的数量的简单图形。供给曲线的形状取决于一个合理的假设:只要价格足以弥补供应商的机会成本,他们就愿意提供商品。因此,如果出售比萨饼的收入低于一个人把时间和资金投入其他事情所能得到的收入,他就不会选择出售比萨饼;反之,则会选择出售比萨饼。

正如买方对于比萨饼的支付意愿彼此不同,卖方对于出售比萨饼机会成本的度量也不尽相同。对于那些受教育程度很低、工作经验十分有限的人来说,出售比萨饼的机会成本相对较低(因为他们没有更多的高收入工作可供选择)。对于其他人而言,机会成本相对较高,而对于摇滚歌星和运动健将来说,机会成本则非常高。由于机会成本在不同人群之间的差异,比萨饼的日供给曲线相对于价格而言向上倾斜。图 3.2 是芝加哥的比萨饼日供给曲线。

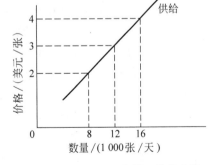

图 3.2　芝加哥的比萨饼日供给曲线
价格越高,卖方会提供越多的产品用于出售。

供给曲线向上倾斜的特征符合我们在前面讨论的低果先摘原理。当比萨饼的产量增加时,我们首先想到的是那些机会成本最低的供应商,然后才是机会成本更高的供应商。

与需求曲线类似,供给曲线也可以从横轴或纵轴出发给予解释。从横轴出发解释时,我们从商品价格出发,通过供给曲线找到横轴上对应的卖方愿意出售的商品数量。例如,当价格为每张2美元时,由图3.2可以看出,此时卖方愿意出售的数量为每天8 000张。

从纵轴出发解释时,我们从数量出发,通过供给曲线找到纵轴上对应的商品价格。如图3.2所示,当日供给量为12 000张时,边际卖方的机会成本为每张3美元。换句话说,供给曲线告诉我们生产第12 000张比萨饼的边际成本是3美元(如果有人可以以低于3美元的边际成本生产第12 001张比萨饼,他一定会选择生产和销售比萨饼,因此在每张3美元的价格上,比萨饼的供给量不再是每天12 000张)。类似的,当比萨饼的供给量为每天16 000张时,生产的边际成本为4美元。卖方多出售一单位商品的出售意愿就是生产该商品的边际成本,即多出售一单位商品时,不会使卖方情况变坏的最低价格。

练习 3.2

在图3.2中,比萨饼的日销售量为10 000张时对应的边际成本是多少?当每张售价为3.5美元时,对应的供给数量又是多少?

重点回顾:供给曲线和需求曲线

一种商品的市场由该商品实际与潜在的买方和卖方构成。对于任何一个既定的价格,需求曲线显示了买方愿意购买的商品数量,供给曲线则显示了卖方愿意出售的商品数量。随着商品价格的升高,卖方愿意出售的商品数量增加(供给曲线向上倾斜),而买方愿意购买的商品数量减少(需求曲线向下倾斜)。

▼ 市场均衡

均衡的概念存在于自然科学和社会科学中,在经济学分析中,均衡更是处于举足轻重的地位。一般而言,当系统中的所有作用均被抵消,达到一种稳定、平衡或者不变的状态时,则称该系统处于均衡状态。例如,在物理学中,把一个小球放在弹簧上,当弹簧对小球施加的向上的力与小球的重力刚好相等时,这个系统处于均衡状态。在经济学中,当市场中的所有参与者都不想改变他们的行为,进而产品的产量和价格不会再发生变化时,则称市场达到了均衡状态。

要想确定弹簧上小球的最终状态,需要找到弹簧的弹力与小球的重力相等、系统处于平衡的那一点。类似的,要想确定使商品销售状况达到最佳的价格(称为**均衡价格**)和数量(称为**均衡数量**),需要找到这种商品在市场上的均衡状态。供给曲线和需求曲线可以帮我们实现这一点。当一种商品的供给曲线和需求曲线相交时,交点所对应的商品价格和数量就是其均衡价格和均衡数量。例如,我们在前面提到的芝加哥比萨饼的供给曲线和需求曲线,均衡价格为每张3美元,均衡数量为每天销售12 000张,如图3.3所示。

注意当比萨饼的均衡价格是每张3美元时,买方和卖方在某种意义上都得到了满足:

在这个价格下,买方可以买到他们希望购买的数量的比萨饼(每天 12 000 张),卖方也可以卖出他们希望销售的数量的比萨饼(同样是每天 12 000 张)。因此,买方和卖方不再有动机改变自己的行为。

注意**市场均衡**概念中"满足"的含义。这并不意味着卖方不愿意以高于均衡价格的价格出售商品。确切地说,这只意味着在这个价格下他们可以卖出希望销售的所有数量的商品。类似的,买方在均衡价格下得到满足并不意味着买方不愿意以低于均衡价格的价格购买商品,而只意味着在这个价格下他们可以买到希望购买的所有数量的商品。

还要注意,如果在芝加哥市场上,比萨饼的价格不是每张 3 美元,买方和卖方都不会满意。假设比萨饼的价格是每张 4 美元,从图 3.4 可以看出,在这个价格下,买方每天希望购买 8 000 张,而卖方却希望出售 16 000 张。没有人可以强迫别人做出违背其意愿的消费决策,这就意味着买方每天只会购买 8 000 张比萨饼。因此当市场价格高于均衡价格时,卖方无法将产品全部出售。价格为每张 4 美元时,卖方每天的**超额供给**为 8 000 张。

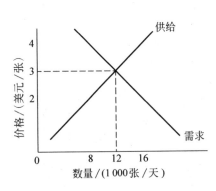

图 3.3 芝加哥比萨饼的均衡价格和数量
商品的均衡价格和数量是供给曲线与需求曲线相交时所对应的价格和数量。

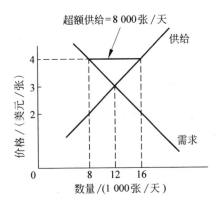

图 3.4 超额供给
当市场价格高于均衡价格时存在超额供给,即卖方供给量与买方需求量之间的差额。

与此相反,假设芝加哥的比萨饼是每张 2 美元,低于均衡价格。从图 3.5 中可以看出,买方每天希望购买 16 000 张,而卖方只希望出售 8 000 张。卖方不会出售更多的比萨饼,因此买方无法购买到他们期望消费的数量。在价格为每张 2 美元时,买方每天的**超额需求**为 8 000 张。

自由市场的一个显著特征是可以自动地向均衡价格和均衡数量调整。这种机制蕴含在我们对超额供给和超额需求的定义中。举例来说,假设比萨饼的价格是每张 4 美元,导致了图 3.4 中的超额供给,因为卖方希望出售的数量多于买方可以购买的数量。对于卖方而言,最好的方法是降低商品的价格。因此,如果一个供应商将价格从

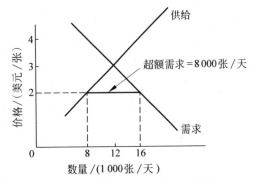

图 3.5 超额需求
当市场价格低于均衡价格时存在超额需求,即买方需求量与卖方供给量之间的差额。

每张 4 美元降到 3.95 美元,他就可以吸引那些支付每张 4 美元给其他供应商购买比萨饼的消费者来购买他的商品。这样,其他供应商为了弥补他们失去顾客的损失,也会纷纷降价。但应该注意到,如果所有的供应商将价格降低到每张 3.95 美元,他们仍然会有较大数量的超额供给。因此,卖方仍然有动机继续降价,直到价格达到每张 3 美元。

与此相反,假设市场价格为每张 2 美元,低于均衡价格,此时消费者的需求不能全部得到满足。如果一个消费者不能以每张 2 美元的价格买到他所希望购买的数量,他会希望提高价格以购买原本要卖给别人的商品。这种情况下,只要超额需求存在,卖方就有动机提高价格。

因此,只要存在超额供给或超额需求,价格就会不断向均衡水平靠拢。达到均衡价格后,买方和卖方都会感到满意,因为他们可以购买或出售他们期望数量的商品。

> **例 3.1　市场均衡**
>
> 表 3.1 列出了比萨饼市场需求曲线和供给曲线上的一些样本点。根据这些点画出该市场的供给曲线和需求曲线,并求出均衡价格和数量。
>
> 表 3.1　比萨饼市场需求曲线和供给曲线上的若干样本点
>
> | 对比萨饼的需求 | | 对比萨饼的供给 | |
> | --- | --- | --- | --- |
> | 价格
/(美元/张) | 需求数量
/(1 000 张/天) | 价格
/(美元/张) | 供给数量
/(1 000 张/天) |
> | 1 | 8 | 1 | 2 |
> | 2 | 6 | 2 | 4 |
> | 3 | 4 | 3 | 6 |
> | 4 | 2 | 4 | 8 |
>
> 将表 3.1 中的这些点画在图 3.6 中,连在一起就形成了市场的供给曲线和需求曲线。两条曲线的交点就是市场的均衡状态,此时的价格为每张 2.5 美元,均衡数量为每天 5 000 张。

需要强调的是,市场均衡并不意味着每一个市场参与者都会得到理想的结果。因此,在上述例子中,市场参与者对于他们以每张 2.5 美元购买或出售的比萨饼数量感到满意,但是对于那些经济状况不好的买方而言,这可能意味着如果他们要购买更多的比萨饼,就不得不减少其他高价值商品的消费。

事实上,一些低收入者甚至没有能力购买最基本的产品和服务,而需要依靠政府的补贴,这种现象几乎在所有的社会中都存在。但是,供求规律不能因为立法机关的介入而被简单地否定。从下文可以看出,当立法者试图阻止市场达到均衡价格和数量时,往往是弊大于利。

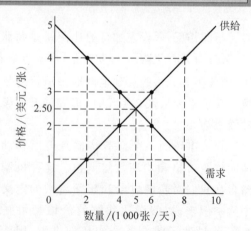

图 3.6　比萨饼市场供给曲线和需求曲线,以及均衡价格和均衡数量

将表 3.1 中的样本点画在图上,把这些点连成直线就可以得到供给曲线和需求曲线。均衡价格和均衡数量为两条曲线的交点对应的价格和数量。

租金管制的再思考

再次考虑纽约市的房屋租赁市场,假设一居室的供给曲线和需求曲线如图3.7所示。市场在月租金为1 600美元时达到均衡,这时可以租出200万套房屋,房东和房客均得到了满意的结果,因为在这个价格上他们没有意愿出租或承租更多或更少的房屋。

但这并不意味着已经达到了完美的状态。例如,很多潜在的房客可能由于无法负担每个月1 600美元的房租而无家可归(或者搬到另一个房租相对便宜的地方)。我们假设立法者出于良好的目的,规定一居室的租金每月不得超过800美元。制定这条法规的目的是使人们不再因为房租太贵而无家可归。

从图3.8可以看出,如果一居室的租金被限制在每月800美元以下,房东每个月仅愿意出租100万套一居室,低于房租为每月1 600美元时的数量。但是,在这种价格下房客每月需要承租300万套一居室(例如,原本因为

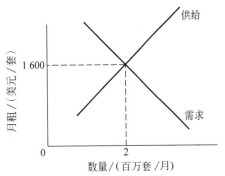

图3.7　不存在管制的房屋市场

对于如图中所示的供给曲线和需求曲线,均衡租金为每月1 600美元,在这个价格下每个月将有200万套房屋被出租。

纽约1 600美元一个月的高额房租已经决定搬到新泽西的人可能重新考虑住在纽约)。因此,当租金被限制在每个月800美元以下时,市场上出现了200万套的超额需求。换句话说,租金管制导致每个月200万套的房屋短缺,而且每个月可利用的房屋减少了100万套。

如果房屋市场完全不受管制,对于如此之高的超额需求的反应将是租金的迅速升高。但是此时,法规将租金限制在了每个月800美元以下。然而,超额需求的压力可能通过其他方式反映出来。例如,房东会发现即使他们不再像以前那样注意维护房屋,也不需要为此付出什么代价。毕竟,如果对待租房屋有一个统一的评价标准,房东自然会用各种方法使房子保持得好一些。当房租被限制在市场均衡水平之下时,管道漏水、墙面掉漆、炉子故障,以及其他诸如此类的问题很有可能不为房东所关注。

待租房屋数量的减少和现有房屋质量的降低并不是唯一的问题。当每个月只有100万套待租房屋时,从图3.8中可以看出,竟然有房客愿意支付每月2 400美元的租金。这种现象无论是否合法,却总是存在的。例如,在纽约"中介佣金"的现象很常见,有时可高达几千美元。不能以市场均衡租金出租房屋的房东可以选择将其转换为共管公寓或合作公寓,从而使他们能以更接近其真实经济价值的价格出售资产。

即使有些房东并不因为自己的房屋受到租金管制而采取上述种种变相加价的措施,仍然会存在很多不合理分配的情况。例如,两个时常发生口角的合租者很难通过房屋市场各自租到合意的房子,因此他们仍然会选择合租。一个丧偶的妇女,即使子女们已经搬

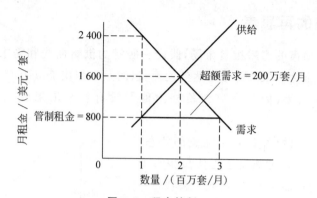

图 3.8　租金管制
当租金被控制在均衡水平以下时会产生超额需求。

出家独立居住,她也仍旧会住在原来住的七居室里,因为这比那些不受租金管制的公寓便宜得多。其实,如果她将这栋大房子让给那些人数较多的家庭,会使它更有价值。但由于租金管制的存在,从经济的角度考虑,她显然不会这样做。

还存在另一种更糟糕的租金管制。在没有租金管制的市场上,房东不能由于潜在房客的种族、性取向、身体残疾或国籍而歧视他们,因为这样会遭受经济损失。拒绝将房子租给以上特殊人群会使人们对房子的需求下降,这意味着房东将被迫降低房租。但当租金被人为地控制在均衡水平以下时,超额需求的存在使房东可以随意挑选房客而不必承受经济损失。

租金管制并不是政府救济穷人的唯一手段。20 世纪 70 年代末,为了减轻汽油价格过高给低收入者带来的沉重负担,美国政府试图将汽油的价格控制在均衡水平以下。正如存在租金管制的房屋市场一样,该政策实施成本之高是政府实行价格管制前并未预料到的。汽油的短缺导致加油站前排起了长队,不但浪费了人们宝贵的时间,而且有很多汽车由于买不到汽油而被闲置。

对租金管制和类似手段的反对,是否说明经济学家对穷人漠不关心?尽管一些不了解情况或是政府管制的既得利益者常常做出这种指责,但它却是站不住脚的。经济学家只不过意识到有很多比将房屋及其他商品的价格人为限制在低水平上更加有效的救济穷人的办法。

一个直接的方法是给穷人额外的收入,由他们决定如何支配这些收入。事实上,这种给予穷人额外购买力的方法在实施上存在一些困难——如何将这些钱资助给真正需要的人,又不会使他们失去自我谋生的动力?不过,可以找到一些实用的方法来克服这些困难。例如,政府可以对工资低的人提供补贴,或者向无法在私营部门找到工作的人提供公共服务领域的工作岗位,这些措施的成本都小于价格管制。

将价格控制在均衡水平之下的管制手段会对市场产生长期影响。在下面的练习中我们将看到价格管制使市场价格高于均衡水平时的情况。

练习 3.3

下图中显示的是房屋租赁市场的供给曲线和需求曲线。如果租金被控制在每月 1 200 美元以下,情况会如何?

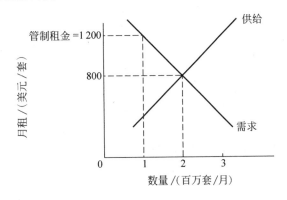

比萨饼的价格管制

我们可以想象一下,如果政府为了救济穷人,对比萨饼的价格也进行管制,会是什么情形?这可以使我们更透彻地理解存在租金管制的纽约房屋市场与不受管制的食品市场之间的差异。假设比萨饼的供给曲线和需求曲线如图 3.9 所示,政府制定的价格上限为每张 2 美元,超过此价格即属于违法行为。当价格为每张 2 美元时,买方每天需要购买 16 000 张比萨饼,但卖方仅愿意出售 8 000 张。

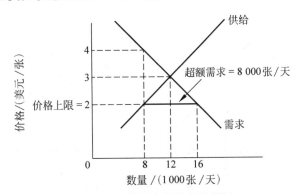

图 3.9 比萨饼市场的价格管制
低于均衡水平的价格上限会导致对比萨饼的超额需求。

当价格为每张 2 美元时,城市中的每一个比萨饼店门前都会排起长长的抢购队伍。商店管理者的朋友可以得到优先购买的待遇。商家会制定各种间接的价格策略(如每张 2 美元的比萨饼与每杯 5 美元的可乐捆绑销售)。比萨饼会用廉价的原料生产,甚至市场上会流传关于黑市比萨饼的各种谣言,等等。尽管这种情况看起来有些可笑,却时常发生在那些价格低于均衡水平的市场上。

> **重点回顾：市场均衡**
>
> 　　市场均衡是一种状态，在这种状态下，市场上的买方和卖方对于在市场价格下购买和出售的数量均感到满意，在供求曲线图中即为两条曲线相交的那一点。对应的价格和数量称为均衡价格和均衡数量。
>
> 　　除非存在价格管制，价格和数量会由于买方和卖方的行为而逐渐向均衡状态靠近。如果一开始价格较高，市场上存在超额供给，卖不出去商品的供应商会采取降价策略。如果一开始价格较低，市场上存在超额需求，消费者之间的竞争会促使价格升高。这种现象会一直持续，直至达到均衡状态。

对价格和数量变化的预测与解释

　　如果我们了解使供给和需求发生变化的各种因素，就可以预测价格和相应的数量变化。但是描述市场变化的环境时，必须注意区分一些术语。例如，我们应该区分**需求量的变化**和**需求的变化**。"需求量的变化"指的是价格变化时，人们希望购买的商品数量的变化。图 3.10(a) 中显示了金枪鱼价格下降引起的需求数量的增加。当每罐金枪鱼从 2 美元降到 1 美元时，需求数量从每天 8 000 罐增加到 10 000 罐。与此不同的是，"需求的变化"是指整个需求曲线的移动。图 3.10(b) 中显示的是需求的增加，这意味着在每一种价格下，与变化前相比需求量都增加了。总而言之，"需求量的变化"是指沿着需求曲线移动，而"需求的变化"则是指整个需求曲线的移动。

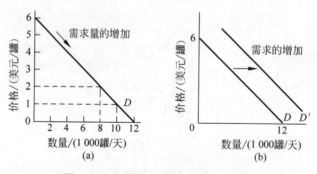

图 3.10　需求量的增加与需求的增加

(a) 价格下降时，需求量的增加体现为沿着需求曲线向下移动；

(b) 需求的增加体现为整个需求曲线向右移动。

　　需要加以类似区分的还有供给方面的术语。**供给的变化**是指整个供给曲线的移动，而**供给量的变化**则是指沿着供给曲线的移动。

　　马歇尔的供求模型是经济学最实用的工具之一。只要我们了解了决定供给曲线和需求曲线位置的因素，就可以理解周围很多有趣的现象了。

需求曲线的移动

为了更好地理解供求模型如何帮助预测与解释价格和数量的变化，我们首先来看几个例子。第一个例子说明了市场以外的因素引起的需求曲线的移动。

例 3.2 互补品

如果场地租赁费降低，网球市场的均衡价格和数量会有怎样的变化？

图 3.11 中的 S 和 D 分别为网球市场最初的供给曲线和需求曲线，这时的均衡价格为每个球 1 美元，均衡数量为每月 4 000 万个球。网球场和网球是互补品，即把它们放在一起使用的价值要高于分别使用的价值。因为如果没有场地，网球也就没有了价值（当父母将网球用来给孩子练习拍球时，网球还是有一些价值的）。当租用场地的费用降低时，人们会愿意多打网球，这就增加了网球的需求量。因此，场地租赁费的减少使网球的需求曲线从 D 移动到 D'（需求曲线"向右移动"也可称为"向上移动"，两种说法分别对应着对需求曲线的横向理解和纵向理解）。

在图 3.11 中，需求曲线移动后，网球新的均衡价格为 1.4 美元，高于原来的均衡价格，新的均衡数量为每个月 5 800 万个球，也高于原来的均衡数量。

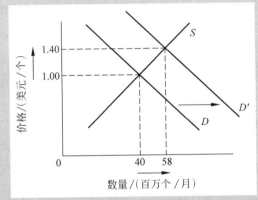

图 3.11 场地租赁费的降低对网球市场的影响
当互补品的价格下降时，需求曲线向右移动，均衡价格和均衡数量随之增加。

例 3.3 替代品

如果数字广告费用下降，印刷广告的均衡价格和均衡数量会发生什么变化？

大多数企业都会同时购买数字广告和印刷广告来推广产品。假设印刷广告的初始供给曲线和需求曲线如图 3.12 中的 S 和 D 所示，此时的均衡价格为 P，对应的均衡数量为 Q。印刷广告和数字广告是经济学家所说的替代品，也就是说，至少在某些方面，这两种广告的作用大体相同。当两种商品或服务互为替代品时，其中一种商品价格的下降会引起另一种商品的需求曲线向左移动（需求曲线"向左移动"也可称为"向下移动"）。用图表示，即印刷广告的需求曲线从 D 移动到 D'。

如图所示，新的均衡价格 P' 和均衡数量 Q' 均低于初始值 P 和 Q。数字广告费用的降低不会导致印刷广告公司破产，但会被抢走一部分客源。

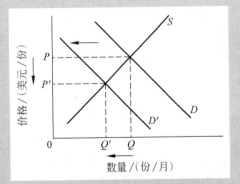

图 3.12 数字广告费用的下降对印刷广告市场的影响
当替代品的价格下降时，需求曲线向左移动，均衡价格和均衡数量随之降低。

总而言之,如果一种商品的价格上涨导致另一种商品的需求曲线向右移动,经济学家就认为这两种商品互为替代品。与此相反,如果一种商品的价格上涨导致另一种商品的需求曲线向左移动,就称之为互补品。

替代品和互补品的概念可以帮助我们回答下面的问题。

练习 3.4

机票价格下降会对旅游胜地的公共汽车票价和酒店价格产生什么影响?

需求曲线的移动不仅是由替代品和互补品价格的变动引起的,它还受到消费者对一种既定商品或服务支付意愿的各种决定因素的影响。收入就是这些因素中比较重要的一个。

经济自然主义者 3.1　美国联邦政府为职员加薪后,为什么距华盛顿地铁站较近的房屋租金相对于较远的房屋租金会升高?

对于大部分都是政府职员的华盛顿居民而言,住在距地铁站仅一个街区的地方比距地铁站20个街区的地方要便利得多。这些街区交通便利,因此房租要贵得多。假设这种房屋初始的供给曲线和需求曲线如图3.13所示。随着美国联邦政府职员薪水的提高,职员们可以利用增发薪水的一部分来支付高额房租,因此一些原本居住在非便利街区的职员会考虑搬到便利街区;而那些已经居住在便利街区的职员对他们租赁的房子会有更高的支付意愿。因此,薪水的提高使便利街区房屋的需求曲线向右移动,在图3.13中即为

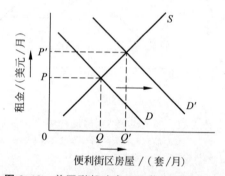

图3.13　美国联邦政府职员薪水的增加对华盛顿便利街区房屋租赁的影响
收入的增加使正常品的需求曲线向右移动,导致均衡价格和均衡数量的增加。

从D移动到D′。这些房屋的均衡价格和均衡数量也由此分别增加到P′和Q′。

到这里可能有人会问,便利街区的房屋数量受到地理条件的限制,不可能增加。但是激励原理告诉我们绝不能低估可以通过提供更多的商品而增加盈利时卖方的智慧。例如,当租金上涨到足够多时,房东可能会将仓库用作出租。一些拥有私家车的人也会把便利街区的房屋卖给房东,以提供给那些急需的人(这种情况会引起沿着便利街区房屋供给曲线的移动,而不是供给曲线自身的移动)。

当收入增加时,大部分商品的需求曲线会像上述便利街区房屋的需求曲线一样向右移动,经济学家称这类商品为**正常品**。

并非所有的商品都是正常品。事实上,收入增加时,有些商品的需求曲线会向左移动,这类商品被称为**劣等品**。

有了更多收入以后,在什么情况下你会希望少购买某些商品?一般而言,当一种商品存在比它的价格只高一点点,而且很有吸引力的替代品时,就会出现这种情况。位于那些既不安全又不便利的地方的房屋就是一个很好的例子。绝大多数居住者一旦

有了足够的收入可以负担更高的房租,就会搬离这类地区,这说明收入的增加使这类房屋的需求曲线向左移动。

练习 3.5

当美国联邦政府职员的薪水大幅增加时,距离华盛顿地铁站较远的房屋租金会有什么变化?

脂肪含量很高的碎牛肉是另一个劣等品的例子。出于健康的考虑,大多数人更偏好脂肪含量较低的精肉,如果他们购买脂肪含量高的肉类,说明他们正处于经济不宽裕的时期。当得到更高的收入时,他们会马上改为消费精肉。

偏好,或者称为口味,是决定一种商品是否符合成本-收益原理的另一个重要因素。漫威影业每一部电影的上映似乎都会激起孩子们对漫威玩具的强烈偏爱。这些电影上映后,对漫威玩具的需求曲线迅速向右移动。即使这些孩子无法拥有足够多的漫威玩具,他们也会突然失去对其他玩具的兴趣,这些玩具的需求曲线将向左移动。

对未来的期望是导致需求曲线移动的另一个因素。例如,如果苹果手机的使用者听说下个月将有一款更便宜或性能更好的手机推出,他们对市场上现有型号的手机的需求曲线就会向左移动。

供给曲线的移动

上面给出了一些需求曲线移动的例子。接下来,我们看看当供给曲线移动时会发生什么。由于供给曲线以生产成本为基础,任何改变生产成本的因素都会导致供给曲线的移动,进而造成均衡价格和均衡数量的改变。

例 3.4 机会成本的增加

如果制作滑板的一种原材料——玻璃丝的价格上涨,滑板的均衡价格和均衡数量会发生什么变化?

假设滑板的初始供给曲线和需求曲线如图 3.14 所示为 S 和 D,均衡价格为每个滑板 60 美元,均衡数量为每个月 1 000 个。由于玻璃丝是制作滑板的原材料之一,因此玻璃丝价格的上涨会造成生产滑板的边际成本增加。这会对滑板的供给曲线产生什么影响?

如前所述,当滑板的价格很低时,只有那些生产边际成本低的供应商出售商品,因为他们可以从中获利;但是价格上涨后,边际成本较高的供应商也会进入市场进行交易,获取利润(低果先摘原理)。因此,如果生产滑板的原料价格上涨,一定价格下潜在供应商的数量会减少。也就是说,滑板的供给曲线将向左移动。供给曲线的"向左移动"又称"向上移动"。前者对应着横向解释,而后者则对应着纵向解释,二者含义相同。新的供给曲线为图 3.14 中的 S'(玻璃丝价格上涨以后)。

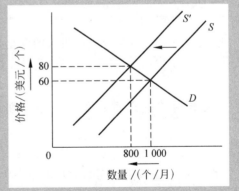

图 3.14 玻璃丝价格上涨对滑板市场的影响

当原料价格上涨时,供给曲线向左移动,均衡价格上涨,均衡数量减少。

玻璃丝成本的增加会对滑板的需求曲线产生影响吗？需求曲线描述了在每种价格下消费者希望购买的滑板数量。只要这些消费者的购买意愿高于滑板的市场价格，他们就希望购买。每个消费者的购买意愿由拥有滑板所获得的效用决定，并不取决于玻璃丝的价格，因此滑板的需求曲线不会移动。

在图 3.14 中，我们可以看出当供给曲线向左移动而需求曲线保持不变时，新的均衡价格为 80 美元，高于初始均衡价格，新的均衡数量为每个月 800 个，低于初始均衡数量（这里新的均衡价格和数量的数值只是为了说明问题，例中并没有足够的信息可以计算出它们的确切数值）。

如果消费者不愿意购买价格为 80 美元或更贵的滑板，则只能选择其他消费品。

我们将在例 3.5 中看到，生产的边际成本下降对均衡价格和均衡数量的影响恰好与此相反。

例 3.5　边际成本的下降

当木匠的工资下降时，新房屋的价格和数量会发生怎样的变化？

假设新房屋的初始供给曲线和需求曲线为图 3.15 中的 S 和 D，均衡价格为每套房屋 120 000 美元，均衡数量为每个月 40 套。木匠工资的下降使建造新房屋的边际成本下降，这意味着对于既定的房屋价格，建造者可以得到更高的利润。在图中表示为房屋供给曲线从 S 向右移动到 S'（供给曲线的"向右移动"又称"向下移动"）。

木匠工资的下降会对房屋的需求曲线产生影响吗？需求曲线描述的是各种价格下消费者愿意购买的房屋数量。由于木匠的工资减少了，他们对新房屋的支付意愿会随之降低，这意味着需求曲线将向左移动。但是由于木匠只是众多潜在房屋消费者中很小的一部分，这种移动可忽略不计。因此，木匠工资的下降会导致房屋供给曲线大幅向右移动，但对需求曲线却没有影响。

在图 3.15 中可以看到，新的均衡价格为每套房屋 90 000 美元，低于初始价格，而均衡数量为每个月 50 套，高于初始数量。

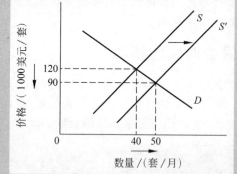

图 3.15　木匠工资的下降对新房屋市场的影响
当木匠的工资下降时，供给曲线向右移动，均衡价格下降，而均衡数量增加。

上述两个例子都涉及生产投入的变化，如生产滑板使用的玻璃丝和建造房屋的木匠。在下面的例子中，我们将告诉大家，当技术因素改变时，供给曲线同样会发生移动。

经济自然主义者 3.2　为什么学期论文的修改次数多于 20 世纪 70 年代？

在文字处理技术被广泛应用之前，学生们每对学期论文进行一次修改，都要把全文重新打字，而文字处理技术的产生从根本上改变了这种局面。学生们不需要再像以前那样重打整篇文章，而只要将所修改的部分添加进去就可以了。

在图 3.16 中，S 和 D 表示的是文字处理技术产生以前进行修改的供给曲线和需求曲线，S' 则表示现在进行修改的供给曲线。如图所示，移动的结果不只是每次修改价格大幅下降，还伴随着均衡数量的相应增加。

在前面的讨论中，我们假设学生在市场上寻求打字服务。事实上，有些学生是自己完成这项工作的。这两种情况有什么区别吗？尽管预算约束改变了学生的行为，但那些自己打字录入论文的学生也要支付费用——这个费用就是他们完成这项工作所花时间的机会成本。由于技术降低了成本，我们认为，尽管也许大多数人会自己打字，但对学期论文修改工作的需求量会大幅提高。

生产投入和技术的改变是造成供给曲线移动的最主要的两个因素。对于农产品而言，天气也许是另一个重要因素，好天气使供给曲线向右移动，坏天气使供给曲线向左移动（天气也可能通过影响国内的交通系统来影响其他非农产品的供给曲线）。对未来价格的预期可能造成当前供给曲线的移动，因为供应商可能会由于目前的干旱天气预期未来粮食将歉收，预留一些粮食以期在将来卖更高的价钱。市场上卖方数量的变化也会导致供给曲线的移动。

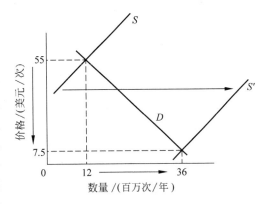

图 3.16 技术变化对学期论文修改市场的影响

当新技术的应用降低了生产成本时，供给曲线向右移动，导致均衡价格的下降和均衡数量的增加。

四个简单的规律

由于供给曲线和需求曲线的倾斜方向不变（供给曲线向上倾斜，需求曲线向下倾斜），根据前面的几个例子可以总结出四条基本规律来综述供给曲线和需求曲线的移动对均衡价格和均衡数量的影响。这些规律概括在图 3.17 中。

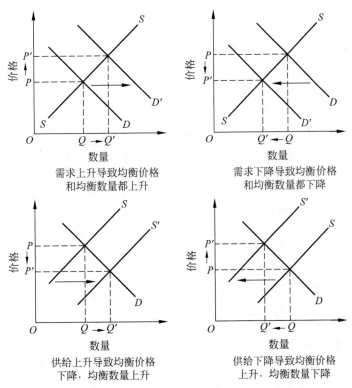

图 3.17 四条规律——供给曲线和需求曲线移动的影响

> **重点回顾：引起供给曲线和需求曲线移动的因素**
>
> **引起需求增加（需求曲线右移或上移）的因素：**
> 1. 商品或服务的互补品价格降低。
> 2. 商品或服务的替代品价格升高。
> 3. 收入增加（对于正常品而言）。
> 4. 需求者对商品或服务偏好增加。
> 5. 潜在购买者人数增加。
> 6. 未来价格的高预期。
>
> 当上述因素反方向变化时，需求曲线将向左移动。
>
> **引起供给增加（供给曲线右移或下移）的因素：**
> 1. 生产商品或提供服务所需的原材料、劳动力或其他投入费用减少。
> 2. 可以降低生产商品或提供服务的成本的技术进步。
> 3. 天气转好（特别是对农产品而言）。
> 4. 供应商数量增多。
> 5. 预期未来价格将下降。
>
> 当上述因素反方向变化时，供给曲线将向左移动。

只要供求曲线的倾斜方向是正常的，我们在图 3.17 中归纳的这些规律对于供给曲线和需求曲线的任何变动幅度都成立。但是正如我们在下面的例子中将要看到的，当供给曲线和需求曲线同时移动时，均衡价格和均衡数量的变化方向取决于两条曲线的相对移动幅度。

例 3.6 供给曲线和需求曲线的移动

> **当供给曲线和需求曲线同时移动时，均衡价格和均衡数量又会如何变化？**
>
> 下列情况同时发生时，对玉米薄饼市场的均衡价格和均衡数量会有怎样的影响？(1)研究表明，用于炸制玉米薄饼的油对人体有害；(2)收割玉米的设备价格下降。
>
> 生产用油对人体有害的研究结论会使那些注重健康的人转而购买别的食物，进而使玉米薄饼的需求曲线向左移动。而收割玉米所用设备价格的下降会导致玉米薄饼的供给曲线向右移动，因为有更多的农民认为进入这个市场可以获利。在图 3.18(a)和图 3.18(b)中，初始供给曲线和需求曲线为 S 和 D，变动后为 S' 和 D'。可以发现，两条曲线的移动均会导致均衡价格的下降。
>
> 但同时需要注意，如果我们不知道两条曲线的移动幅度，就不能决定变化后的均衡数量究竟是增加还是减少了。分开分析可以看到，需求曲线的移动导致均衡数量减少，而供给曲线的移动却使均衡数量增加。两种变化的总影响取决于移动幅度较大的那一方。在图 3.18(a)中，需求曲线的移动起决定性作用，因此均衡数量减少。在图 3.18(b)中，供给曲线的移动起决定性作用，因此均衡数量增加。

下面的练习将对例 3.6 中的问题进行具体考察。

第 3 章 供给和需求 71

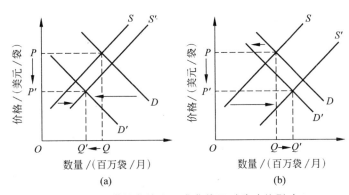

图 3.18 供给曲线和需求曲线同时移动的影响

当需求曲线向左移动而供给曲线向右移动时,均衡价格下降,均衡数量可能增加(b),也可能减少(a)。

练习 3.6

下列情况同时发生时,玉米薄饼市场的均衡价格和均衡数量会发生怎样的变化?(1)研究表明,玉米薄饼中含有一种可以预防癌症和心脏病的维生素;(2)蝗虫破坏了部分玉米作物。

经济自然主义者 3.3　为什么飞往欧洲的机票等商品在消费旺季会涨价,而甜玉米这类商品却会降价?

机票价格的季节性变化从根本上讲是由需求的季节性变化导致的。如图 3.19(a)所示,夏季人们对飞往欧洲的机票需求量最大,因此这几个月中机票的价格最高。在图中,w 和 s 分别表示冬季和夏季的机票价格。

与此相反的是,甜玉米价格的季节性变化从根本上讲是由供给的季节性变化引起的。如图 3.19(b)所示,夏季甜玉米的供给量最大,因此这几个月中它的价格也最低。

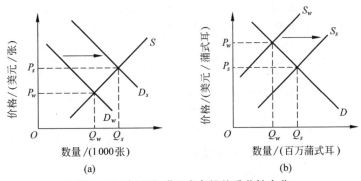

图 3.19 机票和甜玉米市场的季节性变化

(a) 当高需求量导致高消费量时,在高消费量时期商品价格最高;
(b) 当高供给量导致高消费量时,在高消费量时期商品价格最低。

效率与均衡

市场代表了一个高度有效的资源分配系统。当一种商品的市场达到均衡时,均衡价格是市场向潜在供给者传递的一种信息,它告诉供给者那些潜在的需求者对商品评估的价值。与此同时,均衡价格也是市场向潜在需求者传递的信息,它告诉需求者供应这种商品的机会成本。这种双向的信息传递就是尽管没有任何人或组织监督,市场仍然能够调节像纽约食品供应那样复杂的系统的重要原因。

但是如果从最大化社会总剩余的角度讲,由市场决定的价格和数量实现了整个社会的最优化吗?也就是说,没有政府管制的市场均衡是否总能实现市场参与者总收益与总成本差额的最大化?在下文中我们将看到,这依情况而定:对于一个像纽约房屋市场那样没有实现均衡的市场,人们总会找到机会进行可以增加个人经济剩余的交易活动。但是对于那些已经实现均衡的市场,当其供给曲线和需求曲线完全反映了市场上与该商品的生产和消费相联系的成本和收益时,总剩余是最大的。

"桌子上的现金"

经济学假设所有的交易都是出于自愿的。这意味着只有当买方愿意支付的价格达到或超过卖方愿意销售的价格时,交易才会发生。当上述情况出现时,交易双方均得到了经济剩余。交易产生的**买方剩余**是买方愿意支付的价格与实际交易价格的差额。**卖方剩余**则是实际交易价格与卖方愿意销售的价格的差额。交易的**总剩余**是买方剩余与卖方剩余的总和。它总是等于买方愿意支付的价格与卖方愿意销售的价格之间的差额。

假设存在一个潜在的消费者,他对一张比萨饼的购买意愿为 4 美元。另外一名潜在供给者的出售意愿为 2 美元。如果这个消费者从供给者那里以 3 美元购买了一张比萨饼,这笔交易的总剩余就是 4−2=2(美元),其中 4−3=1(美元)为买方剩余,3−2=1(美元)为卖方剩余。

一项干预市场达到均衡的政策会不必要地阻止交易的发生,从而减少交易的总剩余。我们再次假设比萨饼的市场上存在价格管制。图 3.20 中的需求曲线表示,如果价格上限为 2 美元,市场上仅有 8 000 张比萨饼出售。这时,根据供给曲线和需求曲线的纵向解释,买方最多愿意支付 4 美元,卖方则希望最低以 2 美元的价格出售。相差的 2 美元就是每张比萨饼被生产并出售时形成的经济剩余。在前面的讨论中,价格为 3 美元时,买方和卖方的经济剩余均为 1 美元。

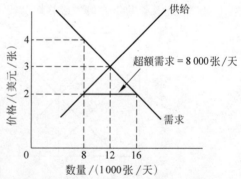

图 3.20 比萨饼市场的价格管制
低于均衡价格的价格上限会导致对比萨饼的超额需求。

当市场没有达到均衡时,我们总可以实现这种对双方都有利的交易。如果人们没有对这些双赢交易加以利用,我们就说存在"**桌子上的现金**"——这是对那些未被利用的机会的一种比喻。当市场价格低于均衡价格时，存在"桌子上的现金"，因为卖方的出售意愿（边际成本）总会低于买方的购买意愿。如果没有将交易价格限制在 2 美元，餐馆会迅速提高价格、扩大产量，直到达到 3 美元的均衡价格。在此价格下，消费者每天可以购买 12 000 张比萨饼。所有的双赢交易都已发生，市场上不再有"桌子上的现金"。

了解了激励原理之后，就不难理解市场上的买方和卖方总是可以及时意识到"桌子上的现金"的存在。这就好像那些未被利用的机会发出了一种特殊的气味，刺激大脑嗅觉中枢做出反应一样。充分利用机会得到"桌子上的现金"是纽约市成千上万家食品供应商如此勤奋工作以满足消费者需求的强劲动力，因此他们比租金管制房屋市场的参与者更成功也在情理之中。尽管可能存在一些不足，与中央分配机制相比，市场可以用更快的速度持久运作。但是正如我们在下面要强调的，这并不意味着市场总是可以实现最优。

个人最优并非社会最优

一种商品的社会最优产量是可以通过生产和消费该种商品而使社会经济剩余达到最大的数量。根据成本-收益原理，只要商品的边际收益不低于边际成本，我们就应该持续增加产量。也就是说，社会最优产量是使商品的边际成本与边际收益相等的产量。

当商品的数量低于社会最优产量时，增加产量可以增加总的经济剩余。同理，当商品的数量超过社会最优产量时，减少产量可以增加总的经济剩余。当经济中的每种产品和服务均以各自的社会最优水平生产和消费时就实现了**经济效率**，或称**效率**。

效率是社会的一项重要目标。没有实现效率就意味着总经济剩余没有达到最大，逐步实现效率的过程可以扩大经济蛋糕，使经济中的每个个体得到更多。在后面我们还会多次提到效率的重要性，这里将其作为一个核心原理提出。

> **效率原理**：效率是一项重要的社会目标，因为当经济蛋糕变大时，经济体中的每个人都可以得到更多。

市场均衡数量是否实现了效率？也就是说，在市场均衡数量下，参与者得到的总经济剩余是否达到最大？当一种既定商品的市场达到均衡时，卖方多出售一单位商品的成本与买方多购买一单位商品的收益是相等的。如果生产的所有成本均由卖方承担，所有的收益都由买方得到，市场均衡数量就会使边际成本与边际收益相等。也就是说，均衡数量实现了总经济剩余的最大化。

但是有时候生产的成本并不都由卖方承担。例如，有一种商品，它的生产会导致很严重的环境污染，每多生产一单位这种商品，人们（不一定是卖方）就要承受更多的污染。对于这种商品的市场均衡来说，买方消费最后一单位的收益仍然等于卖方生产这一单位商品的成本。但是由于商品生产给他人带来了环境污染成本，最后一单位商品的总边际成本——卖方的生产边际成本与他人承受的环境污染成本之和——就会高于消费者单位商品的收益。因此在这种情况下，市场均衡数量大于社会最优产量。降低产出可以提高总经济剩余，但此时无论是卖方还是买方都没有动力改变自己的行为。

经济自然主义者 3.4 新冠肺炎疫情期间为什么卫生纸会短缺？

在新冠肺炎疫情期间，很多到商店购买卫生纸的消费者发现货架上空空如也。如果价格会调整到使供给量与需求量相等，那么为什么疫情期间还会出现卫生纸短缺？

面对疫情带来的公共健康危机，很多美国人（如果不是大多数）囤积了诸如卫生纸之类的基本物品。事实上，一些消费者大量购买此类物品，这种囤积行为被认为是疫情期间卫生纸短缺的主要原因。

不过，除此之外还有一个重要的原因。美国的卫生纸市场包括两个细分市场：低档的商业级卫生纸市场，通常用于餐馆、学校、工作场所及其他公共场所；高档消费级卫生纸市场，通常用于人们的家中。尽管在疫情期间，卫生纸的总用量没有发生实质性变化，但商业级卫生纸的用量大幅下降而消费级卫生纸的用量却大幅上升。具体而言，各地广泛实行的居家办公政策导致商业级卫生纸的需求急剧下降，消费级卫生纸的需求则急剧上升，习惯于相对稳定需求的卫生纸生产商一时难以适应这一变化。

当然，在正常情况下，需求的增加不会导致产品短缺，而是会造成价格上涨。然而，在紧急情况下，社会规范和防止哄抬物价的法规都限制了零售商的提价能力。因此，尽管在疫情期间，消费级卫生纸的需求激增（这既是因为囤积，也是因为从商业级卫生纸转向消费级卫生纸），但价格没有调整，导致卫生纸销售一空，让消费者焦虑不安。

另一种可能的情况是，一些人因为他人的购买行为获得了收益。例如，当一些人接种囊虫病疫苗时，他不仅保护自己不感染囊虫病，也降低了他人患上这种病的概率。从整个社会的角度来看，应该增加接种疫苗的人数，直到边际成本等于边际收益。接种疫苗的边际收益是接种人和他人得到的预防收益的总和。但是对于个体消费者而言，只有他们的边际收益超过疫苗的价格，他们才会选择接种疫苗。因此这种情况下，接种疫苗的市场均衡数量小于使总经济剩余达到最大的数量。但是同样的，人们并没有动力改变自己的行为。

上述情况正是所谓"个人最优并非社会最优"的具体事例。在每个例子中，经济个体都是理性的。他们尽可能实现最优，但就整个社会而言仍然存在未被开发的机会。主要的问题在于，经济个体有时不能独立地找到这些未被开发的机会。在后面的章节中，我们将研究人们如何通过集体行为对这些机会加以利用。现在先用下面的原理概括上述讨论。

> **均衡原理**（又称"桌子上不存在现金"原理）：当市场达到均衡时，对于市场中的个体而言，不再存在未被开发的机会，却可能并未得到通过集体行动可以实现的全部收益。

重点回顾：效率与均衡

当一种商品的供给曲线和需求曲线反映了与该商品的生产、消费密切相关的所有成本和收益时，在实现市场均衡的同时，社会经济剩余达到最大。但是如果买方以外的人从商品消费中得到了收益，或者卖方以外的人承担了成本，市场均衡的实现并不意味着社会经济剩余的最大化。

小结

需求曲线是一条向下倾斜的曲线，它告诉我们在每个既定价格下消费者愿意购买的商品数量。供给曲线是一条向上倾斜的曲线，它告诉我们在每个既定价格下供应商愿意出售的商品数量。

马歇尔的供求模型说明了为什么单独利用生产成本或消费价值（以支付意愿衡量）均不足以解释商品价格高低不同的现象。为了解释价格的差异，我们必须同时考虑成本和支付意愿的相互作用。正如我们在本章中看到的，商品的价格由供给曲线和需求曲线共同决定。

如果在市场价格下，买方的需求数量等于卖方的供给数量，则称市场达到了均衡。均衡的价格-数量组合即为需求曲线与供给曲线相交的那一点。均衡时，市场价格衡量了最后一单位商品的购买价值和生产成本。

当商品价格高于均衡价格时存在超额供给。它驱使卖方降低价格直到达到均衡水平。当商品价格低于均衡价格时存在超额需求，它驱使买方提高价格，直到达到均衡水平。市场的一个显著特征就是根据不同个体对市场价格信号做出的利己主义行为，市场可以对几十亿个买者和卖者的行为进行调节。超额需求和超额供给的存在是微小且短暂的，除非政府管制阻止了价格的自由调节。

基本供求模型是经济自然主义者的重要工具。我们可以通过供给曲线或需求曲线的移动预测一种商品均衡价格的变化以及市场上交易数量的变化。下列四条规律对于任何需求曲线向下倾斜和供给曲线向上倾斜的商品均成立：

(1) 需求增加导致均衡价格和均衡数量的增加。
(2) 需求减少导致均衡价格和均衡数量的减少。
(3) 供给增加导致均衡价格的减少和均衡数量的增加。
(4) 供给减少导致均衡价格的增加和均衡数量的减少。

收入、偏好、人口、期望以及替代品和互补品的价格是引起需求曲线移动的因素。而供给曲线的移动主要由技术、投入品价格、期望、供应商数量和天气（特别对于农产品而言）等因素决定。

市场分配资源的效率并不会消除社会对于各种商品和服务如何在不同人之间分配这一问题的关注。例如，我们经常对于一些低收入消费者在市场上仅可购买最基础的商品和服务的事实感到惋惜。从穷人的福利角度出发，很多政府通过不同的手段干预市场以改变市场分配的结果。有时候这些干预以法律的形式出现，如将市场价格限制在均衡水平以下。这样的法律尽管是无意识的，却给市场带来很多负面影响。例如，租金管制就导致了严重的房屋短缺、黑市的出现及房东与房客关系的恶化。

如果问题的关键在于穷人的收入过低，最好的解决办法就是想方设法直接提高他们的收入。供求规律并不会因为法规的存在而失效。但是立法者的确有能力改变供给曲线和需求曲线的形状与位置。

当一种商品的供给曲线和需求曲线反映了与该商品生产和消费相关的所有成本及收益时，市场的均衡价格将使人们生产和消费的商品数量实现经济剩余的最大化。当市场中除买方以外的一些人获利（如一些人由于其邻居接种了囊虫病疫苗而获益），或者一些卖方以外的人承担了部分成本(如生产带来的环境污染)时,这个结论将不再成立。在这种情况下,市场均衡并不会同时达到经济剩余的最大化。

核心原理

- **效率原理**

效率是一项重要的社会目标,因为当经济蛋糕变大时,经济体中的每个人都可以得到更多。

- **均衡原理(又称"桌子上不存在现金"原理)**

当市场达到均衡时,对于市场上的个体而言,不再存在未被开发的机会,却可能并未得到通过集体行动可以实现的全部收益。

名词与概念

buyer's reservation price	买方愿意支付的价格	excess demand	超额需求
		excess supply	超额供给
buyer's surplus	买方剩余	income effect	收入效应
cash on the table	"桌子上的现金"	inferior goods	劣等品
change in demand	需求的变化	market	市场
change in supply	供给的变化	market equilibrium	市场均衡
change in the quantity demanded	需求量的变化	normal goods	正常品
		price ceiling	价格上限
change in the quantity supplied	供给量的变化	seller's reservation price	卖方愿意销售的价格
complements	互补品	seller's surplus	卖方剩余
demand curve	需求曲线	socially optimal quantity	社会最优产量
economic efficiency	经济效率	substitutes	替代品
efficiency	效率	substitution effect	替代效应
equilibrium	均衡	supply curve	供给曲线
equilibrium price	均衡价格	total surplus	总剩余
equilibrium quantity	均衡数量		

复习题

1. 给出需求曲线的横向解释和纵向解释的区别。
2. 为什么知道一种商品的生产成本不足以预测其市场价格?
3. 前些年一位政府官员提出了一项将汽油价格限制在较低水平的提议,希望以此帮助穷人。你是支持还是反对这个提议?请说明原因。

4. 区别"需求的变化"与"需求量的变化"的不同含义。
5. 举一个关于"个人最优并非社会最优"的例子。

练习题

1. 下列各因素会对美国玉米市场的供给曲线产生什么影响？
(1) 发现了新的作物轮作改良技术；
(2) 肥料价格下降；
(3) 政府对农民征收新税种；
(4) 艾奥瓦州遭受龙卷风侵袭。
2. 简要说明各个市场中，下列各种因素会对需求曲线产生什么影响。
(1) 到阿迪朗达克度假的细分市场上的消费者收入增加；
(2) 比萨饼市场的消费者阅读了有关意大利辣味香肠导致心脏病的报道；
(3) 燃油车市场的消费者得知电动汽车（燃油车的一种替代品）的价格上涨；
(4) 燃油车市场的消费者得知燃油车价格上涨。
3. 亚利桑那州的一名学生声称在图森市周边的沙漠看见了飞碟。这会对图森市商店里双筒望远镜的供给（不是供给量）产生什么影响？
4. 假设牛奶的售价为每加仑 4.5 美元，每天的牛奶需求量为 3 250 加仑，每天的牛奶供给量为 3 860 加仑。牛奶的均衡价格是会高于、低于还是等于每加仑 4.5 美元？请给出解释。
5. 指出下列商品是互补品还是替代品（如果你认为不能简单地归为一类，请说明理由）。
(1) 洗衣机和烘干机；
(2) 网球拍和网球；
(3) 生日蛋糕和生日蜡烛；
(4) 布制尿布和纸尿布。
6. 出生率的提高会对土地的均衡价格产生什么影响？
7. 如果鸡饲料的价格上涨，牛肉的均衡价格和均衡数量会发生什么变化？
8. 颁布强制购买车险的法规会对新车市场的均衡价格和均衡数量产生什么影响？
9. 如果出现下列情况，预测柑橘的均衡价格和数量会发生什么变化。
(1) 一项研究发现每天饮用一杯柑橘汁可以降低患心脏病的风险。
(2) 葡萄汁的价格大幅下降。
(3) 支付给柑橘采摘工的工资上升。
(4) 出乎意料的好天气使柑橘的产量远远超出人们的预期。
10. 假设最近一期的《纽约时报》报道，在内布拉斯加发现了疯牛病，同时还发现一种需要较少饲料喂养的小鸡。这会对美国鸡类产品的均衡价格和均衡数量产生什么影响？
11. 25 年前，我们只能在亚洲的一些大城市看到豆腐。现在，豆腐作为一种蛋白质含量很高的健康食品已经变得十分普遍，在美国的大部分超市均有销售。与此同时，豆腐已经发展为在利用现代食品加工技术的工厂生产。分别画出 25 年前和现在豆腐的供给曲线和需求曲线。根据上述信息用供求模型分析从过去到现在，豆腐的销量和价格都发生了怎样的变化。

12. 判断以下关于市场均衡的陈述是始终正确、从不正确还是有时正确。
（1）市场均衡使总经济剩余最大化。
（2）市场均衡利用了通过集体行动获得的所有收益。
（3）市场均衡不会给个人留下未开发的机会。

13. 2020 年 3 月，全球原油价格从每桶 50 多美元跌至每桶 23 美元以下，使价格降至近 20 年来的最低水平。原油价格的急剧下跌是由石油市场的两个重大冲击推动的。首先，新冠肺炎疫情造成全球的旅游人数大幅减少。其次，俄罗斯、沙特阿拉伯等主要产油国通常会达成集体协议，限制全球石油供应，以保持高油价，但这些谈判在 2020 年 3 月破裂，造成石油产量大幅增加。使用供求曲线图说明上述因素是如何影响原油的市场价格和数量的。

正文中练习题的答案

3.1 需求量为每天 10 000 张时，买方的边际购买意愿为每张 3.5 美元。价格为每张 2.5 美元时，需求量为每天 14 000 张。

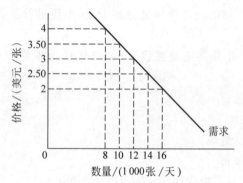

3.2 需求量为每天 10 000 张时，比萨饼的边际成本为每张 2.5 美元；价格为每张 3.5 美元时，供给量为每天 14 000 张。

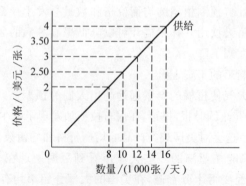

3.3 法规允许房东将房租制定在低于租金管制条例规定的最高房租水平,因此由于市场的均衡房租水平为 800 美元,将租金上限定为 1 200 美元对市场上的实际房租没有任何影响。

3.4 搭乘飞机或汽车往来于不同城市间是互为替代品的两种方式,因此机票价格的下降会引起搭乘汽车出行的需求曲线向左移动,从而导致更低的汽车票价和更少的搭乘数量。搭乘飞机旅行与旅游胜地的酒店是一对互补品,因此机票价格下降会引起旅游胜地酒店的需求曲线向右移动,因而导致了更高的酒店价格和更多的住宿需求。

3.5 距离华盛顿地铁站较远的房屋是劣等品。政府职员薪水增加会导致这种房屋的需求曲线向下移动,进而导致房租的均衡水平下降。

3.6 维生素含量的发现会引起玉米薄饼的需求曲线向右移动,供给曲线向左移动,进而引起均衡价格的上涨,而均衡数量的增加(如下左图中所示)或减少(如下右图中所示)取决于两条曲线的相对移动幅度。

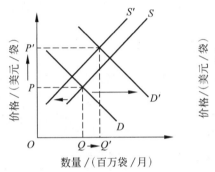
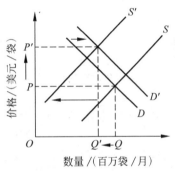

附录 供给与需求的代数分析

在本章的正文部分,我们从几何学框架上引入了供求分析。这一框架的优点在于可以直观地看到曲线的移动对均衡价格和均衡数量的影响,从而更易于理解。

将供求分析转入代数框架是一个很直接的扩展。在这个简短的附录里,我们将会展示如何操作。代数框架的优点在于大大简化了均衡价格和均衡数量的数值计算。

例如,考虑图 3A.1 中的供给曲线与需求曲线,其中 P 代表商品的价格,Q 代表数量。这两条曲线所代表的方程是什么呢?

直线形的需求曲线必须满足 $P=a+bQ^d$ 的形式,其中 P 为商品价格(用纵轴表示),Q^d 表示每种价格下的需求量(用横轴表示),a 是需求曲线在纵轴上的截距,b 是斜率。图 3A.1 中所示的需求曲线的截距为 16,斜率为 -2,所以需求曲线为

$$P = 16 - 2Q^d \tag{3A.1}$$

类似的,直线形的供给曲线必须满足 $P=c+dQ^s$ 的形式,其中 P 还是商品价格,Q^s 是每个价格下的供给数量,c 是供给曲线的纵截距,d 是斜率。图 3A.1 中所示的供给曲线的纵截距为 4,斜率也为 4,所以供给曲线为

$$P = 4 + 4Q^s \tag{3A.2}$$

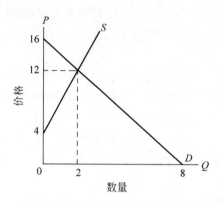

图 3A.1 供给曲线与需求曲线

已知任何市场上的供给曲线和需求曲线,可以很容易地用第1章附录中介绍的齐次方程组解出均衡价格和均衡数量。接下来的这个例子解释了如何应用这个方法。

例 3A.1　齐次方程组

已知某个市场上的供给曲线和需求曲线分别是 $P=4+4Q^s$ 和 $P=16-2Q^d$,找出这个市场的均衡价格和均衡数量。

均衡状态下,$Q^s=Q^d$,用 Q^* 来表示这个值,我们将式(3A.1)和式(3A.2)的右边用等号连接:
$$4+4Q^*=16-2Q^* \tag{3A.3}$$

解得 $Q^*=2$。将 $Q^*=2$ 代入供给方程或需求方程,得到均衡价格 $P^*=12$。

当然,通过式(3A.1)和式(3A.2)的图示,我们可以直接从图 3A.1 中看出均衡价格和均衡数量(这就是为什么我们会说图解法有助于看出结果)。下面这个例子将会说明,代数解法的好处在于不用非常费力地画出精确的供求曲线图,就能求出均衡价格和均衡数量。

练习 3A.1

找出某个市场上的均衡价格和均衡数量,其中供给曲线和需求曲线分别为 $P=2Q^s$ 和 $P=8-2Q^d$。

附录中练习题的答案

3A.1　用 Q^* 表示均衡数量。因为均衡价格和均衡数量同时处于供给曲线和需求曲线上,所以我们将两个方程的右边用等号连接,得到
$$2Q^*=8-2Q^*$$

解得 $Q^*=2$,将 $Q^*=2$ 代入供给方程或需求方程,得到均衡价格 $P^*=4$。

第 2 部分
竞争与看不见的手

第 4 章　弹性
第 5 章　需求
第 6 章　完全竞争的供给
第 7 章　效率、交易与"看不见的手"

微观经济学原理（翻译版·第 8 版）
Principles of Microeconomics, Eighth Edition

第 4 章

弹 性

学习目标

学完本章后,你应该能够:
1. 定义需求价格弹性并解释是什么因素决定了需求有弹性还是无弹性。
2. 用需求曲线上的信息计算需求价格弹性。
3. 理解一种商品的价格上升将如何影响总收益和总支出,这取决于该种商品的需求价格弹性。
4. 定义交叉价格弹性和需求收入弹性。
5. 定义供给价格弹性并解释是什么因素决定了供给是有弹性还是无弹性,用供给曲线上的信息计算供给价格弹性。

很多吸毒者通过犯罪来筹集购买毒品的资金。毒品和犯罪之间的这种联系让"加大力度制止毒品走私"的呼声日益强烈。但是,这种措施能否减少下个月你的 iPhone 或笔记本电脑被盗的可能性?如果削减毒品供给的尝试能够成功,那么根据基本的供求分析,毒品的供给曲线将左移,毒品的市场价格将上升。假定毒品的需求曲线向下倾斜,使用者对此的反应将会是减少毒品的消费量。但是,吸毒者的犯罪量并不是由消费的毒品数量决定的,而是由他们在毒品上的总花费决定的。由于削减毒品供给将引起价格上升,而价格上升的幅度又与毒品需求曲线的具体特征密切相关,因此打击走私既可能使毒品总花费减少,也可能使总花费上升。

例如,假设增加边境巡逻使市场对毒品的供给曲线左移,如图 4.1 所示。于是,毒品的均衡数量(Q)从每天 50 000 盎司①下降到 40 000 盎司,毒品的价格(P)从 50 美元/盎司上升到 80 美元/盎司。毒品的总花费从每天 2 500 000 美元(50 000 盎司/天×50 美元/盎司)上升到每天 3 200 000 美元(40 000 盎司/天×80 美元/盎司)。在这种情况下,遏制毒品供给的努力事实上增加了笔记本电脑被盗的可能性,因为人们在毒品上的总花费增加了。

或许,阻止非法毒品流动所带来的其他收益仍能超过犯罪增加带来的负面效应。

---

① 1 盎司=28.35 克

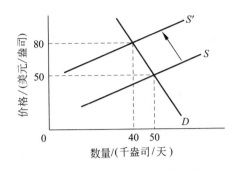

图 4.1　增强边境巡逻对毒品市场的影响

增强边境巡逻使毒品的供给曲线左移,减少了需求量,但是可能会增加毒品的总支出。

然而,不可否认的是,该政策的确可能使与毒品相关的犯罪增加,而了解这一事实将有助于执法机构采取更有效的措施。

本章的一大任务是引入弹性的概念,它度量的是相对于价格、收入及其他因素变化,需求量、供给量的变动程度。在上一章,我们讨论过如何根据供给曲线和需求曲线的移动来预测均衡价格和数量的变动方向。对价格弹性的深入理解将使我们能够更精确地说明这种变化的效果。在刚讨论过的毒品的例子中,供给的减少导致总花费增加。在其他很多例子中,供给的减少将导致总花费减少。为什么会有这种区别?需求的价格弹性有助于解释这一现象。我们将讨论为什么一些产品的需求价格弹性高于其他产品,以及这一事实背后所揭示的机理——总支出如何随价格变化而变化。我们还将讨论供给的价格弹性,并考察其决定因素。

 ## 需求价格弹性

当一种产品或服务的价格上升时,需求量就会下降。但是,要预测价格增加对总支出的影响,还必须知道需求量下降的幅度。一些产品(如盐)的需求量对于价格的变动并不敏感。事实上,即使盐的价格翻一番,或者下跌一半,大多数人也基本上不会改变对盐的消费量。但是,对于另一些产品而言,需求量对于价格的变动非常敏感。例如,20 世纪 90 年代初,美国政府对游艇征收奢侈品税,导致游艇的购买量急剧减少。

价格弹性的定义

一种产品的**需求价格弹性**是对该产品的需求量随价格变动的敏感度的度量。一种产品的需求价格弹性被定义为价格变动 1% 所引起的需求量变动的百分比。例如,如果牛肉的价格下降 1% 则需求量上升 2%,那么牛肉的需求价格弹性就等于 −2。

虽然以上给出的定义提到需求价格弹性是价格变动 1% 所引起的需求量变动的百分比,它同样适用于价格的其他变动范围(定义中价格变动相对较小)。在这种情况下,我们用需求量变动的百分比除以价格变动的百分比来计算需求价格弹性。如果猪肉的价格减少 2% 导致需求量上升 6%,那么猪肉的需求价格弹性将是

$$\frac{\text{需求量变动的百分比}}{\text{价格变动的百分比}} = \frac{6\%}{-2\%} = -3 \tag{4.1}$$

严格地说,需求价格弹性总是负值(或者为 0),因为价格的变动总是与需求量的变动方向相反。所以方便起见,我们可以暂时不考虑负号的存在,而从绝对值的角度来分析价格弹性。如果对于一种产品而言,其需求价格弹性的绝对值大于 1,那么该产品的需求关于价格是**有弹性**的。如果对于一种产品而言,其需求价格弹性的绝对值小于 1,那么该产品的需求关于价格是**无弹性**的。如果对于一种产品而言,其需求价格弹性的绝对值等于 1,那么该产品的需求关于价格具有**单位弹性**(见图 4.2)。

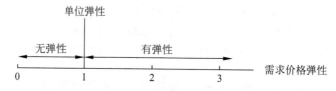

图 4.2 弹性需求和无弹性需求

一种产品的价格弹性如果大于 1、等于 1 或小于 1,则对该产品的需求相应为有弹性、单位弹性或无弹性。

例 4.1 需求价格弹性

比萨饼的需求价格弹性是多少?

当每份比萨饼的价格为 1 美元时,购买者每天愿意购买 400 份,而当每份比萨饼的价格下降到 0.97 美元时,需求量上升到每天 404 份。在初始价格水平下,比萨饼的需求价格弹性是多少?比萨饼的需求关于价格是有弹性的吗?

比萨饼的价格减少了 3%,相应地,需求量增加了 1%。于是,比萨饼的需求价格弹性等于 1%/3%,即 1/3。因此,在初始价格水平下,比萨饼的需求关于价格无弹性。

练习 4.1

滑雪季票的需求价格弹性是多少?

当一张滑雪季票的价格为 400 美元时,购买者每年愿意购买 10 000 张,而当价格降为 380 美元时,需求量上升为每年 12 000 张。在初始价格水平下,滑雪票的需求价格弹性是多少?滑雪票的需求关于价格是有弹性的吗?

需求价格弹性的决定因素

什么因素决定了一种产品或服务的需求价格弹性?回答这个问题前,让我们做个简单的回顾:理性消费者购买产品的前提是该产品必须通过成本-收益检验。例如,考虑你只购买 1 件产品(如家用电冰箱)的情形。假设在当前的价格水平下,你已经决定购买。现在,如果价格上升 10%,那么价格增加的幅度会令你改变主意吗?这个问题的答案将取决于以下几个因素。

替代可能性

当你想要购买的产品价格出现显著上升时,你可能会问自己:"有具有类似功效,但是花费较少的其他产品吗?"如果答案是肯定的,那么你将转而购买替代性产品以规避价格上升所造成的影响。但是,如果答案是否定的,那么你很可能会维持原来的购买决策。

这些现象说明,产品的近似替代品越容易找到,其价格的需求就越富有弹性。例如,盐没有近似替代品,因此其需求高度无弹性。但是注意,盐的需求量关于价格高度不敏感,并不意味着任何一种特定品牌的盐关于价格都是高度无弹性的。毕竟,尽管盐的生产商总是在强调各自品牌的优点,消费者仍倾向于把一种品牌作为另一品牌的近乎完全的替代品。因此,如果默顿公司大幅提高盐的售价,那么很多人将会转而购买其他品牌的盐。

另一种没有近似替代品的产品是狂犬病疫苗。一个人如果被患有狂犬病的动物咬伤却不去注射疫苗很可能有生命危险。所以,面对这种情形,大多数人都会选择不惜一切代价支付,而不是放弃注射疫苗。

预算份额

假设钥匙圈的价格突然翻了一番,这将如何影响你对钥匙圈的购买量?如果你和大多数人一样,那么答案将是:根本没有影响。理由非常简单——这种产品的价格只有1美元,你每隔几年才买一次,因此其价格翻倍根本没什么影响。相反,如果你想要购买的新车价格突然翻一番,你肯定会尽力寻找可能的替代品,如二手车或者较小的车型。你还可能考虑继续使用现有的车,让它"继续服役"。一种产品在预算中所占的比例越大,你在其价格上升时寻找替代品的动力就越大。因此,高价产品倾向于具有更高的需求价格弹性。

时间

家用电器有很多类型,其中一些电器耗能比较少,而另一些电器耗能则相对较多。总体而言,一种电器越节能,其价格就越高。如果你正准备购买新的空调,此时电费突然上涨,那么放弃原计划转而购买一台更节能的空调对你而言更有利。但是,假设在得知电费上涨前,你已经购买了空调,那么从各种可能性来说,立刻放弃现有空调转而购买更节能的空调并不是一个好的选择。一般来说,你可能会等到空调用坏,或者等到搬新家时才会考虑换新空调。

正如这个例子所反映的,两种产品或服务之间的替代是需要时间的。一些产品的替代在价格上升后会立刻发生,而其他很多产品的替代却是在几年甚至几十年后发生的。出于这一理由,对于任何一种产品或服务来说,其需求价格弹性的长期值总是大于短期值。

重点回顾:需求价格弹性的决定因素

对一种产品或服务而言,如果它的替代品比较容易找到,或者该产品或服务在消费者的预算中占的比例较大,抑或是消费者拥有较多时间对价格的变化做出调整,那么这种产品或服务的需求价格弹性就较大。

一些具有代表性的弹性估计

如表 4.1 所示,不同产品的需求价格弹性经常有很大的差别,弹性值高至 3.5(公共交通),低至 0.1(食品)。这种差别在一定程度上可以用刚讨论过的弹性决定因素来解释。例如,青豆的需求价格弹性是咖啡的 9 倍多,这反映了青豆的替代品要远远多于咖啡的替代品。

表 4.1　某几类产品的历史需求价格弹性估计

产品或服务	价格弹性估值	产品或服务	价格弹性估值
食品	0.1	汽车	1.1
咖啡	0.3	啤酒	1.2
报纸杂志	0.3	家具	1.3
房屋	0.6	就餐费用	1.6
烟草	0.6	家用电器	1.9
服装	0.6	船、游艇	2.4
医疗	0.8	青豆	2.8
汽油	0.9	公共交通	3.5

资料来源:K. Elzinga, "The Beer Industry," in *The Structure of American Industry*, ed. Walter Adams (NY:Macmillan, 1977); Ronald Fisher, *State and Local Public Finance* (Chicago: Irwin, 1996); H. S. Houthakker and Lester Taylor, *Consumer Demand in the United States: Analyses and Projections*, 2nd ed. (Cambridge, MA: Harvard University Press, 1972); Ashan Mansur and John Whalley, "Numerical Specification of Applied General Equilibrium Models: Estimation, Calibration, and Data," in *Applied General Equilibrium Analysis*, eds. Herbert Scarf and John Shoven (NY: Cambridge University Press, 1984); Joachim Möller, "Income and Price Elasticities in Different Sectors of the Economy—An Analysis of Structural Change for Germany, the U. K., and the U. S. A." (University of Regensburg, 1998); L. Taylor, "The Demand for Electricity: A Survey," *Bell Journal of Economics* (Spring 1975); and Henri Theil, Ching-Fan Chung, and James Seale, "Advances in Econometrics," Supplement I, 1989, *International Evidence on Consumption Patterns* (Greenwich, CT: JAI Press, 1989).

此外,请注意食品的低需求价格弹性与青豆的高需求价格弹性之间的差异。与青豆不同,食品在大多数家庭的预算中占据了很大的份额,对于类似食品这样广义的支出类别来说几乎不存在什么替代品。

对需求价格弹性的运用

了解支配需求价格弹性的因素不仅有助于分析消费者行为,还有助于设计有效的公共政策。对此,我们将通过下面的例子来说明。

经济自然主义者 4.1 提高烟草税能否遏制青少年吸烟问题?

烟草行业聘请的顾问在国会作证,反对旨在抑制青少年吸烟的高额烟草税政策。这些顾问称,青少年吸烟的主要原因是他们的朋友吸烟,据此他们认为高额税收对抑制青少年吸烟收效甚微。这些顾问的证词是否符合经济逻辑?

这些顾问关于周围人的影响是青少年吸烟最重要的决定因素的观点基本上是成立

的。但是,这并不意味着提高烟草税对遏制青少年吸烟没有成效。因为大多数青少年没有多少钱可以用于自主消费,所以香烟在普通青少年吸烟者的预算中占相当大的比例。因此,香烟的需求价格弹性不可忽视。提高烟草税后,一些青少年将因无法负担高额费用而放弃吸烟。即使在那些仍能负担这种高价的青少年中,仍会有一些人将选择消费其他产品而不愿为继续吸烟支付高价。

既然税收至少能影响一部分青少年吸烟者,那么烟草行业顾问的论点就有问题了——如果税收能通过影响香烟的价格直接阻止一小部分吸烟者,那么它也能通过减少同伴中吸烟人群的数量间接阻止其他的吸烟者。那些因为间接影响而停止吸烟的人也将不再影响其他人吸烟……因此,虽然高额烟草税对青少年吸烟的直接效应很小,但是累积效应却可能相当大。所以,"同伴压力是青少年吸烟的主要决定因素"这个纯粹的事实并不能说明提高烟草税对减少青少年吸烟人数没有显著作用。

经济自然主义者4.2 为什么对游艇征收奢侈品税是一场灾难?

1990年,美国国会决定对价值超过10万美元的游艇及其他少数奢侈品开征奢侈品税。在征税前,课税联合委员会预计这项措施能使1991年的税收增加3 100万美元。但是,结果并不尽如人意,税收只增加了预期的一半多,仅为1 660万美元。[①] 几年后,联合经济委员会做了一项统计,结果表明对游艇征税导致美国造船行业损失了7 600个工作岗位。将损失的税收收入和增加的失业救济金一并列入考虑,美国政府事实上因为奢侈品税在1991年损失了760万美元,所以其净收入差不多比初始的预测少了3 900万美元。这中间到底出了什么差错?

1990年颁布的法律并没有对在美国境外制造和购买的游艇征收奢侈品税。国会没有考虑到,这些游艇实际上是在美国境内制造和购买的游艇的完全替代品。因此,非常自然地,当征税导致国内游艇价格上升时,游艇的买家都转而购买国外的产品。对具有较高需求价格弹性的产品征税将会刺激人们重新安排消费计划,但是不会带来多少收入。如果国会进行了适当的经济分析,那么它就能预测到这种特殊的税种将成为一大败笔。面对新英格兰造船厂失业工人的愤怒抗议,国会在1993年取消了对游艇的奢侈品税。

▼ 价格弹性的图形化解释

对于价格的微小变化而言,需求价格弹性就等于需求量变化率除以相应的价格变化率。这一公式使我们只需利用需求曲线上较少的信息,就能构建某种产品的需求价格弹性的简单表达式。

为了说明这一点,假设现有产品的价格为 P,该价格水平下的需求量为 Q。相似地,用

[①] 要了解另一种观点,可参阅 Dennis Zimmerman,"The Effect of the Luxury Excise Tax on the Sale of Luxury Boats,"Congressional Research Service,February 10,1992.

ΔP 表示当期价格的微小变化,用 ΔQ 表示因此而产生的需求变化(如图 4.3 所示)。那么,表达式 $\Delta P/P$ 表示的将是当 P 改变 ΔP 时,价格变化相对于价格的比例;而 $\Delta Q/Q$ 表示的则是因此而产生的需求量变化相对于原需求量的比例。因此,价格弹性公式可以写为

$$\text{价格弹性} = \varepsilon = \frac{\Delta Q/Q}{\Delta P/P} \tag{4.2}$$

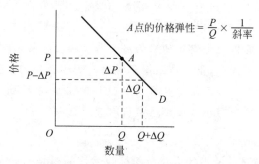

图 4.3 需求价格弹性的图形解释

直线形需求曲线上任意一点的需求价格弹性都等于该点的价格与数量的比率乘以需求曲线斜率的倒数。

例如,假设初始价格为 100 时,需求量为 20 单位,当价格上升到 105 时,需求量下降为 15 单位。忽略需求量变化的负号,将有 $\Delta Q/Q = 5/20$,$\Delta P/P = 5/100$,于是得到 $\varepsilon = (5/20)/(5/100) = 5$。

这个公式的一个引人注意的特征是它有非常直观的图形意义。要想计算图 4.3 中需求曲线上 A 点的需求价格弹性,可以先将式(4.2)中右边的部分改写为 $(P/Q) \times (\Delta Q/\Delta P)$。又因为需求曲线的斜率等于 $\Delta P/\Delta Q$,所以 $\Delta Q/\Delta P$ 是斜率的倒数:$\Delta Q/\Delta P = 1/\text{斜率}$。因此,$A$ 点的需求价格弹性用 ε_A 表示,有如下的简易计算公式:

$$\varepsilon_A = \frac{P}{Q} \times \frac{1}{\text{斜率}} \tag{4.3}$$

为了展示弹性的这种图形化解释操作起来有多么方便,我们将通过具体的例子来说明。假设我们想要计算图 4.4 中需求曲线上 A 点的需求价格弹性。该需求曲线的斜率等于纵截距与横截距的比率:$20/5 = 4$。因此,$1/\text{斜率} = 1/4$(事实上,斜率值为 -4,但是我们为了方便起见再次忽略了负号,因为在计算需求价格弹性的过程中我们也忽略了负号)。而在 A 点,P/Q 的比率等于 $8/3$,所以 A 点的价格弹性等于 $(P/Q) \times (1/\text{斜率}) = (8/3) \times (1/4) = 2/3$。这意味着当产品价格为 8 时,价格减少 3% 将会导致需求量增加 2%。

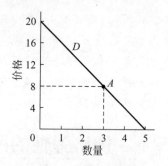

图 4.4 计算需求价格弹性

A 点的需求价格弹性为 $(P/Q) \times (1/\text{斜率}) = (8/3) \times (1/4) = 2/3$。

练习 4.2

根据图 4.4 中的需求曲线,计算当 $P=4$ 时的需求价格弹性。

例 4.2　弹性与斜率的关系

根据如图 4.5 所示的需求曲线 D_1 和 D_2，计算当 $P=4$ 时的需求价格弹性。当 $P=1$ 时，D_2 上相应点的需求价格弹性是多少？

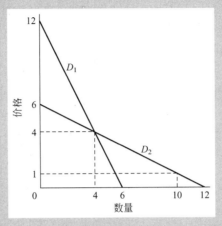

图 4.5　需求曲线的陡峭程度与价格弹性

当价格和数量均相同时，两条需求曲线中较平缓的曲线在该点的需求价格弹性大于较陡的曲线。

这些弹性可以通过公式 $\varepsilon=(P/Q)\times(1/斜率)$ 来计算。D_1 的斜率等于其纵截距与横截距的比率：$12/6=2$。所以对于 D_1 来说，$1/斜率=1/2$。相似的，D_2 的斜率等于其纵截距与横截距的比率：$6/12=1/2$。所以 D_2 的斜率的倒数为 2。对于这两条需求曲线来说，当 $P=4$ 时，均有 $Q=4$，因此每条曲线在该点的 $(P/Q)=4/4=1$。于是，对于 D_1 来说，当 $P=4$ 时需求价格弹性为 $(1)\times(1/2)=1/2$；对于 D_2 来说，当 $P=4$ 时需求价格弹性为 $(1)\times(2)=2$。在 D_2 上 $P=1$，$Q=10$ 的点，$(P/Q)=1/10$，因此当 $P=1$ 时，D_2 上相应点的需求价格弹性 $=(1/10)\times(2)=1/5$。

例 4.2 表明了一个一般性的规则：如果两条需求曲线具有相同的点，那么在该点，较陡的曲线对于价格的弹性小于较平缓的曲线。但是请注意，这并不意味着较陡的曲线在每一点的弹性值都较小。例如，我们可以看到，在 $P=1$ 的价格水平下，D_2 上相应点的需求价格弹性只有 $1/5$，比 $P=4$ 时 D_1 上相应点的需求价格弹性（$1/2$）的一半还要小。

直线形需求曲线上价格弹性的变化

只要稍微留意一下计算弹性的公式，我们不难发现，直线形需求曲线上每一点的价格弹性都不同。直线形需求曲线的斜率是一个常数，这意味着 $1/斜率$ 也是一个常数。但是，价格-数量比率 P/Q 却随着曲线上点的位置的下降而减小。因此，当我们沿着直线形需求曲线向下移动时，相应的需求价格弹性将逐步下降。

由于需求价格弹性等于需求量变化的百分比除以对应的价格变化的百分比，因此我们还可以从定义出发来解释上述结论。当点位于需求曲线顶部时，价格水平较高，因此给定价格的绝对变化量所占百分比较小；而当点位于需求曲线的底部时，价格水平较低，给定价格的绝对变化量所占百分比较大。同理，当点位于需求曲线的顶部时，需求量较小，给定需求的绝对变化量所占百分比较大；当点位于曲线的底部时，需求量较大，给定需求的绝对变化量所占百分比较小。

弹性的图形化解释也让分析"对于任何直线形需求曲线而言，其中点的需求价格弹性必然等于1"更为简单。例如，考虑如图4.6所示的需求曲线 D 上 A 点的需求价格弹性。在该点，比率 P/Q 等于 $6/3=2$。需求曲线的斜率等于其纵截距与横截距的比率，$12/6=2$。因此，1/斜率 $=1/2$（再次强调，为了简便起见，我们忽略了负号）。将这些值代入图形化弹性公式，得到：$\varepsilon_A=(P/Q)\times(1/斜率)=(2)\times(1/2)=1$。

该结论不仅适用于这条特定的需求曲线，还适用于其他任何一条直线形需求曲线。①结合上面提到的"P/Q 随着曲线上点的位置的下降而减小"，我们还可以得出结论：在中点以下的任意一点，其需求价格弹性必定小于1；在中点以上的任意一点，其需求价格弹性必定大于1。图4.7对所有直线形需求曲线上有弹性、无弹性、单位弹性的分布状况进行了详细的总结。

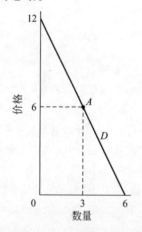

图4.6 直线形需求曲线中点的弹性
任何直线形需求曲线的中点的需求价格弹性恒等于1。

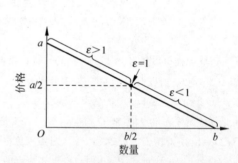

图4.7 直线形需求曲线各点的价格弹性区域
在上半段曲线上，需求是有弹性的；在中点处，需求为单位弹性；在下半段曲线上，需求是无弹性的。

两个特例

"直线形需求曲线上点的弹性随着位置的下移而减小"这一总法则事实上有两个例外。

首先，图4.8(a)中的水平需求曲线的斜率为0，这意味着其倒数无穷大。因此，水平需求曲线上每一点的需求价格弹性都等于无穷大。这样的需求曲线被称为具有**完全弹性**。

其次，图4.8(b)中的需求曲线则是垂直的，这意味着其斜率无穷大。因此，斜率的倒数等于0。于是，该曲线上每一点的需求价格弹性都等于0。因此，垂直的需求曲线被称为**完全无弹性**。

---

① 要分析具体原因，注意：在任何一条直线形需求曲线的中点，P 等于纵截距的一半，Q 等于横截距的一半。因为需求曲线的斜率等于纵截距与横截距的比率，所以 P/Q 等于该曲线的斜率。这意味着(1/斜率)等于 Q/P。因此，在任何直线形需求曲线的中点，需求的价格弹性$(P/Q)\times(1/斜率)=(P/Q)\times(Q/P)$都等于1。

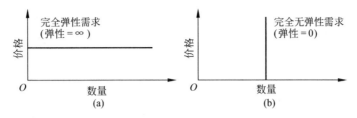

图 4.8 完全弹性需求曲线与完全无弹性需求曲线

水平的需求曲线[图 4.8(a)]具有完全弹性,即每一点的弹性都是无穷大。即使价格稍微上涨,也会导致消费者放弃该产品,转而购买其替代品。垂直的需求曲线[图 4.8(b)]完全无弹性,每一点的弹性都为 0。即使价格出现大幅增加,消费者也不会转而购买其替代品。

重点回顾:计算需求价格弹性

一种产品的需求价格弹性等于价格变动 1% 引致的需求量变动百分比。用数学公式表达,需求曲线上某一点的需求价格弹性等于 $(P/Q) \times (1/斜率)$,其中 P 和 Q 代表的是对应的价格和数量,$(1/斜率)$ 代表的是需求曲线在该点的斜率的倒数。如果价格弹性的绝对值超过 1,那么需求关于价格是有弹性的;如果价格弹性小于 1,那么需求关于价格是无弹性的;如果需求价格弹性等于 1,那么需求关于价格具有单位弹性。

弹性和总支出

产品与服务的卖主总是对下列问题的答案很感兴趣:"以低价出售较多数量的产品,或者以高价出售较少数量的产品,哪种方式下消费者的支出更多?"这一问题的答案取决于需求价格弹性。为了说明原因,我们首先考察在某种产品上的总支出是如何随价格变化的。

在实际生活中,我们可以非常轻松地获得某种产品的日常总支出,它等于产品的日常购买量乘以其售价。产品的市场需求曲线反映每一价格水平下将被出售的产品数量。我们可以用需求曲线的信息说明某种产品的总支出如何随价格变化。

举例说明,如果观看电影的需求曲线如图 4.9 所示,电影票的价格为 2 美元/张[图 4.9(a)],那么消费者每天在电影票上的总支出是多少?需求曲线告诉我们,当每张电影票的价格为 2 美元时,每天将有 500 张票售出,因此该价格水平下每天的总支出将等于 1 000 美元。如果电影票的售价不是 2 美元而是 4 美元,那么每天将有 400 张票售出[图 4.9(b)],因此在这一较高价格水平下每天的总支出等于 1 600 美元。

请注意,消费者每天在某种产品上的总支出必然等于产品出售者的总收入。也就是说,**总支出和总收入**其实是同一个硬币的两面。

总支出=总收入:消费者在某种产品上的花费 $(P \times Q)$ 等于卖主所得到的收入。

到这里,我们有一种感觉,似乎产品的市场价格上升总能导致卖主的总收入增加。这只是上面的例子所发生的情况,事实上并不一定会出现这种结果。需求法则告诉我们,当产品价格上升时,人们将会减少购买量。因此,这两大决定总收入的因素——价格和需求——总

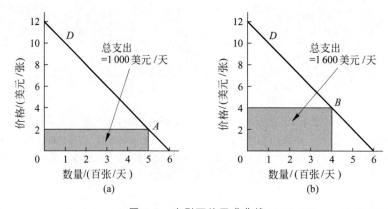

图 4.9 电影票的需求曲线

每张电影票的价格从 2 美元增加到 4 美元时,消费者在电影票上的总支出增加。

是朝着相反的方向运动。当价格上升、数量下降时,二者的乘积既可能上升也可能下降。

例如,图 4.10 中的需求曲线与图 4.9 中的需求曲线完全相同,当电影票的价格从每张 8 美元[图 4.10(a)]上升到 10 美元[图 4.10(b)]时,消费者在电影票上的总支出将会下降。人们在每张 8 美元的价格下每天将支出 1 600 美元,而在每张 10 美元的价格下每天只支出 1 000 美元。

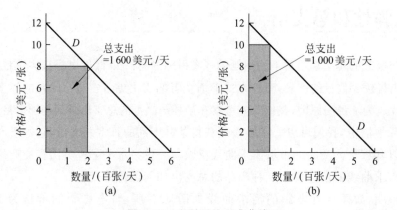

图 4.10 电影票的需求曲线

每张电影票的价格从 8 美元增加到 10 美元导致消费者在电影票上的总支出减少。

图 4.9 和图 4.10 反映的一般规则是:当价格增加的百分比超过相应需求量减少的百分比时,价格的增加将带来总收入的增加。尽管两次价格增加(从 2 美元到 4 美元与从 8 美元到 10 美元)具有相同的绝对变化量——每种情况下都是 2 美元——然而,如果将它们表达为占初始价格的百分比,那么将会出现很大的差别。从 2 美元到 4 美元表示价格增加 100%,而从 8 美元到 10 美元则表示价格增加 25%。同样,尽管两次价格增加所导致的数量减少具有相同的绝对值,然而当将它们表达为占初始销量的百分比时,就会出现很大的差别。因此,虽然这两种情况下每天的需求量都减少了 100 张,但是对于第一种情况(图 4.9 中从 500 张到 400 张)而言,需求量只减少了 20%,而对于第二种情况(图 4.10

中从200张到100张)而言,需求量则减少了50%。第二种情况下,需求量减少50%对总支出产生的负效应超过了价格增加25%带来的正效应。第一种情况则相反,价格增加100%(从2美元到4美元)所产生的正效应超过了需求量减少20%(从500张到400张)带来的负效应。

下面的例子对总收入与价格之间的关系做了进一步的剖析。

例4.3 弹性与总支出

根据图4.11中所示的需求曲线,绘制反映总支出随电影票价格变化的关系图。

绘制这样一张图的第一步是计算需求曲线上一些价格样本点所对应的总支出,记算结果如表4.2所示。第二步是将每个价格点上的总支出画在图上,如图4.12所示。最后,将这些点连成曲线(如果需要更高的精确性,可以用比表4.2多的样本点)。

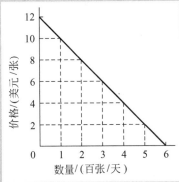

图4.11 电影票的需求曲线

表4.2 作为价格函数的总支出

价格/(美元/张)	总支出/(美元/天)
12	0
10	1 000
8	1 600
6	1 800
4	1 600
2	1 000
0	0

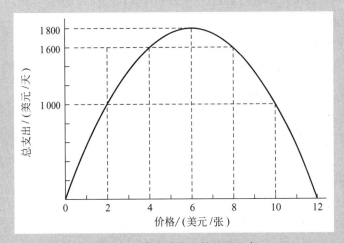

图4.12 作为价格函数的总支出

对于需求曲线为直线的产品而言,总支出在需求曲线中点所对应的价格处达到最大值。

注意,图4.12中,当每张电影票的价格从0上升到6美元时,总支出增加。但是,当价格从6美元上升到12美元时,总支出减少。当价格为6美元时,总支出达到最大,为每天1 800美元。

例 4.3 所观察到的结果是普遍成立的。对于直线形需求曲线而言,总支出在中点对应的价格处达到最大值。

请用心记住这些关于总支出随价格变化的观察结果。下面,让我们回到"价格变化对总支出的影响如何取决于需求价格弹性"这一问题,对其展开讨论。例如,假设一个摇滚乐队的商业经理知道,如果将价格设定在每张 20 美元,他将能售出 5 000 张票。如果对演出票的需求价格弹性为 3,票价上升 10% 将使售票总收入增加还是减少?

现在的售票总收入 =(20 美元/张票)×(5 000 张票/周)= 100 000 美元/周。对演出票的需求价格弹性为 3,意味着价格增加 10% 将导致售票数减少 30%,即需求量将减少为每周 3 500 张。因此,消费者在演出票上的总支出将下降为(3 500 张票/周)×(22 美元/张票)= 77 000 美元/周,明显少于现在的总支出。

如果乐队经理把票价下调 10%,从每张 20 美元降为 18 美元,那么消费者的总支出将会发生什么变化?再次假设需求价格弹性为 3,于是,降价 10% 将使售票数增加 30%——从每周 5 000 张变为每周 6 500 张。总支出也将变为(18 美元/张票)×(6 500 张票/周)= 117 000 美元/周,明显高于现在的总支出。

这些例子反映了关于"价格变化如何影响消费者在需求具有弹性的产品上的总支出"的重要法则。

法则 1:当需求价格弹性大于 1 时,价格和总支出的变化方向相反。

让我们从直觉的角度感受这一法则的合理性。总支出等于价格和需求量的乘积。对于需求具有弹性的产品而言,需求量变化的百分比将大于相应的价格变化的百分比。因此,需求量变化对总收入的影响将超过价格变化对总收入的影响。

现在让我们观察一下,当需求关于价格无弹性时,总支出将如何随价格的上升而变化。考虑类似的案例,不过演出票的需求价格弹性不是 3,而是 0.5。如果票价上升 10%,那么相应的总支出将会如何变化?这种情况下,售票数将仅下降 5%,从每周 5 000 张变为每周 4 750 张。这意味着消费者在演出票上的总支出将上升至(4 750 张票/周)×(22 美元/张票)= 104 500 美元/周,比现在的支出水平多了 4 500 美元/周。

相反,当价格弹性为 0.5 时,价格减少 10%(从 20 美元/张票变为 18 美元/张票)将导致售票数增加 5%,从每周 5 000 张变为每周 5 250 张,进而使总支出变为(18 美元/张票)×(5 250 张票/周)= 94 500 美元/周,明显低于现在的总支出水平。

正如以上两例所反映的,当需求无弹性时,价格变化对总支出产生的影响与需求有弹性时正好相反。

法则 2:当需求价格弹性小于 1 时,价格和总支出的变化方向相同。

从直觉角度来思考,这一规则同样是符合逻辑的。对于需求关于价格无弹性的产品而言,需求量变化的百分比将小于相应的价格变化的百分比。因此,价格变化对总收入的影响将超过需求量变化对总收入的影响。

表 4.3 总结了弹性与价格变化对总收入的影响这两者之间的关系,其中 ε 表示弹性。

表 4.3　弹性与价格变化对总支出的影响

如果需求	价格上升将会	价格下降将会
有弹性 ($\varepsilon>1$)	减少总支出 $\boxed{P}\uparrow \times \boxed{Q}\downarrow\downarrow = \boxed{PQ}\downarrow$	增加总支出 $\boxed{P}\downarrow \times \boxed{Q}\uparrow\uparrow = \boxed{PQ}\uparrow$
无弹性 ($\varepsilon<1$)	增加总支出 $\boxed{P}\uparrow\uparrow \times \boxed{Q}\downarrow = \boxed{PQ}\uparrow$	减少总支出 $\boxed{P}\downarrow\downarrow \times \boxed{Q}\uparrow = \boxed{PQ}\downarrow$

回顾本章开始时的例子,毒品价格的增加将会导致毒品总支出的增加。这种情况出现的前提是毒品需求关于价格无弹性,正如我们在该例中所看到的。如果毒品的需求关于价格有弹性,那么对毒品供给的干预措施能使毒品的总支出减少。

▽ 需求收入弹性和需求的交叉价格弹性

某种产品的需求弹性不仅可以被定义为关于自身价格的弹性,还可以被定义为关于其替代品或互补品价格的弹性,甚至还可以被定义为关于收入的弹性。例如,花生关于腰果价格的需求弹性——被称为花生关于腰果价格的**需求的交叉价格弹性**——等于腰果价格变化 1% 所对应的花生需求量变化的百分比。花生的**需求收入弹性**则等于收入变化 1% 所对应的花生需求量变化的百分比。

与产品关于自身价格的需求弹性不同,刚才列举的这些弹性既可能是正值,也可能是负值,因此需要仔细注意它们的代数符号。例如,对于劣等品而言,其需求收入弹性为负,而对于正常品而言,其需求收入弹性为正。当两种产品的需求的交叉价格弹性为正时,就如同例子中的花生/腰果,这两种产品互为替代品。当需求的交叉价格弹性为负时,这两种产品为互补品。例如,网球拍对于场地租赁费的需求弹性小于 0。

练习 4.3

如果收入增加 10% 导致私立大学的入学人数上升 5%,那么对私立大学的需求收入弹性是多少?

> **重点回顾:需求的交叉价格弹性与收入弹性**
>
> 当一种产品关于另一种产品价格的需求弹性为正时,这两种产品互为替代品;当需求的交叉价格弹性为负时,这两种产品为互补品。正常品的需求收入弹性为正,而劣等品的需求收入弹性为负。

供给价格弹性

对于市场上的买方,我们用需求价格弹性来度量需求量对价格变化的敏感度。对于市场上的卖方,我们可以引入相似的指标——**供给价格弹性**。它被定义为价格变化1%所引起的供给量变化的百分比。例如,如果花生的价格增加1%导致供给量增加2%,那么花生的供给价格弹性就等于2。

对于任意一点而言,其供给价格弹性的数学表达式与需求价格弹性相同:

$$\text{供给价格弹性} = \frac{\Delta Q/Q}{\Delta P/P} \tag{4.4}$$

其中,P 和 Q 是该点的价格和供给量,ΔP 是在初始价格基础上的微小变化,ΔQ 是由此导致的供给量的变化。

式(4.4)可以改写为 $(P/Q)\times(\Delta Q/\Delta P)$。由于 $(\Delta Q/\Delta P)$ 是供给曲线斜率的倒数,因此式(4.4)的右边等于 $(P/Q)\times(1/\text{斜率})$——与我们所看到的需求价格弹性的表达式相同。价格和供给量恒为正值,而一般供给曲线的斜率也总是正值,因此供给价格弹性在每一点都是正值。

考虑如图4.13所示的供给曲线,其斜率是2,因此斜率的倒数是1/2。应用公式,我们得到 A 点的供给价格弹性为 $(8/2)\times(1/2)=2$。在 B 点有相应的表达式 $(10/3)\times(1/2)=5/3$,略小于 A 点的弹性值。

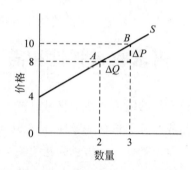

图4.13 随供给量上升价格弹性下降的供给曲线

对于图中的供给曲线而言,每一点的 $(1/\text{斜率})$ 相同,但是当 Q 增加时,比率 P/Q 下降。因此,随着供给量的增加,弹性 $=(P/Q)\times(1/\text{斜率})$ 逐渐下降。

练习4.4

根据如图4.13所示的供给曲线,计算 $P=6$ 时的供给弹性。

然而,并非所有的供给曲线都具有价格弹性随数量上升而下降的性质。例如,我们考虑如图4.14所示的供给曲线。由于该曲线上的每一点比率都相同,为 P/Q,并且该曲线的斜率固定,所以曲线上每一点的价格弹性都完全相同。在 A 点,供给价格弹性等于 $(P/Q)\times(1/\text{斜率})=(4/12)\times(12/4)=1$;同样在 B 点,供给价格弹性也等于 $(4/12)\times(12/4)=1$。

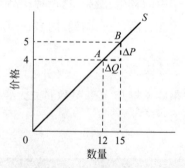

图4.14 用图形计算供给价格弹性

供给价格弹性等于 $(P/Q)\times(1/\text{斜率})$,在 A 点等于 $(4/12)\times(12/4)=1$,与 B 点的弹性值相同。经过原点的供给曲线上任意一点的供给价格弹性都等于1。

事实上,位于一条经过原点的直线上的所有点的供给价格弹性都相同。原因是:在这样一条供给曲线上,价格和数量的变化比例总是一致的。

在买方市场上,有两个重要的极端情况下的例子,分别是价格弹性无穷大和价格弹性等于零时的需求曲线。正如以下两个例子所反映的,类似的极端情形也存在于卖方市场上。

例 4.4 完全无弹性的供给

曼哈顿的土地的供给价格弹性是多少?

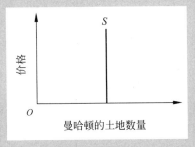

图 4.15 完全无弹性的供给曲线

在垂直的供给曲线上,每一点的供给价格弹性都是0。

与铝、玉米、汽车或者其他任何产品一样,曼哈顿的土地在市场上也有一个对应的售价。对曼哈顿的土地的需求曲线是随价格向下倾斜的。但是,土地供给却是完全固定的。无论价格高低,市场上可供交易的土地数量都是相同的。因此,这种产品的供给曲线是垂直的,在任何一个价格水平下的供给价格弹性都是0。类似如图 4.15 所示的供给曲线被称为**完全无弹性**。

例 4.5 完全弹性的供给

柠檬水的供给价格弹性是多少?

假设在市场上生产一杯柠檬水所需的各种成分和相应的成本如下表所示:

产品成本组成	成本/美分
纸杯	2.0
柠檬	3.8
糖	2.0
水	0.2
冰	1.0
劳动力(30秒为一个计价单位,6美元/小时)	5.0

假设这些比例不随柠檬水的生产规模改变,生产者能以固定价格无限量地购买投入品。画出柠檬水的供给曲线并计算其价格弹性。

由于每杯柠檬水的生产成本等于14美分,因此无论生产规模有多大,柠檬水的边际成本都等于14美分。同时,由于供给曲线上的每一点都等于该点的边际成本(见第3章),这意味着柠檬水的供给曲线不是向上倾斜的,而是一条在14美分/杯价格处呈水平状的直线(见图 4.16)。柠檬水的供给价格弹性为无穷大。

如前所述,当生产者能以相同的价格购买到相同组合的投入品用以生产额外的产品时,该产品的供给曲线将是水平的。这样的供给曲线被称为具有**完全弹性**。

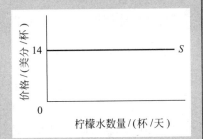

图 4.16 完全弹性的供给曲线

沿着水平供给曲线,每一点的供给价格弹性都无穷大。

供给弹性的决定因素

上面的两个例子揭示了一些影响某种产品或服务的供给弹性的因素。在柠檬水的例子中,产品的生产过程类似于烹调食物。对于这样的情况,我们只需将投入翻倍即可使产出翻倍。如果每种投入品的价格不变,那么生产这些产品的边际成本将是一个常数,因而其供给曲线将是水平的。

曼哈顿土地的例子则是一个极端的反例。在任何价格下,用于在曼哈顿生产土地的投入品——即使我们知道是哪些投入——都是不可增加的。

要预测某种产品关于价格的供给弹性有多大,关键是要知道生产过程中获得额外投入的难易程度。总体而言,额外投入越容易获得,供给价格弹性就越高。下列因素决定了生产者获得额外投入的难易程度。

投入的灵活性

如果生产一种产品所需的投入品同样被用于生产其他产品,那么从其他产品的生产过程中转移额外投入相对比较容易,从而该产品关于价格的供给弹性相对较大。柠檬水的生产只需低技能的劳动力,这意味着当出现盈利机会时,大量的工人可以从其他活动转移到柠檬水的生产中来。相反,脑外科手术则需要经过精心培训而又专业的劳动力,这意味着即使价格大幅上升,短期内供给也不会出现增长(长期除外)。

投入的流动性

如果我们可以轻易地将投入从一个地点转移到另一个地点,那么一旦市场上某种产品的价格上升,生产者就会从其他市场调集投入品。例如,在种植期,成千上万的农场工人愿意北移,从而使农产品的供给变得富有弹性。类似的,演艺人员到处巡演,同样将使娱乐的供给变得富有弹性。事实上,马戏团的表演者、歌手、喜剧演员及舞者经常有很大一部分时间在四处奔波。

对于大多数产品而言,当一条新的高速公路建成,或者电信网络进行了改造,或者出现了其他任何能使投入品的寻找以及运输更为便利的发展时,其供给价格弹性都会增大。

生产替代性投入品的能力

生产钻石饰品所需的投入品包括天然钻石、技术工人以及进行精细切割、磨光的机器。随着时间的推移,具有合格技能的工人数量是可以增加的,同样,专业机器的数量也是可以增加的。埋在地下的天然钻石和曼哈顿的土地一样,数量是固定的,不过与曼哈顿的土地不同的是,其价格上升将会激励矿工努力寻找储藏量更大的矿。尽管如此,由于增加钻石数量难度很大,因此天然钻石的供给弹性仍然相对较小。

但是,当宝石制作者成功地生产出与真品极其相似的人造钻石后,这一时代便终结了。事实上,现在有一些人造钻石甚至能够欺骗富有经验的宝石商。引入天然钻石这种完全的人造替代品将使钻石饰品(或者,在任一价格下,与钻石相似的宝石饰品)的供给价格弹性增大。

时间

因为对于生产者而言,从一种活动转换到另一种活动是需要时间的,制造新机器、建造新厂房及培训新的技术工人也是需要时间的,所以对于大多数产品而言,长期的供给价格弹性将大于短期的供给价格弹性。短期内,生产者无法增加现有的机器和技工数量,因而可能无法使产量突破一定的限制。但是,给予企业一定时间后,这种限制将被打破:如果管理者短缺是短期内生产的瓶颈所在,那么只需两年,新的MBA就能毕业,企业可以立即聘用。如果法律人员是生产规模无法扩充的原因,那么只需三年就可以培养出新的律师。长期而言,企业总能购买新的设备、建造新的厂房及雇用更多的技术工人。

在之前讨论的柠檬水案例中,我们提到了完全弹性供给曲线,该曲线成立所需的前提对于其他很多产品而言在长期内也是能满足的。如果产品可复制(意味着任何公司都能得到生产该产品所需的设计及其他技术信息),生产所需的投入比例固定,投入品的市场价格不变,那么该产品的长期供给曲线将是水平的。但是,仍然有许多产品不满足这些条件,它们的供给曲线始终是以较陡的幅度向上倾斜的,甚至在长期也是如此。

经济自然主义者4.3 为什么汽油的价格比汽车的价格更多变?

在美国,汽车价格经常一年才发生一次变化,生产者宣布将价格提高几个百分点。相反,汽油价格经常大幅波动。例如,如图4.17所示,在加利福尼亚州两个最大的城市,2001—2002年年初,一年中最高的当日油价比最低的当日油价高3倍。为什么汽车价格与汽油价格在波动性方面存在如此巨大的差异?

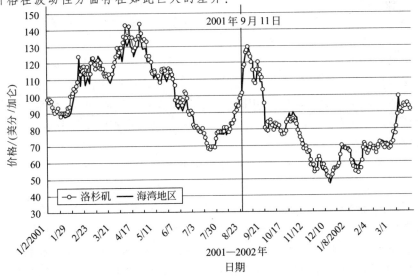

图4.17 加利福尼亚州两个城市的汽油价格

资料来源:Oil Price Information Service,www.opisnet.com.

至少有两个重要特征决定了汽油市场与汽车市场在价格波动性方面的巨大差别。一个是短期需求价格弹性：汽油的短期需求价格弹性比汽车小很多。另一个是供给的移动。汽油市场上供给的移动比汽车市场更显著、更频繁（见图4.18）。

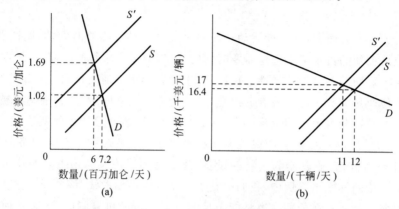

图 4.18　汽油价格比汽车价格具有更强的波动性
因为汽油市场上的供给曲线移动[图4.18(a)]比汽车市场[图4.18(b)]更显著、更频繁，同时还因为短期内汽油市场的供给弹性和需求弹性都比汽车市场小，所以汽油价格波动性更强。

为什么两个市场在上述方面存在差异？首先考虑需求价格弹性方面的差异。我们对汽油的需求量在很大程度上取决于我们所拥有的汽车类型及行驶里程。短期内，汽车的所有权状态和行驶里程基本是不变的，因此即使汽油价格急剧变化，需求量也不会改变太多。相反，如果汽车价格突然发生变化，那么我们可能会延迟或加快新车的购置。

接着考虑汽油市场上供给曲线的移动比汽车市场更显著、更频繁的原因。为了弄清楚这一点，我们只需要考察两个市场上卖主所使用的投入的相对稳定性。对于汽车市场而言，生产汽车所使用的大多数投入——钢铁、玻璃、橡胶、塑料、电子产品、零件、劳动力及其他投入供给充足。相反，对于汽油市场而言，生产汽油所使用的关键投入——原油却经常受到不可预测的供给干预的影响。

以上提到石油市场经常会受到供给干预，这是因为世界上绝大部分原油供给是由石油输出国组织（OPEC）控制的，该机构是一些石油出口国的联合体，曾经几次急剧缩减对美国的石油出口。退一步说，即使OPEC没有采取类似的行动，石油市场上仍会出现大规模的供给缩减。例如，当生产者担心政治动荡可能波及中东的主要石油生产国时，他们也会减少供给。

注意图4.17中2001年9月11日世贸大厦及五角大楼遭受恐怖袭击后不久油价的猛增。因为很多人认为这些袭击预示着伊斯兰世界与西方社会大规模战争的开始，所以担心中东产油国将对原油供给进行干预。虽然战争最终并没有爆发，但是这些担忧本身就足以引发暂时性的供给干预：未来发生战争的可能性使人们预期原油供给将会减少、未来油价将会升高，于是生产者会从现有市场上撤出一部分石油（为了能在将来以更高的价格出售）。但是，一旦人们对战争的担忧消除了，汽油的供给曲线将以同等的速度恢复到原位。石油短期价格弹性较低的条件下，上述因素导致汽油市场价格波动性较强。

在需求曲线剧烈波动、供给曲线高度无弹性的市场上,同样会出现价格的大幅波动。一个例子就是 2000 年夏天加利福尼亚州不受管制的电力批发市场。一方面,电力供给量在短期内是固定的;另一方面,由于电力需求中有相当一部分来自空调的使用,因此异常的高温天气经常会导致需求曲线急剧向右移动。某一时点的电价是上一年夏天最高电价的 4 倍多。

唯一的核心投入:供给的最终瓶颈所在

职业篮球的球迷是一个非常热情的群体。通过直接购买比赛门票、间接支持电视广告商,他们每年要在这项运动上支出几十亿美元。但是,这些资金并不是平均分配到所有篮球队上的。其中相当一部分收入和产品冠名费都流向了常胜队伍——那些站在篮球金字塔尖、获得 NBA 总冠军的队伍。

考虑一支 NBA 冠军队伍的生产过程。为了实现目标,你需要哪些投入品?具有卓越才能的球员、精明而又认真负责的教练、助教、训练者、队医、比赛场地、练习设施、将球员运送到客场的交通工具、营销人员等。其中一些投入品可以在市场上以合理的价格轻松得到,但是其他一些投入品却不行。事实上,对于最重要的一种投入品(具有卓越才能的球员)而言,其供给量是相当有限的。造成这一结果的原因在于"具有卓越才能的球员"本身的定义,只有那些命中率相对较高、比大多数球员优秀的人才符合这一条件。

既然巨大的回报都流向了 NBA 的冠军队伍,那么各个球队围绕最优秀的球员展开激烈的争夺也是情理之中的事。如果能够大幅提升球队赢得比赛的概率的优秀球员有很多,那么金州勇士队就不会同意付给斯蒂芬·库里(Steph Curry)高达 4 000 万美元的年薪了。然而,这样的球员的确非常有限。虽然每年有很多组织渴望问鼎 NBA 的总冠军,但是不管他们愿意付出多少代价,最终只能有一支队伍成功。因此,即使在长期,对于 NBA 总冠军队伍而言,其供给对于价格仍然是完全无弹性的。

由于无法复制唯一的核心投入品而使供给弹性受限的产品有很多,并不仅限于体育比赛冠军一种。例如,在电影行业,虽然对于巨石强森主演的电影而言,其供给并不是完全无弹性的,但是每年他所参演的电影也只有几部而已。由于他的电影一直都有很高的票房,因此很多电影制片人想邀其出演。然而,人只有一个,因此他的片酬超过 2 000 万美元。

长期而言,只有唯一的核心投入品才是供给的重要"瓶颈"。如果可以复制这样的投入品,那么长期内大多数产品与服务将具有很高的供给价格弹性。

小结

需求价格弹性是对购买者的购买量随价格变化的敏感度的一种度量。它等于价格变化 1% 所对应的需求量变化的百分比。如果价格弹性大于 1,那么该产品关于价格是具有弹性的。如果价格弹性小于 1,那么该产品关于价格无弹性。如果价格弹性等于 1,那么该产品具有单位弹性。

类似盐这样的产品在消费者的预算中只占很小的份额,也没有合适的替代品,其需求价格弹性一般较低;而类似新款车这样的产品,在消费者的预算中占了相当大的比重,并且拥有很多吸引人的替代品,其需求价格弹性一般较高。长期的需求价格弹性高于短期的需求价格弹性,因为人们通常需要时间对价格的变化做出调整。

需求曲线上某一点的需求价格弹性也可以用公式 $\varepsilon = (\Delta Q/Q)/(\Delta P/P)$ 来表示。其中,P 和 Q 代表的是该点的价格和需求量,而 ΔP 和 ΔQ 代表的则是价格和需求量的微小变化。对于直线形需求曲线,这一公式还可以表达为 $\varepsilon = (P/Q) \times (1/斜率)$。这些公式告诉我们,当我们沿着直线形需求曲线向下移动时,价格弹性的绝对值将随之下降。

如果需求具有弹性,那么降价将会增加消费者在产品上的总支出;如果需求无弹性,那么降价将会减少消费者在产品上的总支出。如果需求无弹性,那么提价将会增加消费者在产品上的总支出;如果需求具有弹性,那么提价将会减少消费者在产品上的总支出。当需求价格弹性等于 1 时,消费者在产品上的总支出将达到最大值。

我们使用类似的公式来定义一种产品关于收入的需求弹性与关于其他产品价格的需求弹性。前一种情况下,弹性等于需求量变化的百分比除以相应的收入变化的百分比;后一种情况下,弹性等于需求量变化的百分比除以相应的其他产品价格变化的百分比。

供给价格弹性被定义为价格变化 1% 所引起的供给量变化的百分比。任意一点的供给价格弹性可以用数学公式 $(\Delta Q/Q)/(\Delta P/P)$ 表示,其中 P 和 Q 是该点的价格和需求量,ΔP 是在初始价格基础上发生的微小变化,而 ΔQ 则是由此引起的供给量的变化。这一公式还可以表达为 $(P/Q) \times (1/斜率)$,其中 $(1/斜率)$ 是供给曲线斜率的倒数。

对于一种产品而言,其供给价格弹性的大小取决于获得额外投入品的难度和成本。总体而言,一种产品越容易获得额外的投入品,其供给价格弹性就越高。如果用于生产现有产品的投入与用于生产其他产品的投入相似,或者如果开发出可以替代现有投入的新产品,那么要扩大现有产品的生产规模将轻而易举。与需求价格弹性类似,长期的供给价格弹性要大于短期的供给价格弹性。

名词与概念

cross-price elasticity of demand	需求的交叉价格弹性	perfectly inelastic supply	完全无弹性供给
elastic	有弹性	price elasticity of demand	需求价格弹性
income elasticity of demand	需求收入弹性	price elasticity of supply	供给价格弹性
inelastic	无弹性	total expenditure	总支出
perfectly elastic demand	完全弹性需求	total revenue	总收入
perfectly elastic supply	完全弹性供给	unit elastic	单位弹性
perfectly inelastic demand	完全无弹性需求		

复习题

1. 为什么某种产品的需求价格弹性取决于消费者在该产品上的支出占其收入的比例?
2. 为什么沿着直线形需求曲线向下移动时,产品关于自身价格的需求弹性会下降?
3. 在什么样的条件下产品价格的增加会导致消费者在该产品上的总支出减少?
4. 为什么当考察一种产品关于自身价格的需求弹性时,经济学家对其数学符号不甚在意;而当考察一种产品关于其他产品价格的需求弹性时,经济学家却对其数学符号相当谨慎?
5. 为什么长期供给弹性高于短期供给弹性?

练习题

1. 对于某种特定品牌(如雪佛兰)的汽车而言,其需求价格弹性比所有汽车的需求价格弹性高还是低? 给出答案并解释原因。
2. 在下列群体中——高级经理、初级经理和学生,哪一个群体在成为商务人士协会的会员这一问题上具有最低的需求价格弹性?
3. 计算如下图所示的需求曲线上 A、B、C、D、E 点的需求价格弹性。

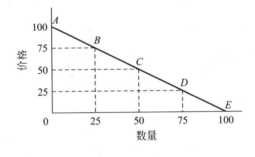

4. 假设在整理叔叔的储藏室时,你发现了《玩扑克的狗》这幅名画的真迹。此画价值不菲,因此你决定在叔叔的车库里举办展览。参观此画的需求曲线如右图所示。如果你的目标是最大化售票收入,那么你应该将门票价格定在什么水平? 在图中标出需求曲线有弹性和无弹性的区域。

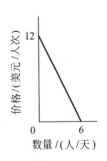

5. 下表显示的是不同价格水平下,加利福尼亚州戴维斯市的消费者每天所购买的百吉饼数量。

百吉饼的价格/(美元/包)	每天购买的百吉饼数量/包
6	0
5	3 000
4	6 000
3	9 000
2	12 000
1	15 000
0	18 000

（1）画出加利福尼亚州戴维斯市每天的百吉饼需求曲线。

（2）计算百吉饼价格为 4 美元/包时，对应需求曲线上那一点的需求价格弹性。

（3）如果所有的百吉饼店都将价格从 4 美元/包提高至 5 美元/包，总收入将会发生什么变化？

（4）计算百吉饼价格为 1 美元/包时，对应需求曲线上那一点的需求价格弹性。

（5）如果百吉饼店将价格从 1 美元/包提高到 2 美元/包，总收入将会发生什么变化？

6.* 在如下图所示的需求曲线上的 A 点，价格增加 1% 将会如何影响消费者在该产品上的总支出？

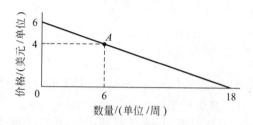

7.* 假设为了让市民节约能源，政府采取了管制手段，要求所有空调更有效地使用电力。实施管制以后，政府官员惊奇地发现，人们的用电量比以前更多。用价格弹性的观点解释这一现象。

8. 牛奶价格增加 2% 导致巧克力糖浆的需求量减少 4%。那么，巧克力糖浆关于牛奶价格的需求交叉价格弹性是多少？这两种产品是互补品还是替代品？

9. 下图中供给曲线上 A 点和 B 点的供给价格弹性分别是多少？

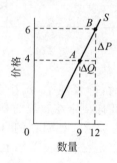

10. 印度香米的供给价格弹性可能是下面哪一种？

（1）从长期来看高于短期，因为一旦作物种植完毕，农民将无法轻易改变种植多少水稻的决定。

（2）弹性很高，因为消费者有许多其他种类的大米及其他主食可供选择。

（3）长期和短期都很低，因为水稻种植只需要不熟练的劳动力。

（4）从长期和短期来看都很高，因为生产印度香米所需的投入很容易复制。

11. 假设制作一份比萨饼所需的投入品及相应的价格如下表所示。

---

* 表示习题难度较高。

	美分
纸盘	2
面粉	8
番茄酱	20
奶酪	30
劳动力（3分钟，以12美元/小时计算）	60

假设这些投入品所占比例不随制作规模变化，并且生产者可以用固定价格购买任何数量的投入品。画出比萨饼的供给曲线，计算其价格弹性。

正文中练习题的答案

4.1 滑雪票的价格减少5%，相应的，其需求量增加20%。因此，滑雪票的需求价格弹性为(20%)/(5%)=4，这意味着在初始价格为400美元时，需求对于价格是有弹性的。

4.2 在下面的左图中A点处，$P/Q=4/4=1$。该需求曲线的斜率为20/5=4，因此$\varepsilon=1/$斜率$=1/4$。

4.3 收入弹性 = 需求量变化的百分比/收入变化的百分比 = 5%/10% = 0.5。

4.4 对于这条供给曲线而言，当$P=6$时，$Q=1$，因此供给弹性 = $(P/Q)\times(1/$斜率$)=(3)\times(1)=3$（见下面的右图）。

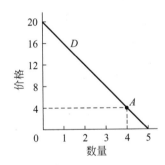 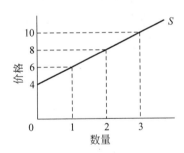

附录 中点公式

假设你在经济学的测验中遇到如下的问题：

当价格水平为3时，产品的需求量为6，而当价格水平为4时，需求量为4。该产品的需求价格弹性是多少？

我们用公式$\varepsilon=(\Delta Q/Q)/(\Delta P/P)$来回答这一问题。在图4A.1中，我们先将问题中的两个价格-数量组合表示出来，然后用一条直线将它们连接起来。从这张图上可以非常清晰地看到，$\Delta P=1$，$\Delta Q=2$。但是，我们用什么值来表示P和Q呢？如果令$P=4$，$Q=4$（A点），则弹性值为2；但是如果令$P=3$，$Q=6$（B点），则弹性值为1。于是，当用A点的价格和数量来计算弹性时，我们得到一种答案；当用B点的价格和数量来计算弹性时，我们又会得到另一种答案。这两种答案都不正确。它们存在区别的原因在于"直线形需求曲线上各点的弹性不同"。

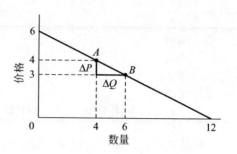

图 4A.1 需求曲线上的两点

严格地说，到刚才的讨论为止，最初提出的问题"该产品的需求价格弹性是多少？"仍没有得到圆满的解答。大家都会有这样的感觉——要得到唯一正确的答案，问题应该以"A 点的需求价格弹性是多少？"或"B 点的需求价格弹性是多少？"的形式出现。为此，经济学家提出了一种惯例，我们称之为中点公式，用以解决这种模棱两可的问题。如果问题中的两点分别为 (Q_A, P_A)、(Q_B, P_B)，那么中点公式可以写作

$$\varepsilon = \frac{\Delta Q/[(Q_A + Q_B)/2]}{\Delta P/[(P_A + P_B)/2]} \tag{4A.1}$$

于是，中点公式通过使用新旧数值的平均数成功地回避了"采用哪一组价格-数量组合"的问题。上式可以进一步简化为

$$\varepsilon = \frac{\Delta Q/(Q_A + Q_B)}{\Delta P/(P_A + P_B)} \tag{4A.2}$$

对于如图 4A.1 所示的两点，我们用中点公式计算得到：$\varepsilon = [2/(4+6)]/[1/(4+3)] = 1.4$，介于 A 点弹性值与 B 点弹性值之间。

在本书的后续章节，我们将不再使用中点公式。今后，我们讨论的所有关于弹性的问题都将使用之前的度量标准，即点弹性。

第 5 章

需 求

学习目标

学完本章后,你应该能够:
1. 把需求法则与成本-收益原理结合起来。
2. 讨论个人欲望如何通过效用最大化转换为需求。
3. 解释理性支出原则中蕴涵的道理,并把这条原则应用于消费者决策中以描述理性支出原则如何与替代效应和收入效应相联系。
4. 讨论个人需求曲线与市场需求曲线之间的关系。
5. 定义并计算消费者剩余。

坐落于美国东部的一所大学,环境非常优美,一条小溪环绕其北部蜿蜒流淌,日积月累,水域逐渐开阔,最终成为一个美丽的湖泊,一代代校友都把这里作为休闲娱乐的好去处。随着时间的流逝,湖泊出现了淤塞现象,到 20 世纪 80 年代,即使划桨的独木舟也无法通行。于是,一位校友慷慨解囊,为恢复湖泊原貌提供了大笔赞助。重型挖掘设备从湖中清理出了大量淤泥,几个月后,排淤工作完毕,湖泊终于恢复清澈。

为了铭记这一时刻,学校举行了隆重的庆典。乐队的精彩演奏、校长的公开演讲、合唱团的精彩表演及参观者对捐赠者的由衷赞扬构成了活动的主旋律。许多教师和学生都出席了庆典。当地一家冰激凌店的老板抓住了这次宣传产品的好机会,特地在湖边搭建了临时的售货亭,上面挂着一条非常醒目的标语:"免费冰激凌"。

消息迅速地传开了。不久,很多人排起长队等待试吃香草杏仁冰激凌和榛子冰激凌。人们反应如此踊跃有两个原因:其一,冰激凌数量充足;其二,冰激凌免费,因此大家显然都能负担——或者说似乎都能负担。但是,事实上,那天很多想要吃冰激凌的人并没有加入免费品尝的队伍,因为他们觉得排这么长的队代价过于高昂。

当一种产品处于稀缺状态时,必然有很多消费者参与对该产品的竞争,但最终只能有部分使用者得到该产品。在大多数市场,上述配给功能是通过货币价格实现的。但是,在提供免费冰激凌的售货亭这一案例中,等待时间成为实现分配的有效方式。对于消费者而言,排队作为他们的一项成本,并无异于支付货币。

这一例子揭示：尽管需求曲线经常被描述为产品需求量与其货币价格之间的关系，但是事实上，它所体现的关系远比上述定义广泛。广义而言，需求曲线是需求量与获取该产品所付出的所有成本——货币的和非货币的——之间的关系。

本章我们的任务是就市场的需求展开比第 3 章更为深入的探讨。在第 3 章，我们只要求读者从直觉上接受"价格上升时产品或服务的需求量下降"的观点，并没有对这一著名的需求法则进行深入的分析。本章我们首先将详细分析在"人们用理性的方式花费其有限收入"的前提下如何得出需求法则。在这一过程中，我们将更清晰地看到决定需求法则的两大因素——收入效应与替代效应。然后，我们还将揭示如何将个体购买者的需求曲线横向加总得到市场需求曲线。最后，我们将会看到如何用需求曲线度量购买者参与市场所获得的总收益。

需求法则

请记住我们之前关于免费冰激凌的讨论，下面让我们回顾一下需求法则。

需求法则：当做某件事情的成本上升时，人们将会选择降低做此事的频率。

我们可以将需求法则视为成本-收益法则（当且仅当收益不低于成本时，人们才会采取某种行动）所导致的直接结果。回顾之前的一些知识，我们用愿意为某种活动支付的最高价格（对于该活动的保留价格）来度量某种活动的收益。随着活动成本的上升，最终活动成本很有可能超过保留价格，因此我们从事该活动的可能性将减小。

需求法则适用于宝马汽车、便宜的钥匙圈及免费的冰激凌，同样适用于修指甲服务和医疗。需要强调的是，需求法则中的"成本"是我们从事某种活动付出的所有代价的总和，包括货币和非货币成本，显性和隐性成本。

需求的起源

你愿意为比昂丝的最新专辑支付多高的价格？这一问题的答案将取决于你对她的音乐有多大的兴趣。对于她的忠实歌迷而言，购买新专辑相当重要，他们愿意为此支付很高的价格。但是对那些不喜欢她的音乐的人而言，在任何价格下他们都不会愿意购买其新专辑。

欲望（又称"偏好"或"喜好"）是决定消费者对于某种产品的保留价格的重要因素。但是，新的问题也随之出现了，即欲望从哪里来？许多喜好（如人们在酷热天气里对水的喜好，或者在舒适的场所过夜的喜好）在很大程度上来源于生理方面的因素。然而，还有其他许多喜好是由文化因素形成的，甚至有一些基本的渴望是由社会塑造的。例如，在印度南部生活的人喜欢咖喱饭，而那些在法国长大的人则喜欢清淡的食物。

人们对一些东西的喜好可能会保持很长时间不变，而对其他一些东西的喜好却可能很多变。尽管 1912 年泰坦尼克号沉船事件发生后一直有关于这次灾难的书籍出售，但是这些书的销量直到詹姆士·卡梅隆（James Cameron）执导的电影引起全球轰动后才开始大幅上升。1998 年春季，《纽约时报》杂志公布了最畅销平装书籍的排行榜，每 15 本中就有 5 本是关于泰坦尼克号或是电影中某位演员的介绍的。但是，这些在 1998 年上榜的书,或者其他关于泰坦尼克号的书都没能进入之后几年的排行榜。当然,不可否认这部电影在市场上仍然有很大的影响力。例如,该片发行后的几年,人们对海上旅行的需求急剧上升,多家电视台推出了关于邮轮的节目。

社会力量影响需求的一种方式是同僚影响。事实上,它经常是决定需求的所有因素中最为重要的一个。例如,如果我们的目标是预测一个年轻人是否会购买毒品,那么知道他的收入,知道作为替代品的威士忌及其他合法商品的价格对回答这一问题并没有多大用处。尽管这些因素的确会影响该消费者的购买决定,不过它们本身的预测作用较弱。但是,如果我们知道这位年轻人最好的朋友是瘾君子,那么答案就非常明显:他很有可能服用毒品。

社会力量塑造需求的另一种重要方式体现为人们普遍想要消费那些被公认为最好的产品与服务。例如,很多人想观看勒布朗·詹姆斯打篮球,不仅因为他球技高超,还因为他是公认的史上最好的篮球运动员。

再考虑一下应聘者选择在面试时所穿着的西装上支出多少的决定过程。因为就业顾问总是不厌其烦地提醒应聘者面试时良好的第一印象相当重要,所以这至少意味着你应该穿着一套看起来不错的西装。但是,看起来不错是一个相对的概念。如果其他所有人都穿 200 美元的西装,而你穿 300 美元的西装,你就会显得很不错。但是如果其他所有人都穿 1 000 美元的西装,而你穿 300 美元的西装,你就会显得比较寒酸。因此,非常明显,你选择花在西装上的支出额取决于周围人的支出情况。

需要与欲望

在日常生活中,我们必须对人们需要的产品与服务以及他们希望得到的产品与服务这两者加以区分。例如,我们可能会说某人希望在犹他州滑雪度假,但是他真正需要的只是从日常安排中抽出几天时间来休息。或者,我们可能说某人希望拥有一栋可以观景的住宅,但是她真正需要的只是可以挡风遮雨的场所。相似的,由于人们需要蛋白质维持生存,因此我们可以说一个严重营养不良的人需要补充更多蛋白质。但是,如果出现下面这种说法,认为所有人——甚至营养不良的人——都需要补充更多的精品牛肉片,那么我们将对此感到非常诧异,因为这不是必需的,人们完全可以通过消费更便宜的含蛋白质食品来达到恢复健康的目的。

经济学家喜欢强调一旦达到能保证生存的消费水平——一定量的食物、挡风遮雨的场所及维持健康所需的衣物,我们就可以放弃对需要的所有偏好,完全从欲望角度来分析消费行为。在语言上对这两者进行区分有助于我们更清晰地思考自己所做的选择的真正本质。

例如,比较"加州人没能得到他们需要的用水量"与"加州人没能得到低水价时他们想要的水量"这两种说法。前者强调的是水资源短缺,与后者所强调的意思不同。前者为了增加水量,很可能把焦点放在防止人们浇灌草地的管制政策或从内华达山脉上引流的项目上。后者则更可能把焦点放在加州水价的不正常低价上。对于前者而言,其补救措施经常要耗费很高的成本,实现的难度也很大;而对于后者而言,要提高水价既简单又有效。

经济自然主义者 5.1　为什么加州会经历长期的用水短缺？

一些人可能会回答说这是因为加州人口众多，而年平均降水量却相对较低。但是，其他州，如新墨西哥州，人均降水量更少，却没有出现加州那样频繁的用水短缺。加州的问题在于地方政府制定的水价过低，低水价导致加州人用水毫不节制，这样的用水方式对于一个降水比较少的州而言并不明智。例如，像南卡罗来纳州那样雨水充足的地方非常适合水稻的生长，但是在加州种植这种作物则需要大量灌溉。由于加州的农民能以相当低的价格得到水，因此他们每个春季都在中央大峡谷种植和浇灌成千上万亩水稻。生产一吨水稻需要两千吨水，而生产其他很多作物只需要一半的水量。如果加州的水价提高，那么很多农民将会转而种植其他作物。

类似地，低廉的水价也使洛杉矶、圣地亚哥的居民普遍种植一些原产于美国东部和中西部地区的生长过程中需要大量水的草皮和灌木。相反，新墨西哥州圣达菲的水价比较高，因此那里的居民选择种植一些所需水量很少或者根本不需要水的当地作物。

将欲望转换为需求

大家都承认这样一个事实：虽然资源有限，但是我们对美好事物的欲望是无限的。然而，即使我们拥有巨额的银行存款，时间和精力也不会因此而停止其流逝的步伐。因此，对我们来说，最大的挑战是利用有限的资源最大限度地满足我们的欲望。于是，一个实际问题摆在我们面前：应当如何把收入分配到形形色色的产品与服务上？回答这一问题之前，首先需要知道我们所购买的这些产品与服务本身并不是终极目的，它们的存在是为了满足我们的欲望。

度量欲望：效用概念

经济学家使用效用这一概念来表示人们从自己的消费行为中获得的满足程度。经济学假设人们总是试图调整其收入分配以实现满足程度的最大化，这一目标被称为效用最大化。

早期的经济学家一直梦想某一天可以对不同活动的效用进行精确的度量。例如，19世纪英国经济学家杰里米·边沁（Jeremy Bentham）曾在书中描绘过"效用仪表"，它可用于度量不同消费活动的效用。尽管边沁所在的时代并没有这种工具，但是当代的神经心理学家的确已经拥有能粗略度量满足感的设备。

例如，图5.1展示的是一位实验者与设备相连接来测量大脑电波强度。威斯康星大学的心理学家理查德·戴维森（Richard Davidson）及其同事发现，实验者左前大脑皮层发出强脑电波时所获得的满足感比右前大脑皮层发出强脑电波时获得的满足感更大。

当然，如果杰里米·边沁能够亲眼看到如图5.1所示的那种设备，他肯定会非常震惊。不过，这一设备还是与边沁所刻画的效用仪表有一定差距。边沁意念中的仪表用

"util"作为单位来度量效用,这一点类似于温度计用华氏温度或摄氏温度作为单位来度量温度。这种仪表能给每一种活动——看电影、吃芝士汉堡包等赋予一个效用值。不幸的是,即使像图5.1所示的那种复杂设备也远不能满足这种精确的评价要求。

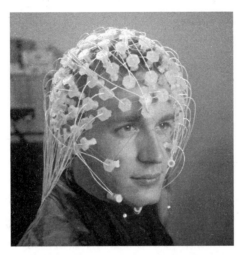

图5.1　能用电子设备来度量效用吗

科学家已经发现,左前大脑皮层发出的电波越强,相应的满足感也越强。

边沁天才式的构想由于缺乏效用仪表而无法应用于实际生活。但是,即使没有这种机器,他仍然可以继续将消费者想象为把收入合理分配于各种消费品以实现总效用最大化的人。边沁的"效用最大化模型"揭示了理性消费者花费其收入的重要机理。

为了说明这一模型运行的机制,我们先从一个非常简单但却不平常的问题入手——考察一位排在免费品尝冰激凌队伍前列的消费者萨拉,她将会选择品尝多少冰激凌甜筒?表5.1显示的是萨拉每小时品尝的冰激凌甜筒总量与总效用之间的关系,其中,效用用util/小时度量。注意表中的数据都用甜筒/小时和util/小时表示。为什么要表示成"每小时"?因为如果不限制一个确切的时间范围,我们将无法确定一个给定的数量是多还是少。一生中吃5个冰激凌甜筒不多,但是一个小时内吃掉5个冰激凌甜筒则比大多数人的消费量多。

如表5.1所示,每品尝一个甜筒,萨拉的总效用就会出现一定幅度的增加,直至品尝的甜筒总数等于5为止。每小时吃5个甜筒带给她的愉快程度多于吃4个甜筒时的愉快程度,多于吃3个甜筒时的愉快程度,如此等等。但是,当每小时品尝的数量超过5个甜筒时,增加消费量事实上使她的愉快程度减少了。品尝6个甜筒使她的总效用从150util/小时减少到140util/小时。

我们可以将表5.1所显示的效用信息用图形刻画出来,如图5.2所示。注意,该图中,萨拉每小时品尝的甜筒数越多,她得到的"util"就越多——但是,这种情况只到总数为5个甜筒时为止。一旦超过5个,其总效用就开始下降。当每小时品尝的甜筒数为5时,萨拉的愉快程度达到最大值150util。在该点,即使完全免费,她也没有任何动力去品尝第6个甜筒,因为多品尝一个甜筒事实上会使她的情况变糟。

表 5.1 萨拉从消费冰激凌中获得的总效用

甜筒数/(个/小时)	总效用/(util/小时)
0	0
1	50
2	90
3	120
4	140
5	150
6	140

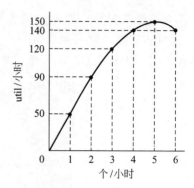

图 5.2 萨拉从消费冰激凌中获得的总效用
对于大多数产品而言,增加额外消费所带来的效用增加逐渐减小。

表 5.1 和图 5.2 表示的是效用与消费之间的另一层重要关系——当总消费量增加时,从额外一单位消费中所获得的额外效用减少。因此,每小时品尝 1 个甜筒比每小时品尝 0 个甜筒改善很多——50util,而每小时品尝 5 个甜筒只比每小时品尝 4 个甜筒改善一点——只有 10util。

术语**边际效用**表示的是当消费改变 1 单位时总效用的改变量。在表 5.2 中,第 3 列显示的是对应萨拉各种冰激凌消费水平的边际效用值。例如,该列第 2 行表示的是当萨拉的消费量从每小时 1 个甜筒增加到 2 个甜筒时总效用的增加额(用 util/小时度量)。注意,第 3 列中的边际效用都被置于前面两列的行与行之间。这样做是为了说明边际效用对应的是从前一个消费数量变化到下一个数量所带来的额外效用。因此,我们可以说从每小时 1 个甜筒变化到 2 个甜筒带来的边际效用为 40util/个甜筒。

表 5.2 萨拉从冰激凌消费中获得的总效用与边际效用

甜筒数/(个/小时)	总效用/(util/小时)	边际效用/(util/小时)
0	0	—
		50
1	50	
		40
2	90	
		30
3	120	
		20
4	140	
		10
5	150	
		−10
6	140	

$$\text{边际效用} = \frac{\text{效用改变}}{\text{消费改变}}$$
$$= \frac{90\text{util} - 50\text{util}}{2\text{个甜筒} - 1\text{个甜筒}}$$
$$= 40\text{util}/\text{个甜筒}$$

因为边际效用是当我们从一种消费数量变化到另一种数量时所产生的效用变化,所以我们在表示这一变量时习惯将每个特定的边际效用值置于其对应的两个消费数量之间。因此,在图 5.3 中,我们将 40util/个甜筒这一边际效用值置于每小时 1 个甜筒与每小时2个甜筒之间,如此等等(在这个例子中,边际效用的图形是一条向下倾斜的直线,但是这并不适用于所有的情况)。

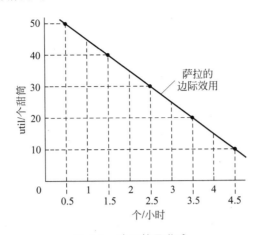

图5.3　边际效用递减

萨拉每小时消费的甜筒数量越多,她的边际效用就越低。对于萨拉来说,她对冰激凌的消费活动符合边际效用递减法则。

我们把当消费量超过某一点后边际效用递减的现象称为**边际效用递减法则**。这一法则不仅适用于萨拉对冰激凌的消费,还适用于大多数消费者对其他产品的消费。试想,如果我们拥有一块巧克力蛋糕或者一辆法拉利跑车,那么相对于一无所有的情况,我们会觉得愉快程度增加了。如果我们拥有的数量变成2,那么毫无疑问,我们会感到更加愉快,但是愉快程度不会翻倍。虽然这一模式被称为一种法则,但是它也有例外。事实上,一些消费活动甚至会表现出边际效用递增。例如,初听一首新歌时,你可能会觉得非常刺耳,但是随着听的次数逐渐增加,你会越来越适应这首歌。不久,你可能会觉得自己已经喜欢上了这首歌,甚至在洗澡的时候开始不由自主地哼唱。尽管有上述例外情况,但对于大多数产品而言,边际效用递减法则仍然不失为关于效用与消费量之间关系的合理描述。

当萨拉位于队伍前列时,她应当怎么做?当萨拉处于该位置时,排队等候的机会成本已经成为一项沉没成本,因此丝毫不会影响她在品尝冰激凌数量方面的决策。同时,由于甜筒免费,因此品尝额外一单位甜筒的成本为0。根据成本-收益原理,只要边际收益大于或等于0(这里,该收益等于她从额外一单位甜筒中获得的边际效用),萨拉都应当选择继续品尝。正如我们在表5.2中看到的,到第5个甜筒为止边际效用一直为正,但是在第5个甜筒之后,边际效用变为负值。因此,我们之前的结论成立,萨拉应当品尝5个甜筒。

将固定收入分配于两种产品

大多数时候我们会面临比萨拉更复杂的购买决策。一方面,我们总是面临对很多产品而非一种产品的购买决策;另一方面,消费额外一单位产品的成本也不太可能为0。

为了弄清楚在更复杂的情况下消费者将如何决策,让我们假设,现在萨拉必须把一定数量的收入分配在两种产品上,这两种产品的价格均为正。她应该把所有的收入都用于一种产品的消费,还是将收入分成两部分,分别用于两种产品的消费?边际效用递减法则启示我们,将所有收入都分配在一种产品上不是最佳策略。与其将越来越多的收入用于购买我们已经在大量消费的产品(因此其边际效用相对较低),还不如将这些收入用于购买我们还没怎么消费的产品(因此其边际效用较高)。

为了用最简单的方式说明经济学家如何思考一个效用最大化的消费者所做的支出决策,我们来考虑下面的例子。

例5.1 理性支出原则(Ⅰ)

萨拉是否在其对巧克力冰激凌和香草冰激凌的消费中实现了效用最大化?

巧克力冰激凌的售价为2美元/品脱①,香草冰激凌的售价为1美元/品脱。萨拉每年在冰激凌上有400美元的预算,从每种冰激凌的消费上获得的边际效用如图5.4所示。如果她现在每年购买200品脱香草冰激凌和100品脱巧克力冰激凌,那么她是否实现了效用最大化?

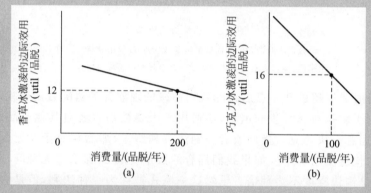

图5.4 两种口味的冰激凌所对应的边际效用曲线(Ⅰ)
在萨拉现有的消费水平下,她在巧克力冰激凌上的边际效用比在香草冰激凌上的边际效用高25%。但是,巧克力冰激凌也比香草冰激凌贵一倍。

首先注意到,由于每年购买200品脱香草冰激凌和100品脱巧克力冰激凌,萨拉在这两种冰激凌上的支出都是200美元,因此总支出是400美元,正好等于其预算。那么,萨拉是否通过这一支出方式实现了效用最大化?注意图5.4(b),她从巧克力冰激凌上获得的边际效用是每品脱16util。由于每品脱巧克力冰激凌的成本为2美元,因此萨拉在巧克力冰激凌上的每单位支出将能使她获得(16util/品脱)/(2美元/品脱)= 8util/美元的额外效用。同理,注意图5.4(a),萨拉从香草冰激凌上获得的边际效用是每品脱12util。由于每品脱香草冰激凌的成本仅为1美元,因此她在香草冰激凌上的每单位支出将能产生(12util/品脱)/(1美元/品脱)= 12util/美元的额外效用。换言之,在现有的消费比例下,萨拉在香草冰激凌上的支出产生的边际效用高于巧克力冰激凌。这意味着此时萨拉不可能实现总效用最大化。

要了解原因,请注意,如果萨拉在巧克力冰激凌上的支出减少2美元(如果她少买一品脱巧克力冰激凌),那么她的效用将损失16util;②但是与此同时,她可以用这2美元购买额外两品脱的香草

---

① 1品脱=0.568升。
② 事实上的效用减少量将会略高于16util,因为随着消费量的减少,她从巧克力冰激凌上获得的边际效用将会略微增加。

冰激凌,因此效用又将增加 24util。① 对消费做出上述调整最终将使效用净增加 8util。因此,在现有的预算分配方案下,萨拉对香草冰激凌的支出过少,而对巧克力冰激凌的支出过多。

在下面的例子中,我们将会看到,如果萨拉每年在巧克力冰激凌上的支出减少 100 美元,在香草冰激凌上的支出增加 100 美元,将会出现什么情况。

例 5.2　理性支出原则(Ⅱ)

萨拉是否在对巧克力冰激凌和香草冰激凌的消费中实现了效用最大化?
萨拉在冰激凌上的总预算、两种口味的冰激凌价格都与例 5.1 相同。消费每种口味冰激凌的边际效用如图 5.5 所示。如果现在萨拉每年购买 300 品脱香草冰激凌和 50 品脱巧克力冰激凌,那么她是否实现了效用最大化?

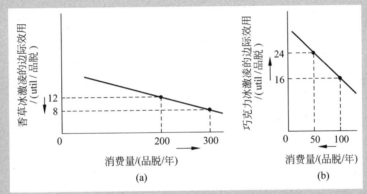

图 5.5　两种口味的冰激凌所对应的边际效用曲线(Ⅱ)
当萨拉增加对香草冰激凌的消费量时,她从该口味的冰激凌上获得的边际效用下降;相反,当她减少对巧克力冰激凌的消费量时,她从该口味的冰激凌上获得的边际效用上升。

根据例 5.1 的讨论,我们知道萨拉在巧克力冰激凌上的支出过多,在香草冰激凌上的支出过少,因此萨拉对支出重新做出安排显然是合理的。在巧克力冰激凌上的支出减少 100 美元使她从该口味冰激凌上获得的边际效用由 16util/品脱上升到 24util/品脱[图 5.5(b)]。同样,在香草冰激凌上的支出增加 100 美元使她从该口味冰激凌上获得的边际效用由 12util/品脱下降到 8util/品脱[图 5.5(a)]。上述两种变化都是边际效用递减法则作用的结果。

由于每品脱巧克力冰激凌的成本仍然为 2 美元,因此萨拉在巧克力冰激凌上的每单位支出将能产生(24util/品脱)/(2 美元/品脱)= 12util/美元的额外效用。类似地,由于每品脱香草冰激凌的成本仍然为 1 美元,因此她在香草冰激凌上的每单位支出将能产生(8util/品脱)/(1 美元/品脱)= 8util/美元的额外效用。因此,在新的消费比例下,萨拉在巧克力冰激凌上的支出所产生的边际效用高于香草冰激凌——正好与例 5.1 的情况相反。

因此,我们发现萨拉对原有消费计划所做的调整幅度过大。从新组合(300 品脱香草冰激凌和 50 品脱巧克力冰激凌)出发,如果她少买 2 品脱香草冰激凌(这将使她的效用减少 16 品脱),然后用这 2 美元购买 1 品脱巧克力冰激凌(这将使她的效用增加 24util),萨拉的效用将能够获得 8util 的净

---

① 事实上效用增加量将会略低于 24util,因为随着消费量的增加,她从香草冰激凌上获得的边际效用将会略微减少。

增加。因此,调整后的消费新组合同样没能实现总效用最大化。这一次,她在巧克力冰激凌上的支出过少,在香草冰激凌上的支出过多。

练习 5.1

证明例 5.2 给出的冰激凌组合与例 5.1 的花费数量相同,都等于萨拉在冰激凌上的总预算。

对于萨拉而言,这两种冰激凌的**最优组合**是什么?换言之,在萨拉所能负担的香草冰激凌、巧克力冰激凌的所有组合中,哪一种组合提供了最大的总效用?下面的例子说明了最优组合必须满足的条件。

例 5.3 理性支出原则(Ⅲ)

萨拉是否在对巧克力冰激凌和香草冰激凌的消费中实现了效用最大化?

萨拉在冰激凌上的总预算以及两种口味的冰激凌价格都与例 5.1 和例 5.2 相同。消费每种口味冰激凌的边际效用如图 5.6 所示。如果现在萨拉每年购买 250 品脱香草冰激凌和 75 品脱巧克力冰激凌,那么她是否实现了效用最大化?

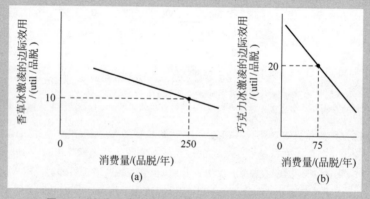

图 5.6 两种口味的冰激凌所对应的边际效用曲线(Ⅲ)
在现有消费水平下,萨拉在香草冰激凌上的每单位支出所产生的边际效用与她在巧克力冰激凌上的每单位支出所产生的边际效用相等。

你可以轻松证明:每年 250 品脱香草冰激凌、75 品脱巧克力冰激凌的消费组合所花费的成本也是 400 美元,恰好等于萨拉在冰激凌上的预算。现在,她从巧克力冰激凌上获得的边际效用等于 20util/品脱[图 5.6(b)]。由于每品脱巧克力冰激凌仍然为 2 美元,因此萨拉在巧克力冰激凌上的每单位支出能产生(20util/品脱)/(2 美元/品脱)= 10util/美元的额外效用。同样,现在萨拉从香草冰激凌上获得的边际效用等于 10util/品脱[图 5.6(a)]。由于每品脱香草冰激凌的成本仍然为 1 美元,因此她在香草冰激凌上的每单位支出将能产生(10util/品脱)/(1 美元/品脱)= 10util/美元的额外效用。在新的消费比例下,萨拉在巧克力冰激凌和香草冰激凌上的单位支出所产生的边际效用恰好相等。因此,如果她在巧克力冰激凌上的支出减少一点,在香草冰激凌上的支出增加一点,她的总效用将不会改变(反之亦然)。例如,如果她多买 2 品脱香草冰激凌(这将使其效用增加 20util),少买

1品脱巧克力冰激凌(这将使其效用减少20util),那么她在冰激凌上的总支出与总效用将维持不变。当萨拉在两种冰激凌上花费的单位支出产生相同的边际效用时,她将无法通过调整消费计划来实现总效用的增加。因此,每年250品脱香草冰激凌、75品脱巧克力冰激凌的组合是最优的。

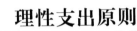

稀缺原理向我们提出了挑战:如何将收入分配于不同的产品以最大限度地满足我们的欲望?为了实现上述目标,我们将会选择产品的最优组合——消费者所能负担的产生最高总效用的组合进行消费。整个消费过程将遵循理性支出原则,对于那些能完全细分的产品而言,最终的结果是在每种产品上的单位支出产生的边际效用相同,此时恰好是最优组合。如果该条件不满足,那么消费者总可以通过多消费单位支出产生较高边际效用的产品、少消费单位支出产生较低边际效用的产品来增加总效用。

理性支出原则

例5.1、例5.2和例5.3体现了人们在将固定预算分配于不同产品时所遵循的**理性支出原则**。最优组合,即效用最大化的组合,必须满足这一原则。

理性支出原则:产品间的支出分配最终应当能使在每种产品上的单位支出产生相同的边际效用。

理性支出原则可以用一个简单的公式表达。如果我们用 MU_C 表示从巧克力冰激凌的消费中获得的边际效用(还是用 util/品脱度量),用 P_C 表示巧克力冰激凌的价格(用美元/品脱度量),那么比率 MU_C/P_C 将表示花费在巧克力冰激凌上的每单位支出所产生的边际效用,用 util/美元表示。类似地,如果我们用 MU_V 表示从香草冰激凌的消费中获得的边际效用,用 P_V 表示香草冰激凌的价格,那么 MU_V/P_V 将表示花费在香草冰激凌上的单位支出所产生的边际效用。当花费在两种产品上的单位支出所产生的边际效用相等时,总效用实现最大化,此时两种产品满足下面的简单等式:

$$MU_C/P_C = MU_V/P_V$$

理性支出原则适用于大量产品的支出决策。该原则的本质可以概括如下:对于消费者所购买的每种产品而言,其边际效用与价格之比必须相等。如果一种产品的这一比率高于另一种产品,那么消费者可以通过减少对第二种产品的购买量、增加对第一种产品的购买量来提高其总效用。

严格地说,理性支出原则适用于那些可以完全细分的产品,如牛奶、汽油。其他很多产品,如电视机和乘公交车,只能完整地进行消费。这样的情况可能无法精确满足理性支出原则。例如,当你购买一台电视机时,花费在该电视机上的单位支出所产生的边际效用很可能比另一种产品高,但是如果你购买第二台电视机,那么可能会出现相反的情况。出现类似情形时你最好的选择是将额外的美元分配到单位支出能产生最高边际效用的产品上。

注意,我们没有将理性支出原则归为经济学的核心原理之一。未将其纳入核心原理并不是因为理性支出原则不重要,而是因为它直接来源于成本-收益原理。正如我们之前注意到的,核心原理的列表越精简,对读者越有好处。

收入效应和替代效应再探讨

在第3章中,我们了解到,消费者愿意购买的产品数量取决于产品自身的价格、其替代品和互补品的价格以及消费者的收入。我们还发现,当产品价格上升时,需求量将由于两个原因——替代效应和收入效应而改变。替代效应指的是当一种产品的价格上升时,其替代品的吸引力相对增加,导致消费者放弃该产品转而购买其替代品的现象。

收入效应指的则是价格变化使消费者的实际收入减少或者增加的现象。例如,考虑在前面讨论的几个例子中,当一种冰激凌的价格发生变化时将会产生什么效应。在初始价格水平下(巧克力冰激凌的价格为2美元/品脱,香草冰激凌的价格为1美元/品脱),每年400美元的冰激凌预算将使萨拉拥有购买200品脱巧克力冰激凌或400品脱香草冰激凌的能力。如果香草冰激凌的价格上升至2美元/品脱,则不仅会减少萨拉所能负担的香草冰激凌的最大数量,而且会减少任一给定香草冰激凌数量下她所能负担的巧克力冰激凌的最大数量。例如,当香草冰激凌的初始价格为1美元/品脱时,萨拉将能购买100品脱香草冰激凌和150品脱巧克力冰激凌。但是,当香草冰激凌的价格上升至2美元时,她将只能购买100品脱香草冰激凌和100品脱巧克力冰激凌。正如第3章所分析的,实际收入的减少使正常品的需求曲线向左移动。

理性支出原则有助于我们更清晰地理解为什么一种产品的价格变化会影响其他产品的需求。该原则的核心要求就是所有产品的边际效用与价格之比相等。这意味着如果一种产品的价格上升,那么其边际效用与新价格之比将会低于其他产品。因此,消费者可以通过减少在该产品上的消费比例、扩大在其他产品上的消费比例来实现总效用的增加。

例5.4 对降价的反应

当巧克力冰激凌价格下降时,萨拉应当如何反应?

萨拉每年的冰激凌总预算仍然为400美元,巧克力冰激凌的价格等于2美元/品脱,香草冰激凌的价格等于1美元/品脱。消费每种冰激凌获得的边际效用如图5.7所示。如前几个例子所述,现在她每年购买的香草冰激凌为250品脱、巧克力冰激凌为75品脱,这也是该价格水平下对萨拉而言最优的消费组合。如果巧克力冰激凌的价格降为1美元/品脱,那么萨拉应当如何重新分配在两种冰激凌上的支出?

因为图5.7所表示的是初始价格水平下萨拉对于两种冰激凌的最优消费组合,所以必然满足理性支出原则:

$$MU_C/P_C = (20\text{util}/品脱)/(2\text{美元}/品脱) = 10\text{util}/美元$$
$$= MU_V/P_V = (10\text{util}/品脱)/(1\text{美元}/品脱)$$

当巧克力冰激凌的价格下降到1美元/品脱时,初始的消费量将不能继续满足理性支出原则,

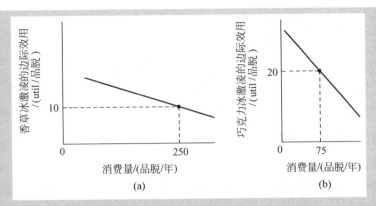

图 5.7 两种口味的冰激凌所对应的边际效用曲线(Ⅳ)

现有的消费组合下，在两种冰激凌上的单位支出产生的边际效用相等。当巧克力冰激凌的价格下降时，在巧克力冰激凌上的单位支出所产生的边际效用将高于香草冰激凌。为了调整这一失衡现象，萨拉必须增加对巧克力冰激凌的购买量，减少对香草冰激凌的购买量。

因为在巧克力冰激凌上的每单位支出所产生的边际效用突然翻番：

$$\mathrm{MU}_C/P_C = (20\mathrm{util}/品脱)/(1 美元 / 品脱) = 20\mathrm{util}/美元$$
$$> \mathrm{MU}_V/P_V = 10\mathrm{util}/美元$$

为了调整这一失衡现象，萨拉必须重新安排在两种冰激凌上的支出以增加在香草冰激凌上的单位支出所产生的边际效用，减少在巧克力冰激凌上的单位支出所产生的边际效用。如图 5.7 所示，萨拉如果增加对巧克力冰激凌的购买量，减少对香草冰激凌的购买量，就可以成功实现上述目标。

练习 5.2

约翰将所有收入都用于两种产品——食物和住房的消费。食物的价格为 5 美元/磅，住房的价格为 10 美元/平方米。在现有的消费水平下，他从两种产品上获得的边际效用分别为 20util/磅和 30util/平方米。约翰是否实现了效用最大化？如果不是，他应当如何重新分配在两种产品上的支出？

在第 1 章我们看到，由于对平均成本和平均收益与边际成本和边际收益之间的区别缺乏了解，人们经常会做出糟糕的决定。同样，当人们试图运用经济学家的效用最大化模型时，也会踏入类似的陷阱，犯类似的错误。下面用例 5.5 加以说明。

例 5.5 边际效用与平均效用

胡安应该增加对苹果的消费量吗？

胡安每周从对苹果的消费中获得 1 000util 的效用，从对鲜橙的消费中获得 400util 的效用。每个苹果的价格为 2 美元，每个鲜橙的价格为 1 美元，他每周消费的苹果数量为 50、鲜橙数量为 50。判断下列观点的正误：胡安应当增加对苹果的消费量，减少对鲜橙的消费量。

胡安每周在苹果上的支出为 100 美元，在鲜橙上的支出为 50 美元。因此，他从苹果的消费中能获得(1 000util/周)/(100 美元/周)=10util/美元的平均效用，从对鲜橙的消费中能获得(400util/周)/(50 美元/周)=8util/美元的平均效用。由于在苹果上获得的平均效用高于鲜橙，因此很多人可能会认为胡安应当增加对苹果的消费量。但是事实上,仅知道在每种产品上获得的平均效用并不足以判断胡安现有的消费组合是否最优。要对该问题做出明确的回答,我们需要比较胡安在每种产品上的单位支出所产生的边际效用。仅凭现有的信息我们无法做出上述比较,因而无法判断胡安下一步应当采取的措施。

应用理性支出原则

我们学习需求法则和理性支出原则并不是为了解答假想的案例,而是为了用这些抽象的概念来理解现实世界的问题。下面将列举一些现实生活中的案例,希望将你培养成经济自然主义者。

现实中的替代问题

在第一个案例中,我们关注替代的作用。当一种产品或服务的价格上升时,理性的消费者通常会转而购买相对便宜的替代品。如果没有购买新车的能力,那么就购买一辆二手车,或者在公交车、地铁沿线租一间公寓。如果在法国餐馆用餐太贵,那么就去中餐馆,或者在家用餐。如果美国橄榄球联盟的票价太高,那么就通过电视直播观看比赛,或者通过杂志了解赛况。如果买不起一本书,那么就去图书馆借阅,或者通过互联网下载阅读资料。一旦开始注意现实中的替代问题,你将会为每天遇到的各种各样的大量实例惊叹不已。

经济自然主义者5.2 为什么杰夫·贝佐斯在曼哈顿的住宅比在华盛顿州麦地那的住宅小?

亚马逊首席执行官杰夫·贝佐斯在华盛顿麦地那拥有一栋2 700平方米的住宅,在曼哈顿拥有一套1 600平方米的公寓。虽然两处住宅都很大,但贝佐斯在曼哈顿的公寓比他在麦地那的住宅小得多。贝佐斯是世界上最富有的人之一,为什么他会选择在曼哈顿买一套比麦地那小得多的房子呢?

对于那些正在考虑买多大房子的人来说,曼哈顿和麦地那之间最明显的区别是房价的巨大差异。曼哈顿的土地成本是麦地那的数倍,建筑成本也要高得多。因此,尽管贝佐斯有能力在曼哈顿购买一栋2 700平方米的房子,但房价如此之高,以至于他干脆选择购买一套较小的公寓,而以其他方式挥霍自己的财富。

此处我们顺便指出,贝佐斯决策中的另一个因素可能是背景与评估之间的联系:只有当一栋房子相对于同一地方的其他房子小时,它才显得小。因为曼哈顿的房价如此之高,其他人也选择在那里盖较小的房子,所以曼哈顿一套1 600平方米的公寓相对而言比麦地那一栋2 700平方米的房子更大。

20世纪70年代末期,美国发生了一个有关替代问题的非常生动的实例。当中东产油国对石油进行供给干预后,美国出现能源短缺,汽油及其他能源的价格急剧上升。为了经济有效地使用能源,消费者在很多方面——其中一些是消费者共有的行为,另一些是部分消费者独创的——改变了自身的消费行为。他们放弃自己开车,转而乘坐公共交通,购买四缸汽车,搬到离工作地点较近的地方居住,减少旅行次数,关闭自动调温装置,安装用绝缘材料制造的、防暴风雪的窗户及太阳能加热器,购买节能设备……很多人甚至为了避免支付高额的冬季取暖费而搬到南方居住。

正如下面的例子所指出的:当某种产品的价格上升时,消费者将会放弃该产品转而购买其替代品;不过,当价格恢复到初始水平时,消费者将重新选择该产品。

经济自然主义者5.3 为什么在20世纪70年代人们会选择购买四缸汽车,而在20世纪90年代却重新购买六缸和八缸的汽车?

1973年,每加仑[①]汽油的价格为38美分。由于石油供给急剧减少,1974年每加仑汽油的价格上升到52美分。1979年,石油供给再度锐减,使1980年每加仑汽油的价格上升到1.19美元。油价的急剧上升导致消费者对四缸汽车的需求大幅增加,因为四缸汽车比大多数人所拥有的六缸、八缸汽车更省油。但是,1980年以后,能源供给逐渐稳定,油价的上升走势趋于平缓,到1999年每加仑汽油的价格为1.4美元。尽管油价持续上升,消费者对四缸汽车的需求却并没有继续增加。相反,到20世纪80年代末,消费者对六缸、八缸汽车的需求开始回升。为什么会出现这种逆转?

解释这些现象的关键在于了解汽油的实际价格如何变化。一些人在考虑选择多大的发动机引擎时,影响其决定的不是汽油的**名义价格**,而是汽油相对于其他所有产品的价格。毕竟,对于消费者而言,当决定是否为每加仑汽油支出1.4美元时,他最关心的问题就是用同样的支出所购买的其他产品能带来多少效用。尽管20世纪八九十年代,汽油的名义价格继续缓慢上升,然而相对于其他产品而言其价格是迅速下降的。事实上,从实际购买力的角度来看,1999年的价格略低于1973年的价格(1999年1.4美元可以购买的产品与服务略多于1973年38美分所能购买的产品与服务)。汽油实际价格的下降解释了为什么消费者对小型引擎的需求出现了逆转。

汽油实际价格的急剧下降也有助于解释为什么20世纪90年代消费者对跑车的需求会出现爆炸式的增长。2001年,美国市场上跑车的销售量达到400万辆,远高于1990年的75万辆。其中一些车型——如福特远足——重达7 500多磅(比本田思域重两倍),每加仑汽油所能行驶的里程要比本田车少10英里[②]。这样的汽车在20世纪70年代一定会滞销,然而,在2001年能源相当便宜的环境下它们却成为最热销的车型。

2004年,汽油的实际价格再度急剧上涨。至2012年,美国部分地区的油价已升至每加仑近5美元。不出所料,人们购买的车型迅速发生转变。几个月前还很热销的大型越野车开始大幅降价。同时,像丰田普锐斯这种混合燃料型的节能车大受欢迎。购买这类车时,消费者不但很少享受到折扣优惠,还经常要支付高于标价的价格。不过,随着2012年以来汽油价格的大幅下跌,大型SUV及其他轻型卡车的销量再次上升,而更省油的乘

---

① 1加仑=3.785升。
② 1英里=1609.344米。

用车的销量则跌到了几十年来的最低点。

下面的例子描述的也是价格对支出决策的影响。

经济自然主义者 5.4 为什么英国的汽车引擎比美国的小？

在英国，宝马 5 系中最流行的一款车型是 516i，而在美国，最流行的却是 530i。516i 的引擎比 530i 小将近 50%。那么，为什么存在这样的区别？

在这两个国家，宝马吸引的顾客基本上都是收入相仿的专业人士，因此我们不能用购买力的差异来解释人们在引擎选择上的区别。事实上，这种区别是英国对汽油征收重税导致的直接结果。由于这项税，在英国每加仑汽油的售价至少比美国的售价高 2 倍。油价上的巨大差距使英国人纷纷选择购买使用更省油的小型引擎的汽车。

收入差别的重要性

富人和穷人之间最明显的差别就在于前者拥有更高的收入。一般来说，富人比穷人购买的住房大。在对此现象进行解释时，我们并不需要使用"富人比穷人更在意住房"之类的假设，而只需要用到一个非常简单的观点，那就是：与其他大多数产品一样，人们从住房上获得的总效用将随消费数量的增加而增加。

正如下面的例子所揭示的，收入不仅影响住房和其他产品的需求，还影响服务的质量。

经济自然主义者 5.5 为什么贫穷地区的等候队伍比较长？

最近，巴斯金-罗宾斯零售集团在旗下的两家分店开展促销活动，为前来光顾的消费者免费提供冰激凌。一家分店位于高收入地区，另一家则位于低收入地区。为什么低收入地区的等候队伍比高收入地区的长？

两个地区的住户必须在加入免费品尝冰激凌的队伍与放弃等候、选择到别的店以正常价格购买这两者中选择其一。如果我们按常理做出下列假设——高收入人群有更高的支付意愿，他们会选择放弃等候，那么我们可以预见高收入地区的队伍将比低收入地区短。

我们可以用类似的理由来解释为什么在面向高收入消费者的商店中等候队伍较短。在任何商店中保持较短的等候队伍意味着商家要雇用更多的店员，这意味着产品的价格会比较高。为了缩短等候时间，高收入消费者愿意比其他消费者支付更高的价格。

> **重点回顾：理性支出原则**
>
> 理性支出原则着重指出了收入效应和替代效应在解释消费差别（个人之间的差别、群体之间的差别及不同时间的差别）上的重要作用，同时，该原则还着重指出影响消费者决策的是实际价格与收入而非名义价格与收入。当替代品的实际价格下降或互补品的实际价格上升时，对产品的需求将会下降。

个体需求曲线和市场需求曲线

如果我们知道每个个体对某种产品的需求曲线,应该如何用这些信息构建整个市场对该产品的需求曲线?我们必须将所有的个体需求曲线进行加总,这个过程虽然简单但是也不可大意。

水平相加

假设在罐装金枪鱼的市场上只有两位买者——拉杰和佐拉,他们的需求曲线如图5.8(a)和(b)所示。为了构建市场对罐装金枪鱼的需求曲线,我们首先列出一系列价格,然后对各个价格水平下每个买者的需求量进行加总。例如,在每罐40美分的价格水平下,拉杰的需求量为每周6罐[图5.8(a)],佐拉的需求量为每周2罐[图5.8(b)],因此整个市场的需求量为每周8罐[图5.8(c)]。

加总个体需求曲线以得到市场需求曲线的过程被称为"水平相加",这一术语强调"水平",即我们加总的是用个体需求曲线横轴度量的需求数量。

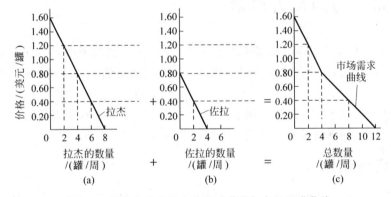

图5.8 罐装金枪鱼的个体需求曲线与市场需求曲线

对于市场需求曲线[图5.8(c)]而言,任一价格下的需求量等于该价格水平下个体需求量[图5.8(a)和5.8(b)]的总和。

练习5.3

假设电影票市场的买方由两位消费者组成,其需求曲线如下图所示。画出该市场的需求曲线。

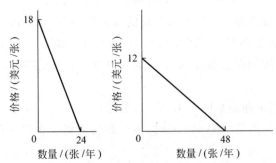

图 5.9 显示的是一个非常特殊的例子：1 000 个消费者具有相同的需求曲线[图 5.9(a)]。在该例中，为了得到市场的需求曲线[图 5.9(b)]，我们只需要将个体需求曲线上的每个数量乘以 1 000。

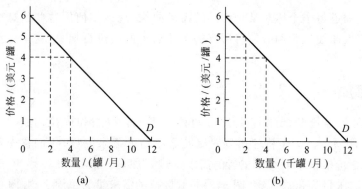

图 5.9 所有的购买者都拥有相同的需求曲线时的个体需求曲线与市场需求曲线

当个体需求曲线都相同时，我们只需将个体需求曲线上的每个数量乘以市场上的消费者总数，即可得到市场需求曲线。

▼ 需求与消费者剩余

在第 1 章我们首次接触了经济剩余的概念，在购买者的例子中它表现为消费者愿意为某产品支付的最高价格与实际支付价格之差。购买者得到的经济剩余通常被称为**消费者剩余**。

有时，消费者剩余这一术语被用来描述在一笔交易中单个购买者所得到的剩余。其他场合下，它则被用来表示在一个或多个市场上所有购买者得到的剩余。

计算经济剩余

在进行成本-收益分析之前，我们的首要任务是对某个给定市场上所有购买者获得的消费者总剩余进行度量。举例说明，如果在山村和港口城市之间修建一条公路，那么将会给原本交通不便的山村创造一个新的海鲜市场。分析者在决定是否修建该公路的过程中，必须计算在这一市场上买方所能获得的收益，并将此作为修建公路的一项收益列入考虑范围。

为了说明经济学家在现实中如何度量消费者剩余，下面我们将假想一个拥有 11 位潜在购买者的产品市场，其中每位潜在购买者每天最多能购买 1 单位产品。第一位潜在购买者对该产品的保留价格为 11 美元，第二位的保留价格为 10 美元，第三位的保留价格为 9 美元，依此类推，因此该市场的需求曲线将呈现阶梯状，如图 5.10 所示。我们可以将该曲线当作传统需求曲线的离散形式（如果横轴的单位划分得足够细，那么该曲线将等同于连续的需求曲线）。

假设单位产品（需求曲线如图 5.10 所示）的售价为 6 美元。购买者从这一市场获得了多少消费者总剩余？当价格为 6 美元时，该市场每天将能售出 6 单位产品。第 6 单位

第 5 章 需求 **125**

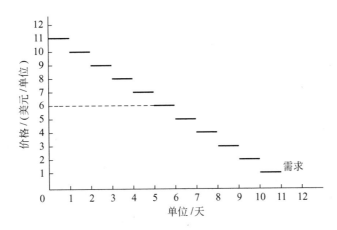

图 5.10 拥有"离散"需求曲线的市场
当某一产品只能以整数出售时,其需求曲线将呈现阶梯状。

产品的购买者将无法得到经济剩余,因为其保留价格恰好为 6 美元,与售价相同。但是前 5 个购买者却能从自己的购买行为中获得剩余。例如,购买第 1 单位产品的消费者愿意为该产品支付 11 美元,而因为只支付了 6 美元,所以他将获得 5 美元的剩余。购买第 2 单位产品的消费者愿意为该产品支付 10 美元,他将获得 4 美元的剩余。购买第 3 单位产品的消费者将获得 3 美元的剩余,购买第 4 单位产品的消费者将获得 2 美元的剩余,购买第 5 单位产品的消费者将获得 1 美元的剩余。

如果我们把所有购买者的剩余加总到一起,那么将得到每天 15 美元的消费者总剩余。这一剩余对应图 5.11 中的阴影区域。

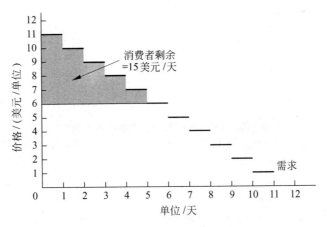

图 5.11 消费者剩余
消费者剩余(阴影区域)等于购买者愿意支付的最高价格与实际支付价格之间的累积差额。

练习 5.4

假设我们面临如下所示的一条新的市场需求曲线,该曲线与图 5.11 非常相似,唯一的区别在于购买者对单位产品的保留价格增加了 2 美元。计算消费者剩余。

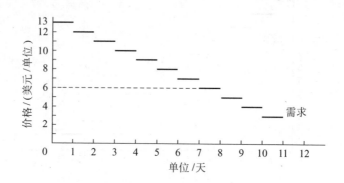

现在假设我们面对的是一个拥有直线形需求曲线的市场,此时应如何计算消费者剩余?要完成上述任务,只需将用于离散需求曲线的方法加以简单扩展,具体过程如例 5.6 所示。

例 5.6　度量消费者剩余

在牛奶市场上,购买者能获得多大的收益?

考虑牛奶市场,其需求曲线与供给曲线如图 5.12 所示。该市场的均衡价格为 2 美元/加仑,均衡数量为 4 000 加仑/天。购买者能从这一市场中获得多大收益?

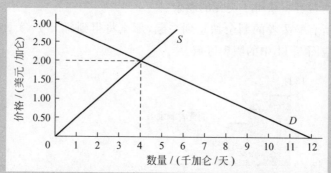

图 5.12　牛奶市场的供给曲线与需求曲线

对于图中所显示的供给曲线和需求曲线而言,牛奶的均衡价格为 2 美元/加仑,均衡数量为 4 000 加仑/天。

在图 5.12 中,我们首先注意到,最后交易的一单位产品没有产生任何消费者剩余,这与图 5.11 相同。同时,我们还发现,购买者从售出的 4 000 加仑牛奶上得到了消费者剩余,这也与图 5.11 相同。对于这些购买者而言,消费者剩余等于他们愿意支付的最高价格(用需求曲线度量)与实际支付价格之间的累积差额。

因此,牛奶市场的购买者获得的消费者总剩余对应的是图 5.13 中需求曲线与市场价格之间的阴影三角形区域。注意,该三角形区域的高 $h=1$ 美元/加仑,底边 $b=4\,000$ 加仑/天。由于任何三角形的面积都等于 $(1/2)bh$,因此该市场的消费者剩余等于:

$$(1/2) \times (4\,000\ \text{加仑/天}) \times (1\ \text{美元/加仑}) = 2\,000\ \text{美元/天}$$

我们还可以从另一个角度理解消费者剩余。考虑如下问题：消费者为了能继续参与牛奶市场而愿意支付的价格总额最高为多少？答案为 2 000 美元/天，因为消费者目前的总收益超出其总成本的数额为 2 000 美元/天。

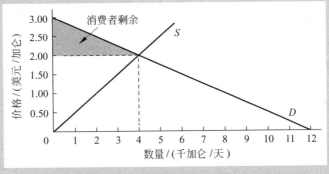

图 5.13　牛奶市场的消费者剩余
消费者剩余对应的是阴影三角形区域（2 000 美元/天）。

在第 3 章，我们曾经讨论过一种产品的需求曲线可以从横向和纵向两个角度进行解释。横向解释告诉我们，需求曲线表示每一价格水平下消费者愿意购买的产品总量。纵向解释告诉我们，需求曲线表示每一数量下某个购买者愿意为该产品支付的最高价格。为了计算消费者剩余，我们将采用需求曲线的纵向解释。纵轴上的每一个数值都对应着需求曲线上的某一点，而该点表示的正是边际购买者对该产品的保留价格。消费者剩余就等于这些保留价格与市场价格的总差额，即图形中需求曲线与市场价格之间的区域。

小结

理性消费者在不同产品间进行收入分配，其最终结果将是每种产品上的最后一单位支出产生相同的边际效用。理性支出原则来源于需求法则——当做某事的成本上升时人们将会减小做此事的频率。这里，"成本"指的是为了进行该活动必须付出的所有货币与非货币代价的总和——显性成本与隐性成本之和。

消费者所具有的用另一种产品对一种产品进行替代的能力是影响需求法则的一个重要因素。因为事实上每种产品或服务或多或少都有一些替代品，所以消费者拥有一定的选择余地，基于此，经济学家喜欢用"欲望"而非"需要"来形容需求。反之，如果我们用需要来描述需求，则很可能造成误解，因为这意味着我们没有选择的余地，而这显然与事实不符。

对于正常品而言，收入效应是影响需求法则（需求曲线向下倾斜）的另一个重要因素。当某种正常品的价格下降时，一方面，相对于替代品而言产品本身的吸引力增强；另一方面，消费者的实际购买力也得到了增强，于是需求量增加。

需求曲线表示的是在不同价格水平下消费者想要购买的产品数量。需求曲线可用于总括某一个体的价格-需求关系，但是最常见的还是用于总括某个市场的价格-需求关系。需求曲线上的任一数量都对应着一个价格，而该价格表示的则是消费者（或消费者群体）增加额外一单位产品所获得的收益。基于这个原因，需求曲线有时也被看作市场收益的汇总。

消费者剩余是对消费者由于能以市场价格购买到产品而获得的收益数量的度量。体现在图形中,即需求曲线与市场价格之间的区域。

名词与概念

consumer surplus	消费者剩余	nominal price	名义价格
law of demand	需求法则	optimal combination of goods	产品的最优组合
law of diminishing marginal utility	边际效用递减法则	rational spending rule	理性支出原则
marginal utility	边际效用	real price	实际价格

复习题

1. 为什么经济学家喜欢用"欲望"而非"需要"来形容需求？

2. 解释即使心理学家不能对效用进行精确衡量,经济学家仍然认为效用概念有用的原因。

3. 为什么边际效用递减法则会促使人们将支出分散在很多产品上？

4. 解释某种以货币价格为 0 提供的产品或服务不可能成为经济学意义上真正的"免费"产品的原因。

5. 举出某种你曾消费过的边际效用随消费量增加而增加的产品。

练习题

1. 试图决定是否购买某个产品或服务的消费者都会根据自己的保留价格与市场上的现行价格进行决策。在决策过程中,买方的保留价格度量的是什么？市场价格度量的是什么？

2. 下列哪些因素会影响买方对于某个产品或服务的保留价格？社会影响、产品的价格和生产产品的成本。

3. 你正在自助餐厅享用午餐。如果假定你是位理性消费者,那么你从最后一口食物中获得的边际效用应当是多少？

4. 凯从对橙汁的消费中获得了 75util/盎司的边际效用,从对咖啡的消费中获得了 50util/盎司的边际效用。如果每盎司橙汁的成本为 25 美分、每盎司咖啡的成本为 20 美分,那么凯是否在对这两种饮料的消费中实现了效用最大化？如果是,解释原因；如果否,她应当如何调整支出？

5. 洛汗从对花生的消费中获得了 100util/盎司的边际效用,从对腰果的消费中获得了 200util/盎司的边际效用。如果每盎司花生的成本为 10 美分、每盎司腰果的成本为 25 美分,那么洛汗是否在对这两种坚果的消费中实现了效用最大化？如果是,解释原因；如果否,他应当如何调整支出？

6. 西恩娜每周从对比萨的消费中获得 20util 的总效用,从对酸奶的消费中获得 40util 的总效用。每份比萨的价格为 1 美元,每杯酸奶的价格为 1 美元；西恩娜每周消费

10 份比萨和 20 杯酸奶。判断正误：西恩娜正在消费的是比萨和酸奶的最优组合。

7. 桑德尔每周有一笔津贴，总数为 24 美元。他将这笔津贴全部用于买比萨和租电影光盘。每份比萨的价格为 6 美元，每次租用电影光盘的价格为 3 美元。假设比萨和电影光盘只能以整数量进行消费。

(1) 列举桑德尔能用其津贴购买的关于两种产品的所有可能的组合。

(2) 桑德尔的总效用等于他从比萨中获得的效用与从电影光盘中获得的效用之和。如果这些效用随数量的变动情况如下表所示，并且比萨和电影光盘只能以整数量进行消费，那么桑德尔每周将会消费多少比萨，租多少张电影光盘？

比萨/(块/周)	从比萨上获得的效用/(util/周)	租借的电影光盘/(张/周)	从电影光盘租借上获得的效用/(util/周)
0	0	0	0
1	20	1	40
2	36	2	46
3	48	3	50
4	58	4	54
5	66	5	56
6	72	6	57
7	76	7	57
8	76	8	57

8. 伊莎娜住在普林斯顿，每天乘坐火车前往纽约上班（每月 20 次往返）。当一张往返火车票的价格由 10 美元上升为 20 美元时，伊莎娜仍然会一如既往地乘坐火车，其往返的次数也不会发生任何改变，但是她每月花费在饭店用餐方面的支出将减少 200 美元。

(1) 价格上升时伊莎娜对火车旅行的需求量不变这一事实是否意味着伊莎娜不是一位理性消费者？

(2) 解释为什么火车票的价格上升可能会影响伊莎娜在饭店用餐方面的支出。

9.* 假设某游乐园门票的市场的买方由两名消费者组成，其需求曲线如下图所示。

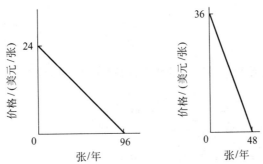

(1) 画出该市场的需求曲线。

(2) 计算当每张门票的售价为 12 美元时，门票市场的消费者总剩余。

10. 对于下图所示的需求曲线，计算当每加仑汽油的售价为 2 美元时汽油市场上的消费者总剩余。

---

* 表示习题难度较高。

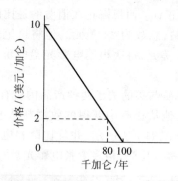

正文中练习题的答案

5.1 每年300品脱香草冰激凌（300美元）和50品脱巧克力冰激凌（100美元）的组合总共将花费400美元，恰好等于萨拉在冰激凌上的总预算。

5.2 理性支出原则要求 $MU_F/P_F = MU_C/P_C$，其中 MU_F 和 MU_C 分别为约翰从食物和衣服上获得的边际效用。P_F 和 P_C 分别为食物和衣服的价格。在约翰的初始消费组合处，$MU_F/P_F = 4\text{util}/$美元，$MU_C/P_C = 3\text{util}/$美元。因此，约翰应当增加在食物上的支出，减少在衣服上的支出。

5.3 将两条个体需求曲线[见图(a)和图(b)]横向加总，得到需求曲线[见图(c)]。

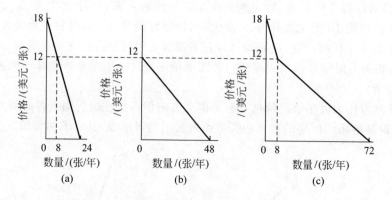

5.4 现在的消费者剩余等于新的阴影区域，为28美元/天。

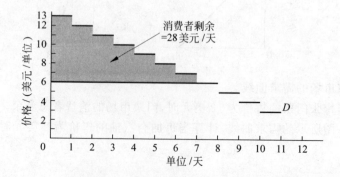

附录　无差异曲线

在本章正文中,我们说明了为什么理性支出原则是边际效用递减的自然结果。本附录我们引入无差异曲线的概念,以另一种方式说明理性支出原则。

与之前一样,我们首先假设消费者进入市场时有明确的偏好。在给定的价格下,他们的任务是分配收入,以最好地满足这些偏好。

完成该任务需要两个步骤:第一步是描述消费者可以购买的各种商品组合,该组合取决于他的收入水平和商品价格;第二步是从可行的组合中选择他喜欢的特定组合,这一步需要使用一些方法来描述他的偏好。我们从第一步开始,描述一组可能性。

预算约束

与之前一样,我们把讨论的重点放在一个把全部收入都用于购买巧克力冰激凌和香草冰激凌两种商品的消费者身上。我们用商品组合来描述这两种冰激凌的特定组合,以品脱/年为单位。因此,在图 5A.1 中,一种组合(组合 A)可能包括每年 5 品脱的巧克力冰激凌和 7 品脱的香草冰激凌,而另一种组合(组合 B)可能包括每年 3 品脱的巧克力冰激凌和 8 品脱的香草冰激凌。为了简单起见,我们可以用 (5,7) 来表示组合 A,用 (3,8) 来表示组合 B。更一般地,用 (C_0, V_0) 表示每年含有 C_0 品脱巧克力冰激凌和 V_0 品脱香草冰激凌的组合。按照惯例,任何商品组合中的第一个数字代表用横轴测量的商品。

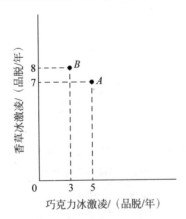

图 5A.1　两种商品的组合

组合 A 包括 5 品脱巧克力冰激凌和 7 品脱香草冰激凌。组合 B 包括 3 品脱巧克力冰激凌和 8 品脱香草冰激凌。

请注意,横轴与纵轴上的单位都是流量,即单位时间的数量为品脱/年。消费总是以流量来衡量的。标明时间维度很重要,因为没有时间维度就无法评估给定的消费量是大还是小。(假设你只知道香草冰激凌的消费量是 4 品脱。如果这是你每小时吃的量那就太多了,但如果这是你 10 年里吃的全部,那就不多了。)

假设消费者的年收入为 $M = 100$ 美元,而且都花在香草冰激凌和巧克力冰激凌上。

(请注意,收入也是流量。)进一步假设巧克力冰激凌和香草冰激凌的价格分别为 $P_C=5$ 美元/品脱和 $P_V=10$ 美元/品脱。如果把全部收入都花在巧克力冰激凌上,他可以购买 $M/P_C=(100\text{美元/年})/(5\text{美元/品脱})=20$ 品脱/年。也就是说,他每年可以购买 20 品脱巧克力冰激凌和 0 品脱香草冰激凌,表示为(20,0)。或者假设他把全部收入都花在香草冰激凌上,从而得到每年 $M/P_V=(100\text{美元/年})\div(10\text{美元/品脱})=10$ 品脱香草冰激凌和 0 品脱巧克力冰激凌的组合,表示为(0,10)。

在图 5A.2 中,这两种极端的情况分别记为 K 和 L。消费者还可以购买连接 K 点和 L 点的直线上的其他任何商品组合。例如,验证商品组合(12,4)是否位于这条直线上。这条直线被称为预算约束线,在图中标为 B。

注意,预算约束线的斜率是其纵截距除以横截距:$-(10\text{品脱/年})/(20\text{品脱/年})=-1/2$。

负号表示预算约束线向右下方倾斜,即斜率为负。更一般地说,如果 M 表示收入,P_C 和 P_V 分别表示巧克力冰激凌和香草冰激凌的价格,则横截距和纵截距分别为(M/P_C) 和 (M/P_V)。因此,预算约束线斜率的通用公式为$-(M/P_V)/(M/P_C)=-P_C/P_V$,即两种商品的价格比的负数。给定两种商品的价格,这是香草冰激凌与巧克力冰激凌的兑换比例。因此,在图 5A.2 中,1 品脱香草冰激凌可以兑换 2 品脱巧克力冰激凌。用第 1 章介绍的机会成本语言来表达,可以说额外 1 品脱巧克力冰激凌的机会成本是 $P_C/P_V=1/2$ 品脱香草冰激凌。

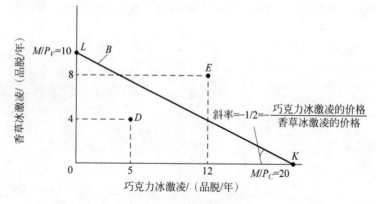

图 5A.2 预算约束线

线 B 描述了消费者在给定的收入和价格下可以购买的各种商品组合,其斜率是巧克力冰激凌的价格除以香草冰激凌的价格的负数。该斜率的绝对值是额外 1 品脱巧克力冰激凌的机会成本:以市场价格购买额外 1 品脱巧克力冰激凌所需放弃的香草冰激凌的数量。

除了可以购买位于预算约束线上的任意商品组合外,消费者还可以购买位于坐标轴与预算约束线所构成的预算三角形内的任意商品组合。D 就是图 5A.2 中的一个这样的商品组合。组合 D 的年成本是 65 美元,远低于消费者每年 100 美元的冰激凌预算。像 E 这样位于预算三角之外的商品组合(年成本 140 美元)则超出了消费者的预算。

若用 C 和 V 分别表示巧克力冰激凌和香草冰激凌的数量,则预算约束必须满足下式:

$$P_C C + P_V V = M \tag{5A.1}$$

即消费者每年在巧克力冰激凌上的支出($P_C C$)加上在香草冰激凌上的支出($P_V V$)应等于其年收入(M)。为了以通常用于表示直线公式的方式表示预算约束线,将式(5A.1)变形为

$$V = M/P_V - (P_C/P_V)C \tag{5A.2}$$

式(5A.2)给出了反映预算约束线的纵截距为M/P_V,斜率为$-P_C/P_V$的另一种方式。图5A.2中的预算约束方程为$V=10-(1/2)C$。

因收入或价格变化导致的预算约束线移动

价格变化

预算约束线的斜率和位置完全由消费者的收入及两种商品的价格决定。改变其中任何一个,都会让预算约束线发生变化。图5A.3显示了每品脱巧克力冰激凌的价格由$P_{C1}=5$美元上涨为$P_{C2}=10$美元的影响。由于消费者的预算和香草冰激凌的价格不变,预算约束线的纵截距保持不变。如图5A.3所示,巧克力冰激凌的价格上涨使预算约束线围绕纵截距向内旋转。

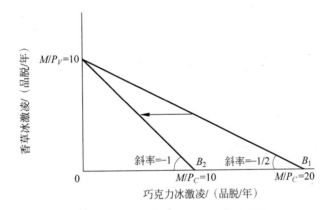

图 5A.3 巧克力冰激凌价格上涨的影响

巧克力冰激凌的价格上涨后,预算约束线的纵截距保持不变。预算约束线将围绕纵截距向内旋转。

注意:图5A.3中,虽然香草冰激凌的价格没有变化,新的预算约束线B_2不仅减少了消费者可以购买的巧克力冰激凌的数量,还减少了香草冰激凌的数量。[①]

> **练习 5A.1**

若每品脱巧克力冰激凌的价格从5美元降至4美元,说明图5A.3中预算约束线B_1受到的影响。

---

① 唯一的例外是在纵截距(0,10)处,该点同时位于初始的预算约束线和新的预算约束线上。

在练习5A.1中,可以看到香草冰激凌价格下降后,预算约束线的纵截距也保持不变,但预算约束线是向外旋转。注意在练习5A.1中,即使香草冰激凌的价格保持不变,新的预算约束下,消费者的购买组合中不仅包括更多的巧克力冰激凌而且包括更多的香草冰激凌,超出了他在原有预算约束下的承受能力。

练习 5A.2

若每品脱香草冰激凌的价格从10美元上涨至20美元,说明图5A.3中预算约束线B_1受到的影响。

练习5A.2说明当香草冰激凌的价格发生变化时,预算约束线会围绕横截距旋转。还要注意的是,尽管消费者的收入和巧克力冰激凌的价格保持不变,但新的预算约束不仅限制了他可以购买的香草冰激凌数量,还限制了他可以购买的巧克力冰激凌的数量。

当我们只改变一种商品的价格时,我们必然会改变预算约束线的斜率$-P_C/P_V$。如果我们以不同的比例改变两种商品的价格,情况也是如此。但正如练习5A.3将说明的那样,以完全相同的比例改变两种商品的价格会产生一条新的预算约束线,其斜率与原来的预算约束线相同。

练习 5A.3

若每品脱香草冰激凌的价格从10美元上涨至20美元,每品脱巧克力冰激凌的价格从5美元上涨至10美元,说明图5A.3中预算约束线B_1受到的影响。

练习5A.2说明当香草冰激凌的价格发生变化时,预算约束线会围绕横截距旋转。还要注意的是,尽管消费者的收入和巧克力冰激凌的价格保持不变,但新的预算约束不仅限制了他可以购买的香草冰激凌的数量,还限制了他可以购买的巧克力冰激凌的数量。

由练习5A.3可知,香草冰激凌和巧克力冰激凌价格翻倍的效果是将预算约束线向内移动,且与原来的预算约束线平行。这个练习的重要启示是,预算约束线的斜率只告诉我们相对价格,而不是绝对价格。当香草冰激凌和巧克力冰激凌的价格以相同的比例变化时,巧克力冰激凌相对于香草冰激凌的机会成本保持不变。

收入变化

收入变化的影响与所有商品的价格同比例变化的影响很相似。例如,假设消费者的年收入减少了一半,从100美元减少到50美元。他的预算约束线的横截距将从每年20品脱降至10品脱,纵截距将从每年10品脱降至5品脱,如图5A.4所示。因此,新的预算约束线B_2与原来的预算约束线B_1平行,斜率均为$-1/2$。就其对消费者购买能力的影响而言,将收入减半无异于将价格翻一番,这两个变化产生了完全相同的预算约束线。

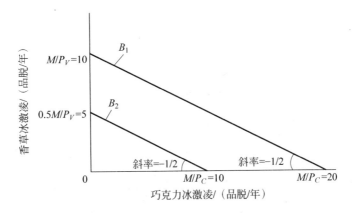

图 5A.4 收入减半的影响

横截距和纵截距都减少了一半。新的预算约束线与原来的预算约束线的截距相同,只是更接近原点。

练习 5A.4

若收入从每年 100 美元增加到 120 美元,说明图 5A.3 中预算约束线 B_1 受到的影响。

练习 5A.4 说明收入的增加使预算约束线向外平移。与收入减少时一样,预算约束线的斜率保持不变。

涉及两种以上商品的预算

到目前为止讨论的都是消费者只面临购买两种商品的情形。不用说,没有多少消费者会面临如此狭窄的选择。在最一般的形式中,消费者的预算问题可以被描述为不是两种而是 N 种商品之间的选择,其中 N 可以是一个无限大的数字。由于只有两种商品($N=2$),预算约束线是一条直线,正如我们在上面看到的。有三种商品($N=3$)时,是一个平面。有三种以上的商品时,预算约束线就变成了数学家所说的超平面,或多维平面。唯一的难题是从几何角度来描述这种多维情况,因为我们并不擅长将三维以上的面可视化。

19 世纪的经济学家阿尔弗雷德·马歇尔(Alfred Marshall)针对这个问题提出了一个非常简单的解决方案。他将消费者的选择视为一种特定商品(称为 X)和其他商品(称为 Y)的集合,后者被称为复合商品。我们可以将复合商品视为消费者购买商品 X 后剩余的收入。

为了说明这个概念是如何使用的,假设消费者的年收入为 M,X 的价格为 P_X。消费者的预算约束线如图 5A.5 所示。为了简单起见,将一单位复合商品的价格设为 1,因此如果消费者的收入都不用来购买 X,则他将能购买 M 单位的复合商品。也就是说,如果不购买 X,他将有 M 可用于购买其他商品。或者,如果他将所有收入用于购买 X,则他能购买的商品组合是 $(M/P_X, 0)$。由于 Y 的价格假定为 1,预算约束线的斜率为 $-P_X$。

如前所述,预算约束线给出了各种可支付价格下的商品组合。例如,如图 5A.5 所示,消费者可以购买 X_1 单位的 X 和 Y_1 单位的复合商品,也可以购买 X_2 单位的 X 和 Y_2

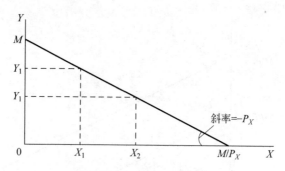

图 5A.5 复合商品的预算约束

纵轴度量每个月除 X 以外的其他所有商品的消费额。

单位的复合商品,或位于预算约束线上的任何其他组合。

简言之,预算约束线或可行集总结了消费者可以购买的商品组合,由收入和价格共同决定。给定可行的商品组合,消费者的任务是选择自己最喜欢的一个。为了确定商品组合,我们需要一些方法来总结消费者对所有可能的商品组合的偏好。接下来我们就讨论消费者偏好。

消费者偏好

为了简单起见,我们仍假设一个只有巧克力冰激凌和香草冰激凌两种商品的世界,并假设消费者可以根据自己的愿望或偏好对不同商品进行排序。假设消费者目前拥有图 5A.6 中位于 A 点的商品组合,即每年 6 品脱巧克力冰激凌和 4 品脱香草冰激凌。如果我们每年从该消费者处拿走 1 品脱巧克力冰激凌,则他的商品组合将位于 D 点,即每

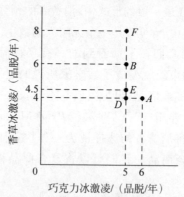

图 5A.6 商品组合的排序

这名消费者会更偏好 A 点而不是 D 点处的商品组合,因为 A 点处的商品组合比 D 点处的商品组合含有更多的巧克力冰激凌和同样多的香草冰激凌。假设他的偏好顺序是 A 点优于 E 点,F 点优于 A 点。这意味着在 E 点和 F 点之间一定有一点(如图中的 B 点)消费者对其的偏好与对 A 点的偏好相同。也就是说,该消费者觉得位于 A 点和 B 点的商品组合没有区别。如果从 A 点改为 B 点,每年增加 2 品脱香草冰激凌刚好可以弥补每年损失 1 品脱巧克力冰激凌的损失。消费者更偏好 F 点而不是 B 点,因为 F 点与 B 点相比有更多的香草冰激凌和同样多的巧克力冰激凌。出于同样的原因,他的偏好顺序是 B 点优于 E 点,E 点优于 D 点。

年只有 5 品脱巧克力冰激凌和 4 品脱香草冰激凌。可以假设这名消费者就像大多数人一样感觉比以前更糟,因为虽然 D 点的香草冰激凌与 A 点一样多,但巧克力冰激凌却减少了。我们可以多给他一些香草冰激凌来弥补。如果我们的目标是刚好弥补他的损失,需要给他多少额外的香草冰激凌?

假设我们从每年给他额外的 0.5 品脱香草冰激凌开始,这将使他转向图 5A.6 中 E 点处的商品组合。对于一些消费者来说,这可能足以弥补损失的 1 品脱巧克力冰激凌,尽管 E 点(每年 9.5 品脱)的冰激凌总量小于 A 点(每年 10 品脱)。事实上,真正喜欢香草冰激凌的消费者可能更偏好 E 点而不是 A 点。但我们假设该消费者仍然更偏好 A 点而不是 E 点。因此,为了完全弥补他损失的巧克力冰激凌,我们必须再给他 0.5 品脱以上的香草冰激凌。假设我们给他更多的香草冰激凌,如每年多给 4 品脱,从而使他移至图 5A.6 中的 F 点。我们假设他认为 F 点处每年额外的 4 品脱香草冰激凌足以弥补他失去的 1 品脱巧克力冰激凌。

该消费者更偏好 F 点而不是 A 点,更偏好 A 点而不是 E 点的事实告诉我们,为了刚好弥补其损失的 1 品脱巧克力冰激凌所需的额外香草冰激凌数量应位于每年 1.5 品脱(E 点的额外香草冰激凌数量)到 4 品脱(F 点的额外香草冰激凌数量)之间。为了便于讨论,假设我们再给他 2 品脱香草冰激凌,他会觉得得到了补偿。可以说,该消费者觉得图 5A.6 中位于 A 点和 B 点的商品组合没有区别。或者说,他对 A 点和 B 点的商品组合偏好相同,认为这两个商品组合是等价的。

现在假设仍从 A 点处的商品组合开始,但提出一个不同的问题:为了获得额外的 1 品脱巧克力冰激凌,消费者愿意牺牲多少香草冰激凌?这次让我们假设他的答案是刚好 1 品脱。因此,我们确定了与图 5A.7 中 A 点的偏好相同的另一个点,如 C 点。C 点的商品组合为(7,3)。消费者对 C 点的偏好与 B 点也相同(因为 C 点的偏好与 A 点相同,而 A 点的偏好与 B 点相同)。

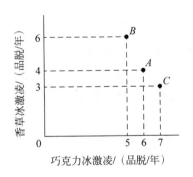

图 5A.7　偏好相同的商品组合

假设该消费者觉得 A 点和 C 点的商品组合没有区别。从 A 点移到 C 点,每年增加 1 品脱巧克力冰激凌刚好弥补了每年损失 1 品脱香草冰激凌的损失。既然他觉得 A 点和 B 点的商品组合没有区别,他一定也觉得 B 点和 C 点的商品组合没有区别。

如果我们继续生成消费者的偏好与 A 点相同的商品组合,将得到一条无差异曲线,即消费者觉得与初始的 A 点没有区别且彼此之间也没有区别的商品组合集。该商品组合集如图 5A.8 中的 IC_1 曲线所示。之所以称之为无差异曲线,是因为消费者认为位于该线上的所有商品组合都是无差异的。

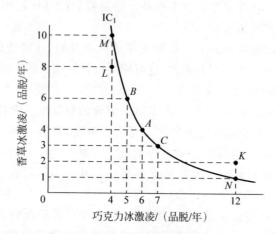

图 5A.8 无差异曲线

无差异曲线(如 IC_1)是消费者偏好相同的一组商品组合。位于无差异曲线上方的任何商品组合(如 K 点)的偏好都优于无差异曲线上的任何商品组合。同样,无差异曲线上的任何商品组合的偏好都优于位于无差异曲线下方的任何商品组合(如 L 点)。

我们还可以比较位于无差异曲线上的商品组合与位于无差异曲线上方或下方的商品组合中隐含的满意度。例如,比较 C 点(7,3)与 K 点(12,2),K 点比 C 点含有更少的香草冰激凌和更多的巧克力冰激凌。已知 C 点与 N 点(12,1)是无差异的,因为这两个商品组合位于同一条无差异曲线上。而 K 点的偏好优于 N 点,因为其巧克力冰激凌的数量与 N 点一样多,每年多 1 品脱香草冰激凌。既然 K 点的偏好优于 N 点,而 N 点和 C 点的偏好相同,K 点的偏好一定优于 C 点。

通过类似的推理,可以得出 A 点的偏好优于 L 点。A 点与 M 点是无差异的,M 点的偏好优于 L 点,因为其巧克力冰激凌的数量与 L 点一样多,每年多 2 品脱香草冰激凌。一般来说,位于无差异曲线上方的任何商品组合的偏好都优于无差异曲线上的任何商品组合。同样,无差异曲线上的任何商品组合的偏好都优于位于无差异曲线下方的任何商品组合。

我们可以用无差异曲线图表示消费者偏好的摘要,如图 5A.9 所示。这张无差异曲线图只展示了无限多条无差异曲线中的四条,这些曲线加在一起,可以完整地描述消费者的偏好。在无差异曲线图上向右上方移动时,连续的无差异曲线代表更高的满意度水平。如果我们想知道消费者如何对任何给定的商品组合进行排序,则只需比较它们所在的无差异曲线。例如,如图 5A.9 所示的无差异曲线图告诉我们,相对于 Y 点,消费者更偏好 Z 点,因为 Z 点(IC_3)位于比 Y 点(IC_2)更高的无差异曲线上。出于同样的原因,消费者对 Y 点的偏好优于 A 点,对 A 点的偏好优于 X 点。

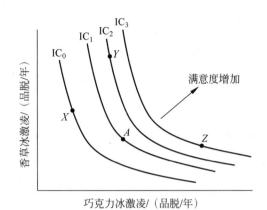

图 5A.9　无差异曲线图的局部

消费者的整个无差异曲线集称为消费者的无差异曲线图。任意一条无差异曲线上的商品组合的受欢迎程度都低于比其更高的无差异曲线上的商品组合,而高于比其更低的无差异曲线上的商品组合。因此,消费者对 Z 点的偏好优于 Y 点,对 Y 点的偏好优于 A 点,对 A 点的偏好优于 X 点。

商品之间的权衡

消费者偏好的一个重要特性是其愿意以一种商品交换另一种商品的比率。在无差异曲线上的任意一点,这一特性都由边际替代率(MRS),即该点处无差异曲线斜率的绝对值表示。例如,在图 5A.10 中,T 点的边际替代率由该点处无差异曲线切线斜率的绝对值,即 $\Delta V_T/\Delta C_T$ 的比值给出(符号 ΔV_T 表示"T 点处香草冰激凌数量的微小变化")。如果我们在 T 点处拿走消费者 ΔC_T 品脱的巧克力冰激凌,则必须给他 ΔV_T 品脱额外的香草冰激凌,才能使他的境况不变。如果 T 点处的边际替代率为 1.5,则意味着每年必须多给消费者 1.5 品脱香草冰激凌,才能弥补其每年 1 品脱巧克力冰激凌的损失。

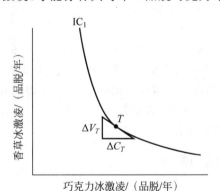

图 5A.10　边际替代率

无差异曲线上任意一点的 MRS 定义为该点处无差异曲线斜率的绝对值。这是消费者为了再得到 1 品脱巧克力冰激凌而愿意放弃的香草冰激凌的数量。

预算约束线的斜率告诉我们,在不改变总支出的情况下,我们可以用香草冰激凌替代巧克力冰激凌的比例;而 MRS 告诉我们,在不改变总满意度的情况下,我们可以用香草冰激凌替代巧克力冰激凌的比例。换句话说，预算约束线的斜率是巧克力冰激凌相对于香草冰激凌的边际成本，而 MRS 代表的是巧克力冰激凌相对于香草冰激凌的边际收益。

无差异曲线的一个共同(但不是普遍)特性是，消费者对一种商品拥有的越多，为了让他愿意放弃一单位另一种商品，必须给他越多的该商品。换句话说，沿着无差异曲线向右移动时，边际替代率通常会下降。因此，边际替代率递减的无差异曲线是凸向原点的或者说是向内弯曲的。与图 5A.11 中的无差异曲线一样，图 5A.8、图 5A.9 和图 5A.10 中的无差异曲线也都具有这种特性。无差异曲线的这一特性类似于本章正文中讨论的边际效用递减的概念。

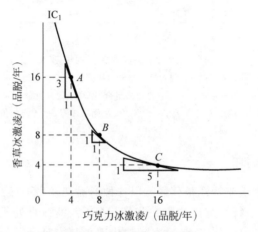

图 5A.11　边际替代率递减

消费者的香草冰激凌越多，为了多获得 1 品脱巧克力冰激凌他愿意放弃的香草冰激凌就越多。商品组合 A、B 和 C 的边际替代率分别为 3、1 和 1/5。

如图 5A.11 所示，在商品组合 A 中，香草冰激凌相对较多，消费者每年为了获得额外 1 品脱的巧克力冰激凌愿意放弃 3 品脱的香草冰激凌。他在 A 点处的边际替代率是 3。在商品组合 B 中，香草冰激凌和巧克力冰激凌的数量更为平衡，消费者每年为了获得额外 1 品脱的巧克力冰激凌只愿意放弃 1 品脱香草冰激凌。他在 B 点处的边际替代率是 1。而在商品组合 C 中，香草冰激凌相对稀缺，消费者每年需要获得额外 5 品脱的巧克力冰激凌才愿意放弃 1 品脱的香草冰激凌。他在 C 点处的边际替代率是 1。

直觉上，递减的边际替代率意味着消费者喜欢多样性。我们通常愿意放弃已经拥有很多的商品，以获得手头数量还很少的商品。

用无差异曲线描述偏好

我们用一个简单的例子来说明无差异曲线图是如何描述消费者偏好的。假设汤姆和玛丽都喜欢吃巧克力冰激凌和香草冰激凌，不过汤姆更喜欢吃巧克力冰激凌，而玛丽更喜欢吃香草冰激凌。图 5A.12 中无差异曲线的不同斜率反映了他们偏好的差异。在显示汤姆的无差异曲线图的左图中，他愿意用 3 品脱香草冰激凌换 1 品脱巧克力冰激凌；而在显示玛丽的无差异曲线图的右图中，她愿意用 3 品脱巧克力冰激凌换 1 品脱香草冰激凌。他们的偏好差异清楚地表现在香草冰激凌与巧克力冰激凌的边际替代率上。

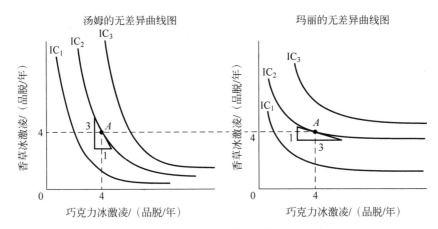

图 5A.12 口味不同的人

相对而言,汤姆更偏好巧克力冰激凌,玛丽更偏好香草冰激凌。这种差异表现为:在任何给定的商品组合中,汤姆用香草冰激凌替代巧克力冰激凌的边际替代率都大于玛丽。例如,在商品组合 A 中,汤姆为了得到额外 1 品脱巧克力冰激凌愿意放弃 3 品脱香草冰激凌,而玛丽为了得到额外 1 品脱香草冰激凌愿意放弃 3 品脱巧克力冰激凌。

最佳的可负担商品组合

现在我们已经有了确定消费者应该如何在两种商品之间分配收入所需的所有工具。无差异曲线图告诉我们各种商品组合是如何按偏好顺序排列的。预算约束则告诉我们哪些商品组合是可以负担的。消费者的任务是将二者结合在一起,选择最佳的可负担商品组合(正如第 1 章所述,我们不需要假设消费者在决定购买什么时明确考虑预算约束和无差异曲线图。人们不必用这些术语思考即可做出决定,就像会骑自行车的人不必知道相关的物理定律一样。)

我们仍以香草冰激凌和巧克力冰激凌之间的选择为例。消费者的年收入为 $M=100$ 美元,香草冰激凌和巧克力冰激凌的价格分别为 $P_V=10$ 美元/品脱和 $P_C=5$ 美元/品脱。图 5A.13 显示了该消费者的预算约束线和无差异曲线图的一部分。在图中标出的 5 个商品组合(A、D、E、F 和 G)中,G 是其最偏好的,因为它位于最高的无差异曲线上。然而,G 是消费者负担不起的,位于预算约束线上方的任何其他商品组合也都如此。一般来说,最佳的可负担商品组合是位于预算约束线上,而不是位于预算约束线下方的。(位于预算约束线下方的任何商品组合都不如位于其右上方的商品组合,而该处的商品组合也是消费者可以负担的。)

确切地说,预算约束线上最佳的可负担商品组合位于哪里?我们知道,它不可能位于部分居于预算约束线下方的无差异曲线上。例如,在无差异曲线 IC_1 上,最佳的可负担商品组合候选点只有位于预算约束线上的两个点,即 A 点和 E 点。但 A 点不可能是最佳的可负担商品组合,因为它的受偏好程度与 D 点相同,而 D 点的受偏好程度比不上 F 点。因此,A 点的受偏好程度也必定比不上 F 点。出于同样的原因,E 点也不是最佳的可负担商品组合。

由于最佳的可负担商品组合不可能位于部分处于预算约束线下方的无差异曲线上,

又由于该点必须位于预算约束线上,可知它必定位于与预算约束线相切的无差异曲线上。在图 5A.13 中,符合该条件的无差异曲线是 IC_2,最佳的可负担商品组合是 IC_2 与预算约束线的切点 F 点。在消费者收入为 100 美元,每品脱巧克力冰激凌和香草冰激凌的价格分别为 5 美元和 10 美元的条件下,其最佳选择是每年购买 4 品脱香草冰激凌和 12 品脱巧克力冰激凌。

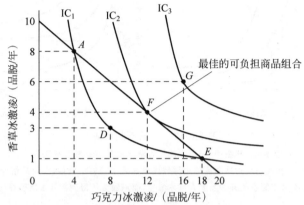

图 5A.13　最佳的可负担商品组合
消费者的最佳做法是选择预算约束线与最高的无差异曲线相交的点。
在图中就是 F 点,即无差异曲线与预算约束线的切点。

　　从直觉来看,选择 F 点是很合理的。毕竟,考虑到预算约束,消费者的目标是达到自己所能达到的最高的无差异曲线。他的策略是不断向更高的无差异曲线移动,直到达到仍然可以承受的最高的无差异曲线。对于类似图 5A.13 这样存在切点的无差异曲线图,最佳的商品组合总是位于切点处。(关于不存在切线的示例,请参见练习题 6。)

　　在图 5A.13 中,F 点处的边际替代率刚好等于预算约束线斜率的绝对值。当最佳的可负担商品组合位于切点时,情况总是如此。因此,在这种情况下必须满足的条件为

$$\mathrm{MRS} = P_C/P_V \tag{5A.3}$$

　　在无差异曲线框架中,式(5A.3)与本章正文中介绍的理性支出原则相对应。式(5A.3)的右边代表巧克力冰激凌相对于香草冰激凌的机会成本。因此,如果 $P_C=5$ 美元/品脱,$P_V=10$ 美元/品脱,则额外 1 品脱巧克力冰激凌的机会成本是 0.5 品脱香草冰激凌。式(5A.3)的左边是 $|\Delta V/\Delta C|$,即无差异曲线在切点处的斜率的绝对值。这是消费者为了完全补偿失去 1 品脱巧克力冰激凌所需的额外的香草冰激凌的数量。用第 1 章讨论的成本效益分析时所用的语言,预算约束线的斜率代表巧克力冰激凌相对于香草冰激凌的机会成本,而无差异曲线的斜率代表消费巧克力冰激凌相对于消费香草冰激凌的好处。由于本例中预算约束线的斜率为 $-1/2$,因此需要 0.5 品脱香草冰激凌来补偿因损失 1 品脱巧克力冰激凌而放弃的益处。

　　如果消费者的商品组合在预算约束线和无差异曲线上的斜率不同,则他总是有可能买到更好的商品组合。为了说明原因,假设他选择的商品组合位于无差异曲线斜率(绝对值)小于预算约束斜率的点,如图 5A.13 中的 E 点。假设 E 点的边际替代率仅为 $1/4$。也就是说,消费者额外获得 $1/4$ 品脱的香草冰激凌即可补偿 1 品脱巧克力冰激凌的损失。

但由预算约束线的斜率可知,放弃 1 品脱巧克力冰激凌,消费者可以多购买 0.5 品脱香草冰激凌。由于这比保持消费者满意度不变所需多出 1/4 品脱,而他购买的香草冰激凌和巧克力冰激凌比 E 点的多,显然他的境况会更好。额外 1 品脱香草冰激凌的机会成本低于它所带来的好处。

练习 5A.5

假设图 5A.13 中 A 点的边际替代率为 1。这意味着如果消费者购买的香草冰激凌比 A 点少而购买的巧克力冰激凌比 A 点多,则他的境况会更好。

练习题

1. 假设某消费者的月收入为 $M=1\,200$ 美元,所有这些钱他都花在了公寓的租金和在餐厅用餐上。如果在餐厅用餐的价格为每次 12 美元而公寓的月租金为每平方英尺① 3 美元,绘制该消费者的预算约束线,用纵轴描述他每月在餐厅用餐的次数,用横轴描述他的公寓面积。商品组合(300 平方英尺/月,50 次/月)是他能够负担的吗?

2. 如果餐厅用餐价格降至 8 美元,说明练习题 1 中的预算约束线会有何变化。商品组合(300 平方英尺/月,50 次/月)是他能够负担的吗?

3. 如果公寓的月租金降至每平方英尺 2 美元,练习题 2 中的预算约束线会发生什么变化?商品组合(300 平方英尺/月,50 次/月)是他能够负担的吗?

4. 发生通货膨胀后,价格和收入通常每年以大约相同的速度增长。如果消费者的收入增加了 10%,餐厅用餐的价格和公寓租金也增加了 10%,那么练习题 1 中的预算约束线会发生什么变化?消费者是否受到通货膨胀的影响?

5. 消费者将所有收入都花在两种商品(X 和 Y)上。在如下所示的无差异曲线图的各点中,指出哪些点处的商品组合是可负担的,哪些是不可负担的。说明从最偏好到最不偏好,消费者会如何对这些商品组合进行排序。找出最佳的可负担商品组合。

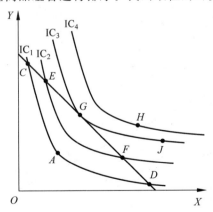

---

① 1 平方英尺=0.0929 平方米。

6. 消费者将所有收入都花在两种商品（X 和 Y）上。由消费者的收入及 X 和 Y 的价格可知其预算约束线是如下所示的 AF 线。在无差异曲线图中找出哪一点处的商品组合是最佳的可负担商品组合。（提示：本题没有切线解。）

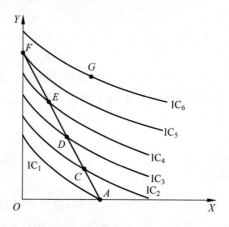

附录中练习题的答案

5A.1

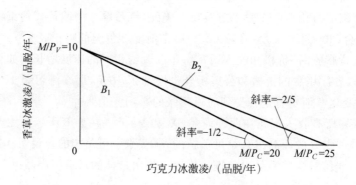

5A.2

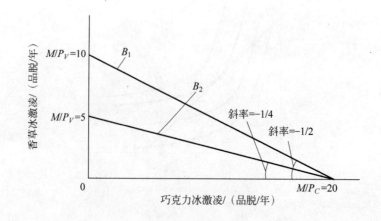

5A.3

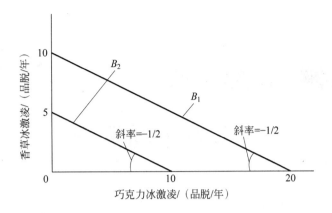

5A.4

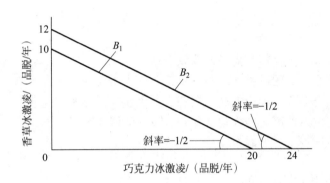

5A.5 在 A 点,消费者为了获得额外的 1 品脱巧克力冰激凌愿意放弃 1 品脱香草冰激凌。但以市场价格计算,他只需放弃 0.5 品脱香草冰激凌就可以多买 1 品脱巧克力冰激凌。因此,如果消费者少买 1 品脱香草冰激凌,多买 2 品脱巧克力冰激凌,他的境况会比 A 点好。

第 6 章

完全竞争的供给

学习目标

学完本章后,你应该能够:
1. 解释机会成本如何与供给曲线相联系。
2. 讨论单个企业的供给曲线与整个行业的供给曲线之间的联系。
3. 找出完全竞争企业短期和长期利润最大化的产品水平与利润。
4. 把决定供给的因素与影响个体企业成本的因素联系起来。
5. 定义并计算生产者剩余。

20世纪70年代,装配一辆汽车需要花费50多个小时,如今完成这一任务所需的时间则不到8个小时。类似的生产率增长也出现在其他很多生产性行业。与此形成鲜明对比的是,在许多服务性行业,生产率增长的速度非常缓慢。例如,英国伦敦交响乐团现在演奏贝多芬第五交响曲所需的音乐家人数和1850年所需的人数大体相当。理发师修剪头发的时间也仍然维持在半个小时左右,与以前持平。

随着生产性行业工人生产率的显著提高,20世纪他们的实际工资顺理成章地增长了5倍。但是,为什么服务性行业工人的实际工资也出现了同幅度的上涨?如果理发师和音乐家并没有比19世纪末20世纪初更多产,为什么他们现在的报酬会比原来增加5倍?

答案在于"机会成本":某人从事一项职业的机会成本是他从事其他职业所能获得的最高收入。大多数理发师或者音乐家都可以选择改行,从事生产性行业的工作。如果服务性行业的工人所获得的报酬没有其他职业的工人所能获得的报酬高,那么他们中的很多人将不愿继续在服务性行业就业。

生产性和服务性行业的工资轨迹揭示了市场上待售产品、服务的价格与生产这些产品、服务所需资源的机会成本之间的内在联系。

在上一章,我们曾分析过,需求曲线反映不同价格下买方愿意购买的产品数量,本章我们的任务是揭示影响供给曲线的因素。供给曲线反映不同价格下供给者愿意出售的产品数量。

虽然市场的买方和卖方在某些方面存在区别，但是这些区别都只是表面的。事实上，买方和卖方的行为在本质上是相同的。毕竟，这两大群体所面临的是相似的问题——从买方来看，"我是否应该再买一单位产品？"从卖方来看，"我是否应该再卖一单位产品？"而且，买方和卖方都用相同的理念来回答这些问题：如果收益超过成本，理性的消费者将会选择多买一单位产品；如果制造成本低于出售所得的额外收入，理性的生产者将会多卖一单位产品（这是大家非常熟悉的成本-收益原理）。

考虑供给：机会成本的重要性

你所居住的州是否给饮料罐回收者提供一定的补偿？如果是，你将发现一些人总是回收用过的饮料罐，而其他人则放弃了这一机会，让别人来回收自己用过的饮料罐。回收饮料罐是一项服务，其生产过程所遵循的逻辑与其他产品或服务相同。正如下面的回收案例所揭示的，某种产品或服务的供给曲线完全取决于个体是否选择生产。

例 6.1　机会成本和供给

宇志在回收饮料罐上花费了多少时间？

宇志在两种工作之间进行选择：其一，餐厅的洗碗工，每小时的报酬为 6 美元；其二，收集饮料罐，该工作的报酬取决于每个饮料罐的回收价格及他所能收集的饮料罐个数。假设不考虑收入因素，宇志对这两种工作态度中立。他能找到的饮料罐个数取决于每天搜寻的时间，具体关系如下表所示。

搜寻时间/（小时/天）	找到的饮料罐总数	每小时所能找到的额外的饮料罐个数
0	0	
		600
1	600	
		400
2	1 000	
		300
3	1 300	
		200
4	1 500	
		100
5	1 600	

如果每个饮料罐的回收价为 2 美分，宇志应当花多少时间搜寻饮料罐？

对于宇志而言，他每花 1 小时搜寻饮料罐，相应地就损失了做一名洗碗工所能获得的 6 美元，这就是他每小时选择搜寻饮料罐的机会成本。每小时搜寻饮料罐获得的收益等于每小时所能找到的额外的饮料罐个数（表中第三列）乘以单位饮料罐的回收价格。因为每个饮料罐的回收价格为 2 美分，所以他花费在搜寻饮料罐上的第 1 个小时将获得 600×0.02 美元=12 美元的收入，比做洗碗工所能获得的收入（6 美元）多 6 美元。

因此，根据成本-收益原理，宇志每天会将第 1 个小时用于搜寻饮料罐，而非洗碗。同理，他搜寻饮料罐的第 2 个小时将能发现 400 个饮料罐，获得 8 美元的额外收入，因此也满足成本-收益原理。搜寻饮料罐的第 3 个小时将能发现 300 个饮料罐，得到 300×0.02 美元 = 6 美元额外收入，恰好与做洗碗工所得的收入相等，因此宇志既可能选择将第 3 个小时用于搜寻饮料罐，也可能选择洗碗。但是，为了方便讨论，我们假设宇志更喜欢搜寻饮料罐，他每天将会花 3 个小时搜寻饮料罐。

使宇志每天花费至少 1 个小时回收饮料罐的最低回收价应当是多少？因为在第 1 个小时他能找到 600 个饮料罐，所以每个饮料罐 1 美分的回收价格就能使其获得 6 美元收入，这笔收入刚好等于其机会成本。更普遍地，如果回收价格为 p，此后 1 个小时他所能找到的额外的饮料罐个数为 ΔQ，那么宇志在这 1 个小时内所能获得的额外收入将是 $p(\Delta Q)$。使宇志花费这 1 个小时搜寻饮料罐的最低回收价格必须满足公式：

$$p(\Delta Q) = 6 \text{ 美元} \tag{6.1}$$

使宇志花费第 2 个小时搜寻饮料罐的回收价格应当是多少？如果他花费第 2 个小时搜寻，将能发现 $\Delta Q = 400$ 个饮料罐，使他选择搜寻的最低回收价格必须满足 $p(400) = 6$ 美元，即 $p = 1.5$ 美分。

练习 6.1

在例 6.1 中，计算使宇志花费第 3 个小时、第 4 个小时、第 5 个小时搜寻饮料罐所需的最低回收价格。

通过搜寻饮料罐，宇志成为回收饮料罐服务的供给者。在练习 6.1 中，我们通过计算得出宇志对第 3 个小时、第 4 个小时、第 5 个小时搜寻饮料罐所持的保留价格分别为 2 美分、3 美分和 6 美分。有了这些保留价格，我们可以画出回收饮料罐服务的供给曲线。这一曲线纵轴所对应的是单位饮料罐的回收价格，横轴所对应的是每天回收的饮料罐个数，如图 6.1 所示。宇志在回收饮料罐服务上的个人供给曲线揭示了不同回收价格下他所愿意回收的饮料罐个数。

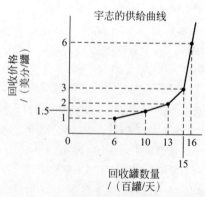

图 6.1 回收服务的个体供给曲线

当回收价格上升时，放弃其他事务而将更多时间用于搜寻饮料罐变得更有吸引力。

与我们在第 3 章中所看到的曲线非常相似,图 6.1 中的供给曲线向上倾斜。虽然这个一般性规则偶尔也有例外,但是绝大多数产品的卖主都倾向于在更高的价格水平下提供更多的数量。

个体供给曲线和市场供给曲线

对于一种产品而言,其个体供给曲线和市场供给曲线之间的关系与个体需求曲线和市场需求曲线之间的关系非常相似。市场需求曲线上任意一个价格所对应的数量等于在该价格下市场上所有个体买主的需求量之和。同理,市场供给曲线上任意一个价格所对应的数量等于在该价格下市场上所有个体卖主的供给量之和。

例如,假设回收服务市场的供给方仅由宇志及其双胞胎弟弟尤希(其供给曲线与宇志相同)两人组成。为了得到市场供给曲线,首先,我们将个体供给曲线并排列出,如图 6.2(a)和图 6.2(b)所示。然后,我们选取某个价格,将该价格水平下的个体供给量相加得到整个市场的供给总量。在每个饮料罐 3 美分的价格下,宇志和尤希每天都愿意回收 1 500 个饮料罐,因此该价格下市场的总供给量为 3 000 个饮料罐。对其他价格采取相同的做法,即可得到市场供给曲线,如图 6.2(c)所示。这与我们在上一章通过个体需求曲线得到市场需求曲线的过程有着相同之处,都采取了横向加总的办法。

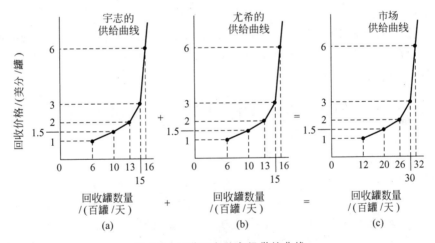

图 6.2 回收服务的市场供给曲线

为了从个体供给曲线[图 6.2(a)和图 6.2(b)]得到市场供给曲线[图 6.2(c)],我们将个体供给曲线横向加总。

相反,如果市场上有很多供给者,他们的供给曲线与宇志相同,那么要得到市场供给曲线非常简单,只需将个体供给曲线上的每一个数量乘以供给者数量。例如,图 6.3 表示的就是由 1 000 个类似宇志的供给者所组成的市场供给曲线。

为什么个体供给曲线是向上倾斜的? 一种解释是机会成本递增原理,或者低果先摘原理。饮料罐回收者应当会先搜寻那些最容易发现的饮料罐,比如那些在附近且比较显眼的饮料罐。当回收价格上升时,他们会选择去更远的地方寻找饮料罐,虽然这样做的成本增加了,但是较高的回收价格能够对此给予补偿。

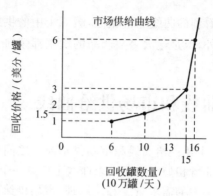

图 6.3　拥有 1 000 个相同卖主的市场供给曲线
为了得到拥有 1 000 个相同卖主的市场的供给曲线,我们只需将个体供给曲线上的数量乘以 1 000。

如果所有的个体都拥有相同的向上倾斜的供给曲线,那么市场供给曲线也将向上倾斜。但是,市场供给曲线之所以向上倾斜还有另一个重要原因:一般而言,个体供给者提供产品的机会成本不尽相同(机会成本递增原理不仅适用于每个个体搜寻者,还适用于不同的个体之间)。因此,那些没有其他更诱人的工作机会的人在回收价格较低的时候仍可能愿意回收饮料罐,而那些拥有较好的工作机会的人则只在回收价格较高的时候才会愿意回收饮料罐。

总之,供给曲线向上倾斜反映了当生产者扩大生产规模时成本趋于上升的事实,而成本之所以上升一方面是因为每个个体都会首选从事最诱人的工作,另一方面是因为不同的卖主面临不同的机会成本。

 ## 完全竞争市场中追求利润最大化的企业

为了充分理解某种产品的供给曲线的性质,我们必须对提供该产品的组织的目标及其运行的经济环境类型进行考察。事实上在每种经济中,产品与服务都是由一系列追逐不同目标的组织提供的。红十字会提供血浆是因为其组织者和捐赠者希望帮助那些有困难的人;地方政府修补道路上的坑洼是因为市长在竞选时做出了这样的承诺;卡拉OK的歌手进行表演是因为他们喜欢吸引公众的注意;洗车工人选择这份工作是因为他们要靠工作所得来支付房租。

利润最大化

尽管上面列举了一系列丰富的组织目标,但是在市场经济中出售的大多数产品与服务是由那些以追求**利润**为存在目标的企业提供的。企业的利润是产品销售收入与其生产成本之间的差额。

所谓**利润最大化**的企业是指以最大化利润为首要目标的企业。经济学家在经典的供给和需求理论中所使用的供给曲线就是基于"完全竞争市场中,产品都是由利润最大化的企业提供的"这一假设得到的。在**完全竞争市场**中,个体企业无法影响其出售的产品的市场价格。由于无法影响市场价格，完全竞争市场中的企业通常被描述为**价格接受者**。

完全竞争市场的特征通常用下列四个条件来描述：

1. **所有企业都出售相同标准的产品**。虽然现实世界中这一条件很难严格满足，但是很多市场已经近似具有这样的特征，如特定尺寸的混凝土预制板市场，或者特定种类的苹果市场。这一条件意味着如果买主能以更低的价格获得产品，他们将会从一个卖主转换到另一个卖主。

2. **市场上有很多买主和卖主，每个参与者的购买量或者销量都只占总交易量的很小一部分**。这一条件意味着个体买主和卖主都是价格接受者，他们无法控制产品的市场价格，只能将其当作固定值。例如，单个农民减少小麦种植面积的决定将不会对小麦的市场价格产生影响，正如个体消费者选择成为素食主义者的决定不会对牛肉价格产生影响一样。

3. **生产性资源是流动的**。这一条件意味着如果潜在卖主发现了市场中的一个盈利机会，他将能非常轻松地获得进入该市场所需的劳动力、资本和其他生产性资源。同理，如果卖主对目前市场上的商业机会不甚满意，他们也能非常自由地离开该市场，将其资源租赁给其他生产者。

4. **买主和卖主拥有完全的信息**。这一条件意味着买主和卖主知道可供其选择的所有相关机会。如果这一条件不成立，买主将无法搜寻定价最低的卖主，而卖主也无法在市场上合理配置其资源以实现利润最大化。

小麦的市场非常近似于完全竞争市场。台式机操作系统市场则不然，在该市场上，超过90%的台式机操作系统是由微软出售的，微软对产品的市场价格拥有巨大的影响力。例如，如果它将最新版本的Windows提价20%，那么一些消费者可能会转而购买macOS或Linux，还有一些消费者可能会推迟升级系统，但是更多的消费者将会继续购买该产品。

与此形成鲜明对比的是，如果某个个体小麦种植户将每蒲式耳[①]小麦的售价在市场价格的基础上提高几美分，那么没有消费者会购买他的产品。而在市场价格下该种植户可以出售任意数量的产品，因此显然他也没有任何理由降价。

完全竞争企业所面临的需求曲线

从完全竞争市场上的个体企业的角度来看，其面临的产品需求曲线是什么样的？因为企业可以在现行市场价格下出售任意数量的产品，即消费者在现行价格下可以购买企业任意数量的产品，所以产品的需求曲线在市场价格处具有完全弹性。图6.4(a)表示的是市场需求曲线与供给曲线相交决定市场价格P_0。图6.4(b)表示的是该市场上任意一个个体企业所面临的产品需求曲线——一条通过市场价格P_0的水平直线。

经典的供求模型所推导出的很多结论对于**非完全竞争企业**（像微软一样拥有一定调价能力的企业）同样适用，但是也有一些结论无法照搬到这类企业中。我们将在第8章对这类企业的行为进行更细致的研究。

由于完全竞争企业无法控制产品的市场价格，因此它不必考虑定价的问题。正如我们在图6.4中所看到的，竞争市场上的均衡市场价格是由行业供给曲线与需求曲线相交

---

① 1蒲式耳=36.3688升。

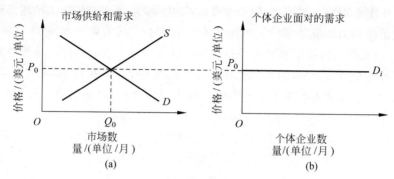

图 6.4 完全竞争企业所面临的需求曲线
市场需求曲线与供给曲线相交决定了产品的市场价格(a)。个体企业所面临的需求曲线 D_i 是一条通过市场价格的水平直线(b)。

决定的。完全竞争企业所面临的挑战就是选择该价格下实现利润最大化的产出水平。下面我们将考察竞争性企业如何应对这一挑战。在分析过程中我们将会看到一些成本比另一些成本更重要。

短期生产

为了更深入地理解供给曲线的起源,考察一家需要决定要生产多少产品的完全竞争企业将很有帮助。我们以一家生产玻璃瓶的小公司为例。简单起见,假设制造玻璃瓶所需的硅可以从公司附近的沙漠地区免费获得,公司的生产成本只包括支付给雇员的工资及机器(用于制造玻璃)的租金。雇员和机器是企业的两大**生产要素**——用于生产产品与服务的投入品。在其他一些更复杂的情况下,生产要素还可能包括土地、建筑物、企业家等,但是此例中我们只考虑劳动力和资本两项要素。

当提到**短期**这个概念时,我们指的是企业至少有一些生产要素无法改变的时间周期。对于这家制瓶企业而言,我们假设雇员人数可以在短期内改变,但是用于制瓶的机器的生产能力却只能在比较长的时间内改变。因此,对于该企业而言,短期指的是企业无法改变其制瓶机器的生产能力的时间周期。与此相反,当提到**长期**这一概念时,我们指的则是充分长的、使企业的所有生产要素都可变的时间周期。

表 6.1 显示的是玻璃瓶的产量与每天参与工作的雇员人数之间的关系。这种关系体现了生产过程中的一个普遍原则:每当我们增加一个额外的劳动力时,产出随之增加,但是在某一点之后额外一单位劳动力所带来的产出增加额开始减少。例如,注意表中的右边一栏,从第三名雇员开始,产出增加额开始减少。经济学家把这种原则称为**边际收益递减法则**,适用于至少有一些生产要素固定不变的情形。

> **边际收益递减法则**:当一些生产要素固定时,产品产量实现某一幅度的增加最终需要可变要素更大幅度的增加。

在这个例子中,**固定要素**是制瓶的机器,**可变要素**是劳动力,边际收益递减法则指的是劳动力的连续增加最终使玻璃瓶产量的增加额越来越小(严格地说,这一法则应该被称为边际收益最终递减法则,因为可变要素增加时,产出增加额最初很可能是上升的)。

一般而言,由于增加的额外可变投入品会出现某些形式的拥堵,因此将最终导致收益增加额减少。例如,一个拥有三位秘书和一台计算机的办公室,与只有一位秘书和一台计算机的办公室相比,我们可以预见前者每小时打印的书信不可能是后者的3倍,因为同一时间只能有一个人使用这台唯一的计算机。

表 6.1 制瓶企业的雇员人数与产出

雇员总数/(人/天)	玻璃瓶总产量/(个/天)	雇员总数/(人/天)	玻璃瓶总产量/(个/天)
0	0	4	300
1	80	5	330
2	200	6	350
3	260	7	362

一些重要的成本概念

假设对于表 6.1 所描述的制瓶企业而言,制瓶机器每天的租金为 40 美元,无论企业是否生产这笔钱都必须支付。这笔费用既是一项固定成本(因为它不取决于企业每天生产的玻璃瓶数量),同时,从租赁的持续时间来看,它也是一项沉没成本。表 6.2 第 3 列刻画的就是这项固定成本,而前两列对应的则是表 6.1 中的雇员人数和产出数量。

表 6.2 玻璃瓶生产的固定成本、可变成本和总成本

雇员人数/(人/天)	玻璃瓶产量/(个/天)	固定成本/(美元/天)	可变成本/(美元/天)	总成本/(美元/天)	边际成本/(美元/个)
0	0	40	0	40	
					0.15
1	80	40	12	52	
					0.10
2	200	40	24	64	
					0.20
3	260	40	36	76	
					0.30
4	300	40	48	88	
					0.40
5	330	40	60	100	
					0.60
6	350	40	72	112	
					1.00
7	362	40	84	124	

企业支付给雇员的工资是**可变成本**,因为与固定成本不同,它会随企业生产的玻璃瓶数量而变化,如表 6.2 第 4 列所示。例如,每天生产 200 个玻璃瓶的可变成本为 24 美元。第 5 列显示的是企业的**总成本**,它等于固定成本与可变成本之和。最后,第 6 列显示的是企业的**边际成本**,它度量了产出变化时总成本的变化情况。具体而言,边际成本被定义为总成本变化与相应的产出变化之商。例如,当企业的产量从每天 80 个玻璃瓶增加为 200

个玻璃瓶时,总成本上升了12美元,于是其边际成本为(12美元/天)/(120瓶/天)＝0.1美元/瓶。为了强调边际成本是数量变化时总成本的变化量,我们把边际成本置于相应的两个数之间。

选择实现利润最大化的产出量

在下面的例子和练习中,我们将就"企业产出决策如何取决于玻璃瓶的价格、工资和资本成本"这一问题展开探讨。我们再次先假定企业的基本目标是实现利润最大化。利润来自生产和销售玻璃瓶过程中获得的收益,即总收益减去总成本的所得。

$$利润 = 总收益 - 总成本$$
$$= 总收益 - 可变成本 - 固定成本 \quad (6.2)$$

例6.2 利润最大化产出水平

如果每个玻璃瓶的售价为35美分,那么表6.2所描述的企业每天应生产多少玻璃瓶?

要回答这一问题,我们只需就"企业是否应提高产出水平?"简单地应用成本-收益原理。如果企业的目标是利润最大化,那么该问题的答案就是:企业应当扩大产出规模直至边际收益等于边际成本。因为完全竞争企业能够在市场价格0.35美元/瓶下出售任意数量的产品,所以其出售额外一个玻璃瓶所能获得的边际收益为0.35美元。将此边际收益与表6.2所示的边际成本列进行比较,我们发现企业将会扩大产出规模直至达到300个玻璃瓶(4名雇员/天)。如果产出水平继续增加,企业雇用5名雇员,那么边际成本(0.4美元/瓶)将超过边际收益。

为了证实运用成本-收益原理得出的上述实现利润最大化的产出数量,我们可以直接计算利润,如表6.3所示。该表的第3列显示的是企业从玻璃瓶销售中获得的收入,它等于每天生产的玻璃瓶数量乘以0.35美元。例如,第3列第3行所对应的企业总收入等于200×0.35＝70美元/天。第5列显示的是企业的每日总利润,它等于企业的总收入(第3列)与总成本(第4列)之差。注意,第5列中的最大利润为17美元/天,它对应的产出量为300瓶/天,这与我们之前用成本-收益原理得出的结论是一致的。

表6.3 产出、收入、成本和利润

雇员人数/(人/天)	产出/(个/天)	总收入/(美元/天)	总成本/(美元/天)	利润/(美元/天)
0	0	0	40	−40
1	80	28	52	−24
2	200	70	64	6
3	260	91	76	15
4	300	105	88	17
5	330	115.50	100	15.50
6	350	122.50	112	10.50
7	362	126.70	124	2.70

正如下面的练习所揭示的,产品价格上升将使企业的利润最大化产出水平增加。

练习6.2

如果产品的售价为62美分/个,玻璃瓶的利润最大化产出水平将有何变化?

下面的练习揭示的是,工资率的下降将导致边际成本下降,从而使企业的利润最大化产出水平增加。

练习 6.3

如果雇员的工资为 6 美元/天,产品的售价为 62 美分/个,例 6.2 中玻璃瓶的利润最大化产出水平将有何变化?

假设例 6.2 中企业的固定成本不是 40 美元/天,而是 45 美元/天。这将对企业的利润最大化产出水平产生什么影响?答案是"没有任何影响"。虽然表 6.3 利润列中的每一格数值都将会减少 5 美元/天,但是利润最大化的产出水平仍然是 300 个/天。

利润最大化时的产量与固定成本无关这一现象并不是本例所特有的,而是恒成立的。根据成本-收益原理,企业只在边际收益超过边际成本时才会增加产出,而扩大产出时的边际收益(玻璃瓶的市场价格)与边际成本根本不受企业固定成本的影响。

当边际收益递减原则适用的时候(生产的某些因素固定时),随着企业扩大生产,到达某一点后,边际成本会上升,在这种情况下,企业的最佳选择是只要边际成本小于价格,那么就一直扩大产出。

注意例 6.2,如果企业每天的固定成本超过 57 美元,那么它在每个可能的产出水平下都将承受损失。尽管如此,它最好的选择仍然是继续每天生产 300 个玻璃瓶。毕竟,承受小损失比大损失要好。如果企业预计下一阶段的情形维持不变,继续亏损,在设备租赁期满时它将选择退出玻璃瓶行业。

企业停工的条件

从前面的说明来看,一个能出售任意数量产品的企业在价格等于边际成本时生产和出售产品在短期似乎总是最好的选择,但是这一规则也有例外。例如,假设企业生产的产品价格非常低,以至于在所有可能的产出水平下其销售收入都比可变成本低,那么该企业应当立即停止生产。如果停工,企业承受的损失将等于固定成本;但是如果继续运营,它将会承受更大的损失。

更正式地,如果用 P 表示产品的市场价格,用 Q 表示企业生产和出售的产品数量,那么 $P \cdot Q$ 就是企业的销售总收入。如果用 VC 表示企业的可变成本,那么上面的规则可以表述为:短期内,当每个产出水平 Q 下的 $P \cdot Q$ 都比 VC 小时,企业应当停产,即

短期停产条件:对所有的产出水平 Q,
$$P \cdot Q < \text{VC} \tag{6.3}$$

练习 6.4

仍以制瓶企业为例。假设玻璃瓶的售价不是 0.35 美元而是 0.1 美元。参照表 6.3,计算对应于每个产出水平的利润,并证明对于该企业而言,最好的选择是在短期内停止运营。

平均可变成本和平均总成本

假设该企业在任何产出水平下都无法收回其可变成本,即对所有的产出水平 Q 都有 $P \cdot Q < VC$。将不等式两边同时除以 Q,得到:$P < VC/Q$。VC/Q 是企业的**平均可变成本**——可变成本与产出之商。因此,企业的短期停产条件还可以用第二种方式重新表述:短期内如果产品价格小于最低可变成本(AVC),那么企业应当选择停止运营。因此

短期停产条件(另一种等价表述):$P < AVC$ 的最小值。 (6.4)

正如我们在下一部分将看到的,这种表述形式的停产条件相对于前一种表述形式而言更直观,有利于我们直接判断企业是否应当继续运营。

另一个用于评价企业盈利情况的成本概念是**平均总成本**(ATC),即总成本(TC)与产出(Q)之商:$ATC = TC/Q$。如前所述,企业的利润等于其总收入($P \cdot Q$)与总成本之间的差额,而总成本又等于平均总成本乘以产出量,所以企业的利润也等于($P \cdot Q$)$-$($ATC \cdot Q$)。如果收入($P \cdot Q$)超过总成本($ATC \cdot Q$),那么企业处于**盈利**状态。因此,只有在某些产出水平下产品价格(P)超过(ATC)时,企业才会盈利。

了解这些成本概念的过程似乎有些枯燥。但是在下一节,我们将看到这样做的益处,它使我们能从简单的图形框架中判断企业的利润最大化决策。

利润最大化的图形化解法

表 6.4 第 4 列和第 6 列给出了讨论对象——制瓶企业的平均可变成本和平均总成本。我们用这些信息画出企业的平均总成本、平均可变成本及边际成本曲线,如图 6.5 所示(因为边际成本是在两个产出水平之间变化时所对应的总成本的变化,所以表 6.4 中的每个边际成本值都被置于相应的两个产出水平之间)。

表 6.4 生产玻璃瓶的平均可变成本和平均总成本

雇员/(人/天)	玻璃瓶产量/(个/天)	可变成本/(美元/天)	平均可变成本/(美元/单位产出)	总成本/(美元/天)	平均总成本/(美元/单位产出)	边际成本/(美元/个)
0	0	0		40		
						0.15
1	80	12	0.150	52	0.650	
						0.10
2	200	24	0.120	64	0.320	
						0.20
3	260	36	0.138	76	0.292	
						0.30
4	300	48	0.160	88	0.293	
						0.40
5	330	60	0.182	100	0.303	
						0.60
6	350	72	0.206	112	0.320	
						1.00
7	362	84	0.232	124	0.343	

请注意图 6.5 中成本曲线的一些特征。例如,边际成本曲线(MC)的上升部分对应的是我们之前讨论过的边际收益递减区。因此,当企业的雇员数超过 2 名时(200 瓶/天),

每增加一名雇员所带来的总产出增量将会减少,这也意味着在这一区间内生产额外玻璃瓶的成本(MC)必然增加。

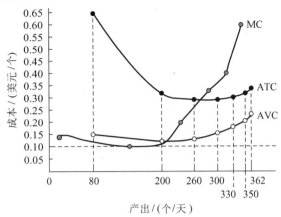

图 6.5 制瓶企业的边际成本、平均可变成本和总成本曲线
MC 曲线经过 AVC 和 ATC 的最低点。边际成本曲线的上升部分对应的是边际收益递减的区域。

还需要注意的是,边际成本自身的定义暗含着边际成本曲线必然与平均可变成本曲线、平均总成本曲线分别相交于它们的最低点。为了理解其中的缘由,我们用一个简单的例子进行类比:假设有一名新生加入三年级某班,他将对该班学生的平均体重产生什么影响?如果新生(边际)比之前全班的平均体重轻,那么他加入后,平均体重将会下降,但是如果新生比之前全班的平均体重重,那么他加入后,平均体重将会上升。同理,当边际成本低于平均总成本或平均可变成本时,相应的平均成本必然会下降,反之亦然。这确保了边际成本曲线必然通过两条平均成本曲线的最低点。

借助制瓶企业的 AVC 曲线图将使练习 6.4 中的问题变得更加容易解答。回顾一下,原题是"如果玻璃瓶的售价只有 0.1 美元,那么在短期内企业是否应当选择停产"。根据图 6.5,我们可以判断企业的确应当停产,因为价格已经低于 AVC 的最小值,企业在任何产出水平下都不可能收回其可变成本。

利润最大化的条件:价格=边际成本

迄今为止,我们暗含的假设是制瓶企业只能以整数量雇用工人。在这种前提下,我们得出结论:利润最大化的产出水平必然使边际成本低于价格(因为在此基础上再增加一名雇员,边际成本将高于价格)。在下面的例子中,我们将会看到,当产出和雇员都可以连续变化时,利润最大化条件将是"价格等于边际成本"。

例 6.3 利润最大化的图形法

制瓶企业的成本曲线如图 6.6 所示,如果每个玻璃瓶的售价为 0.2 美元,计算利润最大化时的产出水平。该企业的利润为多少?在短期内该企业可以继续经营的最低价格是多少?

成本-收益原理告诉我们,只要价格不低于边际成本,企业就应当继续扩大生产规模。在图 6.6 中我们看到如果该企业遵循上述规则,那么它每天将会生产 260 个玻璃瓶,在这个产出水平下价格与边际成本相等。"当每个玻璃瓶的价格为 0.2 美元时,利润最大化时的产出水平为 260"这一结论是否正确? 答案是肯定的。为了深入理解其内在原因,我们首先考虑企业的销售数量低于 260 的

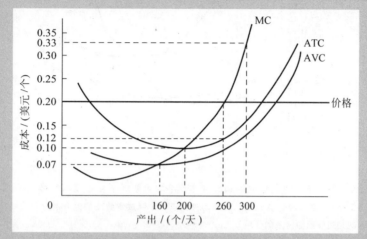

图 6.6　价格＝边际成本：完全竞争企业实现利润最大化的供给规则

如果价格高于边际成本,那么企业可以通过扩大生产和销售规模增加利润。如果价格低于边际成本,那么企业可以通过缩小生产和销售规模增加利润。

情形,不妨假设为 200 个玻璃瓶。那么在此基础上,每增加一单位产出所能带来的收益等于玻璃瓶的市场价格,此例中为 20 美分。每增加一单位产出所产生的成本(根据定义)等于企业的边际成本,产量为每天 200 个瓶子时该成本只有 10 美分(见图 6.6)。因此,通过销售第 201 个玻璃瓶,企业在获得 20 美分收益的同时只需支付 10 美分的额外成本,于是每天的利润将能增加 20－10＝10(美分)。类似地,我们可以说明,对于任何一个低于价格等于边际成本时的产出水平的产量而言,企业都能通过扩大生产规模增加利润。

相反,考虑企业当前销量高于 260 的情形——不妨假设为 300 个玻璃瓶——每个玻璃瓶的售价为 20 美分。在图 6.6 中,我们可以看到,产量为 300 时边际成本为 30 美分/瓶。如果企业每天减少一单位产出,那么其成本将会缩减 30 美分而收入只损失 20 美分。因此,每天的利润将增加 10 美分。同理,我们可以说明,对于任何一个高于价格等于边际成本时的产出水平的产量而言,企业都能通过减小生产规模增加利润。

我们已经说明,如果企业每天的销量低于 260,那么它可以通过扩大生产规模增加利润;如果企业每天的销量高于 260,那么它可以通过减小生产规模增加利润。只当企业每天的销量为 260 时,才能实现利润最大化,此时价格恰好等于边际成本。

在该产量下,企业每天能获得 $P \cdot Q = 0.2 \times 260 = 52$(美元)的总收入。注意到图 6.6 中产量为 260 时企业的平均总成本 ATC＝0.12 美元/瓶,这意味着总成本 $ATC \cdot Q = 0.12 \times 260 = 31.2$(美元/天)。企业的利润等于总收入与总成本之间的差额,为 20.8 美元/天。最后,注意到企业 AVC 曲线的最小值为 0.07 美元,因此如果玻璃瓶的价格低于 7 美分,那么短期内企业将会停产。

图形法除了能确定利润最大化的产出水平外,还有另一个非常吸引人的特点——它让我们能直接通过图形计算企业利润。因此,对于例 6.3 中的企业而言,其每日利润就等

于价格与ATC之间的差额乘以销量:(0.2-0.12)×260=20.8(美元/天),对应图6.7中的矩形阴影区域。

不是所有的企业都能像图6.7中的企业那么幸运。例如,假设玻璃瓶的价格不是20美分而只有8美分。因为该价格大于AVC的最小值(见图6.8),所以短期内企业应当继续经营,并且应当将产出水平设定在价格等于边际成本处(180瓶/天)。但是,由于在该产出水平下价格低于ATC,因此企业运营过程中将会承受损失,即负利润。此时,利润额为$(P-\mathrm{ATC})\cdot Q=(0.08-0.1)\times 180=-3.6$(美元/天),对应图6.8中的矩形阴影区域。

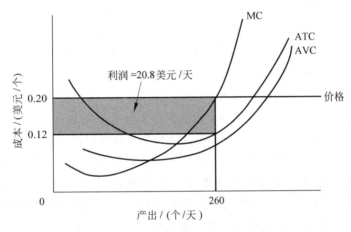

图6.7　用图形法度量利润

利润等于$(P-\mathrm{ATC})\cdot Q$,即阴影矩形区域。

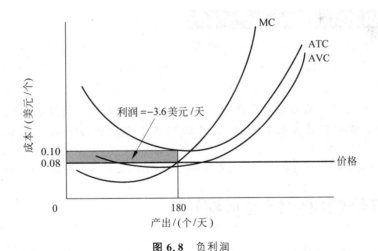

图6.8　负利润

当利润最大化产量对应的价格低于ATC时,企业承受损失,损失额等于阴影矩形区域的面积。

第7章将分析企业如何在利润和损失的内在激励下改变资源。但是这些改变都是在长期中发生的,本章关注的是短期的生产决策,对长期的问题暂时不予考虑。

供给法则

需求法则告诉我们,当产品的价格上升时,消费者将减少对该产品的购买量。如果存在一个类似的供给法则,那么其内容应该是"当价格上升时,生产者将增加产品的供给量"。究竟是否存在这样的法则呢?我们知道供给曲线本质上就是边际成本曲线,同时由于边际收益递减法则,边际成本曲线在短期是向上倾斜的。因此,短期内的确存在这样的供给法则。

但是,边际收益递减法则并不适用于长期(回顾前文,该法则只有在某些生产要素固定时才能成立)。因为在长期,企业可以改变其使用的所有生产要素,所以它们可以使投入翻倍进而实现产量翻倍。这种情况下,成本与产出同比例增加,长期内企业的边际成本曲线将是水平的,而不再向上倾斜。因此,我们只能说短期内供给法则成立,而长期内则不存在所谓的供给法则。尽管如此,有一个规则是恒成立的——短期和长期内完全竞争企业的供给曲线就是其边际成本曲线。①

市场供给曲线上的每个产量代表了相应价格下所有个体卖主的产出总和。因此,个体供给曲线上价格与边际成本之间的对应关系也将体现在市场供给曲线上:对于市场供给曲线上的每一个价格-数量组合而言,价格等于每个卖主的边际生产成本。

以上就是我们有时会说"供给曲线代表市场的成本方,而需求曲线代表市场的收益方"的原因所在。对于市场需求曲线上的点而言,价格代表购买者愿意为额外一单位产品所支付的货币——它度量了消费者增加一单位购买量所获得的收益。类似地,对于市场供给曲线上的点而言,价格度量了生产者增加一单位产量所支付的成本。

重点回顾:完全竞争企业的供给曲线

完全竞争企业面临的是一条水平的需求曲线,这意味着它可以在市场价格下出售任意数量的产品。短期内,企业的目标是选择使利润最大化的产出水平,具体规则如下:当价格高于平均可变成本时,企业应当选择边际成本与产品市场价格相等时的产量进行生产。完全竞争企业的供给曲线是边际成本曲线位于平均可变成本上方的部分。在利润最大化产量处,企业的利润等于价格与平均总成本之差乘以产量。

▼ 供给的决定因素再探讨

什么因素引起了供给的变化?(再次强调,"供给的变化"指的是整条供给曲线的移动,与"供给量的变动"——沿着曲线的变动不能混为一谈。)如果出售额外一单位产品带来的收益增加大于生产成本的增加值,卖主将会增加产品的供给量。由于在完全竞争市

---

① 再次强调,该规则成立的前提是在价格等于边际成本的产量处总收入超过可变生产成本。

场上出售产品的收益恒等于市场价格,不受卖主控制,因此很自然地,我们在探寻影响供给的因素时,把焦点转向了成本一方。下面列举的种种因素都能影响产品通过成本-收益检验的可能性,它们都是供给的决定因素。

技术

决定生产成本的因素中最关键的或许就是技术了。技术的改进使生产者能以更低的成本生产额外的产品,这使每个个体的供给曲线向下移动(或者,等价地,向外移动)进而使市场供给曲线也向下移动。例如,随着时间的推移,生产领域引入了更为精密的机器,导致每小时的产量出现惊人的增加。类似的技术进步还有很多,它们都促使市场供给曲线向右移动。

但是我们有什么依据断定"技术进步将降低产品与服务的生产成本"呢?是否可能出现这样的情况:新设备非常昂贵,生产者使用它的成本高于继续使用旧设备?如果这种情况发生,那么理性的生产者就应当放弃使用新设备。总之,理性生产者只会采用那些能减少生产成本的技术进步成果。

投入品价格

技术进步一般(尽管不是恒成立)使供给逐步发生变动,而重要投入品价格的变化则会在很短时间内(理论上甚至是隔夜的速度)使供给发生大幅度的变动。例如,我们在第4章讨论过的原油价格。原油作为汽油生产过程中最重要的投入品,其价格经常发生剧烈的波动。这种波动使汽油供给产生变动,最终导致汽油价格大幅波动。

类似地,当工资率上升时,对于任何一个涉及劳动力投入的生产过程而言,边际成本都会增加,进而使供给曲线向左移动(或者,等价地,向上移动)。当利率下降时,资本、设备的机会成本也将下降,进而使供给曲线向右移动。

供给者的数量

正如人口增加会使需求曲线向右移动,个体供给者数量的增加也会使供给曲线向右移动。例如,如果饮料罐回收者的死亡率或者退出率高于该行业的新进入率,那么回收服务的供给曲线将会向左移动。相反,如果失业率上升,更多的人加入回收饮料罐的队伍(花费时间回收饮料罐的机会成本减小了),那么回收服务的供给曲线将向右移动。

预期

对未来价格变动的预期也能影响卖主在当前市场上的产品供给量。例如,回收者根据铝部件在汽车中使用量增加这一现象预期未来铝的价格将上涨,那么他们会在现行的低价位下囤积一些铝,然后等未来价格升高时再出售。相反,如果回收者预期明年的铝价比今年低,他们将在当前市场上增加铝的销售量。

其他产品价格的变动

除了技术进步外,决定供给的因素中最关键的可能是卖主可以生产的其他产品或服务的价格变动。例如,勘探者搜寻的对象是那些收益与成本差额最大的稀有金属。当银价上升时,很多勘探者将停止搜寻金矿,转而搜寻银矿。相反,当白金的价格下降时,很多白金勘探者将会转而搜寻金矿。

> **重点回顾:供给的决定因素**
>
> 能导致供给曲线移动的因素包括技术进步、投入品价格变动、卖主数量变动、对未来价格变动的预期,以及企业可以生产的其他产品的价格变动。

供给理论的应用

无论是生产新的饮料罐还是回收用过的饮料罐,抑或其他任何生产性活动,事实上完全竞争市场(以及卖主能在某个不变价格下出售任意数量产品的其他任何市场)上所有的供给决策都遵循同一个逻辑:增加产出直至边际成本等于产品的价格。这个逻辑有助于我们理解为什么人们对某些产品的回收热情高于另一些产品。

经济自然主义者 6.1 当回收服务由私人市场的力量主宰时,为什么铝制饮料罐的回收量多于玻璃饮料罐?

在回收铝制饮料罐和玻璃饮料罐这两种情况下,回收者都会持续收集直至边际成本等于相应饮料罐的回收价格。当回收服务由私人市场的力量主宰时,每个饮料罐的回收价格将基于企业处理它(或者其中的材料)所能获得的收益。铝制饮料罐可以非常便捷地被处理为铝碎料,而铝碎料的市场售价比较高,这导致追求利润的企业愿意为铝制饮料罐支付较高的回收价格。与此形成鲜明对比的是,由于制造新玻璃的原材料价格低廉,所以玻璃罐处理后获得的玻璃在市场上的售价比较低。这种差异导致追求利润最大化的企业只愿意为玻璃罐支付远低于铝制饮料罐的回收价格。

铝制饮料罐的高回收价格吸引了很多回收者,他们随时关注这些瓶瓶罐罐的去向,而玻璃罐的低回收价格则使很多人选择对其置之不理。如果回收服务完全交由私人市场负责,我们可以预见铝制饮料罐将很快被回收,而玻璃罐却将被人们遗弃,其数量将不断增加。这事实上就是我们在那些没有制定回收法的州所看到的情景(之后我们将会讨论这些法律的运行机制)。为什么会出现这种情况?原因非常简单,因为饮料罐回收服务的供给曲线向上倾斜。

回收服务有两大重要收益,获得有价值的原材料只是其中之一,它的另一项收益是通过清除垃圾罐使环境更加宜人。正如下面的例子所揭示的,第二项收益可以轻易地抵消大批量回收玻璃罐的成本。

例6.4 为什么污染的最优量不是零?

玻璃罐回收服务的社会最优量是多少?

假设佛蒙特州的伯林顿地区有6万名居民,他们愿意为从当地环境中清除的每个玻璃罐支付6美分。如果玻璃罐回收服务的市场供给曲线如图6.9所示,玻璃罐回收服务的社会最优量是多少?

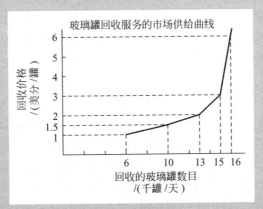

图6.9 佛蒙特州伯林顿地区玻璃罐回收服务的供给曲线

假设伯林顿的居民授权市政府通过征税为玻璃罐清除工作提供资金。如果每清除一个玻璃罐所能获得的收益(用居民愿意支付的价格度量)为6美分,政府应当为回收的每个玻璃罐支付6美分。为了使回收服务的总经济剩余实现最大化,我们回收的数量应当设定在边际成本等于边际收益6美分处。根据图中的市场供给曲线,社会最优量为16 000罐/天,这也是政府为每个玻璃罐支付6美分时回收的玻璃罐数量。

尽管上例中每天有16 000个玻璃罐被回收,但仍会有一些残留。毕竟,一些玻璃罐被丢弃在非常偏僻的地方。显然,6美分的回收价格还不够高,无法吸引人们去搜寻所有的玻璃罐。

因此,我们会有这样的疑问:为什么不提供一个更高的价格使回收者捡干净所有的玻璃罐?在前面给出的例子中,回收者不这样做的理由是每天捡第16 001个玻璃罐的成本高于收益,并且仅当回收玻璃罐的数量使边际收益与边际成本相等(每天回收16 000罐)时,经济总剩余最大。如果回收数量超越该点,实际上将是得不偿失的。

初闻经济学家这番"社会最优的垃圾数量大于0"的言论,很多人都深感不安。在这些人的印象中,垃圾的最优数量应当恰好为0。但是,这种观点完全忽略了稀缺原理。进一步减少垃圾数量固然能带来收益,但相应地也会带来成本。增加清理垃圾的时间意味着减少了在其他有价值的事情上所能支配的时间。相信没有人会坚持认为自己家中灰尘的最优量是0(如果的确有人提出这样的主张,那么你可以问他是否整日待在家中,时时清除积累下的灰尘)。如果将所有的垃圾从居室中清除出去得不偿失,那么将所有的玻璃罐从我们生活的环境中清理出去同样是得不偿失的。事实上,这两种情况的处理运用了相同的逻辑。

如果每天清理玻璃罐的最优数量为16 000罐,那么是否会出现某些公民私人为清理垃圾支付费用,并最终达到社会最优量的情况?非常不幸,这种情况不会发生,因为每名为垃圾清理工作支付费用的居民将承受这些服务的所有成本,却只获得非常微小的收益。在上例中,伯林顿的6万名居民能从每个被清理的玻璃罐中获得6美分的总收益,这意味着平均每人只能获得6/60 000=0.000 1美分的收益。因此,那些为清理玻璃罐服务支付6美分的人面临成本高于收益60 000倍的局面,他们将放弃私人性质的支付行为。

请注意,这里的激励问题与第3章讨论过的疫苗接种的决策问题非常相似。对于疫苗接种的决策者而言,其接种的动机非常弱,因为作为病人他承受了接种疫苗的全部成本,而得到大部分收益的却是其他人,这项非常重要的额外收益就是其他人减少了感染该疾病的可能性。

玻璃罐这一案例启示我们,有时光靠私人市场力量是无法产生使社会最优的结果的。几乎所有人,甚至包括那些随意将玻璃罐扔在地上而不是进行回收的人,也非常厌恶垃圾遍地、不堪入目的环境,于是,他们纷纷支持政府立法,制定较高的玻璃罐回收价格。

回收垃圾的行动充分体现了第3章所描述的均衡原理(也被称为"对个人而言明智、对所有人而言不明智"原理,使用这些名称的原因在这个例子中体现得非常明显)。其实,有些人乱丢垃圾并不是因为他们不在意环境,而是因为其自身的内在激励驱使他们采取了这种行为。另外,回收工作的确需要付出一定的劳动,光靠个人自觉回收并不能对环境起到明显的改善作用,因此很多州制定了玻璃罐回收法,其目的是更好地平衡私人利益与整个社会的利益。也正是由于这些法律,很多州的玻璃罐几乎可以在一夜之间全部消失。

玻璃罐回收服务的供给曲线如图6.9所示,该城市有6万名居民,每名居民愿意为从环境中清除的每个玻璃罐支付0.000 05美分。市政府会把玻璃罐的回收价格设定在什么水平?每天的回收量将是多少?

供给和生产者剩余

买主获得的经济剩余被称为消费者剩余。类似地,卖主获得的经济剩余就称为**生产者剩余**,等于卖主销售该产品时的实际价格与他销售该产品愿意收取的最低价格(其保留价格,一般而言即其边际成本)之间的差额。

与消费者剩余相似,生产者剩余这一术语有时指的是交易中单个卖主获得的剩余,而在其他一些场合指的则是在一个或多个市场上所有卖主获得的总剩余。

计算生产者剩余

在前面的章节中,我们了解到一个市场的消费者剩余对应的是需求曲线以下、市场价格以上的区域。事实上,一个市场的生产者剩余也可以用相似的方法计算。正如下面的例子将揭示的,生产者剩余对应的是市场价格以下、市场供给曲线以上的部分。

例6.5 度量生产者剩余

卖主能从参与牛奶市场的交易中获得多少收益?

考虑某个牛奶市场,其需求曲线和供给曲线如图6.10所示,市场均衡价格为2美元/加仑,均衡数量为4 000加仑/天。卖主能从该市场上获得多少生产者剩余?

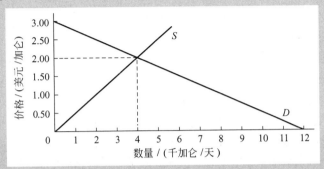

图6.10 牛奶市场的供给和需求
根据图中所示的供给曲线和需求曲线,牛奶的均衡价格为2美元/加仑,均衡数量为4 000加仑/天。

在图6.10中,首先注意到当每天的牛奶销量为4 000加仑时,每个卖主得到的剩余等于市场价格2美元/加仑与其保留价格(由供给曲线所给出的)之间的差额。因此,所有卖主得到的总生产者剩余对应的就是图6.11中供给曲线与市场价格之间的阴影三角形区域。注意,该区域的高 $h=2$ 美元/加仑,底 $b=4\,000$ 加仑/天,由于任何三角形的面积都等于 $(1/2)bh$,因此该市场的生产者剩余等于:

$$1/2 \times 4\,000 \times 2 = 4\,000(美元/天)$$

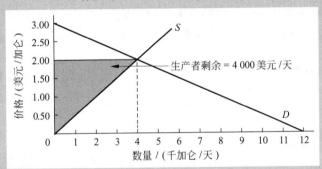

图6.11 牛奶市场的生产者剩余
生产者剩余对应的是阴影三角形区域(4 000美元/天)。

我们还可以从另一个角度理解该例中的生产者剩余——生产者为了能继续参与牛奶市场而愿意支付的最高价格总额。因为目前他们的总收益与总成本之间的差额为4 000美元,所以他们最多愿意支付4 000美元。

我们在第3章曾讨论过,一种产品的供给曲线既可以从横向解释也可以从纵向解释。横向解释告诉我们,对于每个价格而言,生产者愿意在该价格下出售产品的总量。纵向解释告诉我们,对于每个数量而言,卖主出售该产品时愿意收取的最低价格。在计算生产者剩余时,我们主要借助供给曲线的纵向解释。供给曲线上的每个点都对应着纵轴上的一个数值,该数值表示边际卖主对该产品所持的保留价格,即生产该产品的边际成本。而生产者剩余就是市场价格与这些保留价格之间的累积差额,对应图中市场价格之下、供给曲线之上的区域。

小结

完全竞争的企业面临的需求曲线是一条水平的直线,其价格等于该行业的供给曲线和需求曲线相交所决定的价格。

某种产品或服务的供给曲线表示任意价格下卖主愿意提供的产品数量。而在市场上出售的这些产品与服务的价格则取决于生产过程中所需资源的机会成本。

供给曲线至少在短期内是向上倾斜的,这在一定程度上是因为低果先摘原理。一般而言,理性的生产者总是会先抓住最好的机会,当最好的机会用尽时再转向更困难或是成本更高的机会。造成供给曲线向上倾斜的另一个原因是边际收益递减法则——当一些生产要素固定时,要获得连续的产出增长,生产者必须投入更多的额外可变要素。

对于完全竞争市场而言(或者,更一般地,对于个体卖主能在一个不变的价格下出售任意数量产品的市场而言),卖主的最佳选择是将产出水平设定在价格等于边际成本处,当然这有一个前提——"价格超过最低平均可变成本"。因此,卖主的供给曲线对应的是边际成本曲线超过平均可变成本的部分。这也是我们有时用供给曲线来代表市场成本方的原因所在(而需求曲线恰好与其相反,它代表市场的收益方)。

能导致供给曲线移动的因素包括技术进步、投入品价格变动、卖主数量变动、对未来价格变动的预期,以及企业可以生产的其他产品的价格变动。如今你已经可以应用供给理论了。完全竞争市场上所有供给决策遵循的逻辑都是:增加产出直至边际成本等于产品的价格。

生产者剩余是对市场上卖主所获得的经济剩余的度量。它是市场价格与卖主保留价格之间的累积差额,体现在图中,对应的是市场价格以下、供给曲线以上的区域。

名词与概念

average total cost, ATC	平均总成本	law of diminishing returns	边际收益递减法则
average variable cost, AVC	平均可变成本	long run	长期
factor of production	生产要素	marginal cost	边际成本
fixed cost	固定成本	perfectly competitive market	完全竞争市场
fixed factor of production	固定生产要素	price taker	价格接受者
imperfectly competitive firm	非完全竞争企业	producer surplus	生产者剩余
		profit	利润
		profit-maximizing firm	利润最大化的企业

profitable firm	盈利的企业	variable cost	可变成本
short run	短期	variable factor of production	可变生产要素
total cost	总成本		

复习题

1. 根据边际成本递增原理解释供给曲线向上倾斜的原因。

2. 判断正误：不管什么情况下，完全竞争市场上的企业都应当将其产出水平设置在价格等于边际成本处。

3. 你认为对于一个冰激凌生产商而言，在以后的两个月中，下列因素中哪一个更可能是固定生产要素：厂房，还是操作机器的工人？给出答案并解释原因。

4. 经济学家经常强调拥堵是边际收益递减法则的缘由。牢记这一点，解释当水、劳动力、种子、肥料、阳光及其他投入品无限量供应，而培育环境却只有一个花盆时，粮食供给量无法满足地球上所有人需要的原因。

5. 为什么我们在度量生产者剩余时采用了供给曲线的纵向解释？

练习题

1. 佐伊在两种工作之间进行选择：其一，婚礼摄影师，每小时报酬为 27 美元；其二，化石收集者，该工作的报酬取决于化石价格及她所收集的化石数量。如果不考虑收入因素，佐伊对两种工作态度中立。她能找到的化石数量取决于每天用于搜寻的时间，具体关系如下表所示。

每天的搜寻时间/小时	每天找到的化石总量/块
1	5
2	9
3	12
4	14
5	15

(1) 画一张关于价格与供给量关系的表格，其中第 1 列是价格，从 0 逐渐增加到 30 美元；第 2 列是在相应价格下佐伊愿意提供的化石数量。

(2) 将从(1)中得到的价格-数量组合画成一张图，其中纵轴表示价格，横轴表示每天的数量。该曲线的名称是什么？

2. 两个身处竞争性行业的企业具有如下供给曲线：$P = 2Q_1$ 和 $P = 2 + Q_2$，其中 Q_1 是企业 1 的产出，Q_2 是企业 2 的产出。该行业的市场供给曲线是什么样的？（提示：首先把两张图并排列出，然后选取一系列价格，将相应价格下两家企业的产量相加。）

3. 一家生产空调的企业由于身处完全竞争市场而成为价格的接受者。该企业有一款新产品的市场价格为120美元，总成本信息如下表所示。

生产的空调数量/(台/天)	总成本/(美元/天)	生产的空调数量/(台/天)	总成本/(美元/天)
1	100	5	405
2	150	6	510
3	220	7	650
4	310	8	800

如果企业的目标是实现利润最大化，那么它每天将会生产多少台空调？

4. 某个比萨销售商的边际成本、平均成本和平均总成本曲线如下图所示，如果每份比萨的价格为2.5美元，利润最大化时的产出水平是多少？该销售商能获得多少利润？

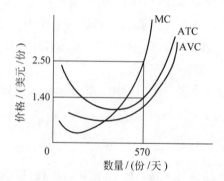

5*. 某个比萨销售商的边际成本、平均成本和平均总成本曲线如下图所示，如果每份比萨的价格为0.5美元，利润最大化时的产出水平是多少？该销售商能获得多少利润？

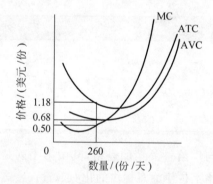

6*. 某个比萨销售商的边际成本、平均成本和平均总成本曲线如下图所示（与第5题相同），如果每份比萨的价格为1.18美元，利润最大化时的产出水平是多少？该销售商能获得多少利润？

---

* 表示习题难度较高。

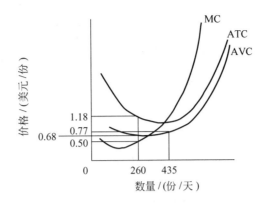

7. 帕多卡斯拉格（Paducah Slugger）公司是一家专门生产棒球杆的企业，其成品都销售给阿科姆（Acme）运动品公司，每支棒球杆的价格为 10 美元。后者除了购买其产品外，还负责提供生产所需的木材。帕多卡斯拉格公司所投入的生产要素只有车床的操作人员及用于放置车床的厂房。该公司每天所能生产的球杆数取决于每天雇用的人数，具体关系如下表所示。

生产的球杆数 /（根/天）	雇员的劳动工时数 /（小时/天）	生产的球杆数 /（根/天）	雇员的劳动工时数 /（小时/天）
0	0	20	7
5	1	25	11
10	2	30	16
15	4	35	22

(1) 如果工资为每小时 15 美元，帕多卡斯拉格公司每天花费在车床和厂房上的固定成本为 60 美元，利润最大化时球杆的数量为多少？

(2) 如果公司每天的固定成本不是 60 美元而只有 30 美元，利润最大化的球杆数量是多少？

8. 在第 7 题中，如果政府每天对公司征收 10 美元的税，帕多卡斯拉格公司利润最大化时的产出水平将受到什么影响？（提示：可以将这 10 美元视作固定成本的增加额。）

(1) 如果政府对每支球杆征收 2 美元的税，帕多卡斯拉格公司利润最大化时的产出水平将受到什么影响？（提示：可以将这 2 美元视作边际成本的增加额。）

(2) 为什么这两项税收会产生如此不同的影响？

9. 比萨市场的需求曲线和供给曲线如下图所示，请计算每天的生产者剩余。

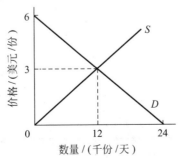

正文中练习题的答案

6.1 如果宇志花费第 3 个小时搜寻,那么将能发现 300 个饮料罐,使他选择搜寻的保留价格必须满足 $300p = 6$ 美元,即 $p = 2$ 美分。同理,我们可以计算宇志增加搜寻时间所需的保留价格:

第 4 个小时:$200p = 6$,因此,$p = 3$ 美分。

第 5 个小时:$100p = 6$,因此,$p = 6$ 美分。

6.2 如果每个玻璃瓶的售价为 62 美分,那么企业将会继续增加产量,雇用第 6 名工人(产量为 350/天)。

6.3 相关的成本如下表所示。可变成本和边际成本的数值都变为例 6.2 中的一半,此时企业应雇用 6 名工人,每天生产 350 个玻璃瓶。

雇员人数 /(人/天)	玻璃瓶产量 /(个/天)	固定成本 /(美元/天)	可变成本 /(美元/天)	总成本 /(美元/天)	边际成本 /(美元/个)
0	0	40	0	40	
1	80	40	6	46	0.075
2	200	40	12	52	0.05
3	260	40	18	58	0.10
4	300	40	24	64	0.167
5	330	40	30	70	0.20
6	350	40	36	76	0.30
7	362	40	42	82	0.50

6.4 因为企业不雇用工人时损失最小,所以在短期内它应当选择停产。

雇员人数 /(人/天)	玻璃瓶产量 /(个/天)	总收入 /(美元/天)	总成本 /(美元/天)	利 润 /(美元/天)
0	0	0	40	−40
1	80	8	52	−44
2	200	20	64	−44
3	260	26	76	−50
4	300	30	88	−58
5	330	33	100	−67
6	350	35	112	−77
7	362	36.20	124	−87.80

6.5 该城市拥有 6 万名居民,每名居民愿意为每个被清理的玻璃罐支付 0.000 05 美分,这意味着整个社会从中获得的总收益为 60 000×0.000 05＝3(美分)。因此,该城市将把回收价格设定在 3 美分。从供给曲线上我们可以看到,在该价格下每天将有 15 000 个玻璃罐被回收。

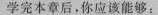

第 7 章

效率、交易与"看不见的手"

学习目标

学完本章后,你应该能够:
1. 定义并解释会计利润、经济利润和正常利润的区别。
2. 解释"看不见的手"理论,说明经济利润和经济损失如何影响资源在不同行业间的分配。
3. 解释为什么经济利润与经济租金不同,在长期会趋于零。
4. 理解市场均衡是否为社会最优,以及当市场处于均衡时为什么对于个人不存在获利机会。
5. 计算总经济剩余,并解释它是如何受到那些阻碍市场达到均衡的政策的影响的。

20世纪70年代初,纽约伊萨卡的异国风味餐饮场所并不多,只有一家日本餐馆、两家希腊餐馆、四家意大利餐馆和三家中国餐馆。50年后的现在,伊萨卡的人口并没有多大改变,但是人们的餐饮去处却增加了不少:一家斯里兰卡餐馆、三家印度餐馆、一家法国餐馆、一家西班牙餐馆、六家泰国餐馆、两家韩国餐馆、两家越南餐馆、四家墨西哥餐馆、三家希腊餐馆、七家意大利餐馆、两家加勒比风味餐馆、两家日本餐馆、一家埃塞俄比亚餐馆和九家中国餐馆。然而,在城市的其他一些市场,人们选择的范围却变窄了。例如,1972年有几家公司提供电话答录服务,现在却只有一家公司从事这一业务。

事实上,几乎没有市场能做到长时间不变,身处其中的买主、卖主都是在变化的。不断有新的企业进入、旧的企业退出。现在,伊萨卡的文身工作室增加了,钟表修理店却减少了;营销顾问增加了,市内公交公司却减少了;不锈钢、黑漆用具增加了,鳄梨木、铜制用具却减少了。

推动这些变化的是企业主对利润的追逐。企业总是进入充满诱人的盈利机会的行业和地区,退出前景暗淡的行业和地区。在亚当·斯密划时代的著作《国富论》中有一段引用率最高的文字:

我们能得到午餐并不是因为屠夫、酿酒师或者面包师大发慈悲,而是出于他们的私利。我们看待这一问题时不应着眼于他们的人性，而应从利己主义入手，不要对他们说这些是我们的必需品，所以必须生产，而应当说这样做对他们有利。

斯密继续论述，尽管企业主"只关注自己的收益"，然而他的行为是"被看不见的手引导的，最终达成的结果将超出他所关注的范围"。正如斯密所意识到的，虽然经济活动的首要推动力来自人们对私利的追逐，但最终产品与服务的分配结果却能使整个社会的总利益最大化。如果生产者对某种产品提供得"太多"，对另一种产品提供得"不足"，那么盈利机会将会立即提醒企业主，激励其及时采取补救措施。事实上，这一系统一直以来都在无情地鞭策着生产者，督促其将每种产品的价格设定在生产成本附近，激励其尽可能降低成本。总之，概括来讲，这只"看不见的手"在激励原理的作用下能决定任何产品的生产。

哪些力量在引导这只"看不见的手"？本章我们的任务就是深入认识这些力量的性质。"利润"的确切含义是什么？它是如何度量的？追逐利润如何实现社会利益最大化？如果竞争使价格保持在生产成本附近，为什么还能有这么多富有的企业主？我们还将讨论一些案例，这些例子既涉及日常生活决策，又涉及政府政策，但它们有一个共同点——都对斯密理论产生了误解从而导致了代价不菲的错误。

经济利润的核心作用

企业行为的经济理论是构建在"企业以利润最大化为目标"这一前提下的。因此，我们必须知道利润究竟意味着什么。

三种利润

经济学家对利润的理解与会计师不同，了解二者的区别对理解"看不见的手"如何运作至关重要。会计师将企业的年度利润定义为该年企业收入与**显性成本**（企业每年支付给生产要素提供者和其他供应商的金额）之间的差额。这样定义的利润被称为**会计利润**。

会计利润 ＝ 总收入 － 显性成本

会计利润是人们日常谈话中最常用到的一个利润概念。例如，企业在新闻稿或年度报告中提到有关利润的数据时，使用的就是会计利润。[①]

经济学家则把利润定义为企业的总收入与显性成本、**隐含成本**（企业主提供的所有资源的机会成本）之间的差额。这样定义的利润被称为**经济利润**或**超额利润**。

经济利润 ＝ 总收入 － 显性成本 － 隐含成本

下面举例说明会计利润和经济利润之间的区别。考虑一家年收入为40万美元的企业。该企业的显性成本只有工人工资一项，为25万美元/年。企业主提供了生产所需的机器和其他资本设备，这些设备总的重售价值为100万美元。因此，该企业每年的会计利

---

① 为了简便起见，这里忽略了企业的资产设备折旧的成本。由于企业拥有的厂房和机器设备会随时间流逝而耗损，政府允许企业每年把这些厂房和机器设备的价值的一部分计入当期的经营成本。例如，某企业拥有一台使用寿命为10年的机器，价值1 000美元，那么可以将100美元计入每年的经营成本。

润等于总收入 40 万美元与显性成本 25 万美元之间的差额,即 15 万美元。

要计算企业的经济利润,我们首先必须计算企业主提供的资源的机会成本。假设储蓄账户当期的年利率为 10%。企业主如果不对资本设备进行投资,则可以将 100 万美元存入储蓄账户从而每年获得 10 万美元的利息收入。因此,企业每年的经济利润为 40 万美元－25 万美元－10 万美元＝5 万美元。

通过比较我们可以发现,经济利润比会计利润小,二者的差额恰好等于企业的隐含成本——企业主提供的资源的机会成本 10 万美元/年。企业的会计利润与经济利润之间的差额被称为**正常利润**。正常利润其实就是企业主所提供的资源的机会成本。

图 7.1 展示的是会计利润与经济利润之间的差额。其中,图 7.1(a)表示企业的总收入,而(b)和(c)则表示这些收入如何由各种成本及利润组成。

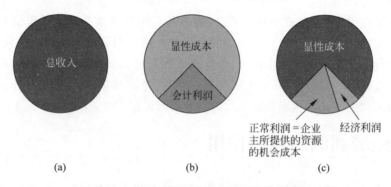

图 7.1　会计利润与经济利润之间的差额

会计利润(b)等于总收入与显性成本之间的差额。正常利润(c)是企业主所提供的资源的机会成本。经济利润(c)是总收入与所有成本——显性成本与隐含成本之间的差额(也等于会计利润与正常利润之间的差额)。

下面的例子将会说明为什么区分会计利润与经济利润至关重要。

例 7.1　会计利润与经济利润(1)

帕奇·巴菲特是否应当继续从事耕作?

帕奇·巴菲特是一名种植玉米的农民,居住在内布拉斯加州林肯市附近。土地、设备每年的租赁费用及支付给其他供应商的金额总计为 10 000 美元。他提供的唯一投入品就是自己的劳动力。除了耕作以外,帕奇还面临另一项对其具有同等吸引力的就业选择:管理零售商店,每年他可以获得 11 000 美元的薪酬。假设不考虑薪酬因素,帕奇对耕作与管理这两种工作持中立态度。此外,由于国际市场的规模很大,因而玉米的售价恒定,一个农民的生产计划不会对其产生影响。每年帕奇可以从玉米的销售中获得 22 000 美元的收入。他的会计利润等于多少?经济利润等于多少?正常利润等于多少?他是否应当继续从事耕作?

如表 7.1 所示,帕奇每年的会计利润等于 12 000 美元——年收入 22 000 美元与土地、设备租赁费、支付给其他供应商的 10 000 美元之间的差额。他的经济利润等于这一数额减去劳动力的机会成本。因为后者等于他每年担任商店经理所能获得的薪酬 11 000 美元,所以每年的经济利润等于 1 000 美元。最后,正常利润等于他提供的唯一资源——劳动力的机会成本 11 000 美元。由于帕奇对两种工作的喜好程度相同,因此如果选择继续耕作,那么与担任经理相比,他将能获得 1 000 美元的净收益。

表 7.1 例 7.1 的收入、成本与利润概览　　　　　单位：美元/年

总收入	显性成本	隐含成本	会计利润 （= 总收入 − 显性成本）	经济利润 （= 总收入 − 显性 成本 − 隐含成本）	正常利润 （= 隐含成本）
22 000	10 000	11 000	12 000	1 000	11 000

练习 7.1

在例 7.1 中，如果帕奇种植玉米的年收入不是 22 000 美元而是 20 000 美元，那么他的经济利润是多少？他是否应当继续耕作？

如果年收入由 22 000 美元降为 20 000 美元，则帕奇每年的经济利润将变为 −1 000 美元。负的经济利润也被称为经济损失。如果帕奇预计可能会遭受经济损失，那么他的最佳选择是放弃耕作转而管理零售商店。

你可能会认为，如果帕奇储蓄了足够的资金并购买了属于自己的土地和设备，那么他的最佳选择将是继续耕作。但是，通过下面的例子我们将会发现，这种观点是错误的，它没能正确区分会计利润与经济利润。

例 7.2 会计利润与经济利润（2）

拥有属于自己的土地是否会改变帕奇的选择？

参考例 7.1 和练习 7.1 所设定的情形。假设帕奇现在所租赁的农田的主人——沃伦叔叔去世了，他将这块土地留给了帕奇。如果将这块土地租赁给其他农民每年可以获得 6 000 美元的租金收入，那么帕奇是否应当继续耕作？

如表 7.2 所示，如果帕奇选择在自己的土地上继续耕作，那么他每年的会计利润将等于 16 000 美元，比练习 7.1 多 6 000 美元。但是，他的经济利润仍与之前相同（每年 −1 000 美元），因为帕奇必须扣除每年耕种土地的机会成本 6 000 美元，尽管他不再需要为租赁土地向叔叔支付租金。因此，拥有土地时，经营农场每年的正常利润将等于 17 000 美元——他所提供的土地和劳动力的机会成本。但因为帕奇的会计利润只有 16 000 美元，所以放弃耕作转而从事管理工作是明智之举。

表 7.2 例 7.2 的收入、成本与利润概览　　　　　单位：美元/年

总收入	显性成本	隐含成本	会计利润 （= 总收入 − 显性成本）	经济利润 （= 总收入 − 显性 成本 − 隐含成本）	正常利润 （= 隐含成本）
20 000	4 000	17 000	16 000	−1 000	17 000

显然，帕奇拥有土地时比租赁土地时更富有。但是，解答"是否应当继续耕作"这一问题的思路却不会因为帕奇租赁土地或是拥有土地而有任何改变。只有当耕作能为他带来最高的经济利润时，帕奇才应当选择继续耕作。

> **重点回顾：经济利润的核心作用**
>
> 企业的会计利润等于其收入与所有显性成本之差。经济利润等于企业的收入与所有成本（显性成本与隐含成本）之间的差额。正常利润是企业主所提供资源的机会成本。当企业的会计利润恰好等于企业主提供的投入品的机会成本时，企业的经济利润为零。企业要想长期经营下去，必须获得非负的经济利润。

"看不见的手"理论

价格的两大功能

在自由企业制度下，市场价格具有两种非常独特而重要的功能。第一大功能是**价格的配给功能**——将稀缺的产品分配给潜在的需求者，确保得到产品的是对产品估价最高的人。因此，如果有三个人参与古董钟表的拍卖，那么最终得到拍卖品的将是出价最高的人。第二大功能是**价格的分配功能**——将生产性资源引导至经济的不同领域。资源将会离开那些价格低于生产成本的市场，进入价格高于生产成本的市场。

亚当·斯密的最大贡献是提出了"**看不见的手**"这一关于市场的著名理论，而该理论的基础正是价格的分配和配给功能。回顾一下，斯密认为市场体系能引导那些追求私利的个体买主和卖主，最终实现社会利益最大化。他认为，经济利润这根"胡萝卜"和经济损失这根"大棒"不仅能使任何市场上的供应品实现有效分配，还能引导资源在市场间流动，生产最有效的产品与服务组合。

对利润和损失的反应

为了理解"看不见的手"是如何运作的，我们首先分析市场力量如何对经济利润和损失做出反应。企业要想长期经营下去，其收入必须能抵消所有的成本（显性成本与隐含成本）。企业的正常利润其实就是选择经营的成本。因此，如果企业主获得的会计利润仅等于正常利润，那么他刚好只能抵消投资于企业的资源的机会成本。而如果企业主能获得正的经济利润，那么他获得的会计利润将超过投资于企业的资源的机会成本，即扣除了正常利润以后企业主还有盈余。

很自然地，每个人都希望获得正的经济利润，没人愿意少挣。结果是，那些获得经济利润的企业所处的市场吸引着额外的资源，而那些正承受经济损失的企业所处的市场却不断地失去资源。

为了理解上述事实如何发生，我们将通过具体的例子来说明——考察玉米市场的运作。图7.2(a)展示的是玉米市场的短期供给曲线和需求曲线。图7.2(b)刻画的是某一具有代表性的农场的边际成本和平均总成本曲线。图7.2(a)中，供给曲线和需求曲线相交决定了均衡价格为2美元/蒲式耳。图7.2(b)中，该代表性农场为了最大化利润，将生产数量设定在价格等于边际成本处——每年130 000蒲式耳玉米。

第7章 效率、交易与"看不见的手" 177

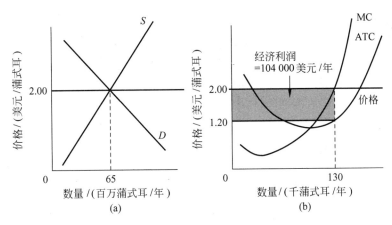

图 7.2　短期内玉米市场的经济利润

对应于图 7.2(a) 中的均衡价格 2 美元/蒲式耳，图 7.2(b) 中代表性农场每年能获得 104 000 美元的经济利润。

回顾第 6 章，任意产出水平下的平均总成本等于所有成本的总和与产出之商。因此，价格与 ATC 之间的差额就等于从每单位产品中获得的平均经济利润。在图 7.2(b) 中，这一差额为 0.8 美元/单位。给定每年的销量 130 000 蒲式耳，代表性农场每年的经济利润为 104 000 美元。

玉米市场存在的正经济利润意味着在该市场，生产者赚取的会计利润超过了耕作的机会成本。为了简便起见，我们假设进入玉米市场的投入品（土地、劳动力、设备等）可以以不变价格获得，如果愿意，任何人都可以自由进入该市场。这里的关键在于价格超过了进入市场所需的资源的机会成本，因此其他人将选择进入。当这些新进入者所生产的玉米进入市场时，供给曲线将向右移动，导致市场均衡价格下降，如图 7.3(a) 所示。在新的价格 1.5 美元/蒲式耳处，代表性农场获得的经济利润比以前减少了，每年只有 50 400 美元，如图 7.3(b) 所示。

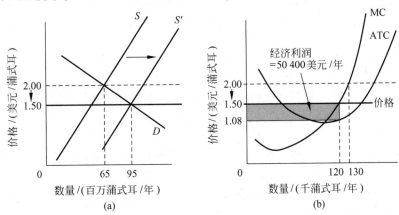

图 7.3　其他农民的进入对价格和经济利润的影响

在初始价格 2 美元/蒲式耳处，玉米市场上的农民能获得经济利润，从而吸引其他农民进入。由于他们的进入，供给曲线向右移动[从 S 移动到 S′，如图(a)所示]，均衡价格下降，经济利润也下降，如图(b)所示。

为了简便起见，我们假设所有的农场都采用相同的标准化生产方式，因此它们的 ATC

曲线都是一样的。于是,价格将持续下降直至等于 ATC 的最小值(在任何高于该值的价格处,经济利润都是正值,企业的进入仍将继续,从而价格将继续降低)。回顾第 6 章,短期边际成本曲线与 ATC 曲线相交于后者的最低点。这意味着一旦价格达到 ATC 的最小值,利润最大化法则(将价格设定在等于边际成本处)会使生产者将产量设定在价格等于 ATC 处。当这一切发生时,代表性农场的经济利润将恰好为 0,如图 7.4(b)所示。

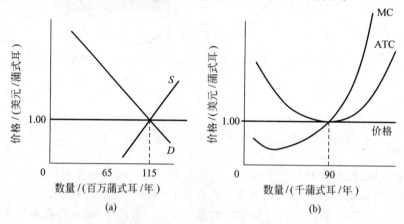

图 7.4 进入停止时的均衡
一旦价格下降至 ATC 的最小值处,进入停止。在该点,所有企业获得的会计利润都等于正常利润,相应地,每家企业都获得零经济利润。

在前面讨论的调整过程中,初始价格高于 ATC 的最小值,因而产生了正的经济利润。假设相反,玉米市场的需求曲线与短期供给曲线相交所决定的价格低于每家企业 ATC 曲线的最小值,如图 7.5(a)所示。只要这一价格高于平均可变成本的最低值[1],每家企业就会选择继续生产,并将玉米产量设定在价格等于边际成本处(70 000 蒲式耳),如图 7.5(b)所示。但是,注意该产量对应的平均成本为 1.05 美元/蒲式耳,比每蒲式耳玉米的售价高 0.3 美元。正如图 7.5(b)所展示的,农场每年承受 21 000 美元的损失。

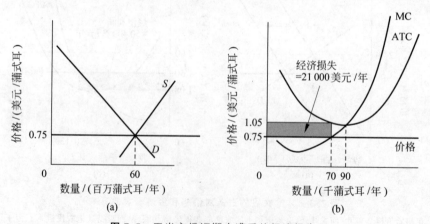

图 7.5 玉米市场短期内遭受的经济损失
当价格低于 ATC 的最小值时[图(a)],每个农场都承受经济损失[图(b)]。

---

[1] 这是指企业停止经营时的条件,我们在第 6 章曾对此做过讨论。

如果农民预期图 7.5 中导致低价和经济损失的需求曲线仍将保持原来的位置,那么农民将放弃耕作转而从事其他回报更高的活动。这意味着玉米的供给曲线将向左移动,从而使价格升高,损失减少。事实上,退出玉米耕作的行为将持续,直至价格再次上升到 1 美元/蒲式耳,在该点,农民没有动力再退出。于是,我们再次看到了稳定的均衡——此时价格等于 1 美元/蒲式耳(如图 7.6 所示)。

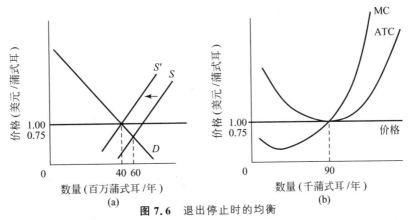

图 7.6　退出停止时的均衡

一旦价格上升至 ATC 的最小值处,退出就会停止。在该点,所有企业获得的会计利润都等于正常利润。相应地,每家企业都获得零经济利润。

在我们给出的简单假设"所有种植玉米的农场都采用同一种标准化生产方式,农民可以以固定价格购买任意数量的投入品"下,玉米的长期价格不可能维持在 1 美元/蒲式耳(ATC 曲线的最低点)以上。任何高于该值的价格都将吸引新的生产者进入直至价格再次下降至 1 美元/蒲式耳。此外,玉米的长期价格也不可能处于 1 美元/蒲式耳以下,因为任何低于该值的价格都将促使企业退出直至玉米价格再次上升到 1 美元/蒲式耳。

企业可以在任何时刻自由进入或退出一个行业确保了在长期,行业内的所有企业都将获得零经济利润。然而,它们的目标并不是获得零利润。相反,零利润是与进入和退出紧密联系的价格运动的结果。正如均衡原理——又称"桌子上不存在现金"原理(见第 3 章)所预示的,当人们面临获利机会时,他们总是很快地进行挖掘从而攫取经济利润。

前面讨论的玉米市场的长期供给曲线是什么样的呢?这一问题等同于"长期生产额外蒲式耳玉米的边际成本为多少"。总体而言,长期的调整不仅取决于标准化企业的进入和退出,还与企业所具备的改变其使用的资本设备和其他固定投入品的能力有关。然而,多考虑这一步并不会改变我们之前所做的简化论述的基本逻辑,却只会使分析复杂化。在前面的讨论中,我们假设短期内所有企业都使用相同的标准化的固定投入品。在这一假设下,长期调整过程只取决于这些使用同一种标准化生产方法的企业的进入和退出。

在任何时刻,新企业都可以进入或退出这个玉米市场,这意味着长期内玉米的产量总能增加或减少,并且每蒲式耳玉米的生产成本恒等于 1 美元。而这意味着玉米的长期供给曲线将是一条通过 ATC 曲线最小值 1 美元/蒲式耳处的水平直线。如图 7.7(a)所示,由于生产玉米的长期边际成本(LMC)不变,为 1 美元/蒲式耳,因此生产玉米的长期平均成本(LAC)也将等于 1 美元/蒲式耳。图 7.7(b)表示的是代表性玉米农场的 MC 和 ATC 曲线。在 1 美元/蒲式耳的价格水平下,这一玉米市场被称为达到长期均衡。代表性农场每年生产 90 000 蒲式耳玉米,在这一数量处价格等于边际成本。因为价格恰好等于 ATC,所以农场获得的经济利润为 0。

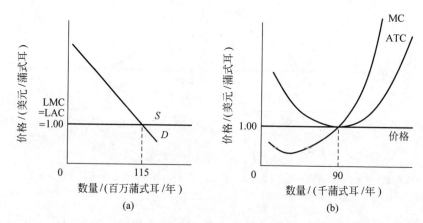

图 7.7 具有恒定长期平均成本的玉米市场的长期均衡

当每个生产者拥有相同的 ATC 曲线时,在价格等于 ATC 的最小值处,行业的生产者能提供买主所需要的任意数量的产品[图(a)]。在该价格下,代表性生产者获得零经济利润[图(b)]。

从上述现象中我们可以总结关于"看不见的手"理论的两个非常有吸引力的特征。第一个特征是:长期内市场的结果是有效的。例如,当玉米市场达到长期均衡时,出售的最后一单位玉米对于生产者的价值等于 1 美元/蒲式耳,恰好等于生产该单位产品的长期边际成本。因此,不可能在使市场中的一些参与者得到改善而不伤害其他人的条件下对资源进行重新分配。如果农民想要增加产量,那么增加的成本将超过增加的收益。如果他们想减少产量,那么节省的成本将低于因此而失去的收益。

有关长期竞争均衡的第二个非常有吸引力的特征是:市场的结果可以用公平一词来描述,因为买主支付的价格不高于生产者负担的成本。成本中包括正常利润——企业主所提供资源的机会成本。

我们必须强调,斯密的"看不见的手"理论并不意味着任何情况下资源的市场化分配方式都是有效的。它只是简单地说明,当满足限制条件时,市场是有效的。如果当期的分配结果与市场均衡的配置结果存在差异,那么"看不见的手"理论启示我们,可以重新对资源进行配置使一些人的状况变好,同时又不伤害其他人。

那么,斯密所说的"看不见的手"又是如何在现实中运作的?下面的例子将给我们提供一些直观的认识。

例 7.3 朝向均衡的移动

如果一个城市的发型师"太多"而健身教练"太少",将会发生什么情况?

图 7.8 显示的是理发市场和健身课程市场,在初始的均衡数量和价格处,所有生产者都只能获得零经济利润。现在假设时尚突然发生改变,长发开始流行,健身的人数增加。如果在两个市场中改变当期生产水平的长期边际成本都不变,那么长期和短期两个市场的价格和数量将如何改变?新的均衡数量是否实现了社会最优?

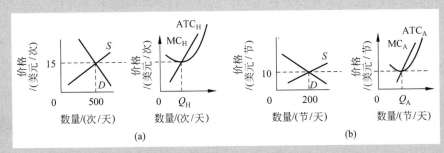

图 7.8 理发(a)和健身课程(b)市场的初始均衡

MC_H 和 ATC_H 分别代表发型师的边际成本曲线和平均总成本曲线,而 MC_A 和 ATC_A 则分别代表健身教练的边际成本曲线和平均总成本曲线。两个市场初始时均处于长期均衡状态,每个市场的卖主都只能获得零经济利润。

长发的流行意味着理发的需求曲线向左移动,而健身人数的增加意味着健身课程的需求曲线向右移动(如图 7.9 所示)。由于这些需求曲线的移动,短期均衡价格发生了改变。为了简便见,我们不妨设新的理发价格为 12 美元/次、新的健身课程价格为 15 美元/节。

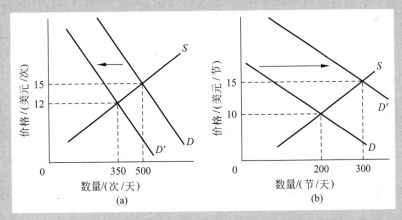

图 7.9 两个市场需求曲线的移动在短期产生的影响

理发的需求下降导致短期内理发的价格从 15 美元下降至 12 美元[图(a)],而健身课程的需求增加则导致短期内课程的价格从 10 美元上升至 15 美元[图(b)]。

因为在初始均衡价格水平下,每个生产者均获得零经济利润,所以在新的价格处,理发师将承受经济损失,而健身教练将获得经济利润(如图 7.10 所示)。

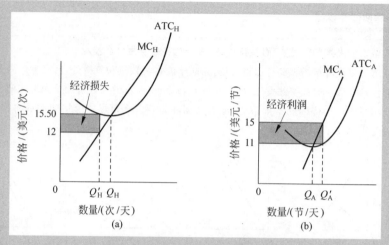

图 7.10　短期的经济利润和损失

我们假设的需求移动使理发师蒙受经济损失[图(a)]，使健身教练获得经济利润[图(b)]。

由于理发的短期均衡价格使理发师蒙受经济损失，他们中的一部分人将开始退出这一市场，转而搜寻其他更好的机会。因此，理发的短期供给曲线将向左移动，使均衡价格升高。理发师的退出将持续，直至理发的价格上升到能抵消提供这项服务的长期机会成本（根据假设，该成本等于15美元）。

同理，由于健身课程的短期均衡价格使健身教练获得经济利润，因此将有一些外部人员开始进入该市场。因此，健身课程的短期供给曲线将向右移动。新的教练将持续进入，直至课程的价格下降到等于提供这项服务的边际成本处（根据假设，该成本为10美元）。一旦所有的调整完成，理发师的数量将比之前少，而健身教练的数量将比之前多。但是，因为我们假设长期内这两个市场的边际成本均不变，所以两种产品的价格将再次回到初始数值处。

值得一提的是，那些退出理发市场的发型师并不一定会进入健身教学市场。事实上，他们有很多新的职业可以选择，因此上面提到的情况（发型师成为健身教练）发生的可能性微乎其微。一般而言，资源的流动都会经历若干个间接的过程。因此，退出理发市场的发型师可能改行当秘书，而一名邮递员可能成为健身教练。

我们还注意到，"看不见的手"理论并没有告诉我们所有这些调整需要花费多长时间。在一些市场，特别是劳动力市场，调整所需的时间可能是几个月，甚至是几年。但是，如果供给曲线和需求曲线保持不变，那么市场将最终达到均衡价格和均衡数量。新的价格和数量将与之前一样，能实现社会最优。因为出售的最后一单位产品对于买主的价值等于生产该产品的边际成本，所以不可能找到一笔额外的交易使一些人受益而不伤害其他人。

自由进入和退出的重要性

如果企业不能自由进入新市场或者离开现有市场，那么价格的分配功能将无法实现。如果新的企业不能进入存在巨大经济利润的市场，那么经济利润将不会随时间而消失，价格也不会逐渐逼近生产的边际成本。

阻止企业进入新市场的力量有时被称为进入**壁垒**。例如，在图书发行市场，图书的发行商享受政府给予的版权保护。产权法禁止其他发行商生产和销售受到保护的图书。这种壁垒可以使畅销书的价格在一个相当长的时期内远远高于其生产成本,从而一直为该书的发行商带来经济利润(版权并不能保证有利润,事实上,大多数新书的发行商都承受着经济损失)。

进入壁垒可能是由实际操作过程中的限制或者法律的约束所导致的。例如,一些经济学家认为产品的兼容性导致了计算机软件市场的进入壁垒。由于80%的新出厂台式机都预装了微软的视窗软件,因此其竞争对手很难将自己开发的操作系统出售给消费者,因为这些用户将无法与使用视窗软件的朋友和同事交流文件。这一事实解释了微软巨大的利润从何而来。但预装了Windows的计算机所占的市场份额一直在下降,这让很多经济学家预测微软的利润也会持续下降。

上述讨论都在强调自由进入市场的重要性,事实上,自由离开市场的权利同样很重要。当美国的航空业受联邦政府管制时,即使航空公司在某些市场上是亏损的,往往仍要在这些市场上提供服务。如果企业发现进入某个市场后将很难退出或者不可能离开,他们将不愿意轻易进入这个新市场。于是,退出壁垒也成了进入壁垒。因此,如果没有适度的自由进入和退出,那么亚当·斯密提出的"看不见的手"理论将无法成立。

尽管前面提到了进入壁垒,但是现实中,美国大多数市场上的生产者都享有很高的市场准入度。因为自由进入是完全竞争市场的一大特征,所以除非特别说明,我们一般假设这一前提成立。

> **重点回顾:"看不见的手"理论**
>
> 在市场经济中,价格的分配和配给功能引导资源流向其最有价值的用途。价格影响每种产品的产量(分配功能)。不断有企业进入那些价格很高足以维系经济利润的行业,离开那些价格很低导致经济损失的行业。价格还将现有的产品供给引导至对其估价最高的买主处(配给功能)。
>
> 如果企业在某个行业能获得正经济利润,那么该行业倾向于吸引新的企业进入,从而行业的供给曲线将向右移动。如果企业在某个行业承受经济损失,那么身处其中的企业倾向于离开该行业,从而使行业的供给曲线向左移动。在这两种情况下,供给曲线都将持续移动直至经济利润为零。在长期均衡时,出售给买主的最后一单位产品的价值等于生产该产品的边际成本,此时不可能找到一笔额外的交易使买卖双方均获益。

经济租金与经济利润

比尔·盖茨可以说是地球上最富有的人,他之所以能获得巨额财富很大程度上是因为兼容性问题,这一技术壁垒使竞争对手无法在很多由微软主导的软件市场上与其开展有效竞争。但是,也有很多人在不存在显著进入壁垒的市场上获得了令人难以置信的财富。如果市场力量迫使经济利润趋于零,那么上面提到的这些人是如何致富的?

要回答这一问题就必须理解经济利润与**经济租金**之间的区别。很多人认为租金就是他们支付给土地所有者或者家用冰箱供应商的金额,然而,经济租金这一术语的含义却与此不同。经济租金是生产者在投入品上的支出额超出供应商对该投入品所持的保留价格的部分。例如,假设土地所有者对一英亩土地所持的保留价格为 100 美元/年。这意味着,只要他获得的金额不低于 100 美元,他就愿意把土地租赁给农民;但如果他获得的金额低于 100 美元,那么他宁可让土地闲置。假设某个农民支付给他的金额不是 100 美元而是 1 000 美元,那么土地所有者从中获得的经济租金将等于 900 美元/年。

经济利润与经济租金非常相似,因为它也能被看作某人获得的金额(企业主的总收入)与其对继续经营所持的保留价格(所有成本的总和,既有显性成本也有隐含成本)之间的差额。但是,竞争能迫使经济利润趋于零,却不能对那些数量有限、得来不易的投入品的经济租金产生同样的影响。例如,尽管一年到头土地的租赁费用可能总是显著高于土地所有者的保留价格,尽管每年也有一些新的土地进入市场,然而它们并不能通过竞争减少或消除经济租金。毕竟,土地的数量是有限的。

和土地一样,人也能获得经济租金。我们通过下面的例子加以说明。

> **例 7.4　经济租金**
>
> **一位厨艺高超的厨师能获得多少经济租金?**
>
> 某个地区拥有 100 家餐馆,其中 99 家聘用的是厨艺平平、年薪为 3 万美元的厨师(与他们在对其具有同等吸引力的其他行业所能获得的年薪相同)。剩下的第 100 家餐馆聘用的是一位厨艺高超的厨师。因为他的声誉,用餐者愿意多支付 50%(与愿意为普通厨师烹调的食物所支付的价格相比)。99 家聘用普通厨师的餐馆拥有相同的年收入,均等于 30 万美元,确保每家恰好能获得正常利润。如果那位厨艺高超的厨师在餐饮行业以外的就业选择与普通厨师相同,那么市场均衡时其雇主应当支付给他多少报酬?经济租金是多少?其雇主获得的经济利润是多少?
>
> 因为用餐者愿意为厨艺高超的厨师烹制的食物多支付 50%,所以其雇主将获得 45 万美元的年收入,而非 30 万美元。长期内,竞争将使厨艺高超的厨师每年获得 18 万美元的总收入——普通厨师所能获得的 3 万美元加上其作为厨艺高超的厨师所带来的 15 万美元额外收入。由于厨艺高超的厨师所持的保留价格等于他在餐饮行业之外所能获得的收入(根据假设,为 3 万美元/年),与普通厨师相同,因此他的经济租金为 15 万美元/年。其雇主获得的经济利润将等于零。

既然那位厨艺高超的厨师在餐饮行业之外的机会并不优于普通厨师,为什么还要支付给他如此高的报酬?假设其雇主只支付 6 万美元,而双方也都觉得这是一笔不错的薪酬——因为这已经是普通厨师的两倍了。那么,雇主每年能获得 12 万美元的经济利润——因为他的年收入比其他普通餐馆增加了 15 万美元,而成本却只增加了 3 万美元。

但是,这样的经济利润使其他餐馆的所有者看到了机会,他们将会出更高的价格挖走这名厨艺高超的厨师。例如,如果一家竞争餐馆的所有者愿意以 7 万美元的年薪聘请该厨师,那么这名厨师每年将获得 1 万美元净收益,其新雇主每年将获得 11 万美元的经济利润,而不再是原来的零经济利润。另外,如果厨艺高超的厨师是餐馆获得正经济利润的唯一原因,那么只要存在经济利润,对厨师的竞价就将继续。其他某个餐馆的所有者将会出价 8 万美元,另一个将会出价 9 万美元,依此类推。只有当技艺高超的厨师所获得的年薪使经济利润不再存在时(在例7.4中,年薪为18万美元),竞价才会结束,均衡才会实现。

当然,上述竞价过程有一个前提条件:那位厨师之所以厨艺超群是因为天赋异禀。如果相反,他的厨艺是在法国一所厨艺学校训练的结果,那么随着时间的流逝,他的优势地位将逐渐消失,因为其他厨师也可以通过类似的训练赶上甚至超过他。

> **重点回顾:经济租金与经济利润**
>
> 经济租金是生产者在生产要素上的支出额超出供应商保留价格的部分。与能被竞争逐渐推向零的经济利润不同,经济租金可以维持很长一段时间,尤其是对那些具有不易复制的特殊才能的要素。

现实中的"看不见的手"

为了使读者对"看不见的手"的运作过程有所认识,我们将通过现实生活中所观察到的一系列不同领域的例子来加以说明。在这些案例中,我们希望大家关注的焦点是:能使私人受益的机会不会长期无人开发。而这一点可能也正是"像经济学家一样思考"过程中最精华的部分。

在超市里和高速公路上的"看不见的手"

正如下面的例子所揭示的,"桌子上不存在现金"原理不仅适用于那些能以现金形式获得经济利润的机会,还适用于其他任何能实现更合意的结果的机会。

经济自然主义者7.1 为什么超市的交款队伍长度总是相差无几?

下次去商店购物时仔细留意一下交款处的队伍长度,你将会发现各队的长度基本相同。假设当你把购物车推向交款区时发现某一队明显比其他队伍短,你会选择哪一队?当然是短的那一队。因为所有的购物者都这么做,所以短的队伍不可能长时间维持长度短的优势。

练习7.2

使用"桌子上不存在现金"原理解释为什么在拥有若干行车道而又拥挤的高速公路上,所有行车道上车辆的行驶速度相同。

"看不见的手"与节约成本的创新

当经济学家谈到完全竞争市场中的企业时,他们脑海中浮现的是那些对市场总产出贡献很小以致无法对市场价格产生影响的企业。我们在第6章曾经解释过,这类企业经常被称为价格接受者:他们将其产品的市场价格视作给定的,然后在其边际成本等于该价格处进行生产。

竞争性市场中企业的这一特征留给我们一种印象——企业本质上是市场中被动的参与者。但事实上对于大多数企业而言并非如此。正如下面的例子所揭示的,虽然企业无法影响其产品的市场价格,但它们却有非常强大的动力去开发和引入节约成本的创新。

> **例 7.5　节约成本的创新对经济利润的影响**
>
> **短期内节约成本的创新如何影响经济利润？长期的影响又会怎样？**
>
> 　　40家商船公司指挥其超大型油轮将原油从中东运往美国。包括正常利润在内,每次往返的成本为50万美元。其中一家公司的工程师开发了一种更有效的推进器,能使每次往返的燃料成本节省2万美元。这一创新将如何影响该公司的会计利润和经济利润？在长期,利润的这些变化能维持吗？
> 　　短期内,单个企业的成本减少将不会对海运服务的市场价格产生影响。因此,拥有更节能的推进器的企业每次往返将获得2万美元的经济利润(因为其总收入与之前相同,而现在的总成本却减少了2万美元)。但是,当其他公司得知这个新发明后,它们也都会开始采用新设计,从而使它们的个体供给曲线向下移动(这些企业每次往返的边际成本将减少2万美元)。这些个体供给曲线的移动将使市场供给曲线发生移动,进而使海运的市场价格降低,作为创新起源的那家公司将面临经济利润下降的局面。当所有企业都采用新的节能设计后,行业的长期供给曲线将向下移动2万美元(每次往返),每家公司只能再次获得正常利润。在该点,任何没有采用新推进器的公司每次往返将承受2万美元的经济损失。

进行节约成本的创新以获得经济利润是经济中最强大的动力之一。根据"看不见的手"理论可知,企业之间的竞争能够确保节约的成本在长期最终会传递给消费者,这也正是创新的魅力所在。

▼ 均衡与社会最优之间的区别

均衡原理(或者"桌子上不存在现金"原理)告诉我们,当市场达到均衡时,不会再有能使个体获益的机会。这一原理意味着,人们所拥有的资源的市场价格最终将充分反映其经济价值(正如我们在后续章节将看到的,对于那些不属于任何人的资源而言,上述理论将不再适用,如公海中的鱼)。

有时,人们会对"桌子上不存在现金"原理产生误解,认为市场上绝不会有任何盈利的机会。例如,曾经有一个非常有趣的故事：两位经济学家正准备吃午餐,在前往餐厅的途中,他们发现在人行道上有一张100美元的钞票。当其中一位较为年轻的经济学家弯下腰,捡起这张钞票的时候,他那位年长的同事制止了他,说："这不可能是100美元的钞票。"年轻人问："为什么？"年长的经济学家回答说："如果这是一张100美元的钞票,早就有人把它捡走了。"

"桌子上不存在现金"原理并不是指"绝不会有任何未开发的机会",而是指当市场处于均衡时,不再有任何未开发的机会。因此,当人行道上偶尔出现100美元时,第一个发现并捡起它的人将获得一笔意外的收入。类似地,当一家公司的盈利前景改善时,首先认识到这一机会的人将迅速购买该公司的股票,进而获得一笔可观的收入。

尽管如此,"桌子上不存在现金"原理还是非常重要的。它告诉我们,要想获得巨额回报,只有三种途径:非常努力地工作;拥有非同寻常的技能、才干或者接受过特殊的训练;非常幸运。那位在人行道上发现大额钞票的人就是个十足的幸运儿,很多股民与这位年轻的经济学家非常相像,他们能获得高于平均水平的投资业绩基本上就是靠运气。当然,也有一些投资者是靠努力钻研或者自己的特殊才能获得成功的。例如,富有传奇色彩的投资大师沃伦·巴菲特(Warren Buffett)花费了大量时间研究公司的年度财务报告,凭借对这些信息的独到见解,其投资组合的价值在过去60年中几乎比股市平均值高出3倍。与此形成鲜明对比的是,其他很多投资者同样努力钻研,却没能超越市场平均水平。

但是,在这里有必要强调,均衡只是指市场不再存在能使个体获益的机会。但是,从整个社会的角度来看,市场均衡时的资源配置并不一定是最优的。

对个人是明智之举,对所有人却是不智之举

亚当·斯密提出过一个非常深刻的见解——个体对自我利益的追求经常能促使社会利益增加。但是,现代很多斯密的信徒误解了他的意思,认为任何情况下个体对私利的追求都能实现社会利益最大化。请注意,斯密并没有说"任何情况下"这一观点都成立。例如,他在书中曾经非常详细地描述那些被"看不见的手"所指引,"达成的结果超出其关注范围"的企业家。

> 当社会不属于企业家关注的范围时,最终结果未必总是糟糕的。比起刻意地关注社会,企业家在追逐私利的过程中经常能更有效地促进社会利益的增加。

正如斯密已经意识到的,个体对私利的追逐也会与社会利益发生冲突。在第3章中,我们在讨论经济利益的冲突时,曾以产生环境污染的活动作为例证,这种污染环境的行为可以用"对个人是明智之举,对所有人却是不智之举"来描述。正如下面的例子所揭示的,在盈利预测方面进行高额投资也是一种"对个人明智,对所有人不智"的行为。

经济自然主义者7.2 对公司盈利进行预测的聪明人是否"太多"了?

股票分析家使用复杂的数学模型来预测公司的盈利。他们在模型开发上投资得越多,模型的精确度也将越高。因此,如果某位分析家的模型能比其他人的模型更快更准地预测公司的盈利,那么他将能通过购买价格即将上升的股票获得一笔可观的收入。然而,我们知道,股价对新信息的反应速度非常快,以致预测速度稍慢的模型发挥不了什么作用。为了最快地预测公司盈利,每位股票分析家都将有非常强大的动力对其模型进行大额的投资。这种动力所产生的结果是否就是对预测模型的社会最优的投资水平呢?

超过某一点后,预测速度的增加对整个社会而言收益很小,因为当股票价格慢慢运动至合适的水平时,社会的利益并不会损失多少。如果所有的股票分析家都减少他们在预测模型上的投资额,那么还是会有某个人的模型能做出成功的预测,那些原本用于润色模

型的资源就可以被投向其他更有价值的用途。然而，如果某个分析家在模型上的投资额少于其他人，他就可以确定成功的预测必定不属于自己。

在上面描述的情形中，"看不见的手"扭曲了资源的配置，因为个体从这项投资中获得的收益超过了整个社会所获得的收益。在后面的章节，我们将讨论一系列具有类似性质的投资行为。一般而言，在市场行为中个体所承担的成本是否与社会承担的成本一致，以及个体从市场行为中获得的收益是否与社会获得的收益一致直接决定"看不见的手"的效率。虽然有上述例外，但是不可否认的是，在竞争性市场上运作的强大力量的确能促使社会利益实现最大化。

市场均衡与效率

私人市场自身并不能保证大多数人认为公平的收入分配会为所有人带来清洁的空气、畅通的高速公路或者是安全的居住环境。

事实上所有成功的社会中，市场在某些情况下是被积极的政府干预所代替的。如果能知道哪些任务由私人市场负责比较合适然后让市场去运作，那么我们总能非常有效地完成目标。不幸的是，由于市场不能解决全部问题，很多批评家做出了"市场不能解决任何问题"的荒谬论断。这种误解是非常危险的，因为它试图阻碍市场解决那些它本可以有效处理的问题的进程。

本节我们的任务是探寻为什么很多事情最好由市场来解决。我们将研究在怎样的条件下，不受管制的市场能产生最大的经济剩余，并将讨论为什么干预市场的行为经常会导致不理想的后果。

我们在第3章曾经提过，市场能够协调一系列复杂的产品与服务的生产，仅这个理由就足以让我们惊叹许久。然而，在不考虑我们在前面章节讨论的污染及其他外部性的情况下，经济学家提出了更强的观点——市场不仅能够生产这些产品，还能以尽可能有效的方式生产。

当经济学家使用**有效**这个术语时，其意义比较狭隘，只局限于一定的领域。当我们说市场均衡有效时，意思非常简单：如果价格和数量偏离了均衡值，那么总能找到一笔交易至少使一些人的状况变好而不使其他人的状况变差。这一效率概念又称为**帕累托效率**，因为它是由19世纪意大利的经济学家帕累托提出的。

为什么市场均衡在这个意义上是有效的？答案在于：当市场偏离均衡位置时，总可以构建一笔至少能帮助一些人而不伤害其他人的交易。例如，假设牛奶的供给曲线和需求曲线如图7.11所示，每加仑牛奶的现价为1美元。在这一价格水平下，卖主每天只愿意提供2 000加仑牛奶。边际买主对额外1加仑牛奶所持的保留价格为2美元——对应需求曲线上2 000加仑处的价格，这意味着该消费者愿意为额外1加仑牛奶支付2美元。我们还知道，生产额外1加仑牛奶的成本仅为1美元——对应供给

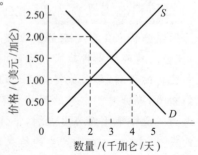

图7.11 价格低于均衡水平时的市场

在该市场上，每加仑牛奶的现价为1美元，比均衡价格1.5美元低0.5美元。

曲线上2 000加仑处的价格,这意味着提供额外1加仑牛奶的边际成本为1美元。

此外,每加仑牛奶1美元的价格导致每天2 000加仑的超额需求,这意味着在该价格下,很多买主没能如愿购买到他们所需要的数量。现在,假设某个卖主以1.25美元的价格将额外1加仑牛奶出售给最迫切的买主,如图7.12所示。因为额外1加仑牛奶的生产成本仅为1美元,所以卖主的净收益将增加0.25美元。同样,因为最迫切的买主对额外1加仑牛奶所持的保留价格为2美元,所以他的净收益将增加0.75美元。简言之,这笔交易创造了额外的1美元经济剩余。

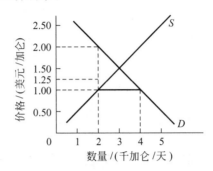

图7.12　超额需求如何创造一个能使剩余增加的交易机会

在每加仑1美元的市场价格下,最迫切的买主愿意为额外1加仑牛奶支付2美元,而生产者生产额外1加仑牛奶所需的成本只有1美元。如果买主和卖主最终以1.25美元的价格成交,那么买主能获得0.75美元经济剩余,而卖主则能获得0.25美元经济剩余。

注意,这笔交易没有损害其他买主和卖主的利益。因此,以每加仑1美元的价格出售牛奶不可能是有效的。正如下面的练习所揭示的,每加仑1美元的售价并没有特殊之处。事实上,只要每加仑牛奶的售价低于1.5美元,我们就能设计一个类似的交易,这意味着任何低于每加仑1.5美元的售价都不可能是有效的。

练习7.3

在图7.11中,假设每加仑牛奶最初的售价为50美分。描述一笔既能为买卖双方创造额外的经济剩余又不会对其他人的利益造成损害的交易。

此外,当价格高于市场均衡水平时,我们也总能设计一笔可以为买卖双方创造额外经济剩余的交易。例如,假设市场上每加仑牛奶的现价为2美元,如图7.13所示。在该价格下,每天将出现2 000加仑的超额供给。假设其中那位最迫切的卖主以1.75美元的价格将1加仑牛奶出售给支付意愿最高的买主。由于这位买主本来愿意以2美元购买该产品,因此相对于交易前,他获得了0.25美元的净收益。同样,由于卖主本来愿意以1美元的价格(日产量为2 000加仑时的边际成本)出售该产品,因此相对于交易前,他获得了0.75美元的净收益。与每加仑牛奶的价格为1美元时相比,新交易创造了1美元额外的经济剩余,且没有损害其他买主和卖主的利益。由于我们在任何一个高于均衡水平的价格下都可以设计一笔相似的交易,因此高于1.5美元/加仑的售价不可能是有效的。

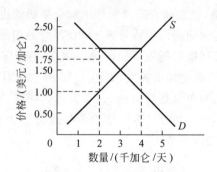

图 7.13　超额供给如何创造一个能使剩余增加的交易机会

在每加仑 2 美元的市场价格下,对于那些没能如愿售出产品的卖主而言,生产额外 1 加仑牛奶所需的成本只有 1 美元,比买主愿意支付的价格低 1 美元。如果买主和卖主最终以 1.75 美元的价格成交,那么买主能获得 0.25 美元经济剩余,而卖主则能获得 0.75 美元经济剩余。

通过运用供给曲线和需求曲线的纵向解释,"市场只在均衡价格处有效"的原因就一目了然了。当价格高于或低于均衡水平时,市场的交易量必定低于均衡数量。如果价格低于均衡水平,那么成交量就等于卖主的供给量。如果价格高于均衡水平,那么成交量就等于买主的需求量。在上述任何一种情况下,需求曲线在交易量处的纵截距(买主对额外一单位产品所持的保留价格)必然大于供给曲线在交易量处的纵截距(卖主生产该单位产品的边际成本)。

因此,只有在市场均衡价格处,买主和卖主才无法再构建可以使剩余增加的交易。换言之,市场均衡价格产生了最大的经济总剩余。从这一特殊而有限的意义上说,自由市场能有效地生产和配置产品与服务。

事实上,即使在如此有限的意义上主张"市场总是有效",这种观点仍有待商榷。这一主张当且仅当买主和卖主具有完全信息、市场完全竞争、需求曲线和供给曲线满足某些其他特定约束时才能成立。例如,当作为市场供给曲线基础的个体边际成本曲线没有包含与生产过程相关的所有成本时,市场均衡将不再有效。正如我们在第 3 章所看到的,如果生产造成了有害的污染,那么扩大产量的真实成本将高于市场供给曲线所显示的成本。因此,均衡产出将高于有效产量,均衡价格也将低于有效价格。

同理,当作为市场需求曲线基础的个体需求曲线没有包含购买额外的产品所带来的全部收益时,市场均衡也将不再有效。例如,如果某人对观赏性植物的支付意愿只取决于他本人获得的享受而与其邻居可能获得的收益无关,那么观赏性植物的市场需求曲线将会低估其真实价值。观赏性植物的均衡数量将低于有效数量,均衡的市场价格也将低于有效价格。

在后续章节,我们将更详细地研究这些市场失灵的情况。而现在,我们仍然把研究的焦点放在需求曲线包含所有相关收益、供给曲线包含所有相关成本的完全竞争市场上。对于这类产品,从之前描述的最大化经济剩余的意义上说,市场均衡总是有效的。

效率不是唯一的目标

"市场均衡实现经济剩余最大化"确实是市场经济的一个引人注目的特征。但是,请牢记"有效"并不等同于"好"。例如,牛奶市场在每加仑 1.5 美元的价格处实现了均衡。

这是一个"有效"的均衡,但称不上是一个"好"的均衡,因为在该价格下,仍然有很多贫困家庭无法负担为子女购买牛奶的费用,事实上,有些家庭甚至无法为自己的孩子提供栖身之所。

效率这一概念是在买主和卖主的属性——他们的收入、偏好、能力、知识等——预先确定的基础上建立的。通过对个体的成本-收益决策的综合影响,这些属性推导出了经济中每种产品的供给曲线和需求曲线。如果我们关注某些属性(如收入)的分配不公问题,那么当发现"市场并不总能达到期望的结果"时,我们不会感到丝毫的惊讶。

例如,我们中的大多数人都同意以下的观点:如果所有人都拥有足够的收入来为自己的家庭提供富足的生活,那么世界将会更美好。"牛奶市场的均衡是有效的"这一论断的含义非常简单:收入既定的情况下,在均衡处我们不可能对牛奶的分配做出使一些人得益的同时又不损害其他人的利益的改变。

对此,市场经济体制的批评者可能会做出回应:即便如此,那又怎样?这些批评者指出,如果将某些成本强加给一部分人能够帮助那些尚未解决基本需要的人,就应当这么做。例如,大多数人都希望自己纳的税能被用于救济无家可归的人而不是眼睁睁地看着他们冻死。20世纪70年代末期,美国曾出现油价飞涨的局面,在"自由市场"和"政府干预"之间,政策制定者选择了后者——对家用燃油实施价格控制。大多数美国人都认同这种做法:为了保证社会的公平,政府应当对油价进行干预。

但是,经济学家所坚持的"市场有效性"观点则强调必然存在另一种优于价格控制的政策。如果对油价进行控制,市场将无法达到均衡,正如我们所看到的,这种做法舍弃了那些能使一部分人受益而不损害其他人利益的交易机会。

为什么效率应当是首要目标?

效率非常重要,原因不在于它本身就是大家追逐的一个目标,而在于它使我们能最大限度地实现其他所有的目标。只要市场偏离均衡,我们总能设法增加经济剩余。得到了这些额外的经济剩余,我们就得到了很多做其他事情所需的资源。

重点回顾:均衡、社会最优与效率

- 当市场达到均衡时,不会再有能使个体买主或卖主获益的机会。"桌子上不存在现金"原理描述的正是那些将市场推向均衡的强大力量。但是,即使所有市场都达到均衡,资源的配置也未必是社会最优的。当市场中个体参与者的成本或收益与整个社会的成本或收益不同时,均衡时的配置将不是社会最优的。
- 处于均衡状态的市场被称为有效或者帕累托有效,这意味着不可能找到另一种使一些人受益而不损害其他人利益的分配方式。
- 当市场偏离均衡(价格高于或低于均衡水平)时,交易量总是低于均衡水平时的成交量。此时,如果买者和卖者进行额外一单位产出的交易,那么结果将使双方都受益。
- 当买卖双方在均衡价格处开展交易时,市场中的经济总剩余实现了最大化。从这个意义上说,均衡是"有效"的,但这并不意味着均衡一定是"好"的。所有市场都可以实现均衡，但在均衡的市场上仍然有很多穷人由于缺乏收入而无法购买基本的产品和服务。尽管如此，市场达到均衡仍是非常重要的，因为当经济剩余最大化时，市场将拥有充足的资源来全面实现所有的目标。

限制价格调整的成本

价格上限

1979年，中东地区对石油供给进行了干预，导致家用燃油的价格暴涨，油价上升的幅度甚至超过100%。美国政府考虑到这种突然的价格上涨将严重影响美国北部地区的贫困家庭，因此对家用燃油实施了价格上限。这一上限规定销售商在出售家用燃油时所收取的价格不得高于某一特定金额。

下面的例子揭示了为什么对家用燃油设定价格上限不是一个好主意（尽管政府的初衷是好的）。

例7.6　燃油的价格上限

对家用燃油实施价格上限政策将造成多大浪费？

假设家用燃油的需求曲线和供给曲线如图7.14所示，每加仑燃油的均衡价格为1.4美元。假设在该价格下，很多贫困家庭无法足额获得取暖所需的燃油。立法者考虑到这些穷人的利益，通过了一项法案，规定每加仑燃油的最高价格为1美元。这项政策将使社会承受多少经济剩余损失？

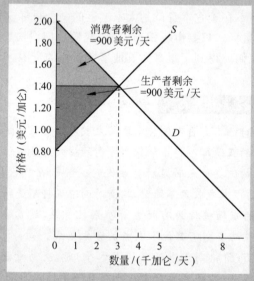

图7.14　不受管制时，家用燃油市场的经济剩余

图中的供给曲线和需求曲线决定了家用燃油的均衡价格为1.4美元/加仑，均衡数量为3 000加仑/天。消费者剩余对应图中上面的阴影三角形区域（900美元/天），生产者剩余对应图中下面的阴影三角形区域（也是900美元/天）。

首先，让我们计算没有实施价格控制时的经济总剩余。如果市场不受管制，那么在1.4美元的价格水平下每天将有3 000加仑牛奶售出。在图7.14中，买主得到的经济剩余对应着上面的阴影三角形区域。因为该三角形的高为0.6美元/加仑、底为3 000加仑/天，所以其面积等于(1/2)×(3 000加仑/天)×(0.6美元/加仑)＝900美元/天。生产者获得的经济剩余对应着下面的阴影三角形区域。因为该三角形的面积也等于900美元/天，所以市场的经济总剩余等于1 800美元/天。

如果每加仑燃油的价格不得超过1美元，那么每天的成交量将只有1 000加仑，经济总剩余也将减少，具体变化如图7.15中用斜线填充的三角形所示。由于该三角形的高为0.8美元/加仑、底为2 000加仑/天，因此其面积为(1/2)×(2 000加仑/天)×(0.8美元/加仑)＝800美元/天。生产者剩余将从不受管制时的900美元/天降到(1/2)×(1 000加仑/天)×(0.2美元/加仑)＝100美元/天（对应图7.15中位于下面的阴影三角形区域），损失了800美元/天。由此我们不难发现经济总剩余的损失额与生产者剩余的损失额相等，这一结果意味着管制后的消费者剩余与管制前相同。要证明这一点非常简单，注意到设定价格上限后的消费者剩余对应图7.15中位于管制价格上方的阴影区域，其面积就等于900加仑/天（提示：要计算这一区域的面积，首先将其分解为一个矩形和一个三角形）。因此，对油价实施价格管制政策的结果是使社会浪费了800美元的生产者剩余而没有创造额外的消费者剩余。

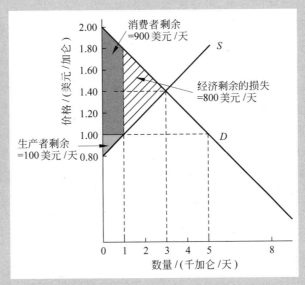

图7.15　价格管制导致的浪费
价格管制政策将家用燃油市场的产出限制在1 000加仑，导致经济总剩余损失了800美元/天（斜线三角形的面积）。

练习7.4

在例7.6中，如果价格上限不是1美元/加仑而是1.2美元/加仑，那么经济总剩余将减少多少？

出于某些原因，图7.15所展示的减少额事实上只是一个保守的估计。第一个原因是：例7.6的分析假设每天市场上出售的1 000加仑燃油都找到了对它们定价最高的买主——图中那些保留价格高于1.8美元/加仑的消费者。但是，因为保留价格大于1美元/加仑的所有消费者都想以上限价格购买，所以事实上很多燃油最终是由那些保留价格低于1.8美元的买主购得的。例如,假设在一个燃油销售点的等候队伍中有两位买主,排在前面的是保留价格为1.5美元/加仑的买主,排在后面的是保留价格为1.9加仑/美元的买主。如果这两位买主都想购买20加仑,并且第一位买主购得了当天所剩下的最后20加仑燃油,那么经济总剩余将比第二位买主购得这部分燃油时少8美元。

导致图7.15中经济总剩余减少的第二个原因是:短缺往往会促使买主采取一些成本高昂的行动来增加其享受服务的机会。例如,如果燃油的分销商早上6点开始出售产品,那么许多买主很可能提前几个小时到达以确保排在队伍的前面。然而,当所有的买主都承担提前到达的成本时,他们得到的燃油量并没有增加,也就是说,他们的成本并没有得到相应的补偿。

在"价格上限减少经济总剩余"这一事实面前,价格管制政策的支持者可能会辩解说:价格管制是公平的,因为它至少使一些低收入的家庭能以可承担的价格购买燃油。这种说法本身没错,但是它提到的公平目标完全可以用另一种成本更低的方式实现——增加低收入家庭的收入使其有钱购买燃油。

提到增加低收入家庭的收入,很自然地,人们会产生这样的疑问:"政治力量十分有限的穷人是否真的能得到用于购买燃油的收入转移?"如果除了收入转移外人们所拥有的另一个选择是成本更高的价格管制,那么这个问题的答案将是肯定的。毕竟,实施价格管制将使燃油的卖主每天损失800美元经济剩余。因此,这些卖主将愿意为避免价格管制支付一笔额外的税(低于800美元),政府可以把这笔额外的税收收入提供给穷人,对贫穷的家庭而言,这远比价格管制有益。

以上观点非常重要,但是它却经常被选民和政策制定者误解。为了加深对它的认识,下面我们将用另一种方式进行阐述。首先,把一个市场的经济剩余看作一张由各种各样的市场参与者分享的馅饼。图7.16(a)表示的就是当政府将每加仑燃油的价格限制在1美元时,燃油市场上所有参与者拥有的1 000美元经济总剩余(每天)。我们将这张馅饼分为两块R和P,分别表示富人和穷人得到的剩余。图7.16(b)表示的就是当家用燃油价格自由移动到均衡水平时,市场上所有参与者拥有的1 800美元经济总剩余(每天)。这张馅饼中富人和穷人所占的份额与左图相同。

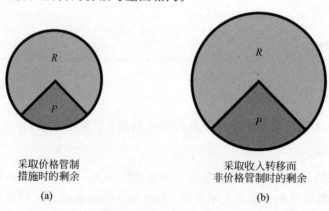

采取价格管制
措施时的剩余
(a)

采取收入转移而
非价格管制时的剩余
(b)

图 7.16 当馅饼更大时,所有人都能拥有更大的一块
任何减少经济总剩余的政策事实上也同时错失了使所有人状况变好的机会。

第7章 效率、交易与"看不见的手"

值得注意的一点是:因为右边的馅饼面积更大,相对于价格管制的情况而言,家用燃油市场上无论贫富,所有参与者能获得的馅饼都变大了。因此,富人会选择将额外的收入转移给穷人,而不会在燃油的市场价格上纠缠不清。

一联想到激励原理,价格管制的支持者可能就会反对收入转移政策,其依据是:对穷人的收入转移可能削弱人们努力工作的积极性进而在长期给经济造成巨大的成本。的确,在设计收入转移机制时会产生一些困难——对此我们将在后续章节详细讨论。但是,就目前而言,我们可以非常自信地说,存在不损害工作积极性的收入转移方式。其中一种便是"劳动所得的税收减免",它是对低收入工人工资的补充。在这种机制下,对穷人的收入转移总是比试图通过价格管制提高生活水准有效。

价格补贴

有时,政府试图通过对"基本"产品与服务的价格进行补贴来资助低收入消费者。例如,法国和俄罗斯就采用上述方法,对面包价格进行了补贴。但是,正如下面的例子所揭示的,这类补贴与价格上限相似,也减少了经济总剩余,因而是一种缺乏效率的做法。

例 7.7 补贴对经济剩余的影响

面包市场上实施的补贴使经济总剩余减少了多少?

一个小型岛国以世界价格 2 美元/条进口人们生活所需的面包。国内对面包的需求曲线如图 7.17 所示,如果政府为每条面包提供 1 美元的补贴,那么市场上的经济总剩余将会下降多少?

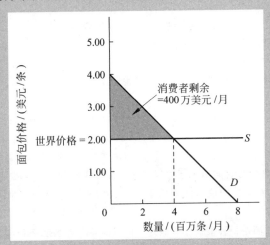

图 7.17 面包市场无补贴时的经济剩余

对于图中所示的需求曲线,消费者剩余(阴影三角形区域)为 400 万美元。这一数额也等于国内面包市场的经济总剩余,因为国内没有生产任何面包,生产者剩余为零。

无补贴时,市场上面包的均衡价格将等于世界价格 2 美元/条,均衡数量将等于 400 万条/月。图 7.17 中的阴影三角形表示的是国内面包市场上买方的消费者剩余。该三角形的高为 2 美元/条,底为 400 万条/月,因此其面积为 (1/2)×(400 万条/月)×(2 美元/条)=400 万美元/月。由于该国可以在世界价格 2 美元/条下进口任意数量的面包,因此面包市场的供给具有完全弹性。因为对于卖主而言,每条面包的边际成本恰好与买主支付的价格相同,所以这一市场的生产者剩余为 0。经济总剩余恰好等于消费者剩余,即 400 万美元/月。

现在,假设政府先以 2 美元/条的价格从世界市场购买面包,然后以 1 美元/条的价格在国内市场出售。在较低的新价格下,买主的消费量将不再是 400 万条/月,而是 600 万条/月。面包市场上买主的消费者剩余将等于图 7.18 中较大的阴影三角形的面积:(1/2)×(3 美元/条)×(600 万条/月)= 900 万美元/月,比之前增加了 500 万美元/月。但是,我们必须注意,这种补贴不是免费的,而是有成本的,(1 美元/条)×(600 万条/月)= 600 万美元/月 的成本必须由纳税人来承担。因此虽然面包市场的消费者剩余比以前增加了,但是补贴计划所产生的净效应事实上使面包市场每月的经济总剩余减少了 100 万美元。

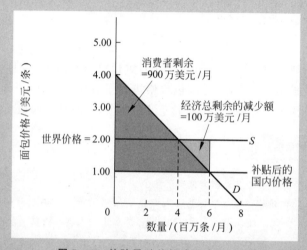

图 7.18 补贴导致的经济剩余的减少

因为面包的边际成本为 2 美元/条,所以在边际买主的保留价格等于边际成本(400 万条/月)处,经济总剩余实现最大化。在此基础上,每月增加 200 万条的消费量将使经济总剩余减少 100 万美元,对应图中较小的阴影三角形。

我们还可以从另一个角度理解为什么经济总剩余会减少。注意到,经济总剩余在边际买主的保留价格等于边际成本(400 万条/月)处实现了最大化,补贴使每月的消费量增加了 200 万条。每增加一单位消费量将带来 2 美元边际成本,同时给消费者带来低于 2 美元的价值(如图所示,消费量超过 400 万后需求曲线的纵向值低于 2 美元)。当每月消费量从 400 万条增加到 600 万条时,面包的边际成本与它对买主的价值之间的累积差额如图 7.18 中的小阴影三角形所示,等于 100 万美元/月。

经济总剩余的减少纯粹是一种浪费——从这一市场的参与者角度来看,它和"每个月某些人从银行中取出现金然后将之扔进火里"本质上没有任何区别。

练习 7.5

如果面包的补贴额被设定为 0.5 美元/条而非 1 美元/条,那么经济总剩余将会损失多少?

与面包补贴相比,给予低收入人群额外收入,然后让他们在公开市场上购买面包是一项更好的政策。补贴政策的支持者声称纳税人不愿意对低收入人群进行收入转移,显然,这一说法存在问题,难道人们就愿意忍受补贴这种比收入转移成本更高的方式?从逻辑上讲,如果选民愿意支持补贴,他们将会更愿意支持对低收入人群进行收入转移。

当然,从面包补贴中穷人的确获得了收益,因为他们以更低的价格购买到了面包,同时,用于融资的税收成本又主要由中高收入家庭承担。但关键在于用同样的成本,我们可以为穷人做更多的事。穷人的问题在于收入太少。因此,最简单也是最好的解决方案不是试图将产品价格设定在均衡价格以下,而是给予他们更多的收入。

重点回顾:限制价格调整的成本

为了帮助低收入消费者,政府通常会设定价格上限,并提供价格补贴,使住房及其他基本商品更实惠。这些政策使市场无法达到均衡,通常会减少总的经济盈余。

小结

会计利润是企业的收入与显性成本之间的差额。它与经济利润不同,后者是企业收入与显性成本、隐含成本之和的差额。正常利润是会计利润与经济利润的差额,它是企业主所提供资源的机会成本。

对经济利润的追逐就是在市场经济中指挥资源分配的"看不见的手"。如果企业在某个市场中能获得经济利润,那么额外的资源将流入该市场;如果企业在某个市场中承受着经济损失,那么资源将逐步流出该市场。如果新的企业进入一个充满获利机会的市场,那么该市场的供给曲线将向右移动,从而导致产品价格下降。价格将会持续下降直至经济利润消失。相反,如果企业离开一个使其遭受经济损失的市场,那么该市场的供给曲线将向左移动,从而导致产品价格上升。价格将持续上升直至经济损失消除。在长期,市场力量将使经济利润和损失趋于零。

经济租金是生产者在投入品上的支出超过供应商对该投入品所持保留价格的部分。例如,假设一位职业棒球选手至少需要10万美元年薪才愿意参加比赛,俱乐部实际支付给他的年薪为1 500万美元。那么,他每年能获得1 490万美元经济租金。"看不见的手"在长期将使经济利润趋于零,而经济租金则不然,它能持续很长一段时间——因为我们不可能复制出和德里克·杰特一样出色的选手。如果企业获得的杰出业绩是因为某些能干的人,那么其财务收益将最终以经济租金的形式转移给这些人。

有时,个人从一项投资中获得的收益与社会所能获得的收益是不同的。这种利益的冲突可能导致"对个人而言明智,对社会而言不智"的行为。尽管存在这样的例外,大多数时候,市场中"看不见的手"运作得还是非常好的。市场系统对社会最重要的贡献在于它迫使企业采用节约成本的创新。企业间的竞争确保在长期节约的成本最终能以收益的方式传递给消费者。

当市场的供给曲线和需求曲线反映了生产一种产品或服务的社会成本和收益时,对经济利润的追求不仅能确保现有产品在某个市场中实现有效分配（分配给个体买主），还能保证资源在市场间实现有效配置。对于任何一个偏离市场均衡的配置方案，我们都可以通过重新分配资源使一些人受益，同时不伤害其他人。

"桌子上不存在现金"原理意味着，如果某人拥有一种有价值的资源，那么该资源的市场价格将完全反映其经济价值。这一原理并不是说盈利的机会绝不会存在，而是指当市场均衡时这样的机会不可能存在。

经济总剩余是对市场参与者获得的收益的度量。它等于消费者总剩余和生产者总剩余的总和。市场均衡的一个非常引人关注的特征是它实现了经济总剩余的最大化。

效率不应等同于社会公平。如果我们认为人群中的收入分配不公平，那么基于这一收入分配的供给曲线和收入曲线相交所得的结果并不是我们想要的，即使它们是有效的。

即便如此，我们还是应当追求效率，因为它使我们能最大限度地实现其他所有的目标。只要市场偏离均衡，经济的"馅饼"就有继续做大的可能。饼做大了，每个人都能分到更大的一块。

政府为了帮助穷人，经常采取一些妨碍市场达到均衡的管制措施或政策，如价格上限、价格补贴和先到先得的分配机制。但是，这些机制减少了经济剩余，事实上，我们能找到其他更好的选择使富人和穷人都受益。穷人的主要问题在于他们的收入太少。因此，我们可以颁布提高穷人收入的政策，同时允许价格自由移动至均衡水平，而不是试图控制人们购买的产品的价格。有些人经常抱怨穷人缺乏实现这种收入转移的政治力量，那么他们必须解释为什么穷人有能力让政府实施比收入转移成本更高的管制。

名词与概念

accounting profit	会计利润	explicit costs	显性成本
allocative function of price	价格的分配功能	implicit costs	隐含成本
barrier to entry	进入壁垒	invisible hand theory	"看不见的手"理论
economic loss	经济损失	normal profit	正常利润
economic profit	经济利润	rationing function of price	价格的配给功能
economic rent	经济租金		
efficient(or Pareto efficient)	效率（或帕累托效率）		

复习题

1. 为什么一位每年能获得1 000万美元净收入的企业主声称他没有获得任何经济利润？
2. 为什么与20世纪60年代相比，现在美国大多数城市拥有的广播电台增加了，而修理收音机的商店却减少了？
3. 为什么市场力量能使经济利润趋于零，却不能使经济租金趋于零？
4. 为什么经济学家强调效率是公共政策的一个重要目标？

5. 假如你是一位议员,正面临一项政策的投票,该政策能使工人每年的经济剩余增加 1 000 万美元,但会使退休人员每年的经济剩余减少 100 万美元。要确保所有人的情况改善,还需要哪些额外的措施与政策相配合?

练习题

1. 判断正误,并解释原因。
(1) 经济格言"桌上不存在现金"意味着绝不会有任何未开发的经济机会。
(2) 当市场处于长期均衡时,竞争环境中的企业将不能获得任何会计利润。
(3) 如果企业引入节约成本的创新,那么它在短期内能获得经济利润。

2. 杰米在一所大学附近的小镇开了一家餐馆,每年能获得 5 000 美元收入,每年的费用如下表所示。

美元

劳动力	2 000	车辆的租金	150
食物和饮料	500	房租	500
电	100	设备贷款的利息	1 000

(1) 计算杰米每年所能获得的会计利润。
(2) 如果杰米选择当一名铝罐回收员,那么他每年将能获得 1 000 美元净收入。但是,与回收铝罐相比,他更喜欢开餐馆,事实上,他为了开餐馆而不用回收铝罐,愿意支付 275 美元。杰米能否从这家餐馆获得经济利润?他是否应当继续经营?解释原因。
(3) 假设餐馆的收入和各项费用不变,但是铝罐回收员每年的净收入上升到了 1 100 美元。杰米是否还能从这家餐馆中获得经济利润?解释原因。
(4) 假设在购买设备时,杰米使用的不再是以 10% 的年利率从银行贷得的 10 000 美元,而是他自己的 10 000 美元。那么,第 2 题(1)和(2)的答案将如何变化?
(5) 如果杰米选择当一名铝罐回收员,他每年能获得 1 000 美元,并且他对回收铝罐与开餐馆两种工作持中立态度。要获得正常利润,餐馆每年的收入还需增加多少?

3. 新奥尔良市有 200 家广告公司,其中 199 家聘任的是能力平平、年薪为 10 万美元的设计师。在这一薪酬水平下,199 家公司都只能获得正常利润,它们的年收入均为 50 万美元。然而,第 200 家公司聘任的是杰纳斯·雅各布斯(Janus Jacobs),一位技艺超群的设计师。这家公司也因为他的出色才干获得了 100 万美元的年收入。
(1) 雅各布斯的年薪将是多少?他的年薪中,哪一部分是经济租金?
(2) 为什么雅各布斯任职的那家广告公司无法获得经济利润?

4. 在一个贫困的棉花种植区生活的低技能工人面临两种选择:其一,在工厂工作,获得 6 000 美元的年收入;其二,成为一名租地种植棉花的农民。一个农民能耕作 120 英亩土地,每年为此支付的租金为 1 万美元。这样的土地每年能产出价值 2 万美元的棉花。每年,生产和营销棉花的非劳动力成本总计为 4 000 美元。当地的一位政治家以"优先考虑劳动人民"作为竞选口号,并保证如果当选,将会推行一项肥料、灌溉和营销机制,使农田的产量能够增加两倍而不给农民带来任何成本。

(1) 如果棉花的市场价格不受该政策的影响,棉花种植行业也不会因此而创造出新的工作岗位,那么在短期内,这一计划将会如何影响农民的净收入?在长期呢?

(2) 在长期,谁将获得这一机制带来的收益?他们每年将能获得多少?

5. 假设内布拉斯加州林肯市每周对二手DVD的需求曲线和供给曲线如下图所示。计算:

(1) 每周的消费者剩余。

(2) 每周的生产者剩余。

(3) 任意给定的一周内,林肯市的生产者和消费者为能够参与DVD的交易而愿意支付的最高金额。

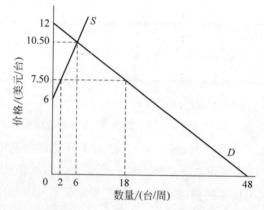

6. 参考第5题。假设林肯高中的学生会成功说服当地政府对二手DVD实施7.5美元的价格上限,他们的理由是当地的供给者对年轻人收取的价格过高。

(1) 计算每周由这一政策导致的二手DVD短缺量。

(2) 计算每周由价格上限政策所导致的经济总剩余损失。

7.* 一个小型岛国——伊斯兰地亚的政府以2美元/加仑的价格从国外进口燃油,然后以1美元/加仑的价格出售给居民。伊斯兰地亚对燃油的需求曲线用 $P=6-Q$ 表示,其中 P 为每加仑燃油的价格,Q 为每年的需求量(用100万加仑作为单位计数)。政府的这项政策将导致多少经济剩余损失?

8.* 参考第7题。假设100万伊斯兰地亚住户对燃油拥有相同的需求曲线。

(1) 每户居民的需求曲线是什么?

(2) 如果每户居民必须为每加仑燃油支付2美元而不是1美元,那么每户将损失多少消费者剩余(假设每户居民的预算没有发生改变)?

(3) 如果取消补贴制度,那么政府能节省一笔开支,从而能实施减税政策。计算每户

---

* 表示习题难度较高。

居民由此而减免的税额。

（4）如果政府放弃燃油补贴，实施减税政策，那么每户居民能比原来改善多少？

正文中练习题的答案

7.1 正如下表所示，现在，帕奇的会计利润变为1万美元——年收入2万美元与土地、设备租赁费以及支付给其他供应商的1万美元之间的差额。他的经济利润等于这一数额减去劳动力的机会成本——他担任商店经理每年所能获得的薪酬11 000美元。因此，现在帕奇每年所能获得的经济利润将变为负值，−1 000美元。他的正常利润与之前相同，仍等于他所提供的劳动力的机会成本11 000美元。尽管会计师可能会说，帕奇每年能获得1万美元的会计利润，然而，这一数额低于其活动的正常利润。因此，经济学家将会说，帕奇每年承受着1 000美元的经济损失。因为帕奇对两种工作的喜好程度相同，所以如果他选择放弃耕作转而从事经理工作，他每年将能获得1 000美元的净收益。

美元/年

总收入	显性成本	隐含成本	会计利润 （＝总收入− 显性成本）	经济利润 （＝总收入−显性 成本−隐含成本）	正常利润 （＝隐含成本）
20 000	10 000	11 000	10 000	−1 000	11 000

7.2 如果每条行车道上车辆的行驶速度不同，那么在较慢的行车道上行驶的司机将会转到较快的行车道以缩短行车时间。人们将会继续挖掘这样的机会直至每条行车道上车辆的行驶速度相同。

7.3 在50美分/加仑的价格下，每天将有4 000加仑的超额需求。假设卖主多生产1加仑牛奶（边际成本＝50美分），然后以1.5美元的价格将其出售给对该产品定价最高的买主（保留价格＝2.5美元）。买主和卖主的经济剩余都将增加1美元，这笔交易既不会伤害买主，也不会伤害卖主。

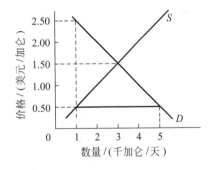

7.4 如下图所示，新的经济总剩余损失是200美元/每天。

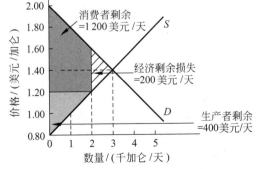

7.5 在每条面包 0.5 美元的补贴下,国内每条面包的价格变为 1.5 美元。剩余的损失等于图中小阴影三角形的面积:(1/2)×(0.5 美元/条)×(100 万条/月)= 25 万美元/月。

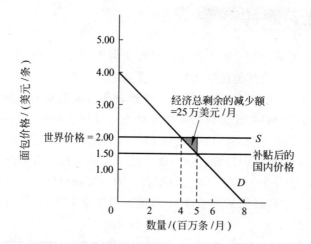

第3部分

不完全市场

第8章 垄断、寡头和垄断竞争
第9章 博弈论和策略性行为
第10章 外部性、产权与环境
第11章 信息经济学

微观经济学原理（翻译版·第8版）
Principles of Microeconomics, Eighth Edition

第 8 章

垄断、寡头和垄断竞争

> **学习目标**
>
> 学完本章后，你应该能够：
> 1. 区分三种不完全竞争行业，描述不完全竞争与完全竞争的差别。
> 2. 区别市场力量的五个来源。
> 3. 描述固定成本与边际成本的关系如何影响规模经济。
> 4. 运用边际成本和边际收益的概念找出使垄断者利润最大化的产出水平和价格。
> 5. 解释为什么垄断者的利润最大化产出水平对于全社会而言过低了。
> 6. 讨论为什么企业通常会向那些愿意跨越某些障碍的消费者提供折扣。
> 7. 讨论经常被用于自然垄断的公共政策。

几年前，很多人迷上了一种魔法游戏。为了玩这种游戏，你需要一副魔法牌，而这种魔法牌只能从游戏的发明者那里获取。但是，与那些只需花一两美元就可以从大多数商店买到的普通游戏牌不同，这种魔法牌的售价高达10美元。由于魔法牌的生产成本与普通游戏牌几乎没什么差别，因此这种魔法牌的生产者赚取了巨额经济利润。

在一个完全竞争的市场中，企业家会把这种经济利润视为"桌子上的现金"。它将诱使企业以稍微低于现价的价格向市场提供魔法牌，这一竞争过程将最终导致魔法牌和普通游戏牌一样，以大致等于生产成本的价格销售。但是，事实并非如此，到目前为止，魔法牌已经在市场上存在了多年，上述情况却没有发生。原因在于这种游戏牌具有版权，也就是说政府向游戏的发明者授予了一种排他性的销售许可证。

拥有版权的企业是不完全竞争企业的一个例子，它们是**价格的设定者**，因为这些企业在一定范围内有能力自行对产品设定价格。相反，完全竞争企业只是价格的接受者，它们无法对其产品的价格施加影响。

本章我们关注的是由不完全竞争企业构成的市场与完全竞争企业所在市场之间的区别。其中一个显著的差异是，在一定的环境下不完全竞争企业具有制定高于生产成本的产品价格的能力。但是，如果魔法牌的生产者可以随心所欲地定价，为什么它只把价格设定为10美元？为什么不是100美元，甚至1 000美元？我们会发现，即使一家公司是某种产品的唯一销售者,它的定价也不是绝对自由的。我们同样会看到,即使在长期,甚至是不存在政府保护(如版权保护)的情况下,不完全竞争企业也会设法赚取经济利润。最后,我们将分析在不完全竞争企业所构成的世界里,亚当·斯密"看不见的手"作用减弱的原因。

不完全竞争

完全竞争市场是一种理想的市场,而我们日常生活中所面对的市场实际上在很多方面都与理想状况相去甚远。经济学教科书通常将不完全竞争市场区分为三种类型。这种分类在某种程度上是武断的,但在分析真实的市场时能发挥很大的作用。

不完全竞争的不同形式

完全垄断是与完全竞争这一理想状态差异最大的竞争形式,这种市场只存在一家企业,它作为唯一的卖方销售其产品。例如,魔法牌的生产者就是一家完全垄断企业,许多电力供应商也具有完全垄断的性质。如果迈阿密的居民不从佛罗里达州电力公司购买电力,他们显然无法进行正常的工作与生活。在这两种极端的市场类型之间还有很多不完全竞争的市场类型,这里我们主要介绍其中两种:垄断竞争和寡头。

垄断竞争

在第6章我们了解到在完全竞争市场上,数量众多的企业生产的产品相互之间能够完全替代。相比之下,这里讨论的**垄断竞争**是这样一种市场结构:数量众多而又互相竞争的企业生产十分相近的产品,但是彼此不能完全替代。这些相互竞争的产品可能在很多方面很相似,但在一些消费者眼里,各自总能显现某些与众不同的特征。垄断竞争与完全竞争的一个共同点是:不存在阻止企业进入或退出市场的明显的壁垒。

垄断竞争行业的一个例子是地方性加油站。不同加油站售卖的汽油,化学成分大致相同,但是各个加油站不同的地理位置在消费者眼里形成了各自的重要特征。还有一个例子是便利店,尽管某一个商店货架上的很多商品在其他商店也有销售,但不同商店的商品清单并不完全一样。例如,有些商店销售 SIM 卡和彩票,有些商店则销售泡沫冷藏箱和手电筒。而且有时地理位置的差异对便利店形成不同特色的重要意义甚至比对加油站更显著。

读者不妨回顾在完全竞争市场中,一家企业要想制定比现行市场价格哪怕高一点的价格,它都将无法售出任何产品。但在垄断竞争市场中则完全不同。事实上,由于一家企业的产品不能完全替代竞争对手的产品,这家企业就可以稍微提高价格而不会失去所有顾客。

然而,这并不意味着垄断竞争企业可以在长期内获得经济利润。相反,由于新企业可以自由进入,垄断竞争行业在这方面实际上与完全竞争行业并无二致。如果在现行市场价格下,现有垄断竞争企业能够获得剩余的经济利润,新企业就有动力进入这个行业。越来越多的企业争夺有限的潜在顾客,致使价格产生下跌的压力。[①] 只要存在经济利润,新企业就会不断进入,价格也会不断下降。反之,如果垄断竞争行业内的企业开始时就遭受经济亏损,一些企业会选择退出该行业。只要存在亏损,企业就会不断退出,价格上升的压力会不断变大。因此在达到长期均衡时,所有企业的经济利润等于零——在这一点上,垄断竞争与完全竞争在本质上是相同的。

虽然垄断竞争企业在短期内拥有一定的自由来改变产品价格,但价格并不是它们面临的最重要的策略选择,更为重要的策略是如何使它们的产品与竞争对手的产品相区别。应该使产品尽可能与对手的产品相似吗?还是应该尽可能与之形成差异化?抑或居于二者之间?我们将在下一章讨论这些问题,并将重点分析策略选择的过程。

寡头

在完全竞争和完全垄断的市场过渡之间,还存在另一种典型的市场结构——**寡头**,其产业结构由少数几家大企业构成,它们供给整个市场。与大规模相伴相生的成本优势是形成完全垄断的一个重要因素。而我们现在讨论的寡头也是由这种阻止小企业参与有效竞争的成本优势所引发的一个典型的市场结构。

在一些情况下,寡头生产商销售没有差异的产品。例如,在无线电话服务市场中,AT&T 公司、Verizon 公司和 T-Mobile 公司提供的产品(服务)实质相同。另一个例子是水泥产业,寡头企业也销售实际相同的产品。在这些例子中,企业面临的最重要的策略选择或许不再是强调产品的具体特征,而是制定价格和制作广告。同样,我们将在下一章详细讨论这些策略选择的过程。

在另一些情况下,如在汽车行业和烟草行业,寡头们更像完全垄断者,而不像垄断竞争者,原因在于其产品的不同特征能显著地影响消费者需求。例如,大多数福特汽车的老顾客根本不会考虑购买雪佛兰汽车,抽惯骆驼烟的人很少抽万宝路烟。与生产无差别产品的寡头一样,这些行业的企业也把价格和广告作为重要的策略选择,但同时,它们也强调其产品的具体特征。

由于大规模生产具有的成本优势经常在寡头市场中扮演重要角色,所以不存在市场进入和退出能让经济利润变为零的情形。例如,考虑双寡头市场的情形,假设双方目前都存在经济利润,那么新企业会选择进入这个市场吗?可能会。但三家企业最终可能都会遭受经济损失,因为第三家企业的规模可能使它拥有比此前的两家企业更有效地供给市场的成本优势,从而大幅降低价格,最终使三家企业都遭受经济损失。因此,寡头不一定能获取经济利润。

下一节我们将看到,上述三种市场结构下,用于区分不完全竞争企业和完全竞争企业的本质特征是相同的。因此,下文用垄断者一词来指代上述任何一种不完全竞争企业。下一章,我们将具体分析寡头企业和垄断竞争企业面临的战略决策问题。

---

① 引自 Edward Chamberlin,《*The Theory of Monopolistic Competition*》(Cambridge, MA: Harvard University Press,1st ed.,1933,8th ed.,1962), and Joan Robinson,《*The Economics of Imperfect Competition*》(London: Macmillan,1st ed.,1933,2nd ed.,1969)。

完全竞争企业与不完全竞争企业的本质区别

在高级经济学课程中,教授们往往花大量时间分析不同类型的不完全竞争企业在行为上的细微差异。不过对我们而言,更重要的是将所有不完全竞争企业视为一个整体,去关注它们区别于完全竞争企业的唯一的共同特性——完全竞争企业所面对的是一条具有完全弹性的产品需求曲线,而不完全竞争企业面对的产品需求曲线则是向下倾斜的。

在完全竞争行业中,供给曲线和需求曲线相交,决定了市场的均衡价格。在这一价格水平下,完全竞争企业生产多少就能销售多少。它不会有制定高于市场价格的产品售价的欲望,因为如果这么做,它所有的产品都将卖不出去。同样,它的定价也不会低于市场价格水平,因为在市场价格下,它已经能够卖出所有的产品。因此,完全竞争企业的需求曲线是一条通过市场价格的水平直线,这一点我们已经在第 6 章看到过。

相比之下,如果一家地方性的汽油零售商——它是一个不完全竞争者——对一加仑汽油的定价略微高于其竞争对手,那么它的一些顾客将会弃它而去,不购买它的产品。但是其他顾客仍然会购买它的产品,有可能是他们为了能够继续在最方便的地方顺路加油而愿意支付这笔额外的费用。因此,一家不完全竞争企业面对的是一条具有负斜率的需求曲线。图 8.1 总结了完全竞争企业与不完全竞争企业所面对的需求曲线的不同之处。

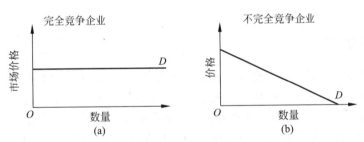

图 8.1 完全竞争企业与不完全竞争企业面对不同的需求曲线
图(a)描绘的是完全竞争企业所面对的需求曲线,它是一条通过市场价格处的具有完全弹性的需求曲线。图(b)描绘的是不完全竞争企业所面对的需求曲线,它是一条向下倾斜的需求曲线。

重点回顾:垄断竞争和寡头

垄断竞争行业由数量众多的小企业组成,它们提供在许多方面相似的产品,但在一些消费者看来,这些产品不能彼此完全替代。从长期来看,随着企业进入和退出市场,垄断竞争行业的经济利润逐步趋于零,这一点与完全竞争行业类似。

寡头行业由少数几家大企业构成,它们供给整个市场。在这里,大规模经营带来的成本优势显得十分重要。寡头企业既可能生产标准化产品,也可能生产差异化产品。

与各种不完全竞争情形下所有企业都面对向下倾斜的需求曲线不同,完全竞争企业面对的是条通过现行市场价格的水平的需求曲线。

市场力量的五个来源

对于那些具有向下倾斜的需求曲线的企业而言,我们有时候会认为它们拥有某种**市场力量**。市场力量是指企业设定其产品价格的能力。人们经常会误认为,拥有市场力量的企业能够在它所希望的任何价格水平售出任意数量的产品,而事实并非如此。拥有市场力量的企业所能做的只是沿着它的需求曲线选择某一种价格-产量的组合。如果企业决定提高产品价格,那么它必将面对销量下滑的局面。

为什么一些企业拥有市场力量而另一些企业却没有?由于市场力量经常与企业高于生产成本定价的能力联系在一起,因此这种力量一般是由一些限制竞争的因素所带来的。实际上,下面提到的五种因素经常会产生这种力量:对重要投入的排他性控制;专利与版权;政府许可与特权;规模经济和自然垄断;网络经济。

对重要投入的排他性控制

如果某一企业控制了生产某种产品的一种关键投入品,那么这家企业就会拥有市场力量。例如,一些租客为了能够在美国最高的建筑——世贸中心1号楼里获得办公空间,宁愿支付比现价更高的房租,从这种意义上说,可以认为世贸中心1号楼的所有者拥有市场力量。

专利与版权

专利授予新产品的发明者或改进者在特定时期内出售这种产品的排他性权利。通过让出售该产品的企业在一段时期内避免竞争,专利使创新者能够制定较高的价格以弥补产品研发成本。例如,一家制药公司为了寻求治疗某种恶性疾病的药物,投入了上百万美元进行研究。它研制的药物具有政府授予的专利,这让该公司可以在一段时期内(在美国是20年)避免竞争。在专利有效的时期里,只有专利持有者才可以合法销售这种药物。这种保护让专利持有者能够制定一个高于边际生产成本的产品价格,用以弥补药物的研发成本。版权也采用相同的方式保护电影、软件、音乐、书籍及其他出版物的作者。

政府许可与特权

约塞米蒂租赁服务公司从美国政府获得了在约塞米蒂国家公园提供住宿与租赁服务的排他性许可证。政府允许这一垄断存在的一个原因是为了最大限度地保护这一地区的自然环境不受破坏。事实上,约塞米蒂租赁服务公司的旅馆与茅屋建筑也确实没有令政府失望,这些建筑与当地的峡谷景色相映成趣。在那里,没有耀眼的霓虹灯或是广告牌这些与国家公园格格不入的东西。而在那些存在多个竞争者的公园,商家为了从旅游者身上赚取更多利润,各出新招,到处可见霓虹灯与广告牌。

规模经济和自然垄断

当一家企业将其所有的生产要素都扩大一倍时,它的产出会发生什么变化?如果产出也翻了一番,那么这家企业的生产过程体现了**规模报酬不变**的性质。如果产出的增长超过一倍,那么生产过程则体现了**规模报酬递增**,也称为**规模经济**。如果生产服从规模经济性质,那么生产的平均成本会随着产出数量的增加而下降。例如,在电力的生产过程中,使用大型发电机能够降低生产的单位成本。这类产品的市场趋向于只存在唯一一个或者在少数几个卖主,这是因为大量卖主的存在会带来更高的成本。由于规模经济而带来的垄断被称为**自然垄断**。

网络经济

虽然我们中的大多数人并不关心别人用什么品牌的牙线,但是确实有很多产品,随着用户群的日益扩大,它们对消费者带来的价值也越来越大。以社交媒体为例,使用某个社交媒体平台的人越多,其价值就越高。毕竟,社交媒体的目标是与他人联系。例如,Instagram 每月有超过 10 亿名活跃用户,其帖子有可能被大量用户看到。相反,如果 Instagram 的用户很少,而你也不认识他们,那么发帖的价值就会小得多。事实上,如果你的很多朋友不再使用 Instagram,你可能也会效仿。

类似的网络经济可以用来解释微软 Windows 操作系统的统治地位。前文我们曾提到过,目前大约 80% 的个人计算机安装的都是微软的 Windows 操作系统。由于微软初始的销售优势给予软件开发者强大的动力去为 Windows 编写软件,这导致目前基于 Windows 标准的软件数量远远多于基于其他任何一种竞争性操作系统的软件数量。尽管文字处理与表单软件等多用途软件仍然能够在多种操作系统下运行,但是专业化的软件与游戏通常把 Windows 标准作为首选甚至是唯一的标准。虽然在一些苹果机用户看来,Macintosh 操作系统更为优越,但是可使用软件数量上的悬殊及出于实现文件共享的兼容性方面的考虑,给了人们足够充分的理由去选择 Windows 操作系统。不过,正如苹果近年来的戏剧性的复兴所证明的那样,网络主导地位不一定是永久性的。

到目前为止,市场力量的这些来源中最重要、最持久的因素是规模经济与网络经济。受经济利润驱使,企业几乎总能够找到那些排他性投入的替代品。如果美国的高层建筑的租金可以上涨到足够高,那么最终一定会有些房地产开发商建造出比纽约的世贸中心 1 号楼还高的建筑。同样,企业经常能够通过生产在设计上存在细微差别的产品来绕过专利法的管制。在任何情况下,专利保护都只是暂时性的。而且,政府每年授予的特权数量也寥寥无几。只有规模经济具有广泛性与持久性。

稳固的网络经济同规模经济一样,也是自然垄断的一种长期来源。事实上,网络经济与规模经济有很多相似之处。当网络经济对消费者而言具有价值时,产品的质量就会随着用户数量的增加而提高,因此我们可以认为,随着销量的增加,给定的任何质量水平的产品都可以以更低的成本生产出来。这样,网络经济就可以被视为规模经济在生产上的另一种形式,这就是本章我们对网络经济与规模经济所持的看法。

> **重点回顾：市场力量的五个来源**
>
> 企业提高其产品价格而不会失去整个市场的能力来自五个方面的因素：对重要投入的排他性控制；专利与版权；政府许可与特权；规模经济和自然垄断；网络经济。到目前为止，其中最重要、最持久的因素是规模经济与网络经济。

规模经济与初始启动成本的重要性

我们在第6章已经看到，可变成本是指那些会随着产量水平的变化而变化的成本，而固定成本则与产出无关。例如，假设一家公司通过使用一种固定投入（资本）和一种可变投入（劳动力）进行生产，则它向资本支付的费用是固定成本，向劳动力支付的费用是可变成本。严格地说，长期中不存在固定成本，因为所有的投入都可以改变。不过实际上，初始启动成本在产品的生命周期中往往显得格外突出，一般被视为固定成本。例如，大部分涉及计算机软件生产的成本都是这种类型的固定成本——编写与测试软件所带来的一次性成本。一旦这些工作结束，软件的复制品就能以非常低的边际成本进行生产。像软件这样的固定成本高、可变成本低的产品，具有非常显著的规模经济特征。按照定义，固定成本不随产出的增加而增加，因此这类产品的平均总成本会随着产出增加出现明显的下降。

为了说明这一点，我们考虑这样一个生产过程，总成本由下式给出：$TC=F+M \cdot Q$，其中，F是固定成本，M是边际成本（在这个例子中，我们假设边际成本保持不变），Q是产出水平。对于这一具有简单总成本函数的生产过程而言，可变成本就是$M \cdot Q$，即边际成本与产量的乘积。平均总成本是TC/Q，等于$F/Q+M$。随着Q的增加，平均成本稳步降低，这是由于固定成本平均分摊到越来越多的产出之上。

图8.2展示了一个企业的总生产成本[图(a)]与平均总成本[图(b)]，其总成本曲线为$TC=F+M \cdot Q$，相应的平均总成本曲线为$ATC=F/Q+M$。平均总成本曲线[图(b)]显示，随着产出增加，单位成本逐渐下降。尽管对这个企业而言，平均总成本总是大于边际成本，但是二者之间的差距随着产出增加而变得越来越小。当产出处于非常

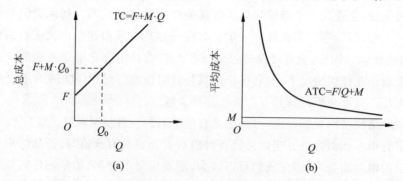

图8.2　具有规模经济的生产过程的总成本与平均总成本

对一个每年生产Q单位产品、总成本曲线为$TC=F+M \cdot Q$的企业来说，总成本[图8.2(a)]随着产出增加以恒定速度提高，而平均总成本[图8.2(b)]则随着产出增加而下降。对这个企业而言，平均总成本总是大于边际成本，但是在较高的产出水平下，二者之间的差距变得很小。

高的水平时,平均总成本就会与边际成本(M)相当接近。由于企业将固定成本平均分摊到数量巨大的产出之上,因此每单位产品上附着的固定成本就微不足道了。

正如例 8.1 与例 8.2 所说明的,规模经济的重要性取决于固定成本与边际成本相比是否十分巨大。

例 8.1　规模经济——较低的固定成本

任天堂与索尼电脑娱乐这两家视频游戏生产商的固定成本均为 20 万美元,每个游戏的边际成本都是 0.80 美元。如果任天堂每年生产 100 万个游戏产品,索尼电脑娱乐每年生产 120 万个索尼电脑娱乐产品,那么任天堂的平均总生产成本比索尼电脑娱乐高多少?

表 8.1 归纳了两家企业相关的各项成本状况。我们注意到最下面的一行显示,索尼电脑娱乐只比任天堂拥有 3 美分的平均成本优势。即使任天堂视频游戏的产量比索尼电脑娱乐低 20%,它也不会承受巨大的成本劣势,这是因为固定成本在总生产成本中只占了相对较小的一部分。

表 8.1　两家电脑娱乐游戏生产商的成本状况(1)

	任天堂	索尼电脑娱乐
年产量/个	1 000 000	1 200 000
固定成本/美元	200 000	200 000
可变成本/美元	800 000	960 000
总成本/美元	1 000 000	1 160 000
每个游戏产品的平均总成本/美元	1.00	0.97

当固定成本相对边际成本变得巨大和突出时,我们就会发现情况发生了变化。

例 8.2　规模经济——较高的固定成本

任天堂与索尼电脑娱乐这两家视频游戏的生产商的固定成本均为 1 000 万美元,每个游戏的边际成本都是 0.2 美元。如果任天堂每年生产 100 万个游戏产品,索尼电脑娱乐每年生产 120 万个游戏产品,那么任天堂的平均总生产成本比索尼电脑娱乐高多少?

现在,两个企业相关的各项成本状况归纳在表 8.2 中。最后一行显示,游戏站比索尼电脑娱乐拥有 1.67 美元的平均总成本优势,这比例 8.1 中的成本优势大得多。

表 8.2　两家视频游戏生产商的成本状况(2)

	任天堂	索尼电脑娱乐
年产量/个	1 000 000	1 200 000
固定成本/美元	10 000 000	10 000 000
可变成本/美元	200 000	240 000
总成本/美元	10 200 000	10 240 000
每个游戏产品的平均总成本/美元	10.20	8.53

表 8.3　两家视频游戏生产商的成本状况（3）

	任天堂	索尼电脑娱乐
年产量/个	500 000	1 700 000
固定成本/美元	10 000 000	10 000 000
可变成本/美元	100 000	340 000
总成本/美元	10 100 000	10 340 000
每个游戏产品的平均总成本/美元	20.20	6.08

如果两家企业生产的视频游戏本质上没有差别，那么索尼电脑娱乐显然可以在收回成本的前提下制定更低的价格，这一事实将会使顾客放弃任天堂而选索尼电脑娱乐。随着越来越多的市场份额被索尼电脑娱乐占据，它的成本优势将会自我加强。表 8.3 显示，50 万个游戏产品从任天堂转向索尼电脑娱乐之后，任天堂的平均总成本将会上升为每个产品 20.2 美元，而索尼电脑娱乐的平均总成本则会下降为每个产品 6.08 美元。在如此严重的成本劣势下，企业无法长期生存的事实解释了目前游戏市场上只存在少数几家企业的现象。

练习 8.1

如果索尼电脑娱乐每年销售 200 万个游戏产品，而任天堂只销售 20 万个游戏产品，那么索尼电脑娱乐的单位成本优势有多大？

最近几十年来，世界经济发展的一种重要趋势是，我们购买的产品与服务所包含的价值中，研发的固定投资所占的比例在不断增加。例如，1984 年，一台计算机 80% 的成本是硬件（边际成本相对较高），剩余 20% 的成本是软件。而 1990 年，这一比例发生了逆转。在计算机软件行业（其产品在普通制造品中所占的比例不断上升），固定成本现在大约占总成本的 85%。

经济自然主义者 8.1　为什么个人计算机所使用的绝大部分微处理器都是英特尔的产品？

目前，生产一种新的尖端微处理器（如英特尔的 Core i9-9900 ks 芯片）所需的固定投资高达数十亿美元。但是，芯片的设计与制造设备的建设一旦完成，生产一单位芯片的边际成本只是几美分。这种成本结构可以解释，为什么英特尔公司目前能够在微处理器市场上占据近 80% 的市场份额。

随着固定成本变得越来越重要，由产出只占产业总产出很小比例的很多小企业构成的完全竞争型市场结构变得不大常见了。由于这种原因，我们必须对拥有市场力量的企业行为与完全竞争企业行为之间的差异有清楚的认识。

> **重点回顾：规模经济与固定成本的重要性**
>
> 为了将产品成功推向市场，研究、设计、开发及其他固定成本占总成本的比重越来越大。对于固定成本很高的产品来说，边际成本经常会明显低于平均总成本，随着产出增加，平均总成本一般会迅速降低。这种成本结构可以解释为什么很多产业由一家或少数几家企业所统治。

垄断者的利润最大化

不管企业是价格接受者还是价格设定者，经济学家假设企业的基本目标都是追求利润最大化。只要扩大产出的收益大于成本，两种类型的企业都会扩大产出。而且，这两种类型的企业计算边际成本的方法也相同。

看一下扩大产出所带来的收益，我们就会发现两类企业的利润最大化决策是不同的。不管是完全竞争型企业还是垄断型企业，扩大产出的边际效益都是指企业销售额外一单位产品所能获得的额外收益。对这两种类型的企业而言，这种边际效益都被称为企业的**边际收益**。对于完全竞争企业，边际收益实际上就等于产品的市场价格。如果市场价格是 6 美元，那么销售额外一单位产品的收益就是 6 美元。

垄断者的边际收益

但是对垄断者来说，情况并不是这样。对垄断者而言，销售额外一单位产品的边际收益要小于市场价格。在接下来的讨论中我们将会明白，造成这一事实的原因在于，尽管完全竞争企业能够以市场价格出售任意数量的产品，但是垄断者要想多售出一单位产品就必须降低价格——这一降价行为影响的并不只是额外的那一单位产品，而是包括了当前出售的所有产品。

例如，我们假设一个垄断者的需求曲线如图 8.3 所示，它当前正以每单位 6 美元的价格出售 2 单位产出。那么它出售额外一单位产出的边际收益是多少？

这个垄断者通过每周销售 2 单位产出，总收益为（6 美元/单位）×（2 单位/周），即每周 12 美元。如果每周销售 3 单位产出，它的总收益将是每周 15 美元。二者之间的差距（每周 3 美元）就是每周销售第 3 单位产出的边际收益。我们注意到，这个数字不仅小于原来的价格（6 美元），而且小于新的价格（5 美元）。

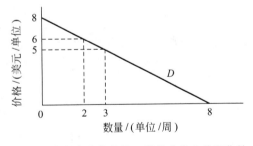

图 8.3　垄断者出售额外一单位产出的边际收益
通过以每单位 6 美元的价格出售 2 单位产出，垄断者每周的总收益为 12 美元。如果以每单位 5 美元的价格出售 3 单位产出，垄断者每周可以获得 15 美元。在这种情况下，销售第 3 单位产出的收益将是 15 美元－12 美元＝3 美元，小于单位产出的售价 5 美元。

练习8.2

如图8.3所示,如果该垄断者将产出从每周3单位扩大到4单位,计算它的边际收益。如果产出从每周4单位扩大到5单位,边际收益又是多少?

表8.4 垄断者的边际收益

数量	边际收益/(美元/周)
2	
	3
3	
	1
4	
	−1
5	

具有图8.3中需求曲线的垄断者,当产出从2单位扩大到3单位、从3单位扩大到4单位、从4单位扩大到5单位时,其边际收益分别是3美元、1美元和−1美元。我们把这些结果制成表的形式,如表8.4所示。

请注意,表中边际收益的值显示于与之相关的两个产出数量之间。例如,当企业将产出从每周2单位扩大到3单位时,它的边际收益是3美元。严格地说,这里列出的边际收益并不是与任何一个产出数量之间存在关系,而是与这些产出之间的变化相关,因此边际收益在表中的位置就应该处于不同的产出数量之间。类似地,当产出从每周3单位扩大到4单位时,企业获得了1美元的边际收益,这一数字就位于产出数量3与4之间,其他情况下的边际收益也按照同样的原则进行排列。

为了在图中将边际收益表示成产量的函数,我们设定,产量从每周2单位扩大到3单位所带来的边际收益(3美元),对应的产量值为2.5,之所以这么设定是由于2.5正好位于2与3之间。类似地,产量从每周3单位扩大到4单位所带来的边际收益(1美元),对应的产量为每周3.5单位;产量从每周4单位扩大到5单位所带来的边际收益(−1美元),对应的产量值为4.5单位。这样,我们就得到了边际收益曲线MR,如图8.4所示。

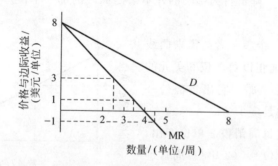

图8.4 用图形表示的边际收益

垄断者为了多销售一单位产品必须降低价格,这一降价行为影响的并不只是额外的那一单位产品,而是影响当前出售的所有产品,因此销售额外一单位产品的边际收益要小于产品的销售价格。

下面,我们将其推广到更具一般性的情形。考虑这样一个垄断者,它的需求曲线具有如下特征:纵截距是a,横截距是Q_0,如图8.5所示。这个垄断者的边际收益曲线的纵截

距也将是 a，其倾斜程度将是需求曲线的两倍。因此，它的横截距将不是 Q_0，而是 $Q_0/2$，如图 8.5 所示。

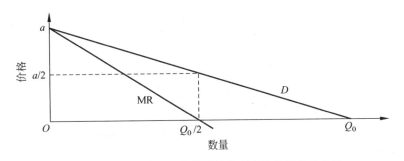

图 8.5　具有直线形需求曲线的垄断者的边际收益曲线
对于具有直线形需求曲线的垄断者，其相应边际收益曲线的纵截距与需求曲线的纵截距相同，而横截距只是需求曲线横截距的一半。

边际收益曲线也可以用代数形式表达出来。如果垄断者的需求曲线表达式为 $P=a-bQ$，那么它的边际收益曲线表达式就是 $MR=a-2bQ$。如果你已经具备微积分知识，那么需求曲线与边际收益曲线之间的这种代数关系可以很容易地推导出来①，不过即使没有学过微积分，你也可以通过列举一些数字进行计算来求解边际收益曲线的表达式。具体的方法是，首先将需求曲线表达式转换成图表的形式，然后在图上画出相应的边际收益曲线，最后把边际收益曲线写成数学表达式的形式。

垄断者利润最大化的决策准则

在推导出垄断者的边际收益曲线之后，我们现在的任务是描述垄断者如何选择能够最大化利润的产出水平。就像我们讨论完全竞争企业的情况一样，成本-收益原理告诉我们，只要扩大生产所带来的收益大于成本，垄断者就应该继续扩大产出。在当前产出水平下，扩大生产所带来的收益就是与这一产出联系在一起的边际收益。扩大生产的成本就是当前产出水平的边际成本。无论如何，只要边际收益大于边际成本，企业就应该扩大生产。反之，只要边际收益小于边际成本，企业就应该减少产出。在边际收益等于边际成本的产出水平上，利润实现最大化。

用上述方式来表达垄断者的利润最大化准则时，我们会发现，完全竞争企业的准则实际上是垄断者准则的一种特例。当完全竞争企业将产出扩大一单位时，它的边际收益就等于产品的市场价格（这是由于完全竞争企业能够扩大产出而不用降低所有产品的售价）。因此，当完全竞争企业使价格与边际成本保持相等时，它同时也使边际收益与边际成本保持相等。这样一来，两种情形的唯一重要差异与边际收益的计算有关。

---

① 对于已经学过微积分基础知识的人来说，边际收益可以表达成总收益对产出的导数。如果 $P=a-bQ$，总收益就是 $TR=PQ=aQ-bQ^2$，进而可以求出 $MR=dTR/dQ=a-2bQ$。

例8.3　边际收益

垄断者利润最大化的产出水平是多少?

考虑这样一个垄断者,它的需求曲线与边际成本曲线如图8.6所示。如果这家企业目前每周生产12单位产品,它应该扩大生产还是收缩生产?利润最大化的产出水平是多少?

在图8.7中,我们利用垄断者的需求曲线画出相应的边际收益曲线。边际收益曲线的纵截距与需求曲线相同,而横截距则是需求曲线的一半。我们注意到,在每周生产12单位产品的产出水平下,垄断者的边际收益是零,明显比它的边际成本3美元小。因此,垄断者可以通过收缩生产使边际收益等于边际成本(这时的产出水平为每周8单位产品),从而能够获得更高的利润。在这一利润最大化的产出水平下,企业的定价为每单位产品4美元,该价格是需求曲线上对应每周8单位产出的价格。

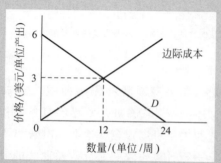

图8.6　垄断者的需求曲线和边际成本曲线

在当前每周12单位产品的产出水平下,价格等于边际成本。由于垄断者的价格总是要高于边际收益,因此这时的边际收益肯定小于边际成本,这意味着垄断者应该减少产量。

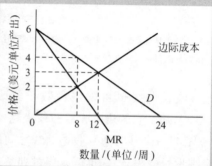

图8.7　垄断者利润最大化的产出水平

边际收益等于边际成本的产出水平是每周8单位产品,产品垄断者通过每周销售8单位实现利润最大化。利润最大化时的价格是每单位产品4美元,这一价格是需求曲线上对应利润最大化产出水平的价格。

练习8.3

某垄断者的需求曲线和边际成本曲线如右图所示,试求出该垄断者利润最大化时的价格与产出水平。

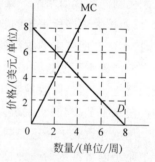

垄断者并不一定能获得经济利润

垄断者利润最大化时的价格总是要大于边际成本这一事实,并不能保证垄断者会获得经济利润。以本地宽带服务提供商为例,其需求曲线、边际收益曲线、边际成本曲线和平均总成本曲线如图8.8(a)所示。通过以每户45美元/月的价格为7万户家庭提供宽带服务,该垄断者实现了月利润最大化。在这一销售水平上,MR=MC,不过,这一价格比该公司每户55美元的平均总成本低10美元。这样一来,该公司对于所提供的宽带服务的经济损失为每月每户10美元,或每月总损失为10美元×70 000户=70万美元。

图8.8(a)中的垄断者之所以蒙受损失是因为它的利润最大化价格低于平均总成本

(ATC)。不过,如果垄断者的利润最大化价格高于平均总成本,那么该公司自然能够获得经济利润。以图 8.8(b)中的宽带服务供应商为例。该公司具有与图 8.8(a)中的公司相同的需求曲线、边际收益曲线与边际成本曲线。然而,由于图 8.8(b)中的公司具有较低的固定成本,其 ATC 曲线在每个产出水平上都要低于图 8.8(a)中公司的 ATC 曲线。在利润最大化价格为每户 45 美元的情况下,图 8.8(b)中的公司获得了每户 10 美元的经济利润,即每月 70 万美元的总经济利润。

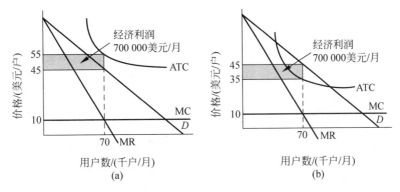

图 8.8 即使是垄断者也可能蒙受经济损失

图 8.8(a)中的垄断者通过每月向 7 万户家庭提供宽带服务来实现利润最大化,但在此过程中每月要蒙受 70 万美元的经济损失。图 8.8(b)中垄断者的利润最大化价格高于平均总成本(ATC),因此获得了经济利润。

重点回顾:垄断者的利润最大化

无论是完全竞争企业还是垄断企业,它们都是通过选择使边际收益等于边际成本的产出水平来实现利润最大化的。对于完全竞争企业来说,边际收益等于市场价格,而对于垄断企业来说,边际收益总是小于市场价格。只有在利润最大化产出水平下的价格高于平均总成本时,垄断企业才能获得经济利润。

为什么在垄断市场上"看不见的手"失效了?

我们在第 7 章讨论完全竞争市场的均衡状况时,得出了消费者和企业追求自我利益的行为与整个社会的利益保持一致的条件。下面我们来分析,在不完全竞争企业的情况下,相同的结论是否仍然成立。

我们以图 8.6 和图 8.7 中的垄断者作为考察对象。从社会的角度来看,这家企业的利润最大化产出水平是有效的吗?在任何给定的产出水平下,根据需求曲线得出的相应的价格代表购买者愿意为额外一单位产出支付的价值。当垄断者每周生产 8 单位产品时,对社会而言,额外一单位产出的边际效益是 4 美元(见图 8.7)。由于在该产出水平下,额外一单位产出的边际成本只有 2 美元(同样见图 8.7),因此如果垄断者在其利润最大化产出水平下再额外生产一单位,社会就会获得 2 美元的净收益。但是这一经济剩余并没有实现,所以说追求利润最大化的垄断者从社会的角度来看是无效率的。

　　如前所述,无效率的存在意味着经济蛋糕相比理想情况下变小了。如果事实确实如此,垄断者为什么不扩大生产?答案在于,假如存在一种方式能够维持现有产品的价格不变而只对额外产出进行降价,那么垄断者自然很乐意这么做。但是,事实上,这一点并非总能实现。

　　现在我们换一个角度考虑。对于由这个垄断者支撑的市场而言,产出的社会有效水平是多少?

　　在任何产出水平下,额外一单位产出的社会成本等于垄断者的成本,这对应于垄断者的边际成本曲线上的点。额外一单位产出的社会边际收益(而不是垄断者的边际收益),只不过是人们愿意为它支付的价格,这对应于垄断者的需求曲线上的点。为了实现社会有效水平,垄断者应该一直扩大生产,直至社会边际收益等于社会边际成本。在我们所讨论的这个例子中,该产出水平是每周12单位。市场需求曲线与垄断者的边际成本曲线相交的点所对应的产出水平,就是社会有效产出水平,在这一产出水平下,实现了社会效率。

　　垄断者的边际收益小于价格的事实会造成**无谓损失**。对于上面讨论的垄断者而言,这一无谓损失的大小等于图8.9中阴影三角形的面积,即$(1/2)\times(2\text{美元}/\text{单位})\times(4\text{单位}/\text{周})=4\text{美元}/\text{周}$。这个数字正是由于垄断者生产不足而导致的经济总剩余减少的量。

　　对于垄断者而言,当边际成本等于边际收益时,利润实现最大化。由于垄断者的边际收益总是小于价格,因此垄断者的利润最大化产出水平总是低于社会有效水平。相反,在完全竞争情况下,利润实现最大化的条件是边际成本等于市场价格,同时,这一条件也是实现社会效率的前提。这种条件上的差异就可以解释,为什么垄断市场上"看不见的手"发挥的作用比不上在完全竞争市场上发挥的作用。

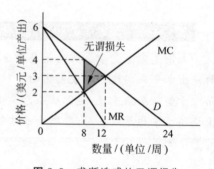

图8.9　垄断造成的无谓损失
由于利润最大化的产出水平(每周8单位)低于社会最优产出水平(每周12单位),经济总剩余因此会有所损失。这一无谓损失的大小等于图中阴影三角形的面积,即每周4美元。

　　如果完全竞争是社会有效的,而垄断并非如此,那么为什么垄断不会违反法律?事实上,美国国会通过制定反托拉斯法来努力限制垄断的程度。不过,即使是这些法律最热心的支持者,也认识到了这种法律手段的作用是有限的,这是因为替代垄断的其他市场状况经常无法摆脱本身固有的问题。

　　例如,假设某垄断者拥有一项技术专利,该专利阻止其他企业生产某种高价产品。如果不存在这一技术专利,社会是否可以变得更好?很可能不会,因为消除这种类型的保护将阻碍创新。最终,所有产业发展比较成功的国家都会授权某种形式的专利保护,给予企业补偿其研发成本的机会——因为如果没有这种研发成本的投入,新产品将很难上市。

我们也可以假设所讨论的市场是自然垄断的情况——由于规模经济,当市场上只存在单一企业时成本最低。那么社会是否可以通过要求该市场必须存在很多平均生产成本非常高的小企业而变得更有效率?这种规定除了造成另一种无效率的局面之外,没有其他益处。

简言之,我们生活在一个不完美的世界里。垄断会造成社会缺乏效率,其坏处自不必多说。但是我们也必须认识到,垄断的替代品也并不是完美的。

重点回顾:为什么在垄断市场中"看不见的手"失效了?

在边际收益等于边际成本的产出水平下,垄断者实现利润最大化。由于利润最大化时的价格超过了边际收益,从而也大于边际成本,因此生产最后一单位产品的社会收益(市场价格)必定大于生产最后一单位产品的社会成本(边际成本)。因此,对于由追求利润最大化的垄断者支撑的产业而言,其产出水平一定小于社会最优时的产出水平。

利用折扣来扩大市场

垄断市场的无效率来源于这样一个事实:垄断者扩大产出的收益低于相应的社会收益。从垄断者的角度来看,企业为了扩大产出而对现有的产品购买者实行降价策略会造成损失。但是,站在消费者的立场上,我们会认为每一美元的降价都是一种收益——因为消费者口袋里又多了1美元。

我们注意到,上述这种对立关系实际上存在于任何一种经济蛋糕变得比原来小的情况下。效率原理告诉我们,当经济蛋糕变大时,每个人都可以从中分到更大的一块蛋糕。我们认为垄断缺乏效率,是指人们可以采取某些措施,在不损害他人利益的前提下使一些人的境况变得更好。如果人们认为其利己行为无可厚非,为什么没有人采取上述措施?例如,对前一例子中那个以每单位4美元的价格出售8单位产品的垄断者而言,既然有些购买者由于价格因素被拒之门外,他为什么不向其中一些对价格更为敏感的购买者实行产品降价?

价格歧视的定义

有些时候垄断者确实会这么做。对于本质相同的产品或服务,垄断者向不同购买者收取不同价格的行为被称为**价格歧视**。价格歧视的例子包括,成年人与儿童的电影票定价不同、机票的超级打折服务、对零售商品发放折扣券等。

价格歧视方法在一些市场中能够有效实施,而在另一些市场中则难以奏效。因为购买者毕竟不会那么愚蠢,如果对于价目表中的8美元,垄断者会在一段时间之后进行打五折的促销,那么原本支付8美元的购买者就会将其购买行为适当延期,加入购买打折品的行列。不过,在一些市场中,购买者可能不知道或者可能不愿意付出努力去调查他们支付的价格与其他购买者支付的价格有何不同。另一种可能的情形是,垄断者具有禁止某些消费群体以面向其他消费群体的折扣价格购买产品的能力。在这些情况下,垄断者可以有效地实行价格歧视。

经济自然主义者8.2 为什么很多电影院向学生提供打折的电影票?

企业之所以会提供价格折扣,目的是以折扣吸引那些在原有价格下不会购买产品的消费者。与高收入人群相比,低收入的人往往对电影票具有较低的保留价格。由于学生的可支配收入一般比有工作的成年人低,因此电影院的所有者可以通过向学生收取低于成年人的价格来增加观众数量。学生票折扣便是实现这一目的的一种方法。而且,提供打折的学生票不存在一些人以低价购买该产品,然后以较高的价格转售给他人的可能性。

价格歧视如何影响产出

在例8.4、例8.5和例8.6中,我们将会看到,实行价格歧视的能力是如何影响垄断者的利润最大化产出水平的。首先,我们考虑最基本的情况:垄断者必须对每位购买者制定相同的价格。

例8.4 利润最大化与机会成本

普瑞蒂应该校订多少份论文手稿?

普瑞蒂担任助教可以获得一份收入,其工作是为大学本科生校订学期论文。她每周可以校订8个学生的学期论文,每个学生的保留价格如下表所示。

单位:美元/份

学生	保留价格	学生	保留价格
A	40	E	32
B	38	F	30
C	36	G	28
D	34	H	26

普瑞蒂追求的是利润最大化。如果她校订每份论文的机会成本是29美元,而且她必须对每个学生收取相同的价格,那么她应该校订多少份论文?她能获得的经济利润是多少?会计利润又是多少?

表8.5归纳了普瑞蒂在不同产出水平下的总收益和边际收益。我们通过将相应的保留价格乘以保留价格不低于该数值的学生数量,来获得总收益一列的数据。例如,为了每周校订4份论文(对应学生A、B、C、D),普瑞蒂收取的价格必须不高于学生D的保留价格(34美元),因此她每周校订4份论文的总收益就是 4×34 美元 $= 136$ 美元。只要普瑞蒂的边际收益大于她的机会成本,她就应该继续扩大校订学生论文的数量。边际收益,或者说由于额外增加一个学生带来的总收益的变化,列于表8.5的最后一列。

表 8.5 校订论文的总收益与边际收益

学生	保留价格/(美元/份)	总收益/(美元/周)	边际收益/(美元/份)
A	40	40	
			40
B	38	76	
			36
C	36	108	
			32
D	34	136	
			28
E	32	160	
			24
F	30	180	
			20
G	28	196	
			16
H	26	208	
			12

我们注意到,如果普瑞蒂每周校订 2 份论文,那么她校订第 3 份论文的边际收益将是 32 美元。由于这一数值大于她的机会成本 29 美元,她应该校订第 3 份论文。但是由于校订第 4 份论文的边际收益只有 28 美元,所以她每周应该只校订 3 份论文。校订这 3 份论文总的机会成本是 3×29 美元 $=87$ 美元,因此普瑞蒂的经济利润是 108 美元 -87 美元 $=21$ 美元。由于普瑞蒂的工作没有涉及任何显性成本,因此她的会计利润将是每周 108 美元。

例 8.5 社会效率

普瑞蒂校订论文的社会有效数量是多少?

我们再次假设,普瑞蒂校订论文的机会成本是每份论文 29 美元,她每周最多可以为学生校订 8 份论文,每个学生的保留价格如下表所示。

单位:美元/份

学生	保留价格	学生	保留价格
A	40	E	32
B	38	F	30
C	36	G	28
D	34	H	26

普瑞蒂校订论文的社会有效数量是多少?如果她必须对每个学生收取相同的价格并且她校订的论文数量是社会有效的,那么她的经济利润和会计利润是多少?

学生 A 到学生 F 的支付意愿超过了普瑞蒂的机会成本,因此校订这些学生的论文从社会角度来看是有效的。学生 G 和学生 H 的支付意愿低于 29 美元,因此社会有效结果是普瑞蒂每周校订 6 份论文。为了达到这一数量,她校订每份论文的定价不能超过 30 美元。这样她的总收益将是每周 6×30 美元 $=180$ 美元,比她的机会成本(6×29 美元 $=174$ 美元)稍微多一点。她的经济利润因此只有每周 6 美元。同样,普瑞蒂的工作不涉及任何显性成本,她的会计利润就等于她的总收益,即每周 180 美元。

例8.6 价格歧视

如果普瑞蒂能够实行价格歧视，她应该校订多少份论文？

我们假设普瑞蒂对人性有着敏锐的判断力。只要与学生经过短短几分钟的交谈，她就能够洞悉该学生的保留价格。她的潜在顾客的保留价格再次由下表给出。如果普瑞蒂所面对的市场与原来一样，但现在她可以根据每个学生的保留价格制定不同的价格，那么她应该校订多少份论文？她能获得的经济利润和会计利润又将是多少？

单位：美元/份

学生	保留价格	学生	保留价格
A	40	E	32
B	38	F	30
C	36	G	28
D	34	H	26

普瑞蒂会校订学生 A 到学生 F 的论文，并分别向他们收取其保留价格。由于学生 G 和学生 H 的保留价格低于 29 美元，因此普瑞蒂不会校订他们的论文。普瑞蒂的总收益将是每周（40＋38＋36＋34＋32＋30）美元＝210 美元，这也就是她的会计利润。她校订 6 份论文总的机会成本是每周 6×29 美元＝174 美元，因此她的经济利润将是每周 210 美元－174 美元＝36 美元，这一数值相比她只能对每个消费者制定相同价格时的情况，每周多出了 30 美元。

能够向每个购买者收取其保留价格的垄断者被称为**完全歧视的垄断者**。我们注意到，当普瑞蒂用这种方式在消费者中实行价格歧视时，她的利润最大化产出水平就等于社会有效的产出水平：每周校订 6 份论文。在完全歧视的垄断下，不存在效率的损失。所有支付意愿高于边际成本的购买者都能得到服务。

我们发现，尽管完全歧视的垄断者实现了经济总剩余的最大化，但是消费者在面对这样的企业时绝不会赞成这种实现总剩余最大化的方式。毕竟，在完全歧视的垄断下，消费者剩余为零。这时，经济总剩余实际上就等于生产者剩余。

当然，在实际经济中，完全价格歧视不会存在，这是因为没有一个销售商能够准确地知道每位购买者的保留价格。即使某些销售商确实知道，实际操作上的困难也使他们无法实现对每位购买者制定不同价格的目标。例如，在很多市场上，销售商无法阻止购买者以低价买入产品然后以高价向其他购买者转售的行为，而这种行为实际上对销售商的生意造成了不利影响。尽管存在这些困难，价格歧视现象依然十分普遍。不过，比较常见的是不完全价格歧视，在这种价格歧视下，至少存在一些购买者，他们所面对的价格低于其保留价格。

设障法价格歧视

追求利润最大化的销售商的目标是向每个购买者索取其愿意支付的最高价格。不过，销售商实现这一目标存在两个主要的困难。首先，销售商无法准确地了解每个购买者的支付意愿。其次，销售商需要采取一些手段来防止那些支付意愿较高的购买者以较低的价格获得产品。这些现实问题非常复杂，令所有的销售商望而却步，没有人会指望能够完全克服所有的困难。

为了近似解决上述两个困难,销售商经常采取的一种方法是,向购买者提供某种价格折扣,但要求他们克服一定的困难来获得享受这种价格优惠的资格。这种方法称为**设障法价格歧视**。例如,销售商可以按照正常标价出售某一产品,而同时提供一种折扣方式,购买者会选择是否花一定时间将折扣券邮寄给销售商来得到这种价格优惠。

这种设障法实际上是假设,具有较低保留价格的购买者相比其他购买者更愿意越过"障碍"获得价格优惠,它较好地解决了销售商的上述两个困难。由于是否要越过这一"障碍"的决定取决于成本-收益分析,因此设障法所假设的这种联系似乎确实存在。在之前的内容中我们曾经提到,低收入的购买者相比其他购买者往往具有较低的保留价格(至少在产品是正常品的情况下如此)。由于这类购买者的时间机会成本较低,因此他们相比其他购买者更可能会不辞辛劳地将折扣券寄回给销售商。从这个意义上说,折扣券为那些由于保留价格较低而无法以正常标价购买产品的消费者提供了价格优惠。

能够按照保留价格对购买者进行准确的区分,同时在这一过程中没有给那些越过"障碍"的消费者带来任何成本的障碍称为**完美障碍**。在完美障碍下,越过"障碍"的购买者中最高的保留价格低于决定不越过"障碍"的购买者中最低的保留价格。在实际经济生活中,完美障碍并不存在。一些购买者即使具有较高的保留价格,也会选择越过"障碍"。而且,障碍会将一些保留价格较低的购买者拒之门外。不过,即便如此,许多常用的设障法仍能够很好地起到对低保留价格的购买者提供价格折扣的作用。在下面的例子中,为方便起见,我们假设销售商使用完美障碍。

例 8.7 完美障碍

如果普瑞蒂能够使用完美障碍,她应该对校订论文的服务制定怎样的价格?

我们再次假设,普瑞蒂每周最多可以为学生校订 8 份论文,每个学生的保留价格如下表所示。这次她可以提供一种折扣券,那些愿意将折扣券寄回的学生可以享受价格优惠。进一步假设那些保留价格不低于 36 美元的学生不愿意寄回折扣券,而保留价格低于 36 美元的学生则总是会寄回折扣券。

单位:美元/份

学生	保留价格	学生	保留价格
A	40	E	32
B	38	F	30
C	36	G	28
D	34	H	26

如果普瑞蒂校订每份论文的机会成本仍然是 29 美元,她对这项服务的标价应该是多少?折扣额又该是多少?相比没有折扣选择的情况,她的经济利润是变大了还是变小了?

折扣券使普瑞蒂能够将其原来的市场划分为两个可以收取不同价格的子市场。第一个子市场包括学生 A、B、C,他们的保留价格都不低于 36 美元,因此不会付出精力寄回折扣券。第二个子市场包括学生 D 到学生 H,他们具有较低的保留价格,这意味着他们愿意使用折扣券。

在各个子市场上,普瑞蒂都必须向其中所有的购买者收取相同的价格,这就如同一个普通垄断者的行为。因此,只要在某个市场上的边际收益超过她的边际成本,她就应该继续扩大产出。两个子市场的相关数据如表 8.6 所示。

表 8.6 完美障碍下的价格歧视 单位:美元/份

学生	保留价格	总收益	边际收益
标价子市场			
A	40	40	40
B	38	76	36
C	36	108	32
折价子市场			
D	34	34	34
E	32	64	30
F	30	90	26
G	28	112	22
H	26	130	18

根据标价子市场的边际收益一列,我们得知普瑞蒂应该向三个学生(A、B、C)提供服务,因为每次校订的边际收益都超过 29 美元。她在标价子市场上的利润最大化价格是 36 美元,这是她在该市场上保证向学生 A、B、C 提供服务的前提下所能制定的最高价格。而在折价子市场上,只有对前两个学生(D 和 E)提供服务的边际收益超过 29 美元。因此,这一市场的利润最大化价格是 32 美元,这是普瑞蒂在保证向学生 D 和 E 提供服务的前提下所能制定的最高价格(32 美元的折扣价格意味着那些寄回折扣券的学生可以从 36 美元的标价中获得 4 美元的折扣)。

我们注意到,提供折扣使普瑞蒂每周可以向 5 个学生提供服务,而没有折扣时她每周只能向 3 个学生提供服务。普瑞蒂在两个市场上的联合总收入是每周 3×36 美元+2×32 美元=172 美元。由于她校订每份论文的机会成本是 29 美元,即总的机会成本是每周 5×29 美元=145 美元,因此她的经济利润是每周 172 美元−145 美元=27 美元,这一结果比不存在折扣选择时多 6 美元。

练习 8.4

参照例 8.7。如果普瑞蒂得知,只有那些保留价格低于 34 美元的学生才会使用折扣券,她应该在每个子市场制定怎样的价格?

价格歧视是不好的现象吗?

我们根深蒂固地认为歧视不是好现象,因此很可能得出这样的结论:价格歧视不符合公共利益。不过,在例 8.7 中,由于垄断者实行设障法价格歧视,消费者剩余和生产者剩余实际上都得到了提高。为了说明这一点,我们比较普瑞蒂采用设障法(例 8.7)与向所有购买者制定同一价格(例 8.4)这两种情况下消费者剩余和生产者剩余的大小。

当普瑞蒂对每个购买者制定同一价格时,她只校订学生 A、B、C 的论文,每个学生支付的价格为 36 美元。只需略微思考,我们就可以得知,设障法下的总剩余会更大,因为不仅学生 A、B、C 以同样的价格(36 美元)获得了服务,学生 E 和 F 现在也以 32 美元的价格享受了服务。

为了证明这一直觉的正确性,我们可以计算各种剩余的准确值。对于聘请普瑞蒂校订论文的任何学生来说,消费者剩余就是保留价格与实际支付价格之间的差额。不管是单一定价还是存在折扣价格的情况,学生 A 的消费者剩余是 40 美元－36 美元＝4 美元;学生 B 的消费者剩余是 38 美元－36 美元＝2 美元;学生 C 的消费者剩余是 36 美元－36 美元＝0 美元。因此,在标价子市场中消费者总剩余是每周 4 美元＋2 美元＝6 美元,这一数值就等于例 8.4 中的消费者总剩余。但是现在折价子市场又会产生额外的消费者剩余。具体而言,学生 D 获得了每周 2 美元的消费者剩余,因为该学生的保留价格是 34 美元,比折扣价格 32 美元多 2 美元。因此,现在的消费者总剩余变为每周 6 美元＋2 美元＝8 美元,比之前的情况每周多了 2 美元。

使用设障法之后,普瑞蒂的生产者剩余也增加了。对于她所校订的每一份论文,她的生产者剩余等于她收取的价格与她的保留价格(29 美元)的差额。在单一价格的情况下,剩余为每周 3×(36 美元－29 美元)＝21 美元。提供折扣券之后,她从学生 A、B、C 身上获得了与以前一样的生产者剩余,而从学生 D 和 E 身上每周额外获得了 2×(32 美元－29 美元)＝6 美元的生产者剩余。因此,存在折扣选择情况下的生产者总剩余是每周 21 美元＋6 美元＝27 美元。将这一数字与每周 8 美元的消费者总剩余相加,得到折扣券条件下的经济总剩余为每周 35 美元,这比不存在折扣选择时每周多了 8 美元。

不过我们也注意到,即使存在折扣选择,最终结果也不是社会有效的,因为普瑞蒂并没有向学生 F 提供服务,而该学生 30 美元的保留价格确实超过了普瑞蒂 29 美元的机会成本。但退一步说,尽管设障法并非完全有效,它仍然比对所有购买者收取单一价格的方式更有效率。

价格歧视的例子

一旦你洞悉设障法价格歧视背后的原理,你就会发现,你的周围充满了价格歧视的例子。例如,下次去某家杂货店、五金器具店或电器行的时候,你会注意到每家商店实际上都有很多不同的产品促销方式,其中包括现金回扣。限时销售便是设障法的另一种表现形式:在大部分时间,商店以"正常"价格出售大部分商品,而只在一定的时间内以大幅价格折扣的方式进行促销。这种情况下的障碍是不辞辛劳地去调查促销会在何时何地进行,然后在指定的时间去指定的商店购物。这种价格歧视的手段之所以能够有效运作,是因为比较关注价格的购买者(主要是那些保留价格较低的购买者)更倾向于留意广告并在规定的时间进行采购。

价格歧视的另一个例子是图书的出版。图书出版商一般会先推出精装本的图书,并将价格制定在20~30美元的范围内,在一年之后才推出价格只有5~15美元的平装本。在这个例子中,障碍便是多等待一年的时间并接受图书较低的质量水平。对价格非常敏感的人将会等待平装本的出现,而具有较高保留价格的人一般会购买精装本。

汽车生产商采取另一种形式的价格歧视,他们往往向消费者提供多种具有不同配置的产品型号。虽然通用汽车公司生产一辆凯迪拉克轿车的实际成本有可能只比生产一辆雪佛兰轿车的实际成本高2 000美元,但是凯迪拉克轿车的售价比雪佛兰轿车高10 000~15 000美元。保留价格较低的消费者会购买雪佛兰轿车,而保留价格较高的消费者则倾向于选择凯迪拉克轿车。

相比其他领域的销售商,航空公司在设障法的运用上具有独一无二的优势。它们的超级打折服务所提供的票价经常不到正常经济舱票价的一半。为了获得享受这种折扣的资格,乘客必须提前7~21天购买机票,而且他们的旅行时间还必须包括某个周六并在当地过夜。相比那些经常在最后关头变更计划并且一般不会在周六停留于目的地的商务乘客,度假的乘客更容易满足这些限制条件。实际上,我们也有充分的理由认为,商务乘客的保留价格要比度假的乘客高得多。

很多销售商不只采用一个障碍,他们经常通过向那些能够继续越过更困难障碍的购买者提供更大的折扣来设定多个障碍。例如,电影制作公司在某家电影院首映影片时会出售高价票,而几个月之后在其他电影院放映时的门票价相对较低。在这之后,他们会把影片做成按次计费的有线电视节目,然后还会制成光碟或录像带发行,最后才会允许在公共电视台播放。每一个障碍相比前一个障碍都需要等待更长的一段时间,而在电视版本的情况下还涉及不得不接受影片质量下降的问题。这些障碍能够按照保留价格对电影观众进行有效的区分。

我们已经知道,单一定价的垄断之所以会造成效率损失,是因为扩大产出给垄断者带来的收益小于给整个社会带来的收益。设障法价格歧视通过给垄断者提供一种只向价格敏感的购买者实行降价的方法减少了这种损失。一般而言,垄断者越有能力通过设障法对市场进行细分,效率损失就越小。但是,不存在完美的障碍,因此效率不可避免地会有一定程度的损失。

经济自然主义者8.3 为什么设备零售商会命令职员用锤子将微波炉和电冰箱砸出凹痕?

西尔斯公司"将部分产品刮出凹痕进行销售"的做法,是零售商利用质量的差异化根据保留价格区分购买者的又一个例子。西尔斯公司的很多商店都有一年一度的促销活动,那时很多略带刮痕或是略有瑕疵的产品将会在某处露天场所以很低的价格销售。不大关心价格的人一般不太可能去购买这些产品,而那些保留价格很低的人则经常会早起排队购买。事实上,这种销售方式是如此受欢迎,以至于零售商可能会故意将一些促销商品弄出凹痕。

> **重点回顾：利用折扣来扩大市场**
>
> 实行价格歧视的垄断者是指那些对于本质相同的产品或服务向不同购买者收取不同价格的垄断者。实行价格歧视的一种常用方法是设障法，它确保那些越过障碍（如寄回折扣券）的购买者能够享受价格折扣优惠。有效率的障碍是指保留价格较低的购买者相对于保留价格较高的购买者更容易克服的障碍。这样的障碍能够让垄断者扩大产出，从而可以减少由于垄断定价带来的无谓损失。

针对自然垄断的公共政策

垄断是有问题的，这不仅是因为产出受限制所造成的效率损失，还因为垄断者赚取经济利润是以购买者的损失为代价的。很多人对于只能从唯一的供应商那里购买产品或服务感到很不满意。因此，很多国家的选民会要求政府采取旨在控制自然垄断者的各项政策。

为了实现这一目标，政府可以采取多种方法。政府既可以自己拥有和控制自然垄断行业，也可以仅对自然垄断者的价格进行管制。在一些情况下，政府会要求私人企业相互竞争投标以获得提供自然垄断服务的最终资格；而在另一些情况下，政府则会试图将自然垄断者分解为多个小规模的相互竞争的实体。但是这些政策大多会无法避免地由于自身原因而产生经济问题。在任意一种情况下，政府所面对的最大挑战都是如何在成本与收益的基础上解决总剩余的最大化问题。自然垄断可能缺乏效率、显失公平，但是如前所述，替代自然垄断的其他市场状况也远没有达到完全有效的水平。

政府所有与政府经营

自然垄断之所以缺乏效率，是因为垄断者的利润最大化价格水平要大于它的边际成本。但即使自然垄断者愿意将价格设定在等于边际成本的水平，他也无法一直如此经营下去。毕竟，自然垄断的特征是生产上的规模经济，而这意味着边际成本将总是小于平均总成本。如果将价格设定在等于边际成本的水平，垄断者将无法收回平均总成本，这意味着企业将蒙受经济损失。

下面我们将以某个地方宽带服务提供商为例。一旦一个地区已经架好了宽带网络，增加额外一个用户的边际成本就变得非常低。基于效率因素考虑，所有用户支付的价格应该等于该边际成本。但是如果宽带服务提供商以这个价格经营，它将永远无法收回建立网络的固定成本。这个问题不仅是宽带服务提供商所必须面对的，也是其他所有自然垄断者面临的难题。即使这些企业愿意将价格设定在等于边际成本的水平（当然，它们通常不会这么做，因为边际收益等于边际成本的定价方式能让它们获得更高的利润），它们也无法在不蒙受经济损失的前提下做到这一点。

处理这个公平与效率问题的一种方法是由政府来接管这一产业，设定价格等于边际成本，并通过税收来承担由此带来的损失。这种方式已被应用于法国的国有电力公用事业,取得了较好的效果,其有效定价方法为全球的电力定价建立了标准。

不过政府所有与有效经营二者并非总能齐头并进。诚然,政府所有的自然垄断能够将价格设定在等于边际成本的水平,而私人所有的自然垄断则无法实现这一点。但是激励原理提醒我们注意私人所有的自然垄断相比政府所有的自然垄断会有更大的激励去降低成本。当私人所有的自然垄断成功地将生产成本降低1美元时,它的利润将上升1美元。而对政府所有的自然垄断来说,政府管理者将生产成本降低1美元带来的往往只是对该垄断产业的预算支出减少1美元。回想一下你上一次去车管所办事的经历。你当时认为那是一个有效运营的组织吗?

将价格设定在等于边际成本的水平所带来的效率与因为降低成本激励不足而造成的缺乏效率,这二者孰轻孰重,是一个要靠实证研究才能回答的问题。

政府对私人垄断者的管制

在美国,政府控制垄断利润最普遍的方式是对自然垄断进行管制,而不是由政府拥有自然垄断的产业。例如,大部分州政府对电力、天然气供应商、市话公司及宽带服务提供商所采取的都是这种政策。在这些例子中政府为进行控制而采取的标准程序称为**成本加成管制**:政府监管人员收集垄断者显性生产成本方面的数据,并允许垄断者制定一个在回收成本的同时能够获得正常投资回报率的价格水平。

成本加成管制乍看十分合理,其实也存在一些缺陷。首先,它会带来繁多的管理事务和大量的管理成本,监管者与企业之间经常会为了将企业的哪些支出计入允许回收的成本而争吵不休。而这一问题即使在理论上也是很难做出明确回答的。我们以美国电报电话公司为例,它的市话服务受成本加成管制,而其他的产品与服务并没有受到管制。美国电报电话公司的许多雇员,上至董事长,下至基层员工,都会同时涉及受管制和不受管制的活动。那么,他们的薪金在这两种活动之间应该如何分配?公司具有很强的动机将更多的薪金支出分配给受管制的活动,因为这样做可以使它从市话市场的既有顾客身上获得更大的收益。

其次,它削弱了企业进行成本节约型创新的动机,因为企业一旦降低成本,管制者就会要求企业降低价格。所以企业只能在当期获得节约成本带来的收益,不过此时它的成本节约的动机仍然要大于政府的情况。但是如果企业能够一直保留其节约成本所带来的收益,企业降低成本的动机将会更加强烈。如果仅是如此情况还并不是十分糟糕,但更加严峻的事实是,在管制者允许垄断者将某些固定支出计入要承担的成本以设定产品价格的情况下,受管制的垄断者实际上可能产生提高成本而不是降低成本的激励。这种想法虽然会让人难以理解,但垄断者通过在企业的休息室安装镀金水龙头等类似做法,确实可能会获得更高的利润。

最后,成本加成管制无法解决自然垄断者的基本问题,即无法在不蒙受损失的前提下将价格设定在等于边际成本的水平。尽管这些问题都十分严重,但是政府似乎并不急于废除成本加成管制。

自然垄断的排他性合同

最有希望处理好自然垄断的一种方法可能是由政府组织的、要求私人企业参与的有关自然垄断市场的竞标。由政府详细说明所需的服务（如宽带、消防、垃圾收集等），企业进行投标，说明将收取多少服务费。价格最低的投标者与政府签订合同。

在这种安排下，企业降低成本的激励与面对普通竞争对手时的激励完全一样，都十分强烈。投标者之间的竞争也应该消除任何基于垄断利润公平性的担忧。如果政府愿意向投标的最终胜出者提供现金补贴，那么这种排他性的合同甚至可以要求垄断者将价格设定在等于边际成本的水平。

这种建立合同的方式已经应用于市政消防与垃圾收集的服务中，并取得了较好的效果。相比那些由政府消防部门和卫生部门提供服务的社区，利用私人公司提供服务的社区在这些方面的支出往往只有前者的一半左右。

尽管排他性合同具有上述优点，但是它也并非完全没有问题。当所要提供的服务十分复杂或者要求在资本设备方面进行巨额的固定投入时，问题就暴露出来了。在一些情况下，合同的规定可能会变得非常详细和复杂，以至于它实际上无异于直接对企业进行管制。而在另一些涉及大量固定资本投资（如对发电与输电设备的投资）的情况下，当新的企业胜出并获得合同时，政府官员将面对如何转移这些资产的问题。最终胜出的企业自然希望以尽可能低的价格得到这些资产，但是退出的企业要求以一个公平的价格进行交易。在这种情况下，公平的价格到底是多少呢？

消防与垃圾收集是比较简单的例子，因为签订合同来提供这些服务的成本并不是很高。但是在其他一些情况下，这种成本可能很容易超过由排他性合同所带来的支出方面的缩减。

反托拉斯法的有力实施

19世纪，私人财富大量积累，其中一些数字非常巨大，是早先的工业化世界所无法比拟的。在被称为强盗资本家（包括卡内基、洛克菲勒、梅隆等）时期的那段时间里，公众的反抗情绪高涨。1890年，美国国会通过了《谢尔曼法》(Sherman Act)，这部法律规定，任何"对几个州之间的贸易或商业的任何部分进行垄断或者试图进行垄断"的勾结都是非法的。1914年美国国会又通过了《克雷顿法》(Clayton Act)，这部法律的目的是禁止那些"显著削弱竞争或者产生垄断"的兼并竞争对手股份的公司行为。

反托拉斯法在阻止卡特尔形成或者说在防止以提高价格为目的的企业联合行动方面发挥了重要的作用。但同时它也产生了一些不合意的结果。例如，由于之前一贯坚信IBM公司在计算机产业实现了不良统治，联邦政府的反垄断官员花了十多年的时间试图分拆IBM公司以削弱它的产业地位。而后来，IBM公司由于没有预见到个人计算机兴起的巨大商机和潜在利润而逐渐衰落的事实，对政府官员的这种努力与付出显然是一个巨大的讽刺。通过分拆大型公司、抑制同一产业中不同公司的合并，反托拉斯法可能起到促进竞争的作用，但同时它也阻碍了公司实现规模经济的过程。

还有一种可能采取的方法是对自然垄断问题视而不见：让垄断者自己选择产出水

平,并按照市场所能承受的任意价格进行销售。对这一政策的反对意见主要体现在两个方面,即我们一开始就已经提出的问题:自然垄断不仅缺乏效率,而且显失公平。不过,设障法价格歧视从一定意义上说,既减少了效率损失,也适当削弱了垄断者对购买者造成的不公平现象。

我们首先考虑自然垄断者经济利润的来源。我们知道,这样的企业具有规模经济特性,这意味着它的平均生产成本会随着产出增加而下降。基于效率因素我们会要求企业将价格设定在等于边际成本的水平,但是由于自然垄断者的边际成本低于平均成本,它无法在不蒙受经济损失的前提下向所有的购买者收取等于边际成本的价格。

折扣价格现象的广泛流行和大受欢迎,意味着无论自然垄断者赚取了多高的经济利润,这种利润一般并非来自以折扣价格购买产品的消费者的腰包。尽管折扣价格仍然高于垄断者的边际生产成本,但在绝大多数情况下它低于平均成本。因此,垄断者即使能够赚取经济利润,也是来自那些以标价购买产品的消费者。而这些消费者在大多数时候都拥有是否要越过障碍并以折扣价格购买产品的选择权,所以他们向垄断者支付较高价格的行为,尽管不能说是完全自愿的,但至少不是受到严重强迫的。

关于垄断者经济利润来源的讨论就此告一段落。下面我们思考两个问题:垄断者经济利润是如何分配的?是谁获得了这部分经济利润?事实上,很大一部分(很多情况下大约是35%)经济利润通过公司所得税被联邦政府占有了。剩余部分由股东获得,而股东显然是有贫有富的。不仅如此,股东利润也要被州与地方政府征税。经过上述一系列过程,最终垄断者的经济利润中超过2/3的部分被用于资助各级政府所提供的各种服务。

无论是基于垄断者经济利润来源(以标价购买产品的消费者)的分析,还是基于利润分配(大部分用于资助公共服务)的分析,我们都有理由对垄断利润会带来重大社会不公的观点表示怀疑。不过,价格歧视设障法并不能完全消除由垄断定价所产生的公平与效率问题。因此,我们最终所能采取的手段都只是一些不完善的解决方案。根据成本-收益原理,能实现收益与成本之差最大的选择是最优的选择。但是究竟哪种选择是最优选择还取决于具体的环境因素。

> **重点回顾:针对自然垄断的公共政策**
>
> 自然垄断者设定的价格高于边际成本,从全社会的角度来分析,这会导致产出不足的现象(效率问题)。自然垄断者也可能会赚取经济利润,而这是以购买者的损失为代价的(公平问题)。旨在解决公平与效率问题的政策包括政府所有与政府经营、政府管制、排他性合同及反托拉斯法的有力实施。上述每种政策都不可避免地存在一定的问题。

小结

本章我们关注的一个问题是不完全竞争企业的行为与表现。不完全竞争企业是指在一定范围内有能力对产品设定自己的价格的企业。经济学家通常将不完全竞争企业分为三种类型：完全垄断企业，它是在某一给定市场中某种产品的唯一卖主；寡头企业，它是某种产品的少数几个卖主之一；垄断竞争企业，它是出售存在一定差异的相似产品的众多企业中的一家。

尽管高级经济学课程会将大部分注意力投入对这三种类型企业的差异分析，我们在这里所关注的是它们区别于完全竞争企业的共同性质。完全竞争企业所面对的是一条具有完全弹性的产品需求曲线，而不完全竞争企业面对的产品需求曲线则是向下倾斜的。为方便起见，我们用垄断者一词来指代三种不完全竞争企业类型中的任何一种。

对于完全竞争企业而言，边际收益正好等于市场价格，而对于垄断者则不同，它所获得的边际收益总是要低于价格。这对垄断者而言不能不算是遗憾，为此，垄断者要想增加销量，就不得不在对新增购买者进行降价的同时对现有的购买者也进行降价。对于那些具有线性需求曲线的垄断者来说，边际收益曲线的纵截距与需求曲线相同，而其横截距是需求曲线的一半。

我们经常会认为垄断者拥有市场力量，这是指它们拥有可以设定其产品价格的能力。市场力量来自以下几个方面：对重要投入的排他性控制；规模经济和自然垄断；专利与版权；政府许可与特权；网络经济。其中规模经济与网络经济是最重要、最持久的因素。

为了将产品成功推向市场，研究、设计、开发及其他固定成本占总成本的比例越来越大。对于固定成本很高的产品来说，边际成本通常明显低于平均总成本，随着产出增加，平均总成本一般会迅速降低。这种成本结构可以解释为什么很多产业由一家企业或少数几家企业所统治。

完全竞争企业通过在边际成本等于市场价格的产出水平生产来实现利润的最大化，而垄断者最大化利润的条件是让边际成本等于边际收益，此时的边际成本显著低于市场价格。这一结果将导致对垄断者而言最优的产出水平低于对整个社会而言最优的产出水平。在利润最大化的产出水平下，额外一单位产出给社会带来的效益（市场价格）大于它的成本（边际成本）。而在社会有效的产出水平，即垄断者的边际成本曲线与需求曲线的交点所对应的产出水平下，额外一单位产出给社会带来的效益与成本相等。

如果垄断者可以向对价格敏感的购买者给予一定的价格折扣优惠，那么无论是垄断者本身还是潜在顾客，境况都能有所改善。完全歧视的垄断者是最极端的例子，它能够对每个购买者收取各自的保留价格。能够实现完全歧视的垄断者是社会有效的，因为那些保留价格不低于边际成本的购买者都实现了购买行为。

为了减少自然垄断所带来的效率与公平损失，政府采取了各种政策手段，其中包括：对自然垄断产业的政府所有与政府经营，政府管制，私人合同，以及反托拉斯法的有力实施。每种政策在带来收益的同时也会产生成本。在某些情况下，联合使用多种政策会比放任自然垄断者为所欲为带来更好的结果。但是，在另一些情况下，无为而治反而可能是最好的选择。

名词与概念

constant returns to scale	规模报酬不变	market power	市场力量
cost-plus regulation	成本加成管制	monopolistic competition	垄断竞争
deadweight loss	无谓损失	natural monopoly	自然垄断
economies of scale	规模经济	oligopoly	寡头
hurdle method of price discrimination	设障法价格歧视	perfect hurdle	完全障碍
		perfectly discriminating monopolist	完全歧视的垄断者
increasing returns to scale	规模报酬递增	price discrimination	价格歧视
marginal revenue	边际收益	pure monopoly	完全垄断企业

复习题

1. 三种类型的不完全竞争企业所共有的重要性质是什么？

2. 判断正误：拥有市场力量的企业能够按照它所选择的任何价格售出任意数量的产品。

3. 既然专利和产权保护允许销售商制定更高的价格，为什么绝大多数产业发展比较成功的社会仍然会提供这种形式的保护？

4. 为什么对垄断者而言，边际收益总是低于价格，而对于完全竞争企业而言，边际收益等于价格？

5. 判断正误：由于自然垄断者设定的价格高于边际成本，因此它一定能够赚取正的经济利润。

练习题

1. 判断下列陈述是否正确并解释。

(1) 在完全竞争产业，需求曲线是水平的，而垄断者所面对的需求曲线是向下倾斜的。

(2) 完全竞争企业无法控制它们所生产产品的价格水平。

(3) 对自然垄断者而言，在达到一定的产出水平之后，平均成本会随着生产的产品数量增加而下降。

2. 尼桑和丰田这两家汽车制造商的固定成本都是10亿美元，生产一辆汽车的边际成本都是10 000美元。如果尼桑每年生产50 000辆汽车，丰田每年生产200 000辆汽车，试计算每家公司的平均生产成本。基于这些成本数据，你认为哪家公司的市场份额在接下来的时间里相对增长较快?

3. 一个采取单一定价的利润最大化垄断者:

(1) 会由于销售过少的产品或服务造成超额需求或短缺。

(2) 会选择边际收益开始增加时所对应的产出水平。

(3) 总是使设定的价格大于生产的边际成本。

(4) 也会最大化边际收益。

(5) 以上陈述均不正确。

4. 如果垄断者可以实行完全价格歧视,那么:

(1) 边际收益曲线与需求曲线重合。

(2) 边际收益曲线与边际成本曲线重合。

(3) 每个消费者支付的价格都不同。

(4) 在某些产出水平,边际收益可能为负值。

(5) 从社会角度看,由此带来的交易形式仍然是缺乏效率的。

5. 自然垄断所应该制定的社会合意的价格水平是多少?为什么那些试图制定一个社会合意价格的自然垄断者总会蒙受经济损失?

6. 试解释,为什么价格歧视和产品差异化现象一般总是联系在一起。根据你自己的经历给出一个例子。

7. TotsPoses 公司作为一家追求利润最大化的企业,是镇里唯一一家专门从事儿童摄影的企业。TotsPoses 公司的所有者与经营者乔治预期平均每天会有 8 个顾客光顾,每个顾客的保留价格如下表所示。

单位:美元/张

顾客	保留价格	顾客	保留价格
A	50	E	34
B	46	F	30
C	42	G	26
D	38	H	22

(1) 如果每张照片的总成本是 12 美元,那么乔治在必须对所有顾客制定单一价格的前提下应该设定怎样的价格?在这一价格水平下,乔治每天能拍多少张照片?他的经济利润是多少?

(2) 在这一价格水平下,每天的消费者剩余是多少?

(3) 社会有效的照片数量是多少?

(4) 乔治非常善于打理生意,他知道每个顾客的保留价格。如果他能够随心所欲地对任意的消费者制定任意的价格,那么他每天能拍多少张照片?他的经济利润将是多少?

(5) 在这种情况下,每天的消费者剩余是多少?

8. 参考第 7 题,回答下列问题:

(1) 假设乔治能够制定两个不同的价格。他知道那些保留价格高于 30 美元的顾客绝不会花费精力去获得折扣券,而那些保留价格不高于 30 美元的顾客则总会利用折扣优惠。乔治应该把摄影的标价设定在什么水平?他所设定的折扣价格是多少?在每个价格水平下他拍的照片数量分别是多少?

(2) 在这种情况下,乔治的经济利润是多少?每天的消费者剩余是多少?

9. 塞雷纳是一个追求利润最大化并且单一定价的垄断商,她经营自己的专利香水,其市场需求曲线和边际成本曲线如下图所示。

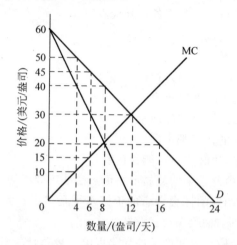

(1) 与社会最优产量和价格下的消费者剩余相比,计算她作为垄断商达到利润最大化的产量和价格时,消费者剩余是多少。

(2) 如果塞雷纳是一个采取价格歧视手段的垄断商,那么消费者剩余是多少?

10. 杰达上小学二年级,她课余时间在你家附近的街头卖柠檬汁。杰达生产一杯柠檬汁要花20美分,不过她不需要任何固定成本投入。每天经过杰达摊位的10个顾客的保留价格如下表所示。

单位:美元/杯

顾客	保留价格	顾客	保留价格
A	1.00	F	0.50
B	0.90	G	0.40
C	0.80	H	0.30
D	0.70	I	0.20
E	0.60	J	0.10

杰达知道保留价格的分布情况(也就是说,她知道有一个顾客愿意支付1美元,另外一个顾客愿意支付0.9美元,等等),但是她并不清楚具体到某个顾客的保留价格。

(1) 试计算多出售一杯柠檬汁的边际收益。(从杰达只出售一杯柠檬汁时所设定的价格开始计算,并求出总收益,然后确定她出售两杯柠檬汁时所设定的价格;依此类推求解。)

(2) 杰达的利润最大化价格水平是多少?

(3) 在该价格水平下,杰达的经济利润和消费者的总剩余分别是多少?

(4) 如果杰达希望最大化经济总剩余,她设定的价格又将是多少?

(5) 现在假设杰达清楚每个顾客的保留价格。如果她想实现利润最大化,她对每个顾客制定的价格分别是多少?试比较她这时的利润与第(4)题中得到的总剩余。

正文中练习题的答案

8.1 相关的成本数据如下表所示,数据表明索尼电脑娱乐现在的单位成本优势是 50.2 美元－5.2 美元＝45 美元。

	任天堂	索尼电脑娱乐
年产量/个	200 000	2 000 000
固定成本/美元	10 000 000	10 000 000
可变成本/美元	40 000	400 000
总成本/美元	10 040 000	10 400 000
每个游戏产品的平均总成本/美元	50.20	5.20

8.2 当该垄断者将产出从每周 3 单位扩大到 4 单位时,它的总收益从每周 15 美元上升到 16 美元,这意味着,销售第 4 单位产出的边际收益只有每周 1 美元。当该垄断者将产出从每周 4 单位扩大到 5 单位时,它的总收益从每周 16 美元下降到 15 美元,这意味着,销售第 5 单位产出的边际收益是负值,即每周－1 美元。

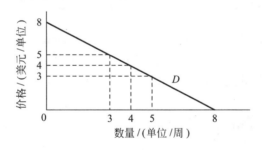

8.3 利润最大化时的价格和产出水平分别是 $P^*=6$ 美元/单位,$Q^*=2$ 单位/周。

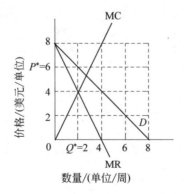

8.4 如下表中边际收益一列所示,在标价子市场中卡拉仍然应该向学生 A、B、C 提供服务(价格为 36 美元),而在折价子市场中只向学生 E 提供服务(价格为 32 美元)。

学生	保留价格/(美元/份)	总收益/(美元/周)	边际收益/(美元/份)
标价子市场			
A	40	40	40
B	38	76	36
C	36	108	32
D	34	136	28
折价子市场			
E	32	32	32
F	30	60	28
G	28	84	24
H	26	104	20

附录　垄断利润最大化的代数分析

在本章正文部分，我们利用几何图形工具对垄断利润最大化进行了分析，在这个简短的附录中，我们将用代数法对此再做探讨。在代数框架下进行分析的优势在于简化了利润最大化的价格和产量的数值计算。

例 8A.1　利润最大化价格与数量

当垄断商面临的市场需求曲线和边际成本曲线分别为 $P=15-2Q$ 和 $MC=Q$ 时，试计算垄断利润最大化时的价格和产量，其中 P 代表以"美元/单位"表示的价格，Q 代表以"单位/周"表示的产量。

解决问题的第一步是找出与需求曲线相关的边际收益曲线的等式关系。请读者回顾一下，当需求曲线是一条直线时，与之相关的边际收益曲线就拥有与需求曲线相同的纵截距，并且其斜率相当于需求曲线的两倍。因此，该垄断商的边际收益曲线表达式为 $MR=15-4Q$。令 Q^* 代表利润最大化时的产出水平，建立等式 $MR=MC$，得到

$$15-4Q^*=Q^*$$

解得 $Q^*=3$，把 $Q^*=3$ 代入需求曲线的表达式，可以解出利润最大化时的价格 P^*：

$$P^*=15-2Q^*=15-6=9$$

因此，利润最大化时价格和产量分别等于 9 美元/单位和 3 单位/周。

练习 8A.1

垄断商的需求曲线和边际成本曲线分别为 $P=12-Q$ 和 $MC=2Q$,其中 P 代表以美元表示的每单位产品价格,Q 代表每周的产量。试计算达到垄断利润最大化时的价格和产出水平。

练习题

1. 假设密歇根大学电影院是个地方垄断者,它在周六晚上播放的电影只面向成人,电影票的需求曲线是 $P=12-2Q$,其中 P 是电影票的价格,Q 是售出的电影票数量(以百张计)。而它在周日下午播放的电影既面向成人又面向儿童,儿童电影票的需求曲线是 $P=8-3Q$,成人电影票的需求曲线是 $P=10-4Q$。不管是周六晚上的电影还是周日下午的电影,增加额外一个顾客(儿童或者成人)的边际成本都是 2 美元。

(1) 分别求出三个子市场的边际收益曲线。
(2) 如果电影院的目标是利润最大化,那么它在三个市场的定价分别是多少?

2. 假设你是某个计算机游戏市场的垄断者。你所面对的需求曲线是 $P=80-Q/2$,你的边际成本曲线是 $MC=Q$,你的固定成本是 400 美元。

(1) 绘图表示需求曲线和边际成本曲线。
(2) 求出边际收益曲线的表达式并用图形表示出来。
(3) 计算均衡状态下的价格和数量并在图中表示出来。
(4) 你的利润是多少?
(5) 消费者剩余是多少?

附录中练习题的答案

8A.1 对于需求曲线 $P=12-Q$,与其相关的边际收益曲线为 $MR=12-2Q$。令 $MR=MC$,求解等式 $12-2Q=2Q$,得到 $Q=3$。然后把 $Q=3$ 代入需求曲线,解得利润最大化时的价格为 $P=12-3=9$。

第 9 章

博弈论和策略性行为

> **学习目标**
>
> 学完本章后，你应该能够：
> 1. 描述博弈的三个基本要素。理解并讨论占优策略选择和不利策略选择的影响。
> 2. 定义并解释囚徒困境以及囚徒困境如何适用于现实世界中的情况。
> 3. 解释时机选择至关重要的博弈。
> 4. 讨论有助于博弈者通过物质或心理激励来解决信用问题的策略。

在1997年圣诞节前夜的宴会上，演员罗伯特·德尼罗（Robert DeNiro）将歌手托尼·班奈特（Tony Bennett）拉到一旁。"你好，托尼。目前有一个电影制作计划，我希望你能参与。"德尼罗向托尼·班奈特发出了邀请。事实上，他所说的电影正是后来华纳兄弟公司于1999年推出的流行一时的喜剧大片《老大靠边闪》（*Analyze This*）。在该片中，德尼罗饰演一位犯罪集团的首领，由于麻烦不断而求助由比利·克利斯托（Billy Crystal）饰演的心理医生。根据剧本的描述，这位黑社会老大与他的心理医生都是托尼·班奈特的忠实歌迷。

然而，在接下来的一年里，托尼·班奈特并没有得到关于这个计划的任何进一步消息。在这之后，托尼·班奈特的儿子兼财务经理丹尼·班奈特（Danny Bennett）接到了华纳兄弟公司的电话，得知电影制作的主管人员欲邀请托尼为电影的结尾演唱歌曲《享有世界》（*Got the World on a String*），并愿意为此支付1.5万美元。双方之间的交谈正如丹尼后来所描述的那样："……他们犯了一个致命的错误。他们告诉我，他们已经将电影拍摄完毕。因此我自然会想：'嗨，他们拍完了整部电影并以托尼的演唱作为电影的结尾，然而他们居然只向我提出15 000美元的报价？'"[①]

华纳兄弟公司最终迫于无奈，为托尼·班奈特的演唱支付了20万美元。

[①] 引自 Geraldine Fabrikant, "Talking Money with Tony Bennett," *The New York Times*, May 2, 1999, Money & Business, p. 1.

不管是在生活中,还是在商业谈判中,时机的选择可以说是至关重要的。如果华纳兄弟公司的管理人员曾经对这一问题进行过认真的思考,他们就应该在电影拍摄之前与托尼·班奈特谈判。那时托尼·班奈特会意识到,如果他要价过高对方很可能会改写剧本。但公司的管理人员却选择了等待,这让他们最终处于很不利的地位,除了接受托尼·班奈特的要价别无选择。

很多行动的回报不仅取决于行动本身,还取决于采取行动的时机以及与其他人所采取的行动的关系。在之前的章节,经济决策制定者所面对的环境实质上都是固定不变的。而本章将关注人们预期其各自的行为可以相互影响时的情形,比如说,一个不完全竞争企业在决定是否降价或者增加广告预算时,会把竞争对手做出的可能反应纳入考虑之中。这种相互依赖性是经济社会生活中的一种普遍原则,而不是特殊情况。为了真正了解我们所生活的世界是如何运行的,我们必须考虑这种相互依赖性。

在上一章我们关注的焦点集中在完全垄断上。本章,我们将向读者展示如何利用博弈论的一些基本原理更深入地理解寡头企业和垄断竞争者的行为。在这两类不完全竞争企业中,相互依赖的决策行为非常重要。分析过程中,我们还将看到这些相同的博弈论原理是如何帮助我们回答日常社会行为中的一系列有趣问题的。

利用博弈论分析策略选择

在下国际象棋、打网球,或者从事其他任何一项双人博弈活动时,你做出某一步的决定所能获得的收益,取决于你的对手做出的反应。因此,在决定自己下一步的策略时,你首先需要预见到对手可能采取的各种对策,接着确定你的相应决策,然后考虑由于你的策略将导致的对方的进一步对策,以及之后的复杂决策过程。为了分析这种不同行动者的收益取决于其对手所采取的行动的情形,经济学家与其他行为学家提出了一套关于博弈的理论。

博弈的三个要素

任何一个博弈过程都具有三个**基本要素**:局中人;每个局中人可能采取的一系列行动(也称为策略);每种策略组合下局中人获得的收益。在下面的例子中,我们将清楚地看到这三种要素之间是如何相互组合以形成行为理论的基础的。

接下来所举的第一个例子重点讨论了提供无差别产品的两家寡头企业所面临的重要策略选择,这里它们必须就广告费用做出决策。

例 9.1　广告成本

联合航空公司是否应该增加广告支出?

假设联合航空公司和美国航空公司是芝加哥—圣路易斯市场上仅有的两家航空公司。在这条航线上,任何一家公司飞行一次都能赚取 6 000 美元的经济利润。如果联合航空公司在这个市场上为每次飞行增加 1 000 美元的广告支出,而美国航空公司维持现有的广告支出不变,那么联合航空公司的利润将会增长为每次 8 000 美元,而美国航空公司的利润则会下降到每次 2 000 美元。如果两家航空公司都在广告支出上增加 1 000 美元,那么每家公司赚取的经济利润都是每次 5 500 美元。这些收益的分布是对称的,因此如果联合航空公司维持广告支出不变,而美国航空公司为每次飞行增加 1 000 美元的广告支出,那么联合航空公司的利润将会下降为每次 2 000 美元,而美国航空公司的利润则会增长到每次 8 000 美元。假设收益结构是双方知晓的,即两家公司都清楚所有策略组合下双方彼此的相关收益。如果双方必须独立决定是否增加广告支出,联合航空公司应该怎么做?

我们将这种情形设想成一种博弈。它的三个要素分别是什么?局中人是指两家航空公司,每家航空公司都必须选择两种策略中的一种:增加 1 000 美元广告支出或是维持广告支出不变。收益是指由它们双方的选择所带来的四种可能结果对应的经济利润。将这一博弈过程所包含的相关信息进行归纳的一种方法是用被称为**收益矩阵**的简表形式(见表 9.1)来表示局中人、策略与收益。

面对如表 9.1 所示的收益矩阵,联合航空公司应该怎么做?从对方的角度来考虑各种局面,是进行策略性思考的关键。假设联合航空公司认为美国航空公司会增加广告支出(对应表 9.1 的左列)。在这种情况下,联合航空公司的最优对策是不落其后,效仿跟进(对应表 9.1 的首行)。当美国航空公司选择左列策略时,为什么联合航空公司的最优反应是选择首行策略?这是因为此时联合航空公司的经济利润将是 5 500 美元(如表中左上角单元格所示),而如果它维持广告支出不变,利润将只有 2 000 美元(如表中左下角单元格所示)。

表 9.1　一个广告博弈的收益矩阵

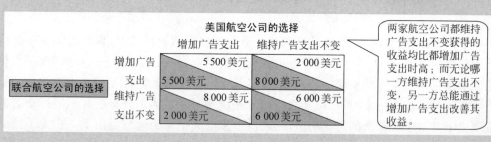

类似地,我们假设,联合航空公司认为美国航空公司会维持广告支出不变(也就是说,美国航空公司会选择表 9.1 的右列)。在这种情况下,联合航空公司仍然会选择增加广告支出,因为此时联合航空公司的经济利润将是 8 000 美元(如表中右上角单元格所示),而如果它维持广告支出不变,利润将只有 6 000 美元(如表中右下角单元格所示)。在这个特殊的博弈过程中,无论美国航空公司采取什么策略,联合航空公司通过增加广告支出都能获得更高的经济利润。由于这个博弈是完全对称的,因此相似的结论对美国航空公司也成立:无论联合航空公司采取什么策略,美国航空公司通过增加广告支出都能获得更高的经济利润。

如果对某个局中人而言,不管对手做出什么选择他都有一个相比其他策略能获得更高收益的策略,我们就认为该局中人拥有**占优策略**。并非所有的博弈都具有占优策略,不过在本例中,两个局中人各自都拥有占优策略,即增加广告支出。对双方而言,维持广告支出不变是一个**不利策略**,即不管对手做出什么选择,所获得的收益都要低于其他策略。

不过,我们要注意,当双方都选择各自的占优策略时,由此产生的收益相比双方维持广告支出不变时的收益,反而变小了。当联合航空公司和美国航空公司都增加了广告支出之后,它们都只能获得 5 500 美元的经济利润,相比之下,双方不增加广告支出反而能获得 6 000 美元。

纳什均衡

在其他局中人的策略已经确定的情况下,如果每个局中人所采取的策略都已经是自身的最佳策略,那么我们称此时的博弈处于均衡状态。这样定义的均衡有时候也称为**纳什均衡**。由于数学家约翰·纳什(John Nash)在20世纪50年代初提出了这一概念,因此经济学界用他的姓氏来命名这种均衡。纳什在1994年因为对博弈论所做的贡献获得诺贝尔经济学奖。当博弈处于均衡时,所有的局中人都没有改变自身现有策略的激励。

如果博弈中的每个局中人都拥有占优策略(如例9.1所述),那么当局中人都选择各自的占优策略时,博弈就实现了均衡。不过,即使局中人并不都拥有占优策略,博弈也经常能得到均衡结果。例如,我们可以考虑广告博弈发生如例9.2中变化后的情况。

例9.2 纳什均衡

美国航空公司是否应该增加广告支出?

假设联合航空公司和美国航空公司是芝加哥—圣路易斯市场上仅有的两家航空公司。它们关于广告决策的收益矩阵如表9.2所示。这时,联合航空公司拥有占优策略吗?美国航空公司又是否拥有占优策略呢?如果在给定对手所选策略时,每家公司都会努力实现自身利润最大化,那么这个博弈的结果将会是怎样的?

表9.2 一方没有占优策略时的均衡情况

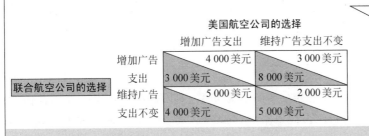

> 在此博弈中,联合航空公司不具有占优策略,而美国航空公司的占优策略是增加广告支出。因为联合航空公司能预见美国航空公司会选择左列策略,于是联合航空公司的最佳策略就是维持广告支出水平不变。均衡发生在左下角单元格。

在这个博弈中,不管联合航空公司采取什么策略,美国航空公司通过增加广告支出都能获得更高的经济利润,因此对美国航空公司而言,增加广告支出是一个占优策略。如果美国航空公司增加广告支出,联合航空公司的较好选择是维持广告支出不变;而如果美国航空公司维持广告支出不变,联合航空公司的较好选择是增加广告支出。尽管联合航空公司不具有占优策略,我们仍然可以引用激励原则来预测博弈可能发生的结果。毕竟,联合航空公司的经营者知道收益矩阵的特征,他们预见到美国航空公司一定会增加广告支出(因为这是美国航空公司的占优策略)。因此,基于美国航空公司会增加广告支出的预测,联合航空公司的最佳策略就是维持广告支出不变。在双方都会努力实现自身利润最大化的前提下,考虑其各自面临的激励,我们会得出博弈结果是收益矩阵左下角单元格的结论:美国航空公司会选择增加广告支出,而联合航空公司则会选择维持广告支出不变。

我们发现,对应表9.2中左下角单元格的策略组合符合纳什均衡的定义。如果联合航空公司已经身处该单元格中,它知道自己的另一种可能策略是增加广告支出,但这会使收益从4 000美元减少到3 000美元。因此联合航空公司不存在偏离左下角单元格的激励。类似地，如果美国航空公司已经身处该单元格中，它知道自己的另一种可能策略是维持广告支出不变，但这会使收益从5 000美元减少到2 000美元。因此美国航空公司也不存在偏离左下角单元格的激励。这就意味着表9.2中的左下角单元格对应一个纳什均衡——每个局中人的选择在给定其他局中人的选择时都是自身最佳选择的策略组合。

练习9.1

如果联合航空公司和美国航空公司的收益矩阵如下所示，那么它们双方的策略会发生怎样的改变？

美国航空公司的选择

	增加广告支出	维持广告支出不变
联合航空公司的选择 增加广告支出	8 000美元 / 3 000美元	5 000美元 / 4 000美元
维持广告支出不变	4 000美元 / 8 000美元	2 000美元 / 5 000美元

> **重点回顾：利用博弈论分析策略选择**
>
> 任何一个博弈过程都包括三个要素，即局中人、局中人所能选择的一系列策略，以及每种策略组合所对应的收益。相关的信息可以归纳在收益矩阵中。
>
> 在其他局中人的策略已经确定的情况下，如果每个局中人所采取的策略都能获得最大的收益，那么就达到了博弈的均衡状态。这种策略组合被称为纳什均衡。

囚徒困境博弈

例9.1所描述的博弈属于一种十分重要的博弈类型，即**囚徒困境博弈**。在囚徒困境博弈中，当每个局中人都选择各自的占优策略时，其结果对局中人整体而言并不合意。

最初的囚徒困境博弈

例9.3描述了囚徒困境博弈最初的情景设定，这也正是这种博弈类型的命名由来。

例9.3 囚徒困境

囚犯应该招供吗？

霍勒斯和贾斯帕由于一起犯有重罪而被分别关押在两间牢房中。但遗憾的是，检控官所提供的证据只能使轻微伤害罪名成立，这项罪名的惩罚只是入狱1年。两名囚犯都知道，如果一方如实招供、交代罪行，而另一方拒不招供、保持沉默，那么招供者就会由于坦白从宽政策而获得释放，而不招供者会被判20年监禁。如果两名囚犯都招供，那么他们得到的惩罚均为5年监禁（这些负面"收益"可以用表9.3来归纳）。两名囚犯不能相互交流。那么，他们是否有各自的占优策略？如果有，分别是什么策略？

表 9.3 囚徒困境博弈的收益矩阵

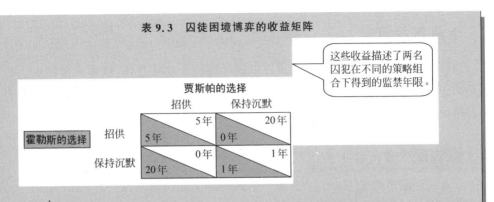

这些收益描述了两名囚犯在不同的策略组合下得到的监禁年限。

在这个博弈中,每名囚犯的占优策略都是选择招供。不管贾斯帕做出什么决定,霍勒斯选择交代罪行都能够缩短自身的刑期。如果贾斯帕招供,那么霍勒斯将会被监禁 5 年(对应左上角单元格)而不是被监禁 20 年(对应左下角单元格)。如果贾斯帕保持沉默,那么霍勒斯将会被释放(对应右上角单元格)而不是被监禁 1 年(对应右下角单元格)。由于这种负面"收益"是完全对称的,因此不管霍勒斯做出什么决定,贾斯帕出于自身利益考虑都会选择交代罪行。这种博弈的问题在于,当双方选择了自己的占优策略——招供时,各自的境况比两人拒不认罪时的结果都变差了。如果双方都招供,他们各自被判 5 年监禁(对应左上角单元格),而如果双方都保持沉默,他们的刑期只有 1 年(对应右下角单元格)。这种博弈的名称(囚徒困境)正是由此而来的。

练习 9.2

通用公司与克莱斯勒公司都需要决定是否投资某个新项目。博弈过程 1 与 2 分别表示两种情况下双方决策所对应的利润情况。这两种博弈中的哪一种属于囚徒困境博弈?

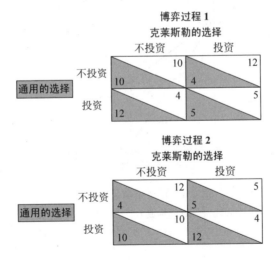

在人类行为学的所有研究对象中,囚徒困境可以说是最有影响力的现象之一。无数相互作用的社会现象与经济现象都具有与两名囚徒所面临困境类似的结构。这些现象中,有的只涉及两个局中人,比如上面所讨论的例子;而大量的现象则关系到更多的利益集团。后者进行的博弈被称为多人囚徒困境。但是,无论涉及的局中人数目是多少,这些现象的共同特征是狭隘的个人利益与更为广泛的集体利益之间的矛盾。

卡特尔经济

以赚取经济利润为目的进行合谋以限制产量的企业联合体,被称为**卡特尔**。在下面的例子中,我们将会看到,试图成立卡特尔的寡头所面临的问题正是囚徒困境博弈的一个经典描述。

经济自然主义者 9.1 为什么众所周知卡特尔协议具有不稳定性?

考虑一个仅有两家企业——爱高普公司(Aquapure)与山泉公司(Mountain Spring)的瓶装水市场。每家企业都可以从位于各自土地上的矿泉中免费获得水资源。装水的瓶子由顾客自己提供。这两家企业决定相互之间不再激烈竞争,而是采取合谋方式,以追求利润最大化的垄断者制定的价格出售矿泉水。按照双方协议的规定(协议实际上形成了卡特尔),每家企业都应该生产并销售垄断价格下市场需求量的一半(见图 9.1)。但是,协议并不具有法律效力,这意味着每家企业都可以设定低于规定价格的价格水平。如果某家企业出售瓶装水的价格低于另一家企业,那么它将以低价占领整个市场。

为什么这样的协议很可能失去意义?

由于矿泉水的边际成本为 0,因此对具有如图 9.1 所示的需求曲线的垄断者来说,利润最大化产量应该是每天 1 000 瓶,在这一产出水平下,边际收益等于边际成本。对应这一产量的垄断价格是每瓶 1 美元。如果两家企业都遵守协议,每家企业都将销售市场需求量的一半,即每天以每瓶 1 美元的价格出售 500 瓶矿泉水,获得 500 美元的经济利润。

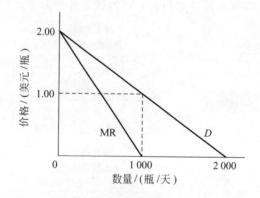

图 9.1 矿泉水的市场需求

面对图中所示的需求曲线,具有零边际成本的垄断者将会每天生产 1 000 瓶矿泉水(在这一产出水平下,边际收益等于边际成本),并以每瓶 1 美元的价格出售。

现在假设爱高普公司将其产品价格降低为每瓶 0.9 美元。通过以低于山泉公司售价的价格在市场上出售矿泉水,爱高普公司将获得整个市场的需求量(如图 9.2 所示),即每天 1 100 瓶矿泉水。这时爱高普公司的经济利润将从每天 500 美元上升为 0.9 美元×1 100,即 990 美元,这几乎是原利润的两倍。在这一过程中,山泉公司的经济利润则从每天 500 美元降为 0。在发现经济利润消失殆尽时,山泉公司会对爱高普公司的降价行为做出反应,也进行相应的降价,从而重新获得50%的市场份额。不过,当每家企业都设定每瓶0.9美元的价格水平、每天出售550瓶矿泉水时,每家企业的经济利润将变为0.9美元/瓶×550瓶/天=495美元/天,这比之前的情况每天减少了5美元。

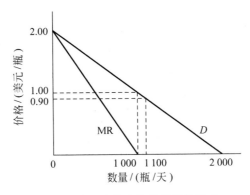

图 9.2　违反卡特尔协议的利益诱惑

通过将价格从每瓶1美元降为0.9美元,爱高普公司能在该价格水平下供应所有的市场需求量,即每天1 100瓶,而不再是垄断产量每天1 000瓶的一半。

我们可以将这个卡特尔协议视为一个具有两种可能策略选择(以每瓶1美元的价格出售矿泉水与以每瓶0.9美元的价格出售矿泉水)的经济博弈过程。该博弈的收益就是由不同策略组合所产生的经济利润。表9.4描述了这一博弈的收益矩阵。每家企业的占优策略都是以低价出售矿泉水,然而按照这种策略,每家企业获取的经济利润却要小于双方均以高价出售矿泉水时的经济利润。

表 9.4　一项卡特尔协议的收益矩阵

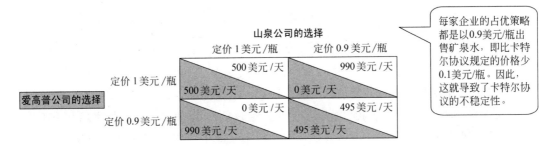

当两家企业都将矿泉水价格定为每瓶0.9美元以后,博弈过程并没有立即结束。每家企业都知道,如果它再进一步稍微降低一点价格,便能占领整个市场,使经济利润大幅增加。在博弈的每一步中,只要一方降低价格,对方就会立即将价格设定在同样的水平上,这一过程将一直持续下去,直到最终价格等于边际成本——在本例中,由于边际成本为0,价格也为0。

面对卡特尔协议,参与其中的企业由于经济利润的激励,最终导致囚徒困境博弈的发生,这一点可以用来解释历史上众多此类协议无法长期执行下去的问题。卡特尔通常不止包括两个企业,而是多个企业的联合体,从而使对降价企业的报复措施很难实施。在很多情况下，也很难发现违背协议的相关团体。例如，成立于20世纪70年代，以控制石油产量为目的的石油供应商卡特尔——石油输出国组织（OPEC），就没有防止其成员国暗中生产石油的可操作的具体手段。

以牙还牙与重复多次的囚徒困境博弈

在囚徒困境博弈中，当所有的局中人相互合作时，相比所有人都拒不合作的状态，每个人都能获得更高的收益。因此，面临囚徒困境的人往往都希望能够创造一定的激励机制以实现共同合作的结果。他们所需要的是一种对背叛合作的局中人进行惩罚的手段。当局中人相互之间的博弈过程只进行一次时，惩罚手段很难实施。但当博弈过程可以重复多次时，实施惩罚的可能性就是一个值得研究的问题了。

重复多次的囚徒困境博弈是指在相同的局中人之间发生不止一次的标准囚徒困境博弈。20世纪60年代关于重复多次的囚徒困境博弈的实验研究，发现了一种能够有效降低背叛合作行为发生概率的简单策略。这种策略被称为**以牙还牙**，下面介绍它的运行机制：在与某人进行博弈的第一回合，选择合作；在之后的每一回合，则选择对方在上一回合的策略作为自己的策略。这样，如果你的合作者在第一回合就做出了违背合作原则的行为，你就会在下一回合背离合作，以作为惩罚。如果你的合作者之后又选择了合作，那么你在接下来的回合也选择合作。

基于精细复杂的计算机模拟，密歇根大学的政治学家罗伯特·阿克塞尔罗德（Robert Axelrod）指出，以牙还牙策略是一种十分有效的手段，即使与基于实验和探索目的而专门设计的大量具有创意的其他策略相比较，这种策略在有效性方面的表现也毫不逊色。以牙还牙策略成功实施的前提是具有比较稳定的局中人集合，并且每个局中人都清楚其他局中人在之前各博弈回合的策略。不仅如此，它还要求局中人已经对未来进行了重大投资，正是由于对受到报复的恐惧才使局中人不敢贸然采取背叛行为。

由于同一产业中的不同企业之间涉及的正是这种重复多次的博弈过程，因此这种以牙还牙策略能够使广泛意义上的合谋提价行为成为可能。但是，在前文中我们曾提到，众所周知的卡特尔协议并不稳定，这又作何解释呢？实际上，运用以牙还牙策略的一个难题在于它的有效性只有在博弈过程仅存在两个局中人的情况下才能体现出来。而一般情况下，在完全竞争产业与垄断竞争产业中却包含大量的企业，即使是寡头市场也经常由不止两个企业提供产品与服务。在市场上存在多于两个企业的时候，如果发生了某一企业背叛合作的现象，那些采取合作行为的企业应该如何选择在后续回合中对背叛的企业进行惩罚？可以采取降价手段吗？这不可行，因为这么做并不只有背叛者受到惩罚，而是会殃及所有的企业。退一步说，即使某产业只包括两个企业，它们也会认识到可能有其他企业将会进入该市场。因此，这些所谓的卡特尔成员不仅要担心内部成员出现背叛行为，还要因为那些可能决定参与市场竞争的所有潜在对手而惴惴不安。每个企业可能都会认为这种长期合作的可能性微乎其微，从而抱着至少能在短期内攫取一定经济利润的希望，当机立断决定采取背叛的行为。经过上述分析，我们可以清楚地认识到，正是由于以牙还牙策略在实际应用中的困难与问题，导致了所有卡特尔成员难以持久地按照卡特尔协议行事。

经济自然主义者 9.2 美国国会是如何在无意之中解决香烟厂商面临的电视广告困境的？

1970年，美国国会颁布了一项关于从1971年1月1日起禁止在电视上进行香烟广告宣传的法律规定。之后美国人口中吸烟者所占比例稳步下降的事实，证明这部法律实现了它所倡导的远离危害、维护公民身体健康的目的。不仅如此，该法律还起到了预期之外的作用，即它至少在短期内提高了香烟企业的经济利润。在法律颁布的前一年，企业要在广告宣传方面支出超过3亿美元的费用，而在法律生效当年，这笔费用就减少了大约6 000万美元。1971年，广告支出方面节约的绝大部分资金可以从当年年末更高的香烟利润中反映出来。不过，如果说禁止电视广告宣传会增加企业的利润，企业为什么不自行减少广告宣传？

当一家不完全竞争企业对其产品进行广告宣传时，它的需求曲线会由于两个原因而向右移动。首先，那些从未使用过这类产品的消费者会得知它的存在，其中一部分消费者会开始购买这种产品。其次，那些原本消费其他品牌产品的消费者可能会转而使用这种产品。第一种效应扩大了销售的整个市场规模；第二种效应只是已有销售品牌的重新分配。

尽管在香烟行业中，广告宣传能够同时带来两种效应，但它的主要效应还是品牌转换效应。因此，每个企业在做出是否进行广告宣传的决定时，面临囚徒困境的难题。表9.5描述了两家香烟企业在决定是否进行广告宣传时所面对的各种可能收益情况。如果两家企业都进行电视广告宣传（对应收益矩阵左上角单元格），每家企业每年都只能获得1 000万美元的利润；如果两家企业都不进行电视广告宣传（对应收益矩阵右下角单元格），每家企业每年能够获得2 000万美元的利润。显而易见，如果双方都不进行广告宣传，各自的境况都能得到改善。

表9.5 香烟广告策略中的囚徒困境博弈

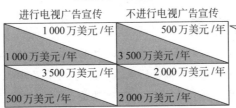

在许多行业，广告宣传的主要效应是鼓励消费者转换品牌。在这些行业，企业的占优策略是多做广告（如表中左上角单元格），即便所有企业都不进行广告宣传会获得更多利润。

不过，我们也要认识到，每家企业都面临提高自身经济利润的强烈激励。纳比科斯公司（RJR）会发现，如果菲利普莫里斯公司（Philip Morris）不进行广告宣传，那么纳比科斯公司选择进行广告宣传获得的利润（每年3 500万美元）要高于选择不进行广告宣传时的利润（每年2 000万美元）。纳比科斯公司也会发现，如果菲利普莫里斯公司进行广告宣传，纳比科斯公司选择进行广告宣传获得的利润（每年1 000万美元）仍然要高于选择不进行广告宣传时的利润（每年500万美元）。因此，纳比科斯公司的占优策略是进行广告宣传。由于收益是对称的，所以菲利普莫里斯公司的占优策略也是进行广告宣传。因此，当每家企业都从自身的角度出发做出理性的行为选择时，它们的处境反而相比约束自身行为情况下的结果更差了。而美国国会的广告禁令正是强行要求香烟企业执行它们原本无法自行实现的决策。

下面的例子将会清楚地告诉我们，理解囚徒困境问题不仅能够帮助经济自然主义者理解人们在商业世界中的行为，也有助于分析其他生活领域中的现象。

经济自然主义者9.3　在聚会中人们为什么要大声叫喊？

无论何时，只要一大群人在一个拥挤的空间交谈，周围环境的噪声水平就会急剧上升。参加完这类聚会之后，人们往往会为了喉咙肿痛和嗓音嘶哑而抱怨不已。如果在聚会中每个人都能以正常的音量说话，总体噪声水平就不至于那么高，人们也不会听不清楚他人的讲话内容。既然如此，为什么人们还是会在聚会中大声叫喊？

这个问题涉及个人激励与集体激励的不一致性。我们假设每个人开始时的说话音量都属于正常水平。不过由于拥挤的空间，即使没有人大声叫嚷，人们在相互交谈时也会难以听清一部分内容。因此，从个人的角度考虑，提高音量是很自然的事情。但这也是其他人自然而然会做出的策略结果。不过，当每个人都大声说话时，周围环境的嘈杂程度就加剧了，因此没有人会比之前听得更加清楚。

不管其他人做出什么决定，个体选择更大声地说话，对其自身而言总是更为有利的。事实上，对每个人而言，大声说话都是各自的占优策略。但是，当所有人都选择执行占优策略时，其结果相比每个人都继续以正常音量说话的情况变得更加不尽如人意了（因为此时没有人能听得很清楚）。尽管大声叫喊是徒劳无益的，但是单独从个体行为角度考虑，除此之外并没有其他更好的选择。在其他人大声叫喊的时候，如果任何人选择轻声说话，其讲话内容将无法传入他人的耳朵。没有人愿意带着受伤的声带回家，但人们显然觉得，他人没听见自己讲话内容给自己造成的成本要大于声带受损的成本，因此人们为了避免前一种成本，宁愿承担后一种成本。

重点回顾：囚徒困境博弈

囚徒困境博弈是指这样一种博弈：每个局中人都有各自的占优策略，并且当所有局中人选择各自的占优策略时，所带来的收益要小于所有局中人都选择各自不利策略时所带来的收益。囚徒困境博弈中涉及的激励结构，与大量的商业行为和日常生活现象的激励结构之间存在较大的相似性，这有助于我们对后者的分析和解释，这些商业行为与日常生活现象中比较突出的例子包括广告额外支出问题、卡特尔的不稳定性问题。以牙还牙策略在重复多次的双人囚徒困境博弈中能够长期维持合作，但在重复多次的多人囚徒困境博弈中会失效。

▼ 时机选择至关重要的博弈

到目前为止，我们讨论的所有博弈过程都假设局中人同时选择各自的策略，由谁首先进行决策并不会带来博弈结果的显著差异。例如，在囚徒困境博弈中，自利导向的局中人即使知道对手所选择的具体策略是什么,也会遵从各自的占优策略。不过,在另外一些情况下,如在本章开始时描述的华纳兄弟公司与托尼·班奈特的谈判中,决策的时机选择就是一个关键因素。

我们通过下面所举的事例开始介绍另一种博弈。在这个博弈事例中,局内人如果同时采取行动,则不能预测博弈结果;但是如果其中一个人有机会比另一个人先采取行动,则能清楚地知道博弈结果。

例9.4 时机的重要性

福特公司应该生产混合动力野马车吗?

福特野马与雪佛兰科迈罗为争夺国内有限的跑车消费市场而展开竞争。两家公司都清楚对方正在考虑是否引进混合动力车型。如果两家公司都引进混合动力车型,每家公司将获得6 000万美元的利润;反之,如果两家公司都不引进,每家公司将获得5 000万美元的利润。如果雪佛兰公司引进混合动力车型而福特公司不引进,雪佛兰公司将获得8 000万美元的利润,福特公司将获得7 000万美元的利润;相反,如果福特公司引进混合动力车型而雪佛兰公司不引进,福特公司将获得8 000万美元的利润,雪佛兰公司将获得7 000万美元的利润。在上述博弈中,哪家公司拥有占优策略?假设福特公司首先做出决策,雪佛兰公司跟随其后进行选择,那么博弈的过程又会怎样?

当两家公司必须同时进行决策时,其收益矩阵如表9.6所示。

表9.6 产品改变带来的优势

		福特野马	
		生产混合动力车型	不生产混合动力车型
雪佛兰科迈罗	生产混合动力车型	雪佛兰获得 6 000万美元 福特获得 6 000万美元	雪佛兰获得 8 000万美元 福特获得 7 000万美元
	不生产混合动力车型	雪佛兰获得 7 000万美元 福特获得 8 000万美元	雪佛兰获得 5 000万美元 福特获得 5 000万美元

当一家公司销售与对手不同款型的车时,其利润就会高于对手(见图中右上方和左下方的单元格)。与非混合动力车型相比,大多数消费者更喜欢混合动力车型。

表9.6中的利润显示:虽然大多数消费者喜欢混合动力跑车(因此,两家公司都引进混合动力车型时获得的利润要高于都放弃引进混合动力车型时的利润),但两家公司如果生产同样的车型,它们将展开更加激烈的竞争(因此,两家公司都生产同样的车型时获得的利润要低于生产不同车型时的利润)。

在如表9.6所示的收益矩阵中,两家公司都不具备占优策略。对于福特公司而言,最好的结局是自己生产混合动力野马,而雪佛兰公司不生产混合动力科迈罗(左下角单元格);对于雪佛兰公司而言,最好的结局是自己生产混合动力科迈罗,而福特公司不生产混合动力野马(右上角单元格)。所以,左下角和右下角的单元格都是该博弈的纳什均衡结果,因为一旦两家公司发现它们位于这两个单元格中的任何一个,它们都不会单方面改变各自的境况。因此,当位于右上角单元格时,雪佛兰公司将不愿意再做改变(毕竟该单元格是雪佛兰公司可能的最优选择);福特公司同样不愿意再做改变(因为如果它此时转而生产混合动力车型,其利润将从7 000万美元降至6 000万美元)。但是由于缺乏其他信息,我们不可能预测这两家公司博弈的最终结果位于哪个单元格。

然而,如果一方能比另一方先采取行动,博弈进行下去的动力马上变得清晰起来。在分析这类"时机选择至关重要的博弈"时,一种用来表示收益的决策树或称为博弈树的工具比传统的收益矩阵更为实用。这种图形分析工具按照决策顺序依次描述了双方各种可能的行动,并相应列出了每种可能行动组合的最终收益。

我们假设福特公司先采取行动,则博弈的决策树可以用图9.3表示。在A点,福特公司通过决定是否生产混合动力车型开始了博弈过程。如果福特公司决定生产混合动力车型,雪佛兰公司必须在B点做出选择。如果福特公司决定不生产混合动力车型,雪佛兰公司将在C点做出选择。无论是以上哪种情况,一旦雪佛兰公司做出决定,博弈就宣告结束。

对于福特公司而言,对该博弈进行策略性思考的关键是站在雪佛兰公司的角度设想雪佛兰公司面对各种选择方案会如何反应。一般而言,福特公司会很自然地想到雪佛兰公司将从自利立场做出反应,也就是说,雪佛兰公司会选择能给自身带来最大利润的可行方案。福特公司很清楚,假如它选择生产混合动力车型,则在B点,雪佛兰公司的最佳选择是不生产混合动力车型(因为雪佛兰公司在E点的利润比D点高1 000万美元)。福特公司还清楚,假如它选择不生产混合动力车型,则在C点,雪佛兰公司的最佳选择是生产混合动力车型(因为雪佛兰公司在F点的利润比在G点高3 000万美元)。因此,福特公司知道,如果它决定生产混合动力车型,整个博弈将于E点结束,它将获得8 000万美元的利润;而如果它决定不生产混合动力车型,博弈将于F点结束,它将获得7 000万美元的利润。所以在这个博弈中,福特公司在先采取行动的情况下的最佳策略就是生产混合动力车型,而雪佛兰公司会据此选择不生产混合动力车型。

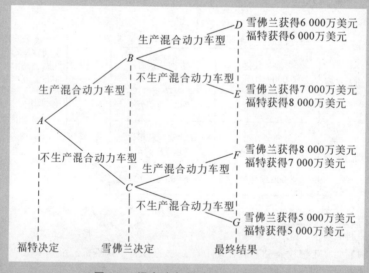

图9.3 混合动力车型例子的决策树

这棵决策树展现了本例所描述的博弈决策过程,它按照决策次序给出了双方各种可能的行动和相应的收益。

可信威胁与可信承诺

雪佛兰公司为什么不可以通过声明自己将生产混合动力车型的威胁,使福特公司放弃生产混合动力型汽车的决定,而不管福特公司首先会怎样行动?问题是这种威胁并不可信。如果用博弈论的语言来描述，**可信威胁**是指当轮到威胁者行动时，他出于自身利益考虑确实会按照原先的声明采取行动。正如激励原则所揭示的，当人们觉得威胁者采取威胁后却失去了行动的激励时，便会怀疑这个威胁的可信度。此例中，问题在于福特公司清楚如果自己决定生产混合动力车型，那么雪佛兰公司就没有理由采取原先的威胁行动，因为这不符合雪佛兰公司的利益。毕竟，一旦福特公司采取生产混合动力车型的行动，雪佛兰公司的最佳选择就是不生产混合动力车型。

可信威胁的概念，在华纳兄弟公司的经理们与托尼·班奈特就托尼·班奈特先生为影片《老大靠边闪》演唱片尾曲应获报酬一事的谈判过程中得到了很好的诠释。由于电影的大部分片段都已经拍摄完毕，因此经理们心里清楚，他们不再具有拒绝托尼·班奈特先生关于报酬要求的可信威胁，因为此时邀请另一位歌唱家演唱片尾曲的花费将更加巨大。相比之下，在电影开始拍摄之前提出类似的威胁则具有可信性。

就像在一些博弈中不存在可信威胁一样，另一些博弈中也不存在**可信承诺**。可信承诺是指当轮到承诺者行动时，他出于自身利益考虑确实会按照原先的声明采取行动。下例中，两个局中人因为一方无法做出可信承诺都陷入了不利的境地。

例 9.5 可信承诺

企业所有者是否应该设立办事处？

一家企业正处于蓬勃发展的阶段，其所有者希望在另一个城市设立办事处。如果聘请某人管理这个新建的办事处，所有者可以支付 1 000 美元的周薪——这比管理者在他处工作得到的收入多 500 美元，所有者自己每周也能获得 1 000 美元的经济利润。这位所有者面临的难题是她无法对管理者的行为进行监督。所有者清楚，管理者如果对办事处进行不诚实管理，其每周获得的实际收入可以高达 1 500 美元，但这么做却会使所有者自身遭受每周 500 美元的经济损失。如果所有者认为，所有的管理者都是完全利己的收入最大化个体，她是否会设立办事处？

办事处博弈的决策树如图 9.4 所示。在 A 点，管理岗位候选人许诺诚实管理，然后博弈过程到达 B 点，这时所有者必须决定是否设立办事处。如果她选择设立办事处，那么博弈过程到达 C 点，这时轮到管理者决定是否诚实管理。如果管理者的唯一目标是赚尽可能多的钱，他就会进行不诚实管理（对应 C 点下方的分支），这是因为这么做相比诚实管理（对应 C 点上方的分支）每周能够给他带来 500 美元的额外收入。

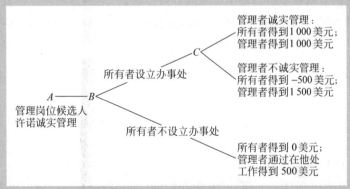

图 9.4　办事处博弈的决策树

最优结果是，在 B 点所有者设立办事处，在 C 点管理者诚实管理。但是如果管理者的行为是完全利己的，并且所有者知道这一点，那么这条路径就不会是均衡结果。

因此，如果所有者设立办事处，其结果必然是蒙受每周500美元的经济损失。如果她没有设立办事处（对应 B 点下面的分支），那么她的经济利润为0。既然0经济利润总要好于500美元的经济损失，所有者会选择不设立办事处。最后我们可以计算出，由于管理者不具有可信承诺而对双方造成的机会成本等于1 500美元：其中500美元属于管理者失去的额外周薪，1 000美元属于所有者无法实现的经济利润。

练习 9.3

史密斯和琼斯在玩一个博弈游戏，博弈过程如下图所示。在 A 点，史密斯首先开始行动。在看到史密斯选择了 A 点的上方分支或是下方分支之后，就轮到琼斯在之后的节点（B 点或者 C 点）选择上方分支或是下方分支。如果每个分支所对应的收益如下图所示，这个博弈的均衡结果是什么？如果在史密斯进行选择之前，琼斯有机会做出一个表明在之后轮到自己决策时一定会选择上方分支或是下方分支的可信承诺，琼斯将如何选择？

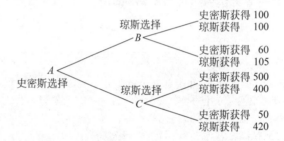

位置选择至关重要时的垄断竞争

在许多具有决策顺序的博弈中，先采取行动的局中人往往会取得策略优势。例如，在关于选择是否生产混合动力车型的例9.4中就是如此。该例中，先动者的境况变得更好，因为他能够利用这一点：双方如果生产不同的产品，双方的境况都会比生产相似产品时好。但这并不总是正确的。就像经济自然主义者9.4所揭示的，当一方的产品与另一方的产品相区别的特征表现为时间或空间位置的不同时，博弈中最后行动的一方有时会占据优势。

经济自然主义者 9.4　为什么我们经常看到街角附近会聚集几家便利店？

在许多城市，便利店的地理位置通常聚集在一个地段，距离很远的地方才会出现其他便利店。假如便利店的位置能够分散一些，几乎所有的消费者都可以更方便地到距离各自最近的便利店采购。既然如此，为什么那些便利店还会聚集在一起？

图9.5中，假设 A 点所在的公路和距离它1英里的高速公路上平均分布着1 200户居民①，位于 A 点的便利店先开张，而且是这1 200户居民的最近选择。居住在高速公路

---

① "平均分布"是指位于 A 点和高速公路之间任何一段距离的购买者数量与这一段距离完全成比例。例如，在1/10英里路程内的居民数量是 1/10×1 200=120（户）。

东侧的人只能去其他商店采购,因为他们不能穿越高速公路;而居住在 A 点西侧的人既可以选择去 A 点的便利店采购,也可以选择去更西边的商店采购,此处的远近因素不做考虑。那么,在这一情形下,一个以利润最大化为目标的企业主计划在 A 点和高速公路之间开一家新的商店,他最后为什么会选择 B 点而不是靠近中间路段的 C 点?

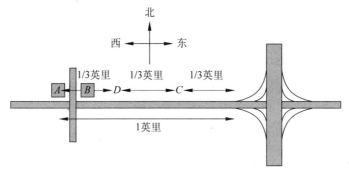

图 9.5　垄断竞争者对聚集状态的强烈倾向

如果新商店设在 C 点或 D 点而不是 B 点,被视为整个团体的消费者去商店的路程会更短。但如果新商店选择设在 B 点,则会吸引更多的消费者前去采购。

事实上,如果商店位置定在 C 点,那么位于 A 点与高速公路之间的居民去距离他们最近的商店采购,路程最短。因为当新商店位于 C 点时,普通公路上的居民不会愿意为了去最近的商店多走 1/3 英里。其中位于 D 点(即 A 与 C 的中点)和高速公路之间的 800 户居民会选择去 C 点的商店采购,而位于 D 点和 A 点之间的 400 户居民会选择去 A 点的商店采购。

尽管从消费者的角度考虑,C 点的确是新建商店最具吸引力的位置,但是对于商店经营者而言,它不是最优的选择。理由是经营者的利润取决于顾客的数量,而不是顾客距离商店的远近。如果消费者选择距离居住地最近的商店采购,经营者的最优方案就是将新商店设在 B 点,即距 A 点东边不远的街角附近。因为这个位置对于分布在 A 点与高速公路之间的 1 200 户居民来讲是比较近的。这种解释能够帮助我们回答为什么日常生活中的便利店、加油站及其他垄断竞争企业总是聚集在一起。而地理位置是这些企业与竞争企业形成差别的最重要的特征。

上述帮助回答了经济自然主义者 9.4 中问题的解释是由经济学家哈罗德·霍特林(Harold Hotelling)提出的。① 在分析海滩边两家卖热狗的商贩为什么总是在距离海滩两头的中间位置彼此相邻地做生意时,霍特林给出了上述解释。

对于其他许多寡头企业和垄断竞争企业而言,产品差异化的一个重要方面是时间上的顺序而非物理空间上的位置。其中一个例子是从纽约飞往洛杉矶的不同航班的起飞时间不同。另一个例子是一个地区各个影院上映影片的时间各异。但是,同样,我们也可以在这些例子中发现不少聚集现象。在从纽约到洛杉矶的航线上,联合航空公司和美国航空公司都在下午同一时刻安排了航班。而在众多地方性电影市场上,几十家影院在

---

① Harold Hotelling,"Stability and Competition," *Economic Journal* 39, no. 1(1929), pp. 41-57.

19:15同时开始放映夜间场的第一部影片。

在其余事例中,产品相互差别的最重要的特征可以说是更为抽象的"产品空间"的定位。以饮料为例,我们可能会根据它们的甜度和碳酸溶度进行排名。这里,我们又会发现竞争对手之间的产品是如此相似,就像可口可乐和百事可乐。在这些例子中,聚集现象的原因与霍特林在经典文章中所阐述的原因相似。

> **重点回顾:时机选择至关重要的博弈**
>
> 许多博弈的结果取决于每个局中人进行决策的时机次序。对于这些博弈而言,采用决策树而不是收益矩阵,可以更好地归纳博弈的最终收益。有些时候,后采取行动的局中人通过提供不同于市场上现有产品的新产品而获得更多收益;另一些时候,后采取行动的局中人通过尽量模仿现有产品而获得优势。

▼ 信用问题

在类似练习9.3所描述的博弈,以及囚徒困境博弈、卡特尔博弈、办事处博弈等其他许多博弈中,局中人都面临一个共同的**信用问题**,即局中人由于无法施加可信威胁或无法做出可信承诺从而难以实现合意结果的处境。如果最初的囚徒困境博弈(见例9.3)的双方都能达成保持沉默的捆绑承诺,那么双方都会被判更短的刑期。这就是黑社会拒绝作证准则的内在逻辑:任何黑社会帮派的成员只要向他人提供了对本帮派其他成员不利的证据,其家人就会被杀害。类似的逻辑还可以用来解释军备控制协议的产生与使用,这种协议要求所有合作国成员签署削减军队武器支出的强制性协议。

在办事处博弈(例9.5)中,如果管理岗位候选人能够找到保证自己被聘用后会诚实管理的方法,那么信用问题就可以得到解决。管理岗位候选人需要一个信用机制,即能让管理岗位候选人产生遵守承诺的动力的机制。

企业老板深知工作中普遍存在信用问题,因此采用了大量的信用机制来解决这些问题。例如,我们考虑一家餐馆的老板面临的问题。这位老板希望服务员可以提供良好的服务,确保顾客能够在餐馆里愉快地用餐,从而在下次用餐时仍会光临他的餐馆。由于他十分注重优质服务,因此他愿意为此向服务员支付额外的报酬。对服务员而言,她们也愿意提供优质服务以获得额外报酬。但问题在于老板不可能总是对服务员进行监督以确保她们确实提供了优质服务。他担心的是,服务员得到额外报酬之后,可能会在他不注意的时候偷懒懈怠。除非老板能够找到解决这个问题的方法,否则他不会向服务员支付额外报酬,服务员也不会提供优质服务,从而老板、服务员、所有用餐顾客的处境都恶化了。为了使所有人的处境都能得到改善,服务员需要找到一种方法来保证自己会提供优质服务。

在许多国家,餐馆常常通过鼓励顾客在用餐结束后向服务员支付小费来解决这种信用问题。这种解决方法的成功之处在于,用餐者总是能够很好地对服务质量进行监督。事实上,用餐者在接受了优质服务之后,也应该愿意大方地向服务员支付小费,因为这么做有助于保证以后仍然能够获得优质服务。而服务员对于提供优质服务也有强烈的激励,这是因为他们清楚所获得小费的数额取决于自己的服务质量。

上述各种信用机制——黑社会的拒绝作证准则、军备控制协议、服务员的小费制度——由于改变了决策者的物质激励,都起到了很好的效果。不过,接下来的例子将告诉我们的是,希望朝着合意的方向改变激励的办法并不总是可行的。

例9.6 改变激励

> **在公路旁的餐馆用餐时,西尔威斯特会支付小费吗?**
>
> 西尔威斯特在第81号州际公路一处离家大约500英里的餐馆吃了一顿100美元的午餐,服务员向西尔威斯特提供了良好的服务。如果西尔威斯特是一个只关心自身利益的人,他会向服务员支付小费吗?
>
> 如果服务员提供了优质服务而用餐者却不支付小费,这时服务员没有办法收回自己的服务。不过对于主要顾客是当地居民的餐馆而言,这种不支付小费的现象并不是问题,因为那些不付小费的顾客下次来就餐时服务员将只向他们提供劣质服务。但是,服务员却不能用这种方法来对付外地顾客。在接受了优质服务之后,西尔威斯特必须决定为自己的午餐支付100美元还是115美元。如果他本质上是一个自私自利的人,那么他很有可能会选择前者。

练习9.4

一位旅客在州际高速公路边的餐馆用餐。假定这位旅客和他的服务员都是理性的和狭隘利己的。首先服务员会在提供优质服务和劣质服务之间进行选择,随后旅客会决定是否支付小费。他们相互行动的收益用博弈树来表示。如果旅客能得到良好的服务,则他为了有权做出用餐结束后支付小费的捆绑承诺,最多愿意支付多少费用?

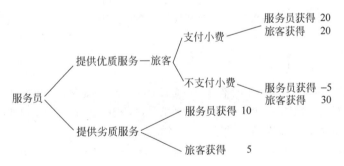

用心理偏好解决信用问题

到目前为止,在所讨论的各种博弈中,我们都假定局中人只关心自己能否实现尽可能好的结果。也就是说,每个局中人的目标只是得到最多的货币收益,被判最短的刑期,追求最大的生存概率,等等。但颇具讽刺意味的是,在大多数这类博弈中,局中人都没能实现最佳结果。有时候,改变自私自利的局中人所面对的物质激励可能会实现更好的结果,但要注意的是,这种方法并非总能奏效。

如果改变相关物质激励的方法不具有可行性,信用问题有时候也可以通过改变人们的精神激励得到解决。正如下面的例子所要说明的,在一个人们十分注重道德感的社会——人们伤害他人会有罪恶感,对贸易伙伴会有同情心,对不公平现象会义愤填膺——信用问题发生的概率往往要小于那些利己观点占主导地位的社会。

> **例 9.7　道德感的作用**
>
> **在一个崇尚道德的社会,企业所有者是否会设立办事处?**
>
> 我们再来考虑前文曾讨论过的那家正处于蓬勃发展阶段的企业,它的老板希望在另一个城市设立办事处(见例 9.5)。假设在她所生活的社会,所有的居民都非常诚实,那么她是否会设立办事处?
>
> 我们可以假设,如果管理岗位候选人做出了挪用公款的行为,他们会产生强烈的负罪感。大部分人都很难衡量负罪感的等价货币效用。但为了简便起见,我们假设这种感觉令人浑身不舒服,以至于管理者愿意支付至少 10 000 美元来避免产生这种感觉。在这种假设下,管理者不诚实管理的收益将不再是 1 500 美元,而是 1 500 美元 − 10 000 美元 = −8 500 美元。新的决策树如图 9.6 所示。
>
>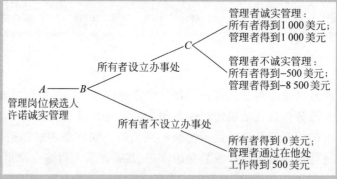
>
> **图 9.6　具有诚实管理者的办事处博弈**
> 如果在 C 点所有者能够鉴别管理岗位候选人中哪些人会选择诚实管理,她就会在 B 点雇用这些候选人,并设立办事处。
>
> 在这种情况下,所有者在 B 点的最佳选择将是设立办事处,因为这时她知道,在 C 点管理者的最佳选择将是进行诚实管理。当然,具有讽刺意味的是,本例中这些诚实的管理者,比例 9.5 中那些只能获得普通薪金的利己的管理者得到的收入高得多。

人的本质是不是利己的

从例 9.7 中可知,关于人的狭隘利己性这一假设并不总能用来解释人们用来指导决策的各种激励。比如说,回想一下你最近在外地餐馆用餐的情景。那次你支付小费了吗?如果你确实支付了小费,毫无疑问你的行为是很正常的。研究者发现,那些主要顾客是外地人的餐馆,与主要顾客是当地人的餐馆相比,顾客在支付小费的频率方面实质上是相同的。

现实中的很多事情,与基于人的狭隘利己性假设进行预测得到的结果是矛盾的。那些受到不公平待遇的人经常会不惜伤害自身利益而去寻求报复。每天,人们都会遇到许多盈利颇丰的交易,但大多数人因为这些交易的"不公平性"而对之熟视无睹。从上述例子,以及每时每刻都在发生并重复着的无穷无尽的现实事件中,可以看到,人们所追求的似乎并不是狭隘的利己目标。如果那些超出狭隘利己性的激励达到了十分显著的程度,我们在预测与解释人类行为时必须予以考虑。

用于解决信用问题的偏好

经济学家倾向于认为偏好是自我决定的。他们把偏好视为既定的前提条件,然后分析哪些行为最能满足偏好条件。这种行为研究方法也被其他社会学家所采用,其中不乏博弈论专家、军事家、哲学家及其他领域的专家。偏好理论的标准模式假设,人们的纯利己偏好表现为自身对各种消费品以及闲暇在现在与未来之间的分配。这种理论一般没有考虑对公平、罪恶、荣誉、同情及类似情感的关注。

但这些情感显然会影响人们在策略博弈过程中所做的选择。如果某位商业人士对贸易伙伴具有同情心,那么即使在贸易中他确实存在欺骗对方的物质激励,对方也会认为他值得信赖。另外,对公平的追求会使人不得不承担由报复行为带来的成本,而结果往往是既承担了这种报复成本又无法改善原有的待遇。

不过,我们必须注意的是,尽管偏好可以通过这些途径显著地影响人的行为,但是仅凭这些还不能解决信用问题。信用问题的解决不仅要求个体具有一定的偏好,还要求其他人能够识别这些偏好。对于企业的雇员来说,除非企业所有者能够鉴别值得信任的雇员,否则这位企业所有者将不会把一项基于信任才能成功的任务交给雇员去做。对于人质来说,除非绑匪能够鉴别哪些人质会寻求报复,否则所有的人质都会成为牺牲品。

当参加需要相互信任与合作才能成功的团体探险活动时,我们能鉴别哪些伙伴值得信赖吗?如果人们能够对人性做出完全准确的判断,他们就可以避开那些不诚实的人。但事实并非如此,我们中间总有一些人一而再、再而三地受骗上当,即使这些人的数量不多,但曾经遭他人愚弄的人毕竟仍不在少数,这些都说明,完全可信的人性判断要么不可能,要么代价巨大。

慎重选择交易伙伴是解决(或者说避免产生)信用问题的一个关键要素,这是因为如果为人诚实或者拥有类似品质的人确实具有优势,那么伪装出诚实的样子将获得更大的利益。毕竟,貌似可信的说谎者比那些神色慌乱、满头大汗、不敢正视对方的人更容易获得他人的信任。事实上,说谎者与诚实的人拥有相同的机会,但前者却会充分攫取任何可能得到的利益而获得更大的收益。

最后,我们尝试回答这样一个实证性问题:人们是否能够对人性做出合理准确的判断。经验研究显示,即使研究对象相互之间是仅有数面之缘的陌生人,他们也总是能够熟练地对哪些人会与自己合作而哪些人可能会违背约定进行预测。例如,在一次最终有26%的人违背约定的实验中,关于背叛者预测的准确率超过了56%。人们不难从中得出推论,如果对人们熟知的事情进行预测,其准确率将更高。

如果你在某个人潮汹涌的街道上丢失了一个装有1 000美元现金的信封,你觉得会有人在拾到之后还给你吗？如果确实有人这么做了，那么你应该接受这样一种观点：个人品质有助于解决信用问题。只要诚实的人至少能够识别其他诚实的人，并有选择地与这些人进行交易，那么诚实的人最终会在充满竞争的环境中脱颖而出、有所作为。

> **重点回顾：信用问题与精神激励的作用**
>
> - 当无法做出可信的威胁和承诺使人们无法实现合意的结果时就会出现信用问题。这类问题有时候可以通过引入信用机制来解决，即改进激励的方式以便做出可信的威胁或承诺。
> - 我们在应用博弈论分析大多数实际问题时往往假设局中人具有狭隘的利己性。但是，实际中的很多决策，比如在外地的餐馆用餐之后支付小费的决定，并不符合这一假设。
> - 人们的行动受到更加复杂广泛的激励驱动这一事实，在导致人的行为更加难以预测的同时，也为解决信用问题开辟了新的途径。当改变人们的物质激励不再可行时，精神激励经常可以作为一种信用机制发挥作用。例如，那些能够识别诚实的交易伙伴并能有选择地与这些伙伴进行交易的人，可以避免因缺乏信任导致的信用问题。

小结

经济学家运用博弈论来分析不同行动者的收益取决于其对手所采取行动的情形。博弈具有三大基本要素：局中人；每个局中人可能采取的一系列行动（也称为策略）；每种策略组合下局中人获得的收益。对于那些局中人的时机选择无关紧要的博弈而言，收益矩阵是归纳博弈信息最实用的工具。而对于那些时机选择至关重要的博弈而言，决策树则是归纳博弈信息更为有效的方式。

在给定其他局中人的策略的情况下，如果每个局中人的策略都能获得可能达到的最大收益，则博弈达到均衡状态。

占优策略是指博弈中不管对手做出什么选择，相比其他策略都能获得更高收益的策略。在一些博弈中，如囚徒困境，每个局中人都具有各自的占优策略。当每个局中人都选择各自的占优策略时，博弈达到均衡状态。在另一些博弈中，只有部分局中人具有占优策略。

从局中人整体角度考虑，均衡结果经常不令人满意。囚徒困境博弈就具有这种性质，因为尽管每个囚犯的占优策略是坦白，但如果他们都坦白，每个人待在监狱里的时间就会长于都保持沉默的情况。这种博弈的激励结构有助于解释各种社会困境：广告大战、军备竞赛，以及无法获得基于信任的潜在收益等。

如果局中人能够实现按照某种方式行动的捆绑信用，他们往往就可以摆脱囚徒困境。一些信用机制，如军备控制协议，正是通过改变局中人面临的物质激励来解决信用问题的。另外一些信用问题可以通过用精神激励抵消物质激励的方式得到解决。具有诸如罪恶感、同情心、正义感等道德观念的局中人，相比那些唯利是图的局中人而言，经常能够实现更好的结果。这种信用机制可以发挥作用的一个必要条件是，相关的道德观念必须能够被其潜在交易伙伴所识别。

名词与概念

basic elements of a game	博弈的基本要素	dominant strategy	占优策略
commitment device	信用机制	dominated strategy	不利策略
		game tree	博弈树
commitment problem	信用问题	Nash equilibrium	纳什均衡
		payoff matrix	收益矩阵
credible promise	可信承诺	prisoner's dilemma	囚徒困境
credible threat	可信威胁	repeated prisoner's dilemma	重复多次的囚徒困境博弈
decision tree	决策树	tit-for-tat	以牙还牙

复习题

1. 列出博弈的三个基本要素。

2. 如果你知道博弈过程不止一次而是会进行多次（局中人相同），那么你试图突破囚徒困境的激励因素是如何改变的？

3. 解释为什么卡特尔是一种囚徒困境。

4. 华纳兄弟公司直到影片《老大靠边闪》几乎制作完毕才就邀请托尼·班奈特为影片演唱片尾曲一事与其谈判，为什么我们认为华纳兄弟公司犯了一个严重的错误？

5. 假设通用汽车正想雇一家小公司生产别克车的门把手。完成该任务需要生产者投资购买一台不能用于其他用途的昂贵设备。试解释，如果双方没有签订确定门把手价格的长期合同，为什么这家小公司的总裁可能会拒绝承担这种风险？

6. 试描述自私的顾客在州际公路旁的饭店用餐，他们与服务员之间会产生信用问题。如果在这些饭店支付小费确实能够保证优质服务，你是否还会觉得人们总是自私与狭隘的？

练习题

1. 你和一位朋友正在玩硬币匹配的博弈游戏。你们两人手里都藏有一枚硬币，硬币可能正面朝上也可能反面朝上（每个人都知道自己手中硬币朝上的是哪面）。你们一起数"一、二、三"，然后同时松开握紧硬币的手，将自己手中硬币朝上的一面给对方看。如果你手中硬币朝上的一面与你朋友手中硬币朝上的一面相同，那么这两枚硬币都归你所有。

如果这两个硬币朝上的一面不一样,那么你的朋友将拿走它们。

(1) 谁是这个博弈的局中人?每个局中人的策略是什么?试为该博弈建立相应的收益矩阵。

(2) 该博弈是否存在占优策略?如果存在,占优策略是什么?

(3) 该博弈是否存在均衡结果?如果存在,均衡结果是什么?

2. 考虑下述博弈过程。宇志手里有四枚 1/4 美元的硬币。他可以分给萨利 1~4 枚硬币。如果萨利接受宇志的建议,那么她就能获得宇志分给她的硬币,而宇志则得到余下的硬币。如果萨利拒绝宇志的建议,那么两个人都将一无所得(都获得 0 美元)。他们只进行一次博弈,并且每个人都只关心自己最终获得的硬币数量。

(1) 谁是这个博弈的局中人?每个局中人的策略是什么?试为这个通牒型讨价还价博弈建立决策树。

(2) 在给定各自目标的前提下,每个局中人的最佳选择是什么?

3. 布莱克德与波瑞克是两名理性而又自私的罪犯,他们被关押在两个相互隔离而又阴暗的中世纪地牢里。他们所面对的囚徒困境可以用下面的矩阵来表示。

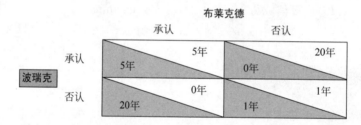

假设布莱克德愿意为减少 1 年刑期支付 1 000 美元。一名受贿的地牢看守告诉布莱克德,自己可以在布莱克德做出承认罪行还是否认罪行的决定之前透露波瑞克的决定。这个信息对布莱克德而言,价值是多少?

4. 对于经济学期末测试只关心两点:一是你的分数;二是你在学习上付出的时间。高分能给你带来 20 单位的效益,中等分数的效益是 5,而低分的效益只有 0。如果努力学习,你付出的成本是 10;如果不努力学习,你付出的成本只有 6。我们还知道,如果你努力学习而其他所有学生不努力学习,那么你能得高分而其他学生都只能得低分。不过,如果其他所有学生努力学习而你不努力学习,那么其他学生都能得高分而你只能得低分。最后一种可能是,如果你和其他学生在学习上付出的时间相同,那么每个人都只能得到中等分数。对于分数与学习时间,其他学生具有与你相同的偏好。

(1) 把学习不努力与学习努力视为两种可能的策略,把你与其他所有学生视为局中人,试对上述现象进行模型化处理,概括为一种二人囚徒困境博弈,并画出对应的收益矩阵。

(2) 该博弈过程的均衡结果是什么?从学生整体的角度看,最佳结果是什么?

5. 尽管各渔业公司理应受到配额协议的约束,纽芬兰的渔业经济最近却因捕捞过度出现了严重下滑。如果所有的渔业公司都能够遵守该配额协议,经济产出本应维持在一个较高的水平。

(1) 试对上述现象进行模型化处理,概括为一种二人囚徒困境博弈。假设存在两个局中人,公司 A 和公司 B;它们有两种可能的策略,进行按照限额约束的捕捞或者进行超出限额的过量捕捞。为收益矩阵设定合适的收益结果,并解释为什么在配额协议无法有效执行的情况下,过度捕捞是难以避免的结果。

(2) 试列举另一个与囚徒困境博弈有关的环境方面的例子。

(3) 在许多可能产生囚徒困境的博弈中,如果局中人希望与对手合作,那么摆脱困境的一种方法是对其潜在对手的信用进行合理且可靠的判断。试解释,为什么这种解决方案对于大多数涉及环境恶化问题的例子都无能为力。

6. 两家飞机制造商正在考虑生产某种新产品——能乘坐 150 名乘客的新型喷气式飞机。双方都需要决定是否生产这种新产品。其收益矩阵如下所示(收益数值的单位是百万美元)。

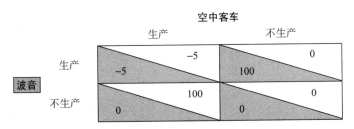

上述收益结果表明,市场需求只够支持一家制造商的生产。如果两家制造商都进入该市场,双方都会蒙受损失。

(1) 求出该博弈两种可能的均衡结果。

(2) 试分析补贴带来的效应。假设欧盟决定资助欧洲厂商空中客车,如果空中客车进入该市场,欧盟将无偿向它拨款 2 500 万美元。对上面的收益矩阵进行修改,以反映补贴带来的效应。这时新的均衡结果是什么?

(3) 比较上面得出的两种结果(补贴前的结果与补贴后的结果)。补贴行为产生了什么实质性的效应?

7. 吉尔与杰克两个孩子每人都有两个水桶,可以用水桶从山上提水下来并把水售出。每个人只有一次机会上山提水,一次可以提一桶水也可以提两桶水,每桶水能卖 5 美元。从山上提水下来是一件很累人的事情。为了推掉从山上提一桶水下来的活儿,吉尔与杰克都愿意付出 2 美元;为了推掉从山上提第二桶水下来的活儿,吉尔与杰克都愿意再付出 3 美元。

(1) 在给定市场价格的条件下,每个孩子会从山顶提几桶水下来?

(2) 吉尔与杰克的父母担心这两个孩子相互之间可能不会合作。于是他们决定把卖水获得的总收入在吉尔与杰克之间进行平均分配。如果吉尔与杰克都是利己的,试建立这两个孩子决定各自的提水数量这一过程所对应的收益矩阵。其均衡结果是什么?

8. 一家企业正处于蓬勃发展阶段,它的老板希望在另一个城市设立办事处。如果他聘请某人管理这个新建的办事处,他可以向这位管理者支付 2 000 美元的周薪——这比管理者在别处工作得到的收入多 1 000 美元。这位老板自己每周也能获得 800 美元的经济利润。这位老板面临的难题是他无法对管理者的行为进行监督,管理者可能会挪用公款占为己有。老板清楚,管理者如果对办事处进行不诚实管理,其每周获得的实际收入可以高达3 100美元,但这么做却会使老板自身遭受每周600美元的经济损失。

(1) 如果老板认为,所有的管理者都是完全利己的收入最大化个体,那么他是否会设立办事处?

(2) 假设老板知道,其中某位管理岗位的候选人是一位非常虔诚的教徒,她平时常常强烈谴责不诚实的行为,如果她自己做出了类似行为,则宁愿支付15 000美元来避免这种罪恶感。在这种情况下,老板是否会设立办事处?

9. 考虑下面的"约会博弈",博弈有两个局中人,A和B,他们有两种可能的策略,买电影票或者棒球赛门票。下图是该博弈过程的收益矩阵,各种结果的收益用分数表示。我们注意到,当A和B采取相同的行动时,双方的收益都达到最高。

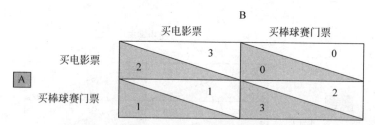

假设局中人A和B同时对买票做出独立决定。两人都必须在买电影票还是买棒球赛门票之间选择其一,他们知道各种选择结果的收益状况,但不知道对方的实际选择。每个人都认为对方是理性与利己的。

(1) 每个局中人具有各自的占优策略吗?

(2) 存在几种可能的均衡结果?(提示:为确定某种策略组合是不是均衡结果,可以考察每个局中人能否通过改变自身策略实现更高的收益。)

(3) 这是一个囚徒困境博弈吗?请做出判断并解释原因。

(4) 假设首先由局中人A去买票。局中人B并没有观察到局中人A买的是什么票,而只知道A先买票。局中人A也清楚局中人B知道自己先买票。这时的均衡结果是什么?

(5) 假设现在由局中人B首先买票,其余条件的设定与(4)完全一样。均衡结果又是什么?

10. 设想你正在一处已经停满车的校园停车场外面,坐在自己的车里发愁,苦苦等待有车从停车场里驶出,这样你才能将车驶入。这时有人开车离开停车场,你正想驶入,突然有一辆车开过来,超过你的车,意图十分明显地想将车停在空出的车位上。假设这辆车的司机为了能将车停在那个车位最多愿意支付10美元,而为了避免与你争论最多愿意支付30美元(也就是说,停车的收益是10美元,争论的成本是30美元)。同时,这位司机也准确地预测到,你为了避免争论最多也愿意支付30美元,而为了能将车停在那个车位最多愿意支付10美元。

(1) 试对上述现象进行模型化处理,画出其两阶段决策树。假定对方司机首先提出为占用该车位而愿意支付给你的费用,你的可选策略有:①表示抗议;②不表示抗议。如果你表示抗议(引发争论),按照既定的博弈规则,你将最终获得车位。注明该决策树各分支的收益情况。

（2）这一博弈过程的均衡结果是什么？

（3）你可以与对方进行深入可信的交流，并告知对方，如果忍气吞声，会给你自己造成心理上的负面影响。这么做的优势体现在哪里？

正文中练习题的答案

9.1 不管美国航空公司的决定是什么，联合航空公司都会选择维持广告支出不变，因为这会让它的境况更好。类似地，不管联合航空公司的决定是什么，美国航空公司都会选择增加广告支出，因为这会让它的境况更好。因此，博弈双方都会选择自己的占优策略：美国航空公司会选择增加广告支出，而联合航空公司会选择维持广告支出不变。

	美国航空公司的选择	
联合航空公司的选择	增加广告支出	维持广告支出不变
增加广告支出	8 000美元 / 3 000美元	5 000美元 / 4 000美元
维持广告支出不变	4 000美元 / 8 000美元	2 000美元 / 5 000美元

9.2 在博弈过程1中，不管克莱斯勒公司如何决策，通用公司都会选择投资；同理，不管通用公司如何决策，克莱斯勒公司也都会选择投资。双方都有一个占优策略，但是如果双方都执行占优策略，其结果相比双方都不投资的情况要差。因此，博弈过程1是一个囚徒困境博弈。在博弈过程2中，不管克莱斯勒公司如何决策，通用公司都会选择投资；而不管通用公司如何决策，克莱斯勒公司都会选择不投资。双方都有一个占优策略，如果双方都执行占优策略，其结果是都获得10单位的收益——这比双方都执行各自不利策略时的结果要好，双方都能够多获得5单位的收益。因此，博弈过程2不是一个囚徒困境博弈。

9.3 史密斯假设琼斯会选择最大化其个人收益的分支，即不管是在B点还是C点，琼斯都会选择下方分支。因此不管史密斯做何选择，琼斯都会在轮到他做决定的时候选择下方分支。由于史密斯在B点下方分支获得的收益(60)大于在C点下方分支获得的收益(50)，在A点史密斯将会选择上方分支。因此，这一博弈的均衡结果是，在A点史密斯选择上方分支，在B点琼斯选择下方分支。这样史密斯得到60，琼斯得到105。如果琼斯能够保证无论如何都选择上方分支，那么两人的境况将会变得更好。在A点史密斯会选择下方分支，在C点琼斯会选择上方分支，从而使史密斯得到500，琼斯得到400。

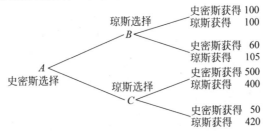

9.4 如果不承诺支付小费,博弈均衡的结果是服务员将提供劣质服务,因为他清楚如果自己提供了优质服务,顾客的最佳选择是不支付小费,这就导致服务员境况的恶化。而如果顾客做出支付小费的承诺,顾客会获得 20 的收益(比不承诺支付小费时多获得 15),因此他最多愿意为取得承诺权支付 15。

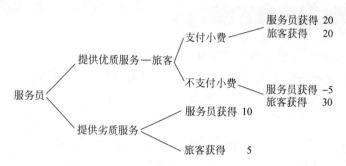

Principles of Microeconomics

第 10 章

外部性、产权与环境

学习目标

学完本章后,你应该能够:
1. 定义正外部性和负外部性,并分析它们对资源配置的影响。
2. 解释并讨论科斯定理。
3. 解释如何纠正外部性的影响,并讨论为什么外部性的最优量不等于 0。
4. 描述共有地悲剧的特征,说明私人产权如何能阻止共有地悲剧。
5. 定义地位外部性及其影响,说明地位外部性可以如何得到纠正。
6. 比较税收和可交易许可证减少污染的方式。

我们以某英国品牌的烟斗专用烟草的一则滑稽电视广告作为本章的开始。一位穿着高雅、气质不凡的绅士静静地坐在公园的长椅上,叼着烟斗,在看一本诗集。在他身前,是一处水平如镜的池塘,只是偶尔鸭子妈妈带着它的子女在水面缓缓游过时会带来些许荡漾的微波。这一切构成了一幅静谧安详的画面。突然间,一群满口污言秽语的少年带着玩具出现在画面中,随之而来的便是一场遥控玩具大战。在嘈杂的叫嚷声与嬉笑声中,这些孩子遥控着机器船,肆无忌惮地以追逐受惊吓的鸭子为乐。

外界的喧哗将绅士从冥思中唤醒,他收回原本投注在书本上的目光,泰然自若地面对周围发生的一切,并缓缓地吸了一口烟。然后,他将手伸进公文包,拿出一个遥控器,并开始熟练地操作操纵杆。画面切换到了水下:一艘微型潜水艇从池塘底部缓缓升起。每当孩子们的船只进入潜水艇的射程,绅士就会按下遥控器上的一个按钮。几秒钟之后,目标船只就会被潜水艇射出的鱼雷击得粉碎。最后,硝烟散尽,画面逐渐幻化成了这家烟草公司的商标。

▽ 外部成本与外部收益

很多活动会给那些与该活动无直接关系的人群造成损失或带来收益。我们将这种效应称为**外部成本与外部收益**,简称**外部性**。一般情况下这种效应的产生都只是无意识的结果。在上述例子中,从那位绅士的角度来看,疯狂少年们所制造的嘈杂噪声是一种外部成本。如果当时公园里的其他人也由于少年们的喧哗而受到惊扰,那么他们将会把绅士对少年们的报复行为看作一种外部收益。

本章将关注外部性如何影响资源的配置情况。亚当·斯密"看不见的手"理论适用于不存在外部性的理想市场。斯密认为,在这种市场条件下,个体的利己行为最终会带来社会效益。而在利益各方受外部性影响的情况下,我们会发现,如果各利益集团之间能够轻易实现谈判,那么"看不见的手"仍然会导致一个有效的结果。

但是在包括上述烟草广告所描述画面在内的很多情况下,谈判可能不具有可行性,或者说谈判可能是不切实际的。在这些情况下,个体的利己行为并不会简单地带来有效结果。由于外部性的广泛存在,试图协商并努力解决由外部性产生的问题,就成了政府及其他众多集体行动存在的根本原因与重要任务。

外部性如何影响资源配置

从下面几个例子中,我们将会清楚地看到外部性扭曲资源配置的方式。

例 10.1 正的外部性

养蜂人是否面对正确的激励?(Ⅰ)

菲比的工作是饲养蜜蜂,她靠此维持生计。她附近的邻居都种植苹果。由于蜜蜂采花蜜的同时也在帮助苹果树授粉,因此菲比拥有的蜂房越多(饲养的蜜蜂越多),周围苹果园就能结出更多的苹果,获得更大的丰收。如果菲比在决定拥有蜂房的数量时只考虑自己的成本与收益,那么她拥有的蜂房数量会达到社会最优水平吗?

对果园的所有者而言,菲比的蜂房给他们带来了外部收益,或者说是正的外部性。如果菲比只考虑自己的私人成本与私人收益,当她从最后一个蜂房中获得的收益等于增加这个蜂房的成本时,她将不再增加蜂房的数量。但是由于果园的所有者也会从额外增加的蜂房中受益,所以在该点额外增加一个蜂房的总收益要大于增加这个蜂房的成本。从这个意义上说,菲比拥有的蜂房太少了。

在本章的后面我们将会讨论,类似上述例子的问题有多种可能的解决方法。一种方法是果园的所有者向养蜂人支付一定的费用作为配置更多蜂房的补偿。不过这种方法往往涉及相关利益集团之间的复杂谈判。现在,我们假设这种谈判是不可行的。

例 10.2 负的外部性

养蜂人是否面对正确的激励?(Ⅱ)

与例10.1中一样,菲比的工作是饲养蜜蜂,并靠此维持生计。不过现在她的邻居不再是苹果种植者,而是一所小学和一家疗养院。菲比拥有的蜂房越多(饲养的蜜蜂越多),就会有越多的学生和疗养院的住户遭到蜜蜂的攻击。如果菲比在决定拥有蜂房的数量时只考虑自己的成本与收益,她拥有的蜂房数量会达到社会最优水平吗?

对学生和疗养院的住户而言,菲比的蜂房给他们带来了外部成本,或者说是负的外部性。如果菲比只考虑自己的私人成本与私人收益,只要她从最后一个蜂房中获得的收益大于增加这个蜂房的成本,她就会继续增加蜂房的数量。但是由于菲比的邻居也会因为额外增加的蜂房而承担成本,所以在该点额外增加一个蜂房的收益要小于增加这个蜂房的成本。换句话说,菲比拥有的蜂房太多了。

任何一个事件都会涉及成本与收益。当一种活动所有相关的成本与收益都归于从事这一活动的主体，即活动不产生外部性时，对个人而言最优的活动水平对整个社会而言也是最优的。但是，当一种活动产生了外部性时，不管这种外部性是正还是负，个体的利己行为都不会导致资源的最优配置。只考虑自身成本与收益的个人会过度地进行产生负外部性的活动，而对于产生正外部性的活动则参与积极性不足。如果一种活动或行为既能产生正外部性又能产生负外部性，那么只有在正负外部性恰好相互抵消的小概率事件发生时，个人收益才与社会收益一致。

外部性如何影响供给和需求

外部性对资源配置的影响可以用图形表示。我们首先考虑负外部性的情况。图 10.1(a) 描绘的对象是一种生产过程不涉及外部成本或外部收益的产品，其供给曲线（私人边际收益曲线）与需求曲线如图所示。例如，我们可以设想为该市场上所有工厂提供的能源来自无污染的水力发电站。按照我们在第 3 章和第 7 章讨论的结果，该产品的市场均衡价格与均衡数量将满足社会最优条件：生产最后一单位该产品对消费者的价值（由需求曲线所得），等于生产这一单位产品的边际成本（由供给曲线所得），市场交易不能再产生额外的收益。

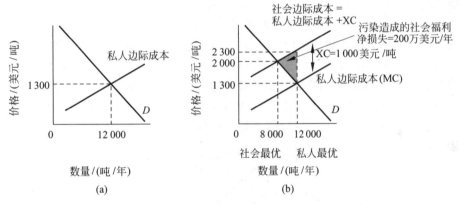

图 10.1 外部成本如何影响资源配置

当市场不存在外部成本或者外部收益时[图(a)]，均衡数量与均衡价格满足社会最优条件。相比之下，当产品生产会带来外部成本时[图(b)]，市场均衡价格（1 300 美元/吨）过低，而市场均衡产量（12 000 吨/年）则过多。由负外部性引起的社会福利净损失（图中阴影三角形部分）等于 200 万美元/年。

但现在我们假设，由于长期干旱，水力发电站停止运作，所有的工厂不得不通过燃烧煤炭来发电。这时，工厂每生产一吨产品就会产生一定的外部污染成本 XC，如图 10.1(b) 所示。由于外部污染成本的承受者并非企业的所有者，而是那些生活在工厂下风口的居民，从而私人边际成本曲线仍然是该产品的供给曲线，其需求曲线也保持不变，因此均衡状态下的价格与数量都与先前的图 10.1(a) 一样。但是这时私人市场实现的均衡状态并不是社会最优的。与之前一样，市场实现的均衡产出量是 12 000 吨/年，由需求曲线 D 和供给曲线（私人边际成本曲线）MC 的交点决定。然而，请注意：在该均衡产出量下，最后一单位产出对消费者的价值只有 1 300 美元/吨，而生产这一单位产品的成本（包括外部成本）却高达 2 300 美元/吨。

这意味着通过降低产量社会能够获得更大的经济剩余。事实上,只要当前的产出超过 8 000 吨/年(需求曲线与社会边际成本曲线的交点所对应的产出水平),上述结论都是成立的。社会边际成本,即产品的社会最优供给曲线,是每一产出水平所对应的私人边际成本与外部污染成本 XC 之和。社会最优产出水平位于社会边际成本曲线 MC 和需求曲线的交点处。如图 10.1(b)所示,该产品的社会最优产出水平是 8 000 吨/年,这一产出水平实现了所有可能的交易。此时,用购买者愿意为其购买的产品支付的价格来衡量的产品边际收益,就等于生产这一产品的边际成本,即私人边际成本 MC 与边际污染成本 XC 之和。对于那些生产过程会带来外部成本的产品,市场均衡数量要高于社会最优数量。

在图 10.1(b)中,当产出水平为 8 000 吨/年时,污染最多会给经济总剩余造成多大损失?注意到图中当产量超过 8 000 吨时,每增加一单位产量的边际成本(由社会边际成本曲线测得)大于其边际收益(由需求曲线测得)。当产出水平从 8 000 吨/年扩大到私人市场达到均衡状态下的 12 000 吨/年时,经济总剩余不断减少,等同于图 10.1(b)中阴影三角形区域,共损失了 200 万美元/年。因此,在这个市场上,由污染造成的社会福利净损失为 200 万美元/年。

那么对于生产过程会带来外部收益的产品,其情况又是如何呢?在图 10.2 中,该产品的生产过程会带来每单位 XB 的外部收益,其私人需求曲线就是产品的需求曲线。该产品的市场均衡数量用 Q_{pvt} 表示,是私人需求曲线与产品供给曲线(MC)的交点所对应的产出水平。这时的市场均衡数量要低于用 Q_{soc} 表示的社会最优水平。Q_{soc} 是指边际成本曲线与社会最优需求曲线(图 10.2 中表示为社会需求曲线)的交点所对应的产出水平。社会最优需求曲线为每一产出水平所对应的私人需求与外部收益 XB 之和。在图中我们注意到,私人市场均衡同样无法实现最大的经济剩余。换句话说,在 Q_{pvt} 的产出水平下,生产额外一单位产品的边际成本只有 MB_{pvt},比该单位产品的边际收益少 XB。对于那些生产过程会带来外部收益的产品,市场均衡数量小于社会最优数量。

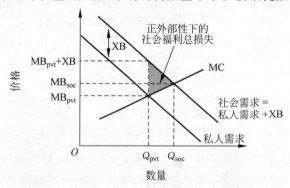

图 10.2 生产过程会给消费者带来外部收益的产品

市场均衡数量 Q_{pvt} 小于社会最优数量 Q_{soc},这是由于产品的购买者只愿意为自己从直接的产品消费中获得的收益付费。正外部性下的社会福利总损失相当于图中的阴影三角形区域。

私人达到均衡状态时的经济总剩余,与该市场达到均衡时的经济总剩余的最大值相比,相差多少?注意到在图 10.2 中的 Q_{pvt} 处,产品的边际收益(根据社会需求曲线测得)比边际成本(根据边际成本曲线 MC 测得)多 XB 单位。当产量从 Q_{pvt} 扩大到社会最优产量 Q_{soc} 时,经济总剩余在不断地小幅增加。因此,正外部性带来的社会福利总损失就是

图 10.2 中的阴影三角形区域。

如果产品的生产过程引起了正外部性现象，我们为什么还要说其产品造成了经济总剩余的损失？其实，市场上的社会福利损失并不表明正外部性有害。事实上，这意味着：未考虑正外部性导致私人均衡时的经济总剩余小于其本应该达到的水平。没有获得本应该获得的经济收益实际上相当于蒙受了经济损失。

总之，不管外部性是正还是负，它们都扭曲了市场原本有效的资源配置。当存在外部性时，所有个体追求自身利益的行为加总之后并不一定能实现经济剩余的最大化。当经济剩余没有实现最大化时，按照定义我们称此时的结果是缺乏效率的。

科斯定理

我们称某种现象缺乏效率，是指人们可以进行一些改动，在不损害他人利益的前提下使一些人的境况变得更好。在现实生活中我们经常能见到这种现象，它会促使创新动力的产生。毕竟，现实中缺乏效率现象的存在就如同"桌子上的现金"，很容易引发争夺大战。例如，我们曾经分析过，由于垄断定价会导致缺乏效率的低产出水平，对利益的追求就会使垄断者产生对价格敏感的购买者实行价格折扣的激励。下面所举的例子将说明，外部性造成的缺乏效率也会产生类似的行为补偿激励。

例 10.3　外部性导致的无效率

阿伯克龙比是否会向河中排放有毒物质？（Ⅰ）

阿伯克龙比的工厂在生产过程中会产生一种无用并且有毒的副产品。如果阿伯克龙比决定将之排入附近的河中，他会损害住在河下游的渔民菲奇的利益。这种废水的毒性维持时间很短，因此除了会给菲奇造成经济损失外，不会给其他人带来影响。当然，阿伯克龙比也可以对废水进行过滤处理，但要承担一定的成本。废水经处理后再排入河中就不会对菲奇造成任何经济损失。这两人的相关收益与损失如表 10.1 所示。

表 10.1　消除有毒废水的成本与收益（Ⅰ）

	进行过滤处理	不进行过滤处理
阿伯克龙比的收益	100 美元/天	130 美元/天
菲奇的收益	100 美元/天	50 美元/天

如果法律并没有对阿伯克龙比向河中排放有毒物质的行为做出惩罚的规定，而且阿伯克龙比与菲奇之间也无法进行沟通，阿伯克龙比是否会对有毒废水进行过滤处理？他的这种选择是不是社会有效的？

由于阿伯克龙比在不进行过滤处理时每天获得的收益要比进行过滤处理时获得的收益多 30 美元，他自然会选择不对有毒废水进行过滤处理。但是他的做法从社会角度看却是缺乏效率的。当阿伯克龙比不对有毒废水进行过滤处理时，两人每天的总收益之和只有 130 美元＋50 美元＝180 美元；如果阿伯克龙比进行过滤处理，两人每天的总收益将是 100 美元＋100 美元＝200 美元。对阿伯克龙比而言，每天进行过滤处理的成本只有 130 美元－100 美元＝30 美元。对菲奇而言，由此带来的收益为每天 100 美元－50 美元＝50 美元。从社会角度来看，成本小于收益。阿伯克龙比不安装过滤设备的这一事实意味着每天将造成 20 美元的经济剩余损失。

例 10.4 效率原理——剩余与激励

阿伯克龙比是否会向河中排放有毒物质？（Ⅱ）

我们假设，使用过滤设备的成本与收益都与例 10.3 相同，但阿伯克龙比与菲奇可以进行无成本的沟通。如果法律并没有要求阿伯克龙比必须对有毒废水进行过滤处理，他是否会使用过滤设备？

这种情况下阿伯克龙比将会使用过滤设备。请回忆我们在前面学过的内容：当经济蛋糕变大时，每个人都能从中分到更大的一份蛋糕（效率原理）。由于过滤设备的使用会使经济剩余变得尽可能大，它会让阿伯克龙比与菲奇获得比以往更大的净收益。从而菲奇会有这样一种激励：他向阿伯克龙比支付一定的费用以保证阿伯克龙比使用过滤设备。例如，我们假设菲奇每天给阿伯克龙比 40 美元作为后者对有毒废水进行过滤处理的费用补偿。这样阿伯克龙比与菲奇每天都能比以往多获得 10 美元，从而每天总的净收益增加 20 美元。

练习 10.1

在例 10.4 中，菲奇在保证自己比以往获得更多收益的前提下，向阿伯克龙比支付的使用过滤设备费用补偿款最多是多少（整数）？

芝加哥大学法学院教授罗纳德·科斯（Ronald Coase）是第一个明确提出如下命题的人：对于那些会产生外部性的行为，不管行为的执行权归属于谁，如果人们可以无成本地进行协商，那么他们总能有效地解决问题。这一见解经常被称为**科斯定理**，它表达了一种影响深远的观点，科斯也因此于 1991 年获得了诺贝尔经济学奖。

你可能会问，既然有毒废水是阿伯克龙比的工厂排放的，为什么菲奇要向阿伯克龙比支付过滤处理的费用？这个问题看似十分有理，其实不然。科斯指出，外部性具有两面性。我们知道有毒废水显然会损害菲奇的利益，但是如果禁止阿伯克龙比排放有毒废水，又会给阿伯克龙比造成每天 30 美元的经济损失。为什么菲奇就理所应当地有权损害阿伯克龙比的利益呢？事实上，例 10.5 将告诉我们，即使菲奇拥有这种权力，他也只有在对有毒废水进行过滤处理会带来最有效结果的时候，才会行使这种权力。

例 10.5 社会效率

阿伯克龙比是否会向河中排放有毒物质？（Ⅲ）

我们假设，法律规定阿伯克龙比未经菲奇允许不能向河中排放有毒物质。如果对有毒废水进行过滤处理的成本与收益如表 10.2 所示，并且阿伯克龙比与菲奇可以无成本地相互沟通，那么阿伯克龙比是否会使用过滤装备？

表 10.2　消除有毒废水的成本与收益（Ⅲ）

	进行过滤处理	不进行过滤处理
阿伯克龙比的收益	100 美元/天	150 美元/天
菲奇的收益	100 美元/天	70 美元/天

请注意，这时最有效的结果是阿伯克龙比不对有毒废水进行过滤处理，相应的总剩余为每天

220美元；而使用过滤设备的总剩余仅为每天200美元。不过，根据法律规定，这时菲奇有权要求阿伯克龙比使用过滤设备。可以预见菲奇将会行使这种权力，因为如果他行使该权力自己的收益将从每天70美元上升到100美元。但由于这种结果从社会角度考虑是缺乏效率的，因此两人有可能通过协商来改善自己的处境。

例如，我们可以假设阿伯克龙比每天向菲奇支付40美元，换取菲奇允许他不使用过滤设备。这样每个人都能获得每天110美元的净收益，相比菲奇坚持要求阿伯克龙比使用过滤设备的结果，每个人每天的收益都增加了10美元。阿伯克龙比对河水的污染会损害菲奇的利益，这是不争的事实。但杜绝这种污染将会给阿伯克龙比造成更大的损害。

科斯定理告诉我们，不管法律是否对污染者应当承担责任做出规定，只要受影响的双方可以无成本地进行谈判，他们就能有效地解决外部性问题。但我们需要留意的是，这并不意味着受影响的双方对于法律是否规定污染者应当承担责任这一事实持无所谓的态度。如果污染者应当承担责任，那么相比污染者不需要承担责任的情况，他们的收入会降低，而对于因污染而受损的一方而言，其收入则会增加，即使在两种情况下污染者采用相同的有效生产方式，其结果也是如此。当污染者有义务承担责任时，他们必须自己花钱消除污染。而当污染者没有义务承担责任时，那些因污染而受损的人必须向污染者支付消除污染的费用。

外部性是一种普遍存在而又相互联系的现象。相反，要想找到一个完全不存在外部性的行为的例子则相当困难。由于外部性会扭曲资源配置，因此如何明智地对资源进行重新组织与分配十分重要。为了说明这一点，我们来考虑下面这个由合租安排引起的外部性问题。

例10.6 成本-收益原理

阿德里安娜与索菲亚是否会共住一间公寓？

阿德里安娜与索菲亚面临两种选择：她们可以共住一间月租金为1 000美元的双卧室公寓，也可以分别入住两间月租金均为600美元的单卧室公寓。如果说两种情况下每个人支付的租金相同，那么她们对于是否选择合租只有一个问题，在其余方面均持无所谓的态度。这个问题就是：阿德里安娜经常在深夜还邀请朋友来玩儿，让索菲亚无法入睡。阿德里安娜愿意每月为此支付最高250美元的费用。而从索菲亚的角度来看，她每月最多愿意支付150美元的费用来睡个好觉。她们会决定合租吗？

只要合租的收益超过成本，阿德里安娜与索菲亚就应该选择合租。合租的收益表现为较低的租金。由于两间单卧室公寓每月的总费用为1 200美元，而一间双卧室公寓的费用只有1 000美元，因此合租的收益可以认为是每月200美元。至于合租的成本，则是她们两人为协商解决阿德里安娜令他人不快的习惯所要花费的最低费用。阿德里安娜为坚持自己的习惯每月愿意支付最高250美元的费用，相比之下合租节省下来的200美元月租金还不足以让她改变这一习惯。不过索菲亚只需要每月150美元的补偿就愿意忍受阿德里安娜的这种行为。既然这一金额低于节省的租金，这一问题费用最低的解决办法就是，索菲亚与阿德里安娜合租并且忍受阿德里安娜的坏习惯。

我们对上述合租案例的成本与收益进行归纳，如表10.3所示。成本-收益原理告诉我们，阿德里安娜与索菲亚选择合租的充要条件是此时的收益大于成本。合租的成本不是所有可能成本之和，而是协调解决合租可能出现问题的最小成本。由于每月200美元的租金节省大于协商解决合租问题的最低成本(150美元/月),阿德里安娜与索菲亚选择合租每月能实现50美元的经济剩余净增加。

表10.3 合租会带来经济剩余的增加   美元/月

合租的收益		
分开租住的总成本	合租的总成本	合租带来的租金节省
2×600=1 200	1 000	200
合租的成本		
问题	阿德里安娜解决问题的成本	索菲亚解决问题的成本	解决问题的最小成本
阿德里安娜在深夜邀请朋友来访	禁止阿德里安娜在深夜邀请朋友来访:250	容忍阿德里安娜在深夜邀请朋友来访:150	索菲亚容忍阿德里安娜在深夜邀请朋友来访:150
合租会带来经济剩余的增加		
租金节省(200) −	协调解决合租问题的最小成本(150) =	经济剩余的增加:50

有人可能会认为阿德里安娜与索菲亚应该分开租住,他们的理由是,如果两人平均分担租金,索菲亚每月要支付500美元,这一数字再加上她忍受阿德里安娜在深夜邀请朋友来访的成本150美元,其总成本要比她单独租住的月租多50美元。这种见解看似很有说服力,其实不然。下面所举的例10.7将说明,这种看法错误的根源在于,两人平均分担租金的假设并不成立。

例10.7 成本-收益原理——支付不同的租金

索菲亚愿意为双卧室公寓支付的最高费用是多少?

在例10.6中,为了与阿德里安娜合租,索菲亚最多愿意支付多少?

索菲亚除了选择与阿德里安娜合租之外,另一种可能的选择是独自租住,这样她要承担600美元的月租。因此,600美元/月就是她对于不被阿德里安娜深夜访客吵醒的保留价格。既然她为了解决这一问题每月最多愿意支付150美元的费用,那么她对合租所愿意支付的最高月租金应该是600美元−150美元=450美元。如果索菲亚支付的月租为450美元,则阿德里安娜需要支付剩余部分,即550美元/月。这对于阿德里安娜来说,也优于支付600美元的月租金独自租住的选择。

例10.8 成本-收益原理——分享经济剩余

如果阿德里安娜与索菲亚决定平均分享合租所带来的经济剩余,则她们各应支付多少租金?

如果阿德里安娜与索菲亚决定合租,并且平均分享由此带来的经济剩余,她们各自应该支付多少租金?

从表10.3中我们可以看到,由合租带来的月租金节省额为200美元,而解决问题的最低成本是150美元/月,因此每月经济剩余的净增额为50美元。我们已经知道,阿德里安娜对于合租的保留价格为600美元/月,而索菲亚的保留价格则为450美元(见例10.7)。因此,如果两人希望平均分配这50美元的月经济剩余,每人支付的月租金应该比各自的保留价格少25美元。阿德里安娜支付的月租金将是575美元,索菲亚支付的月租金将是425美元。在这种支付方式下,每个人每月都比独自租住少花25美元。

练习 10.2

如例 10.6 所示,阿德里安娜与索菲亚面临两种选择:她们可以合租一间月租金为 1 000 美元的双卧室公寓,也可以分别租住两间月租金都为 600 美元的单卧室公寓。阿德里安娜为了坚持她的交友习惯,每月愿意支付最高 250 美元的费用。而从索菲亚的角度来看,她每月最多愿意支付 150 美元的费用来获得一夜好眠。但同时,合租会带来个人隐私的公开问题,为了避免个人隐私公开,索菲亚每月最多愿意支付 60 美元的费用。在这种条件下,两人是否应该合租?

解决外部性的手段

法律法规

我们已经看到,只要受外部性影响的各方之间能够无成本地进行协商,他们就可以找到解决外部性的有效方法。但是在现实中,谈判并非总是可行的。例如,如果一位司机开的是一辆消声器出了问题的汽车,那么他驾驶汽车所产生的噪声就会对其他人造成外部成本,可是其他人不会因此就将他从车上揪下来,并给他一笔钱用于维修消声器。在认识到这种现实困难之后,大多数政府都规定,汽车必须装有工作正常的消声器。事实上,绝大多数法律的目的,不管是显而易见的还是暗含于背后的,都是为了解决外部性产生的各种问题。具有这类目的的法律有助于人们实现他们本可以通过相互协商达成的解决方案。

如果协商是无成本的,那么协调矛盾的任务往往就落在那些能够以最低成本解决问题的一方身上。例如,在前面合租的例子中,最后的解决办法是索菲亚要容忍阿德里安娜恼人的习惯,之所以如此是因为这么做的成本小于让阿德里安娜改变习惯的成本。许多关于城市噪声的法律都规定,让那些能够以最低成本实现减少噪声目标的对象来承担协调矛盾的责任,正说明了这个道理。例如,我们知道,一些限制聚会上播放大音量音乐的法规,在周末生效的时间点往往比工作日晚一些(相比工作日,周末的聚会可以持续播放大音量音乐直至更晚的时间)。这种处理方法反映了两个事实:一是人们在周末从播放大音量音乐中获得的享受更大;二是这类音乐在平时给他人造成的影响要大于在周末给他人造成的影响。通过在一周不同的日子里规定不同的法规生效时间,让在不同的日子里由不同的人来承担协调矛盾的成本:在工作日,经常参加聚会的人是成本承担者,而在周末,成本的承担者则是那些睡觉休息的人。类似的逻辑推理还可以用于解释,为什么法规往往允许司机在大多数街道上按喇叭而在医院附近却要做出禁鸣规定。

被看作外部性的解决方法的法律法规有很多。汽车超速行驶不仅会给司机本人的生命财产带来危险,还会危及其他人的生命财产安全。最高限速、禁止超车区、靠道路右侧行驶及其他大量交通法规,都可以被视为人们为控制交通事故中一方对另一方造成危害的程度而做出的有效努力。许多地区甚至颁布了要求司机在每年的 11 月 1 日之前必须为其汽车安装雪地防滑轮胎的法律规定。这些法律规定不仅有利于交通安全,还有助于交通顺畅:一位无法驶上被积雪覆盖的山坡的司机,不但耽误了自己的行程,也导致后面的汽车无法前行。

同样的道理可以帮助我们理解限制城市不同区域内的行为种类的规划法规中的逻辑。由于许多居民不希望生活在一个拥挤的环境中,因此一些城市颁布了规定最小分区面积的规划法规。而在像曼哈顿这样的地方,土地面积的紧张会导致房地产开发商建造摩天大楼,因此规划法规通过规定建筑物的高度及它所占用的空间限制开发商的这种行为。这些限制性规定实际上暗含了这样一个事实:建筑物越高,其占用的空间越大,就会挡住更多本应照射到周围建筑物上的阳光。从控制外部成本的角度出发,我们也能解释许多城市建立分离的商业区与居民区的原因。即使是在商业区内部,许多城市也会对某些商业行为做出限制性规定。例如,纽约市颁布了禁止在时代广场商业圈开设成人书店与色情电影院的规划法规。

限制污染物向周围环境排放的规定可能是那些旨在解决外部性问题的法律中最有说服力的例子。这些法律的具体规定反映了成本-收益原理。例如,在那些拥有巨大的商业捕捞与休闲娱乐价值的水域,向河流中排放有毒废水的行为一般会受到最严厉的管制。而在其他水域,协调矛盾的大部分成本可能就要落在渔民、游船和游泳者的身上。类似的规定还有,在一个国家的人口密集区,空气质量管制往往最为严格,这是因为在这些地区降低污染的边际收益最大。

下面的例子将证明:科斯关于社会如何用其他方法解决外部性问题的洞察力,为经济自然主义者提供了丰富的知识背景。

经济自然主义者 10.1 言论自由法规的目的是什么?

《第一修正案》在规定保护言论自由的同时也规定了不受保护的特例,这是使用法律手段解决外部性问题的又一个例子。《第一修正案》承认言论公开的重要意义,但同时也认识到在现实中判断与管制那些弊大于利的言论的困难。尽管如此,它还是规定了一些不受保护的特殊情况。例如,它禁止有人在拥挤的电影院里谎称"失火",也不允许有人为暴力推翻政府的言论煽风点火。在这些情况下,言论自由的外部收益远远小于其带来的外部成本。

经济自然主义者 10.2 为什么美国的很多州制定了要求学生接种疫苗预防儿童疾病的法律?

现在,进入美国公立学校普遍需要水痘、白喉、麻疹、腮腺炎、百日咳、脊髓灰质炎、风疹和破伤风的免疫证明。绝大多数州还要求接种乙肝疫苗(43 个州)。为什么会有这种要求?

接种儿童疾病的疫苗虽然只有极小的概率会有风险,但其潜在后果却很严重。不过,接种疫苗可以保护儿童免受危险疾病的侵害。就单个家庭而言,决定是否接种疫苗时要权衡接种疫苗的好处与潜在风险和成本。问题是,这种权衡忽略了一个事实,即一个家庭接种疫苗的决定不仅对家庭有利,对社区中的其他所有人也有利,因为孩子接种疫苗的家庭感染疾病并将其传染给他人的可能性要小得多。

将疫苗接种的决策交给个体实施会导致一个局部最优的低接种率,因为很多家庭无法对他们自身被传染后带给他人的成本做出足够的估计。因此,绝大多数州强制要求儿童接种疫苗。

但是,出于各种考虑,这些法律允许父母申请免除一些疫苗的接种。不同的人群可以利用这种豁免的范围也不同。例如,在科罗拉多州,博尔德县给予百日咳疫苗的豁免范围最大,只有84.1%的公立学校学生接种了最新的百日咳疫苗,而全州的比例为89.9%。可想而知,该县的百日咳患病率(每10万人中每年有37.4人患病)比州患病率(每10万人中每年有22.4人患病)高得多。

负外部性的最优数量并不是零

控制污染等负外部性问题也涉及成本与收益问题。正如我们在第6章所看到的,控制污染的最佳政策是使进一步减少污染的成本等于其带来的边际收益。一般来说,消除污染的边际成本会随着污染减少量的增加而上升(根据低果先摘原理,污染者总是先使用成本最低的方法来减少污染,然后再使用成本较高的方法)。而边际效用递减法则又告诉我们,当污染减少到一定的程度之后,减少污染的边际收益一般会随着污染减少量的增加而下降。因此,绝大多数情况下,边际成本曲线与边际收益曲线在污染减少量达到最大值之前就相交了。

两条曲线的交点对应着减少污染的社会最优水平。如果污染的减少量低于该水平,进一步减少污染的收益将大于损失。但如果管制者要求的污染减少量超过了边际成本曲线与边际收益曲线交点所对应的水平,社会所承担的成本就大于由此带来的收益。社会最优的污染减少量的存在意味着社会最优污染水平的存在,而这一数字往往是大于零的。

由于人们往往习惯性地认为污染是不好的,因此很多人在听到"社会最优污染水平"这种概念时会无法接受:大于零的污染水平怎么可能是社会最优的?但是,提出社会最优污染水平这一概念并不等于我们认为污染是好事。它只是说明了这样一个事实:社会有义务清洁环境,但只需要达到一定的水平,而不必完全杜绝污染。其背后的思想无异于房间里灰尘的最优数量这一概念对我们的启示。毕竟,即使你每天拿着吸尘器把所有的时间用于打扫房间,房间里还是会残留一些灰尘。由于每天除了打扫房间你还有更重要的事情要做,因此你往往会容忍房间里的灰尘数量多于可能的最低水平。肮脏的房间是不好的,你所呼吸的空气受到污染同样是不好的。但在这两个例子中,只有当边际收益大于边际成本时,我们才应该付出更多的努力来从事清洁工作。

补偿性税收和补贴

注意到当谈判成本过高而使各方无法协商时,负外部性将导致过高的产出水平,因为产生负外部性的经济活动对参与其中的经济主体具有误导性的吸引力。英国经济学家庇古(A. C. Pigou)对此提出了解决方案——通过征税来降低这些活动的吸引力。图10.3(a)就是图10.1中反映每单位产出造成 XC=1 000 美元/吨的外部成本的市场的图形。由于生产者没有考虑外部成本,私人市场达到均衡时的产出是 12 000 吨/年,或者说这一产出比社会最优产量 8 000 吨/年多出了 4 000 吨/年。

图10.3(b)反映了在同一个市场上对每单位产出征收 1 000 美元的税之后的情况。

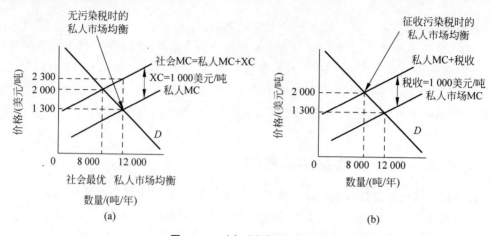

图 10.3 对负外部性行为征税

负外部性导致了高于社会最优产出水平的均衡结果[图(a)]。征收等于外部成本的税[图(b)]使最终均衡回到社会最优产出水平。税收提高了经济效率,因为它迫使生产者考虑原本被忽略的相关成本。

征税使每个生产者的边际成本曲线上升了1 000美元,从而使行业供给曲线在每个产量水平上,价格提高了1 000美元。注意此时私人市场达到的均衡产出水平8 000吨/年完全等同于社会最优产量。然而,仍有不少人批评征税总是会降低经济效率,这里列举了一个实际上能提高经济效率的征税例子。税收之所以起到提高经济效率的作用,是因为它迫使生产者仔细地考虑多生产的每单位产品给社会造成的1 000美元外部成本。

同理,对生产者进行补贴能抵消由正外部性导致的资源配置不当的影响。图10.4(a)反映了每单位产出引起外部收益XB=6美元/吨的市场状况。在该市场上,社会最优产出水平处于供给曲线(MC)和社会需求曲线(社会需求曲线相当于私人需求曲线在每单位产出水平上价格增加XB=6美元/吨)的交点,等于1 600吨/年;但私人市场均衡发生在私人需求曲线和供给曲线的交点,等于1 200吨/年,比社会最优产量少400吨/年。

图10.4(b)反映了对生产者提供金额等于外部收益6美元/吨的补贴所产生的影响。在提供补贴的情形下,新的私人市场均衡产量达到1 600吨/年,等于社会最优产出水平。由于补贴使生产者考虑了原本被忽略的相关收益,所以补贴提高了经济效率。

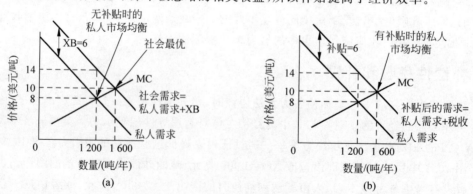

图 10.4 对正外部性的行为提供补贴

正外部性导致了低于社会最优产出水平的均衡结果[图(a)]。为生产者提供金额等于外部收益的补贴[图(b)]能使均衡达到社会最优产出水平。补贴提高了经济效率,因为它迫使生产者考虑原本被忽略的相关收益。

经济自然主义者10.3　政府为什么要对山坡植树行为进行补贴？

上述例子中讨论的法规涉及的都是对产生负外部性的行为进行管制。不仅如此，政府也会运用法律来鼓励带来正外部性的行为。例如，在山坡植树的行为不仅让土地所有者受益，也大大降低了附近的居住者所面临的洪涝威胁。在认识到这一事实之后，许多地区都对植树行为进行了补贴。类似地，美国国会预算每年都要投入上百万美元用于支持基础研究，这其实相当于承认了与新知识的问世相联系的正外部性。

重点回顾：外部成本与外部收益

当一些活动给那些与该活动无直接关系的人群造成损失或带来收益时，就会产生外部性问题。科斯定理告诉我们，只要人们可以无成本地进行协商，那么他们总能有效地解决问题，即使存在正外部性或者负外部性，这一结果也能有效地实现。不过，如果谈判成本很高以至于谈判不再可行，通常会出现缺乏效率的行为。这时，人们往往会过度地进行产生负外部性的活动，而对于产生正外部性的活动则参与不足。政府通常通过制定一系列的法律法规，包括税收和补贴政策，来改变这种由外部性带来的缺乏效率的行为。

▼ 产权与共有地悲剧

生活在工业国家的人往往觉得私人财产制度的存在是理所当然的。我们经常在直觉上认为，人们有权拥有他们通过合法手段获得的财产，并且有权按照自己的方式来处理这些财产。但事实上，财产制度在赋予权利与承担义务方面的规定远非想象的那么简单。

未定价资源问题

为了对规定财产使用的法律有所了解，我们首先应该知道社会为什么需要私人财产制度。下面所举的例子将告诉我们，如果一种财产不属于任何人所有，结果将会如何。从下面的例子中，我们可以找到私人财产制度存在的原因。

例10.9　个人收入

村民会在共有地上放牧多少头牛？

一个村庄只有5位居民，每人有100美元的储蓄。关于如何使用这笔储蓄，每位村民都有两种选择：他们既可以用这笔储蓄购买年利率为13%的政府债券，也可以购买1头1岁大的牛，在共有地上放牧，并于1年后将牛售出。村民出售2岁大的牛的价格取决于将牛在共有地上放牧过程中牛增加的体重，而牛体重的增加量又取决于在共有地上放牧的牛的总数，这三者之间的关系如表10.4所示。

表 10.4　牛群规模与牛售价之间的关系

共有地上牛的数量/头	2岁大的牛的价格/美元	出售每头牛的收入/(美元/年)
1	126	26
2	119	19
3	116	16
4	113	13
5	111	11

2岁大的牛的价格会随着共有地上牛的数量的增加而下降，这是由于牛越多，每头牛能吃到的草就越少。我们假设，村民们依次进行投资决策，并会把各自的决策结果公开。如果每位村民在如何投资这一问题上都是从个人的角度进行决策，那么共有地上将会有多少头牛？村民的总收入将是多少？

如果某位村民购买了100美元的政府债券，那么在1年之后他将赚取13美元的利息收入。因此，当且仅当牛在2岁大时的售价不低于113美元时，村民才会选择购买1岁大的牛并在共有地上放牧。当每位村民都从自己的利益出发进行选择时，我们可以预见到，会有4位村民选择购买1岁大的牛并在共有地上放牧。（事实上，第4位村民对于将钱用于放牧还是购买债券持无所谓的态度，因为在任何一种选择下他获得的收益都是13美元。为了方便讨论，我们假设当两种投资的收益相同时人们会选择放牧。）第5位村民会发现，如果他选择在共有地上放牧，将只能获得11美元的收益，因此他会转而购买政府债券。按照上述决定，村民的总收入将是每年65美元——其中13美元是1位债券持有者的收入，其余的52美元（4×13美元）是4位牧牛者的收入。

亚当·斯密"看不见的手"是否对这些村民的资源进行了最有效的配置？我们可以很容易地看出，资源并没有得到最有效的配置，这是因为村民的总收入只有65美元——这一收入水平与不存在牧牛可能性情况下的收入相比丝毫没有提高。在例10.10中，我们将会认识到导致这种结果的原因是什么。

例10.10　最大化集体总收入

在共有地上放牧的牛的社会最优数量是多少？

假设例10.9中的5位村民现在所面对的投资机会与之前完全一样，只不过现在他们是从集体的角度而非个人的角度进行决策。那么共有地上将会有多少头牛？村民的总收入将是多少？

这时村民的目标将是最大化5个人的整体收入。当村民从这个角度进行决策时，选择牧牛的准则就与之前不同了，只有当在共有地上额外增加一头牛对村庄收入的边际贡献不小于政府债券的收入13美元时，村民才会再多放牧一头牛。如表10.5的最后一列所示，共有地上的第1头牛显然满足上述准则，因为它对村庄总收入的贡献为26美元。但第2头牛已不再满足这一准则。将第2头牛送入共有地进行放牧，会使村庄来自牧牛方面的收入从26美元增至38美元，但净增加值只有12美元。用于购买第2头牛的100美元如果投资于政府债券，将得到更高的收入。我们还可以求出，放牧第3头牛带来的集体收益更差，只有10美元；第4头牛的收益只有4美元；如果放牧第5头牛，其带来的收益仅为3美元。

表 10.5　边际收入与社会最优的牛群规模

共有地上牛的数量/头	每头 2 岁大的牛的价格/美元	出售每头牛的收入/(美元/年)	来自放牧的总收入/(美元/年)	边际收入/(美元/年)
1	126	26	26	26
2	119	19	38	12
3	116	16	48	10
4	113	13	52	4
5	111	11	55	3

综上所述，当投资决策的目标是最大化村庄总收入时，最佳决策将是购买 4 份政府债券，在共有地上只放牧一头牛。这种决策带来的村庄总收入为 78 美元：其中 26 美元属于放牧收入，而其余的 52 美元则是 4 份政府债券的收入。这一结果要比村民从个人角度进行投资决策所产生的总收入多 13 美元。我们又一次看到，资源配置从缺乏效率转为有效的过程，带来了经济蛋糕变大的结果。而当经济蛋糕变大之后，每个人得到的那一份也随之变大。例如，如果村民同意将他们获得的总收入进行平均分配，那么每个人将得到 15.6 美元，相比例 10.9 中的结果，每个人将多获得 2.6 美元。

练习 10.3

如果年利率不是 13% 而是 11%，那么例 10.9 与例 10.10 的结果将会发生怎样的变化？

为什么例 10.9 与例 10.10 中的村民从集体角度进行投资决策的结果会优于从个人角度进行投资决策的结果？答案在于，当个体单独决策时，他们忽视了这样一个事实：共有地上额外增加一头牛将会导致已有牛体重增加量的下降。他们没有考虑这种效应，从而错误地高估了额外增加一头牛带来的收益。

共有的放牧场地是一种有价值的经济资源。当它不属于任何人时，也就没有人会去考虑使用它的机会成本。一旦这种情况发生，人们就会不断地使用直至它产生的边际收益为零。共有牧场发生的这种现象以及其他类似现象，往往被称为**共有地悲剧**。导致共有地悲剧发生的关键原因在于，个体对共有财产的使用会减少该财产的价值，从而对其他人造成外部成本。共有地悲剧也深刻地反映了均衡原理（见第 3 章）的内涵。每位村民都理性地选择在共有地上放牧，而所有人的行为加总在一起最后导致的结果却比每个人原先所预想的情况要差得多。

私人所有权的作用

例 10.11 将说明，将村庄的共有牧场划归私人所有是解决共有地悲剧的一种方法。

例 10.11　私人所有权

控制村庄共有地的权利会以多高的价格出售？

假设上述例子中的 5 位村民现在面对的投资机会与之前完全一样，不同的是现在他们决定把使用这块共有牧场的权利进行拍卖，出售给出价最高的人。假定村民能够以 13% 的年利率自由借贷，那么使用这块共有地的权利的价格将是多少？该产权的所有者将如何使用他所获得的权利？由此带来的村庄总收入又会是多少？

要回答上面提出的问题，最简单的方法就是问自己，如果你能完全控制这块共有牧场的使用，你将怎么做？我们在例 10.10 中已经看到，对这块土地而言，获利最多的使用方式是只放牧一头牛。这么做可以获得 26 美元的年收入。为购买这头 1 岁大的牛你花费了 100 美元，而这 100 美元的机会成本是你购买政府债券本可获得的 13 美元利息收入，因此你购买牛并在共有地上放牧的经济利润就是 13 美元/年。上述结论的前提是这块牧场可以免费使用。然而事实上你并不能实现这一点，为了买下这块土地的产权，你必须借钱（因为你把所有的 100 美元储蓄都用于购买 1 头 1 岁大的牛了）。

为了得到使用这块共有地的权利，你愿意支付的最高价格是多少？由于对这块共有地的使用会带来 26 美元的年收入，这比投资放牧的机会成本多 13 美元，因此你支付的最高价格将是 100 美元（这是因为如果你用这笔钱购买年利率为 13% 的政府债券，也能获得 13 美元的年收入）。如果这块土地以拍卖的方式出售，那么 100 美元就是你所需支付的价格。你从这块土地上得到的年收入（26 美元）在支付了 13 美元的贷款利息之后，刚好能够补偿未将储蓄用于购买债券的机会成本（13 美元）。

我们发现，当土地的使用权通过拍卖方式由出价最高者获得时，这个村庄就实现了一种更为有效的资源配置方式，这是因为土地的所有者有强烈的激励去充分考虑过度放牧的机会成本。这种情况下村庄的总收入也是 78 美元，与集体决策时的结果一样。如果通过出售土地所有权得到的 100 美元产生的年利息在这 5 位村民之间平均分配，那么每位村民的年投资收入将是 15.6 美元，与集体决策时的结果一致。

最大化经济剩余的准则有助于我们解释这样一个事实：世界上绝大多数经济发达国家都具有比较完善的私人财产方面的法律制度。属于所有人的财产事实上不属于任何一个人。这种财产不但无法充分实现其潜在的经济价值，而且最终往往会丧失其所拥有的价值。

不过，我们也必须清楚地认识到，在大多数国家，私人财产的所有者并不能随心所欲地使用与处置他们拥有的财产。例如，地方的规划法规可能会规定，某块居住用地的所有者有权建造三层的房屋，但无权建造六层的房屋。在这里，最大化经济剩余的准则再次得到应用，因为拥有完全信息并且理性的立法机构总会努力创造尽可能大的经济总剩余。当然，在实际中，这种理想化的立法机构是不可能存在的。不过，不管立法机构的性质如何，政策的本质是一样的，都是为了改善人们的生活。如果某位立法者能够通过对产权法进行修订的方式来扩大经济总剩余，那么他也可以提出会扩大其支持者经济利益的方案，从而增加自己在下一届选举中获胜的概率。

我们已经看到，建设分区法规对人们所能建造的建筑物类型及人们在自己所拥有的土地上能从事的活动类型都进行了限制；交通法规规定人们应该如何驾驶汽车；雇用法与环境法则约束着人们经营企业的各种行为。只要产权法的制定是为了创造尽可能大的经济总剩余，那么你通过上述内容所获得的洞察力就能让你更深刻地理解这些法律及其他无数法律的内涵与实质。

私人所有权不可行的情况

请不要误以为我们的法律已经对所有由外部性产生的问题及共有地悲剧现象提供了完美的解决办法。界定并执行有效的产权不可避免地会涉及成本问题，毕竟在有些时候，这么做的成本会大于收益，下面所举的例子将告诉我们这种情况是有可能发生的。

经济自然主义者 10.4 为什么公园里的黑莓很快就被采完了？

在一座热闹的城市公园里，有一片长满了野生黑莓的树林。黑莓完全成熟后的味道是最甜美的，不过在成熟前的几天里采摘的黑莓味道也还可以。请你估计，这座公园里是否还会存在完全成熟的黑莓？

显然，对生长在公园里的黑莓的产权进行界定并执行的成本要大于这么做的潜在收益，因此黑莓只能是一种共有财产。这就意味着，谁先采下黑莓，黑莓就归谁所有。尽管等到黑莓完全成熟后再采摘会使所有人受益，但是每个人都知道等待下去最终很可能一无所获。所以最后的结果是，公园里的黑莓很快就被采完了。

经济自然主义者 10.5 两人一起喝奶昔，为什么奶昔很快就被喝光了？

萨拉与苏珊是一对双胞胎姐妹，父母给了两人一杯巧克力奶昔。如果每个人都有一根吸管，可以同时喝奶昔，并且两人都知道对方是自私的，那么这对双胞胎姐妹会以正常速度喝这杯奶昔吗？

在品尝奶昔时如果喝得太快会影响味蕾，所以慢慢品尝将使两个人获得较大的效用。但是两个人都知道，一共只有一杯奶昔，自己没有喝下的部分会被对方喝掉。因此，结果将是，两个人都以比自己单独品尝奶昔时更快的速度来喝这杯两人共享的奶昔。

还有一些共有地悲剧难以通过界定私有产权的方式来解决。下面我们给出另外几个例子。

在偏远的公有土地上的伐木行为。 禁止在偏远的公有土地上砍伐树木的规定一般不大可行。每个砍伐者都知道，一棵树如果今年不被砍掉，明年将长得更粗更高，因而也更值钱。不过同时他们也清楚，如果自己今年不砍掉这棵树，其他砍伐者也会砍掉它。而私人所有的土地则不同，人们在自己的土地上种植树木，并不会在树木长大之前就去砍伐，而且有强烈的动力防止他人砍伐自己的树木。

在公海上的捕鲸行为。 每个捕鲸者都知道，多捕杀一头鲸就会减少已有鲸的数量，从而减小未来鲸群的规模。不过同时他们也清楚，对任何一头鲸来说，即使自己现在不捕杀，也会有别的捕鲸者捕杀。解决这一问题的方法本应该是界定并执行鲸的产权。但海洋的浩瀚辽阔加上鲸行动的难以监测，导致这种解决方法并不可行。即使我们能对鲸的行动进行监测，国家主权这一概念也会使产权难以在国际上执行。

更为普遍的情况是，面临灭绝威胁的动物物种正是那些会给人类带来巨大经济价值而又不属于私人所有的动物，而鲸正遭遇到这种境况。相比之下，鸡鸭的处境则大不相同，它们虽然也会给人类带来经济价值，但不像鲸，鸡鸭是私人财产法的保护对象。这种差异可以用于解释，为什么人们从不担心肯德基大受欢迎可能会导致鸡的灭绝。

对涉及多国的环境污染的控制。 每个污染者可能都知道，如果自己与其他人都对环境进行污染，那么对环境的破坏将超过不污染的成本。但如果环境是一种共有财产，所有人都可以无成本地排放污染物，那么每个人就会有很强的激励进行污染。如果所有的污染者都生活在单一政府的统治之下，执行限制污染排放量的法律法规就是可行的。但如果污染者来自不同的国家，那么这种解决方法在实际生活中就很难得到应用。地中海长期遭受严重污染的事实能够很好地说明这个问题，临近地中海的国家很多，但这些存在污染行为的国家中没有一个国家会有考虑自身污染行为对其他国家的负面影响的经济激励。

随着世界人口的持续增长，国际产权体系的缺乏将会成为日益严重的经济问题。

重点回顾：产权与共有地悲剧

当一种有价值的资源价格为零时，人们就会不断地去挖掘它的价值，直至其边际收益降为 0。共有地悲剧描述了由于人们可以免费使用有价值的资源而导致该资源被过度使用的问题。在很多情况下，解决该问题的一种有效手段是界定并执行使用有价财产的权利。但对于诸如海洋与空气等资源来说，这种解决方法很难得到运用，这是因为没有任何一个政府有权单独执行这些资源的产权。

地位外部性

前网球冠军史蒂芬·格拉芙凭借自己在 1992 年网球公开赛中的优异成绩获得了超过 160 万美元的奖金，而来自赞助商与广告方面的收入总额更是奖金总额的数倍。任何合理的评价指标都足以表明她是一名技术全面的网球选手，然而她却一而再、再而三地成为劲敌莫尼卡·塞莱斯的手下败将。但是 1993 年 4 月，塞莱斯被疯狂的球迷用匕首刺伤背部，从而不得不退出当时的比赛。在之后的数月里，尽管格拉芙的技术水平并没有发生什么变化，但她获得的网球奖金累计额却几乎涨到她 1992 年全年奖金总额的两倍。

取决于相对表现的回报

在职业网球赛及其他充满竞争的众多事件里，人们获得的回报往往不仅取决于自身表现的绝对水平，也取决于自身表现与最直接竞争对手表现之间的相对水平。在这些情况下，竞争者会有强大的动力采取增加自身获胜概率的措施。例如，网球选手往往会聘请私人体能教练与运动心理医生陪伴他们参加比赛，以增加获胜的可能性。不过竞争所蕴含的简单数学原理告诉我们,这种投资所带来的个体回报总和会大于整体的回报。例如,在任何网球比赛中,每位选手通过聘请体能教练与运动心理医生,可以获得自身水平较大的提升,但是不管选手的投资有多高,每场比赛都必定会有一个胜利者与一个失败者。网球观众由此获得的总收益会是一个比较小的数,而选手们作为一个整体的总收益一定为0。当每个竞争者的回报在一定程度上取决于他的相对表现时,从整体角度来看,进行这种投资的激励就显得过于强烈了。

为了理解上述内容,我们可以考察下面的例子。

经济自然主义者10.6　橄榄球运动员为什么要服用类固醇药物?

目前,美国国家橄榄球联盟许多球队中攻击型前锋的平均体重超过了330磅。相比之下,20世纪70年代,球队中攻击型前锋的平均体重只有280磅,而20世纪40年代这所有前锋的平均体重仅为229磅。如今的运动员体重较重的一个原因是,在过去几十年里运动员的薪酬水平有了大幅提升,这大大加剧了他们为获得球队中的某些位置而相互竞争的程度。身材与力量对一名攻击型前锋来说是十分重要的两个标准,在其他条件完全一样的情况下,球队往往会选择两名竞争者中更高大、更强壮的。

身材与力量可以通过服用类固醇药物(一种被禁止在运动员身上使用的兴奋剂)的方法得到改善与增强。但如果所有的运动员都服用这种药物,那么按照身材与力量对运动员进行排序的方法基本上就失去意义了,谁能被球队录用的问题也与所有运动员都不服用该类药物时没什么区别。由于类固醇药物有严重影响长期身体健康状况的副作用,因此从整体角度来看,橄榄球运动员服用这些药物并不是明智的选择。既然如此,为什么橄榄球运动员还是会服用类固醇?

这里的问题在于,攻击型前锋位置的竞争者们面临的是我们在上一章分析过的囚徒困境。我们考虑各方面条件比较接近的两名竞争对手——史密斯与琼斯,他们为唯一的一个前锋位置而展开竞争。如果两人都不服用类固醇,那么每个人赢得这一位置并获得100万美元年薪的概率都是50%。如果两人都服用了类固醇,那么每个人赢得这一位置的概率同样是50%。不过,如果一个竞争者服用了类固醇而另一个没有服用,那么前者肯定能够赢得这一位置。最终竞争失败的那位运动员只能去卖保险以赚取每年6万美元的收入。没有人喜欢服用药物,因为药物会对健康带来负面影响,但为了获得更高的年薪,每个人都愿意冒险一搏。在给出上述各种选择后,我们可以用类似表10.6的收益矩阵来描述这两个竞争者的博弈过程。

表 10.6　服用类固醇问题的收益矩阵

		琼斯	
		不服用类固醇	服用类固醇
史密斯	不服用类固醇	境况次优 / 境况次优	境况最优 / 境况最差
	服用类固醇	境况最优 / 境况最差	境况次差 / 境况次差

显然，史密斯与琼斯的占优策略都是选择服用类固醇药物。但是，当他们两人都这么做时，每个人都只能得到次差的结果；如果都不服用类固醇，他们本能得到次优的结果（各种结果的优劣顺序是：最优＞次优＞次差＞最差）。因此，美国国会于1990年决定禁止使用类固醇。

地位军备竞赛和地位军备控制协议

类固醇药物问题是**地位外部性**的一个例子。只要某一竞争者的报酬至少在一定程度上取决于他相对于对手的表现，那么任何改善自身相对地位的措施都一定会恶化其他人的处境。我们在第9章曾经讨论过的"聚会上大声叫喊的人们"这一例子也是体现地位外部性的一个例子。就如同市场"看不见的手"的作用会由于一般外部性现象的存在而受到弱化一样，地位外部性的存在也会弱化"看不见的手"的市场调节作用。

我们已经看到，地位外部性经常会导致竞争者为改善自身表现而进行一系列不断扩大的但实际上效果会相互抵消的投资行为。我们把这种支出结构称为**地位军备竞赛**。

由于地位军备竞赛会产生缺乏效率的结果，因此人们总是希望能够对这种行为进行控制。蓝色法规、禁止服用类固醇药物等旨在减少地位军备竞赛行为的各种手段，也因而被称为**地位军备控制协议**。

一旦你开始注意地位军备竞赛这种行为，你会发现，这样的例子几乎到处都是。当你观察到任何一种竞争性事件时，请思考下列问题：绩效改善的投资行为采取的是什么形式？竞争者为限制这种投资行为采取了什么手段？在这种观察、提问与思考的过程中，你会不断地提高和增强自己作为一名经济自然主义者的认识水平与分析能力。有时候，地位军备控制协议是通过强行规定正式准则或者签订法律合同的方式实现的。下面我们将介绍这类协议的几个例子。

对竞选费用的限制。在美国，总统竞选者一般要花费超过1亿美元的广告费用。但如果竞争双方都加倍投入广告支出，每个人获胜的概率仍然维持不变。在认识到这种情形之后，国会对总统竞选者的竞选费用进行了严格的限制性规定（事实上这些规定很难落实，不过这并不会影响立法机构的初衷，也不影响我们的分析）。

对人员数量的限制。美国职业棒球大联盟（MLB）要求各棒球队在常规赛季只能拥有25名队员；美国国家橄榄球联盟（NFL）规定每支球队人数不得超过53人；美国国家篮球协会（NBA）则把这一数字限定为12人。为什么要对球队的人数进行这样的限制？如果没有这些规定，任何一支球队都可以通过增加队员的方式来提高自己获胜的概率。而这将不可避免地导致其他球队纷纷效仿。我们一般倾向于认为，当球队的人数超过一定数量时，再增加队员并不会给球迷带来更大的效用。基于这一假设，我们不难得出如下结论：对球队人员数量的限制能够以更合理的成本达到传递体育乐趣的目的。

仲裁协议。在商业世界里，合同各方经常要签订一个合同的捆绑协议，规定在发生纠纷时采取仲裁方式解决问题。一旦签订这种协议，合同各方就失去了在未来发生纠纷时充分维护自身利益的权利，但同时他们也避免了通过法律手段解决问题所造成的巨大成本。法律体系中的其他当事人有时候也会采取一些限制诉讼费用的措施。例如，南达科他州的一位联邦法官宣布（大概是针对那些已获批准的诉讼人而言），对于任何递交给他所在法庭的诉讼文件，他将只阅读前15页的内容。

对幼儿园入学年龄的强制规定。 在幼儿园里，如果一个孩子比绝大多数同班的儿童大1岁以上，这个孩子的相对表现就会优于和同龄儿童在一起上学时的情况。由于大多数家长都明白，考取一所享有盛名的大学，毕业后获得一份令人羡慕的工作，这些在很大程度上取决于子女学业方面的相对表现，因此在子女到了接受幼儿教育的年龄时，许多家长会故意拖上1年或者更长的时间才送子女去幼儿园。但是，所有的儿童推迟1年进幼儿园并不会给社会带来好处，因为儿童间的相对表现并没有发生本质的变化。因此，绝大多数立法机构都会通过立法的方式，要求那些在某年的12月1日之前度过5岁生日的儿童必须在该年接受幼儿园教育。

具有地位军备控制协议作用的社会标准

在某些情况下，社会标准可以代替正式协议，起到控制地位军备竞赛的作用。下面将列举几个这方面比较常见的例子。

对书呆子的排斥。 在获得优异成绩与掌握实际知识之间，一些学生往往更重视前者，至少在短期有一部分学生会这么认为。如果一所学校或者一个班级存在这类学生，那么基于相对成绩进行排序的方式就会导致地位军备竞赛的出现，因为如果所有的学生都加倍投入时间去学习，成绩的分布情况仍然不会有什么本质的变化。那些发现自己处于这种困境中的学生往往会迅速地掀起一种"排斥书呆子"的行为，他们的行为会导致那些"学习过于勤奋"的学生与周围的学生格格不入。

对时尚的认识。 关于穿着打扮的社会标准会由于地位竞争的存在而发生频繁的变化。比如，我们可以考虑这样一个普通人，他希望自己能够引领时尚。如果他生活在20世纪50年代美国社会的一些交际圈里，就可以通过穿耳洞来达到这一目的。不过随着越来越多的人效仿，这种行为就不再是时尚前卫的标志了。与此同时，那些原本曾提出较保守的时尚观点的人也逐渐接受了这种穿耳洞的行为，并且自己也开始这么打扮起来。

20世纪六七十年代，人们可以通过在一个耳垂上挂两个耳环的打扮来引领潮流。不过到了20世纪90年代，在耳朵上穿双孔的行为已经不再那么引人注目了，当时的时尚潮流已经发展到在每只耳朵上穿12个孔，继之而起的是在鼻子、眉毛及身体的其他部位穿孔。同时，另一股引领时尚的潮流也开始兴起并日益风靡，那便是在身体不同部位进行不同数量、不同规模的文身。

对于追逐时尚前卫的人来说，耳朵穿孔或者文身数量的增加并没有改变他们所推崇的时尚与前卫本身的价值。而那些始终远离这些时尚潮流的人的境况也没有发生改变。因此，从身体穿孔、文身及其他追求前卫的方式会带来成本这一角度来说，当前的时尚潮流与之前相比纯粹是一种浪费资源的行为。从这个意义上说，人们打破原有的社会习俗、追求身体穿孔与文身的时尚行为实际上造成了社会的损失。当然，与这种损失联系在一起的成本在很多情况下并不大。然而，由于人们每次在身体上穿孔都要冒着被感染的风险，因此这种成本会随着穿孔数量的增加而变大。一旦这种成本增大到某一极限，排斥身体自我损伤的观点就会再度盛行，并逐渐成为指导社会标准的主要原则。

观念的改变。 随着时间的推移，一些曾经不被认可的行为逐渐被人们所接受。关于这种观念上的转变是否代表一种进步，人们持不同的意见。许多人认为，早期那种过于保守的观念是对人性的禁锢与压抑，并不值得提倡。但即使持有上述观点的人也会觉得杂志广告中不应该出现某些类型的图片。显然，对新事物的接受程度因人而异，而每个人所能接受的极限又在一定程度上取决于当时的社会观念。不过随着广告商出于吸引读者注意力的目的而不断走入一个又一个曾经的禁区，人们很有可能会对这些行为产生厌烦心理，从而开始怀念以往比较"传统庄重"的社会习俗。这种改变可以视为地位军备控制协议的又一个例子。

对虚荣心的抵制。 整容手术能够使那些因意外事故而毁容的人恢复正常的外貌，从而给许多人带来福音。同时它也能消除那些天生俊美的人身上所流露出来的极度膨胀的狂妄与自大。但是，这类手术的对象并不仅限于那些容貌严重被毁的人。越来越多的"正常"人开始热衷于通过外科手术来改善自己的容貌。例如，2019年全美的医院实施了1 800多万次整容手术，需求持续增长。这类手术曾经被人们视为个人隐私，如今它却成了南加利福尼亚州慈善彩票活动的奖项。

如果单独从个人角度来看，整容手术对意外受伤的人具有十分重要的意义。但手术之后这些病人往往会惊讶地发现，自己反而因祸得福拥有了挺直的鼻梁与光滑的皮肤，于是受到爱美之心的驱使，他们有时候就会过分追求一些他们原本认为不可能实现的目标。整容手术的日益广泛实施还会带来一个意料之外的结果：它改变了普通外表的标准。一个原本只显得略微大的鼻子现在看起来异常大。同样的一个人，按照原来的标准看起来只有55岁左右，但如果以现在的标准来衡量，就和年近70岁的人的外貌相仿。人们原本可以容忍自己的头发有点儿稀疏，或者对稍微有点儿发福的身体还可以接受，但现在不同了，人们会觉得自己有必要进行头发移植，或者去医院做抽脂手术。由于这些手段改变了人们的参照标准，因此它给人们带来的效用并非想象中那么巨大。如果从社会的角度来看，可以认为人们对这些手术的依赖过于强烈了。

动用法律手段来禁止这类整容手术几乎是令人难以想象的事情。不过一些地区已经开始利用强大的社会规范来解决问题，引导人们嘲笑并讽刺那些实施面部或腹部整形手术的人，从而抵制这类整容手术。对那些由于意外事故而不得不接受这类手术的人来说，这种社会规范可能是残酷的。但如果没有这种社会规范，将会有更多的人被迫承担这类整容手术的风险与成本。

重点回顾：地位外部性

当回报取决于相对表现，一个人的表现提高会减少另一个人的回报期望值时，会出现地位外部性。地位军备竞赛是地位外部性激发的一系列为改善自身表现而进行的投资，而双方的投资效果会相互抵消。地位军备竞赛控制协议用来限制地位军备竞赛。在某些情况下，社会规范有时会起到军备竞赛控制协议的作用。

环境管制中价格激励的运用

如前所述,那些生产过程中会造成大气污染等负外部性的产品在谈判成本很高时倾向于被过度生产。假设对于整个社会,最优的可接受产出水平下产生的污染量是完全无限制情况下产生的污染量的一半。在这种情况下,那些正在造成环境污染的企业各自会付出多大的努力来减少污染?

最有效的——因此也是最优的——环保努力分配发生在各个污染企业削减污染的边际成本都相等的情况下。解释其原因,我们可以假想在现有的安排下,一个企业消除1吨空气污染的成本高于另一个企业。这样社会可以通过令第一个企业多消除1吨污染、第二个企业少消除1吨污染而以较低的成本得到相同的总污染减少量。

不幸的是,政府管制者很少能够得到关于降低污染的成本在不同企业间变化的详细信息。因此,一些污染法规就简单地要求所有的污染企业将污染量减小一个统一的比例或者达到相同的绝对标准。但是,如果不同的污染企业降低污染的边际成本不同,这种方案就是无效率的。

对污染征税

幸运的是,尽管政府同样缺乏各个企业之间成本差异的详细信息,仍有政策可以使污染的消减过程变得更有效率。一种方法是对污染征税并允许企业自行决定污染量。下面的例子说明了这种方法的逻辑。

例 10.12　对污染征税

将污染降低一半的成本最低的方案是什么?

有两个企业,Sludge Oil 和 Northwest Lumber,每个企业有五种候选的生产方案,各方案有不同的成本和污染量。生产的日成本和排放废气的吨数如表 10.7 所示。目前污染是不受管制的,企业不可能与受到污染的人进行谈判,这意味着每个企业都会选择方案 A——五个方案中成本最低的一个。每个企业每天排放 4 吨废气,也就是说每天的污染总量是 8 吨。

表 10.7　不同生产方案的成本和排放量

单位:美元/天

方案(废气排放)	A (4吨/天)	B (3吨/天)	C (2吨/天)	D (1吨/天)	E (0吨/天)
Sludge Oil 的成本	100	200	600	1 300	2 300
Northwest Lumber 的成本	300	320	380	480	700

政府有两种办法可以将污染量减少一半:一种是要求每个企业将排放量减少一半,另一种则是每天对废气排放征收 T 美元的税。那么为了使排放量减少一半,T 应该为多大?每一种选择下的社会总成本各是多少?

如果每个企业都被要求将污染量减少到一半,它们都会将生产方案从 A 改为 C。结果将是每个企业每天制造 2 吨的污染。Sludge Oil 改变生产方案的成本是 600－100＝500(美元/天)。Northwest Slumber 的成本是 380－300＝80(美元/天)。总成本为 580 美元/天。

现在我们来考察每个企业对每吨污染征税 T 美元的反应。如果一个企业可以将日污染量削减 1 吨,则每天可以节省 T 美元的税。如果在任何时候削减 1 吨污染的成本都少于 T 美元,每个企业就都有动力转而采取环保的生产方案。例如,如果税费定为每天 40 美元,Sludge Oil 仍然会采取生产方案 A,因为转而采取生产方案 B 的额外成本是每天 100 美元,但只能节省 40 美元的税;而 Northwest Lumber 则会转而采取生产方案 B,因为节省的 40 美元税费足以弥补增加的 20 美元成本。

问题是每天对每吨污染征收 40 美元的税费只是将日污染量减少了 1 吨,距目标 4 吨还差 3 吨。这次我们假设政府征收的税是每吨 101 美元。Sludge Oil 将会选择生产方案 B,因为这样做增加的 100 美元成本少于 101 美元的税。Northwest Lumber 则会选择生产方案 D,因为采取其他方案带来的成本都小于税费。因为对于 D 之前(包括 D)的每一种生产方案,转而采取下一种方案的成本将低于由此产生的税收节约。

总之,每吨 101 美元的税可以将日污染量减少 4 吨。减少的总成本是每天 280 美元(Sludge Oil 每天 100 美元,Northwest Lumber 每天 180 美元),或每天 300 美元,少于每个企业被强制将污染减半时的成本。(企业缴纳的税款并不构成减少污染的成本,因为这些钱可以用来减少公民需要缴纳的任何税款。)

练习 10.4

在例 10.12 中,如果是每天对每吨污染征收 61 美元的税费,两个企业分别会选择哪种生产方案?

征税的好处在于它将各企业在最低成本下减少的污染集中起来了。要求每个企业按同样的比例减少污染忽略了一些企业可以以远低于其他企业的成本减少污染的事实。应该注意的是,在征税政策下,减少最后一吨污染的成本对于每个企业都是一样的,因此满足了效率条件。

征税政策的一个问题是,除非政府拥有关于每个企业减少污染的成本的详细信息,否则无法知道把污染税制定在什么水平比较合适。税率过低会引起更多的污染,而税率过高又会得不偿失。当然,政府可以在一开始时将税率制定在一个较低的水平,然后逐渐提高税率直到污染减少到目标水平。但是由于企业转换生产方案时常会发生沉没成本,这种方法的成本可能比要求所有企业减少统一比例的污染更高。

拍卖污染许可证

另一种方法是设定一个污染的目标水平,然后通过拍卖许可证达到这一水平。从下面的例子可以看出这种方法的优点。

例 10.13　污染许可证

应该出售多少污染许可证？

如上文所述的两个企业，Sludge Oil 和 Northwest Lumber，如今面临的生产方案如表 10.8 所示。政府的目标是将现有每天 8 吨的污染水平减少一半。为了实现这个目标，政府拍卖四张许可证，每张许可证被赋予每天排放 1 吨废气的权利。没有许可证则不允许排放废气。那么每张许可证的拍卖价格应该是多少？每个企业应该购买几张许可证？由此导致的减少污染的总成本又是多少？

表 10.8　不同生产方案的成本和排放量

单位：美元/天

方案（废气排放）	A (4吨/天)	B (3吨/天)	C (2吨/天)	D (1吨/天)	E (0吨/天)
Sludge Oil 的成本	100	200	600	1 300	2 300
Northwest Lumber 的成本	300	320	380	480	700

如果 Sludge Oil 没有许可证，它一定会选择生产方案 E，每天的成本是 2 300 美元。如果它拥有一张许可证，它就会选择生产方案 D，每天可以节约 1 000 美元。因此，Sludge Oil 对每张允许 1 吨污染排放量的许可证的支付意愿就是每天 1 000 美元。如果拥有两张许可证，Sludge Oil 会转而采用生产方案 C，每天节约 700 美元；如果拥有三张许可证，它会转而采用生产方案 B，每天节约 400 美元；如果拥有四张许可证，它会采用生产方案 A，每天节约 100 美元。利用类似的推理，我们可以看到 Northwest Lumber 愿意为第一张许可证支付 220 美元，为第二张支付 100 美元，为第三张支付 60 美元，为第四张支付 20 美元。

假设政府的拍卖价格起点是 90 美元。这时 Sludge Oil 需要四张许可证，而 Northwest Lumber 需要两张，因此许可证的总需求就是六张。由于政府仅希望出售四张许可证，价格会持续上涨直到许可证的总需求为四张。一旦价格达到 101 美元，Sludge Oil 就只需要三张许可证，而 Northwest Lumber 仅需要一张许可证，此时的总需求是四张。与无管制时每个企业都选择生产方案 A 的情况相比，拍卖方案的日成本为 280 美元：Sludge Oil 从方案 A 转向方案 B 的成本是 100 美元，Northwest Lumber 从方案 A 转向方案 D 的成本是 180 美元。总成本比强制每个企业减少一半污染时少 300 美元（企业支付的许可证的费用不计入减少污染的成本，因为这笔钱可用于减征其他应征收的税）。

拍卖的方法具有与征税一样的优点：它将各个企业在最低成本下减少的污染集中起来了。但是拍卖还有一些征税所没有的优点。第一，在污染减少量达不到目标水平时，它不会导致企业坚持选择那种本不会采用的高成本的生产方案。第二，它使人们可以对目标污染量提出自己的建议。举例来说，任何觉得目标污染量不够严格的团体都可以出钱在拍卖会上购买许可证。通过这种方法，这些人可以保证许可证不被用于污染的排放。

几十年以前，当经济学家首次提出污染许可证拍卖提案时，新闻报道中充斥着愤怒的声音。这在很大程度上是由于人们认为这项提案"允许富裕企业污染环境"。这种观点说明人们对于制造污染的那些企业存在误解。企业制造污染并不是因为它们希望制造污染，而是由于有污染的生产过程成本较低。社会唯一的目的在于防止总污染量过多，而不是具体的污染者是谁。而且一般来讲，在拍卖机制下制造污染的企业都不是富裕的企业，却是那些减轻污染成本很高的企业。

经济学家们耐心地为这些存在误解的反对者解释了拍卖机制,他们的努力最终得到了回报。在美国的很多地方,拍卖污染许可证的做法已经十分常见,其他国家也逐渐对这项措施产生了兴趣。

气候变化与碳排放税

二氧化碳(CO_2)在大气中浓度的增加被很多人认为是全球变暖的罪魁祸首。人们对于气候变化将导致的后果忧心忡忡,进而有人提议对二氧化碳的排放征税或是要求持有可交易的碳排放许可证。反对上述提议的人强调说涉及气候变化的预测具有高度的不确定性,因此反对采取措施。然而,不确定性是一把双刃剑。气候学家们都承认基于自己的模型所得出的预测是高度不确定的。但是这意味着尽管实际结果可能比气候学家的预测中值乐观很多,但也可能实际情况将更为糟糕。

各国代表于2015年12月12日通过的《巴黎协定》致力于在21世纪末将全球变暖的幅度控制在2℃以内。然而,即使如此微弱的增幅也将造成极为严重的后果,而最受业内认可的气候变化模型的预测是,如果我们再不采取行动,到21世纪末平均气温的增幅小于2℃的可能性几乎为零。

根据政府间气候变化专门委员会(IPCC)2013年的预测,如果不采取有效的应对措施,预计到21世纪末,全球平均气温将上升6.7°F。[1] IPCC还估计,到2100年,气温上升超过8.6°F的可能性为5%。这种程度的温度升高将伴随着海平面上升,这将使世界上人口最密集的沿海地区基本无法居住。气候学家指出,气候变化引起的严重风暴和干旱已经造成了巨大的破坏。[2]

仍然需要强调的是,气候模型的预测是高度不确定的。实际情况可能没有预测的那么糟糕,但也可能更为恶劣。在其他领域,不确定性并不妨碍采取行动。例如,很少有人会建议因为敌人可能不会入侵就解散军队。在气候领域,不确定性是事情会变得多糟。我们是否应当采取行动?要回答这一问题,我们必须问一问这么做的成本是多少。而实际成本居然少得让人吃惊。

IPCC预测,为了维持2100年的气候稳定,到2030年将需要对碳排放征收每吨20~80美元的税。然而,该委员会还指出,技术进步可能会将所需征的税减少到每吨5美元。[3] 在征收碳排放税的情况下,商品价格将基于其碳足迹成比例上涨。例如,每吨80美元的税将使汽油价格上涨约70美分/加仑,而每吨5美元的税将使汽油价格上涨近5美分/加仑。即使是大幅提高碳排放税,如每吨300美元,汽油价格上涨也不会超过3美元/加仑。

正如美国的驾车人在2008年所看到的,突然实施如此大幅度的汽油涨价的确是令人

---

[1] See Intergovernmental Panel on Climate Change, Fifth Assessment Report—Climate Change 2013: The Physical Science Basis, www.ipcc.ch/report/ar5/wg1.

[2] The Environmental Defense Fund, "How Climate Change Plunders the Planet," www.edf.org/climate/how-climate-change-plunders-planet.

[3] See Intergovernmental Panel on Climate Change, Climate Change 2007—Synthesis Report, pp. 59-61, www.ipcc.ch/pdf/assessment-report/ar4/syr/ar4_syr.pdf.

难以承受的。但是如果涨价是逐步进行的,那么其造成的后果将减轻很多。例如,面对汽油价格的不断上涨,汽车制造商将竭尽全力开发更为节能的车型。很多欧洲人如今支付的每加仑汽油价格比美国人高出 4 美元。但正是由于这一事实,欧洲的汽车制造商在开发全球最为节能的车型方面处于领先地位。实际上,欧洲人比美国人消费的汽油少,但是他们的驾驶乐趣似乎并不逊色于美国人。

如果一个家庭将其老旧的福特 Bronco 越野车(每加仑行驶里程 15 英里)换成福特福克斯轿跑车(每加仑行驶里程 32 英里),那么即使行驶里程没有改变,它所消耗的汽油数量也会减少。可以逐步征税,让人们有时间进行调整,比如可以搬到离工作地点近的地方居住、与其他人拼车出行、选择近距离的自驾游地点,等等。可以将一部分碳排放税的收入用于为低收入家庭发放补助,减轻汽油价格上涨给其造成的压力。碳排放税的收入还可以用于偿还政府债务、完善基础设施,或者是减少其他方面的税收。

2009 年美国众议院通过了一项包括综合碳排放限额与交易体系的能源法案,其作用相当于碳排放税,但该法案未能获得参议院的批准。经验丰富的国会观察家们认为短期内美国国会通过有意义的气候立法的可能性微乎其微。

一些人认为,除非其他国家也这样做,否则对碳排放征税将是浪费时间。这个观点不无道理。但世界贸易组织官员表示,如果出口国未征收碳排放税,各国可以按照该国二氧化碳排放量的比例对从该国进口的商品征税。进入美国市场是一个有力的讨价还价筹码。向美国出口的国家将很快开征碳排放税,而不让美国通过针对出口到美国的商品征收碳排放税获利。此外,美国 80% 的主要贸易伙伴(加拿大、德国、日本和墨西哥)已经开征碳排放税。

简言之,如果用经济学家的成本-收益框架来考虑,美国政府迟迟不愿实施碳排放税的做法实在是令人匪夷所思。这也说明了现状偏见与我们对未来事件过度贴现的倾向可能导致次优的政策选择。

重点回顾:在环境管制中使用价格激励

减轻污染的有效方法是能使所有污染者消除污染的边际成本都相同的方案。污染税和许可证都有各自的特点。拍卖机制可以使管制者在不了解污染者消除污染技术的详细信息的基础上达到预定的污染量目标。

气候学家警告说,温室气体在大气中浓度的不断增加将导致灾难性的全球变暖。这一风险可以通过征收碳排放税或是实施碳排放许可制度来规避。

小结

一些活动会给与该活动无直接关系的人造成损失或带来收益,我们把这种损失或者收益称为外部性。如果受外部性影响的各方之间可以无成本地进行谈判,那么在市场"看不见的手"的作用下,资源总能实现有效的配置。

根据科斯定理，上述情况下的资源配置之所以有效，是因为受外部性影响的各方可以采取补救措施对他人进行补偿。

然而，关于外部性的谈判协商经常是不可行的。在这种情况下，个体的利己行为往往无法实现有效的结果。集体行为存在的根本原因与重要任务是试图协商并努力解决由外部性产生的问题。有些时候，集体行为会采取法律与政府管制的方式来改变那些造成外部性或受外部性影响的人的激励。当这些解决手段将协调矛盾的任务置于能够以最低成本解决问题的一方身上时，结果就是最有效率的。交通法规、建设分区法规、环境保护法及言论自由法规都是有效的解决手段。

控制污染与其他负外部性在带来收益的同时，也涉及成本问题。当进一步减少污染带来的边际收益等于其边际成本时，污染的减少量就达到了最优水平。一般而言，上述公式意味着污染的社会最优水平大于零，其他负外部性的社会最优水平同样大于零。

当放牧场地与其他有价值的资源属于公共所有时，没有人会考虑使用这些资源的机会成本。这种现象通常被称为共有地悲剧。界定并执行用以管理有价资源使用的私有产权，是解决共有地悲剧的一种有效手段。大多数经济发达的国家都建立了完善的私有财产制度，这一点毫不令人奇怪。属于所有人的财产事实上不属于任何一个人。对于这种财产而言，不但其潜在的经济价值无法充分发挥，而且最终往往会丧失其所拥有的价值。

在某些情况下产权的执行存在困难，这可以解释现实中大量缺乏效率的结果，如在公海上对鲸鱼的过度捕杀及在偏远的公有土地上过度伐木。与多国毗邻的海洋遭受过度污染的事实也是缺乏有效可行的产权的结果。

如果人们的报酬取决于他们相对于对手的表现，则会产生地位外部性问题。在这些情况下，任何改善一方相对地位的措施都一定会恶化对方的处境。地位外部性往往会导致地位军备竞赛——一种为了改善自身表现而不断扩大但实际效果却会相互抵消的投资行为。从整体角度出发来控制地位军备竞赛的手段被称为地位军备控制协议。这种集体行为往往采取比较正式的法律或协议的形式，如禁止服用类固醇药物的规定、竞选费用的限制性规定、合同捆绑的仲裁协议等。不仅如此，非正式的社会标准也能起到控制地位军备竞赛的作用。

对于引起环境污染的原因的理解可以帮助我们确定以最低成本达到期望的污染减少量的政策。污染税和可转移的污染权的出售促进了这个目标的实现。每项政策都分配了减轻污染的成本以使所有污染者的边际成本彼此相等。

名词与概念

Coase theorem	科斯定理	negative externality	负外部性
external benefit	外部收益	positional arms	地位军备
external cost	外部成本	control agreement	控制协议
externality	外部性	positional arms race	地位军备竞赛

positional externality	地位外部性	tragedy of the commons 共有地悲剧
positive externality	正外部性	

复习题

1. 如果国会可以宣布任何会给他人造成外部成本的行为都是非法的,这种法律规定是否明智?

2. 洛杉矶等城市的免费高速公路上发生的过度拥挤现象可以用什么激励问题来解释?

3. 你会如何向你的朋友解释:免费高速公路上的最优拥挤程度并不是零?

4. 完全位于美国犹他州内部的大盐湖所遭受的污染为什么会比位于美国多个州与加拿大交界处的伊利湖的污染程度轻?

5. 试解释,为什么可以把穿高跟鞋的行为视为地位外部性导致的结果。

6. 为什么经济学家认为污染税和排污许可证是比用法律强制全面减少污染更有效的污染控制措施?

练习题

1. 对于下面列出的每种物品,讨论它有可能带来外部成本还是外部收益,以及市场有可能提供比社会最佳数量更多还是更少的物品。

(1) 疫苗;(2) 香烟;(3) 抗生素

2. 琼斯拥有一家工厂,而史密斯就住在这家工厂的下风口。假设法律规定:除非得到史密斯的允许,否则琼斯的工厂不能向外排放废气。如果琼斯对其生产过程中产生的废气进行过滤处理的相关成本与收益如下表所示,并且琼斯与史密斯两人可以进行无成本的协商,那么琼斯的工厂是否会排放废气?

单位:美元

	琼斯的工厂排放废气	琼斯的工厂不排放废气
琼斯的经济剩余	200	160
史密斯的经济剩余	400	420

3. 约翰与卡尔面临两种选择:他们可以合租一处月租金为900美元的双卧室公寓,也可以分别租住月租金为550美元的单卧室公寓。如果不考虑租金问题,那么两人对于是否合租只在一个问题上有分歧,在其余方面均持无所谓的态度。这个问题就是:约翰每天晚上总是把用完的碗碟放在水槽里却不清洗。为了避免看见约翰的脏碗碟,卡尔每月最多愿意支付175美元。而从约翰的角度来看,他每月最多愿意支付225美元的费用来保持自己的坏习惯。

(1) 在这种情况下,他们两人是否应合租?如果他们决定合租,水槽里还会有脏碗碟吗?对你的答案进行解释。

(2) 如果约翰为了避免与卡尔合租而造成的个人隐私公开,最多愿意支付每月30美元的费用,那么约翰和卡尔是否应合租?

4. 卡蒂雅与格温德琳两人是居住在曼哈顿市区一处公寓大楼里的邻居。卡蒂雅是一位钢琴演奏家,而格温德琳是一位诗人,她正忙于一首史诗的创作。卡蒂雅经常在客厅里用小型钢琴练习她将在音乐会上演奏的曲目,而客厅的位置正好在格温德琳的书房上面。下面的收益矩阵显示了卡蒂雅的客厅在具有或不具有隔音设施两种情况下两人的收益情况。只有当卡蒂雅的公寓安装了隔音设施之后才能实现隔音效果。

	安装隔音设施	不安装隔音设施
卡蒂雅的收益	100 美元/月	150 美元/月
格温德琳的收益	120 美元/月	80 美元/月

（1）如果卡蒂雅有权随心所欲地制造噪声,并且她与格温德琳可以无成本地进行谈判,卡蒂雅是否会安装隔音设施来使她的客厅实现隔音效果?对你的答案进行解释。卡蒂雅的这种决定是社会有效的吗?

（2）如果格温德琳有权获得安静的环境,并且她与卡蒂雅可以无成本地进行谈判,卡蒂雅是否会安装隔音设施来使她的客厅实现隔音效果?对你的答案进行解释。卡蒂雅的这种决定是社会有效的吗?

（3）有效结果的实现是否取决于是卡蒂雅有权制造噪声还是格温德琳有权享受宁静?

5. 参照第4题,这时卡蒂雅决定购买一架标准的钢琴。新的收益矩阵如下所示:

	安装隔音设施	不安装隔音设施
卡蒂雅的收益	100 美元/月	150 美元/月
格温德琳的收益	120 美元/月	60 美元/月

（1）如果格温德琳有权获得安静的环境,并且她与卡蒂雅可以无成本地进行谈判,卡蒂雅是否会安装隔音设施来使她的客厅实现隔音效果?对你的答案进行解释。这种结果是社会有效的吗?

（2）假设卡蒂雅有权随心所欲地制造噪声,而且格温德琳与卡蒂雅进行谈判并达成协议的成本是15美元/月。这时卡蒂雅是否会安装隔音设施来使她的客厅实现隔音效果?对你的答案进行解释。这种结果是社会有效的吗?

（3）假设格温德琳有权获得安静的环境,而且格温德琳与卡蒂雅进行谈判并达成协议的成本是15美元/月(对噪声伤害的补偿性支付不需要任何谈判成本)。这时卡蒂雅是否会安装隔音设施来使她的客厅实现隔音效果?对你的答案进行解释。这种结果是社会有效的吗?

（4）为什么这时候有效结果的实现取决于卡蒂雅是否有权制造噪声?

6. 菲比拥有一个蜜蜂饲养场,饲养场附近有一个苹果园。菲比对于选择所配置蜂房的最优数量有自己的方法:她开始不断增加蜂房的数量,直到蜜蜂酿造的蜂蜜给她带来的私人边际收益等于她饲养蜜蜂的私人边际成本时,才会停止投资,并把此时的蜂房数量定为最优蜂房数量。

(1) 假设菲比饲养蜜蜂的私人边际收益曲线与私人边际成本曲线具有正常的曲线形状。试用图形表示这两条曲线。

(2) 菲比饲养的蜜蜂有助于苹果园中果树的授粉,从而会使果园增产。请在图中画出菲比饲养蜜蜂的社会边际收益曲线。

(3) 菲比饲养的蜜蜂是一种非洲杀人蜂,它们会袭击任何阻挡其飞行路线的生物。幸好菲比天生对这种蜜蜂的毒性免疫。请在图中画出菲比饲养蜜蜂的社会边际成本曲线。

(4) 在图中标出蜂房的社会最优数量。这一数量与私人最优数量相比是高是低?请解释。

7. 假设在金门公园里出租音乐盒的供给曲线具有如下形式:$P=5+0.1Q$,其中 P 代表每个音乐盒的日租金(单位为美元),Q 代表每天租出的音乐盒数量(单位为百个)。音乐盒的需求曲线则为 $P=20-0.2Q$。

(1) 如果每个音乐盒给他人造成的噪声成本为 3 美元/天,那么出租音乐盒的均衡数量会比社会最优数量多多少?

(2) 政府对每天租出的每个音乐盒征收 3 美元的税,将如何影响该市场的效率?

8.* 一个村有 6 位居民,每人有 100 美元的储蓄。关于如何使用这笔储蓄,每位村民都有两种选择:他们既可以用这笔钱购买年利率 15% 的政府债券,也可以购买 1 头 1 岁大的美洲驼,在共有地上饲养,并于 1 年之后出售。村民出售 2 岁大美洲驼的价格取决于将美洲驼在共有地上进行饲养过程中它所长出的驼毛质量。驼毛的质量取决于美洲驼获得食物的难易程度,而后者又取决于在共有地上饲养的美洲驼的总数。美洲驼的售价与共有地上美洲驼数量之间的关系如下表所示。

共有地上的美洲驼数量/头	每头 2 岁大美洲驼的价格/美元
1	122
2	118
3	116
4	114
5	112
6	109

村民们依次进行投资决策,并会公开各自的决策结果。

(1) 如果每位村民在如何投资这一问题上都是从个人的角度进行决策,那么共有地上将会有多少头美洲驼,由此带来的村净收入将是多少?

(2) 对这个村来说,美洲驼的社会最优数量是多少?为什么这个数字与实际的美洲驼数量会不一样?如果共有地上饲养的美洲驼数量等于社会最优数量,那么村净收入将是多少?

(3) 村委会通过投票表决,决定以拍卖的方式把在共有地上饲养美洲驼的权利出售给出价最高的村民。我们假定村民能够以 15% 的年利率自由借贷,那么使用这片共有地

---

* 表示习题具有一定难度。

的权利将会以多高的价格出售?该产权的所有者将如何使用他所获得的权利,由此带来的村净收入又会是多少?

9. 有两个企业,Sludge Oil 和 Northwest Lumber,每个企业各有五种生产方案,每种方案的成本和排放的污染量均不相同。各方案的日成本和对应的废气排放量如下表所示。

单位:美元/天

方案(废气排放)	A (4吨/天)	B (3吨/天)	C (2吨/天)	D (1吨/天)	E (0吨/天)
Sludge Oil 的成本	50	70	120	200	500
Northwest Lumber 的成本	100	180	500	1 000	2 000

(1) 如果污染不受管制,两个企业各会选择哪种生产方案?废气的日排放量又是多少?

(2) 如果市议会希望将废气的日排放量减少一半。为了实现这个目标,它要求每个企业将各自的排放量减少一半。这项政策的社会总成本是多少?

(3) 市议会希望将废气排放量再减少一半。这一次,它制定了每天对每吨废气征收 T 美元的税。T 为多少时可以达到预定目标?此时的社会总成本是多少?

10. 参考第9题。市议会决定不再征税,而改为拍卖四张许可证,每张许可证被赋予每天排放1吨废气的权利。没有许可证则不许排放废气。假设政府制定的许可证起价是1美元,询问每个企业其希望购买的许可证数量。如果总需求多于四张,它会将价格提高1美元,继续询问,如此反复,直到对许可证的总需求量下降到四张。这样每个许可证的拍卖价格是多少?每个企业会购买几张许可证?减轻污染的社会总成本又是多少?

正文中练习题的答案

10.1 由于当阿伯克龙比进行过滤处理时菲奇获得的净收益为每天 50 美元,因此菲奇每天最多会向阿伯克龙比支付 49 美元,这时他的收益仍然得到了改善。

10.2 如果两人选择一起居住,解决问题的最有效方式仍与之前一样,是索菲亚忍受偶尔被阿德里安娜的朋友吵醒来迁就阿德里安娜。但此时,索菲亚除了承担 150 美元成本之外,还要承担因个人隐私公开带来的 60 美元成本,从而两人一起居住的总成本是 210 美元/月。由于这一数值大于月租金的节省额 200 美元,一起居住的成本大于收益,因此两人会选择分开居住。

10.3 如下页表所示,在放牧方面的不同投资水平所带来的收入情况仍与之前一样。不同之处在于放牧每头牛的年机会成本不再是原来的 13 美元,而是 11 美元。下页表中的最后一列显示,牛的社会最优数量不再是 1 头,而是 2 头。如果在其他条件完全相同的情况下村民会倾向于放牧,那么现在他们将会在共有地上放牧 5 头牛,而不是原来的 4 头牛,这一结果可以从下页表的中间一列数字看出来。

共有地上牛的数量/头	每头2岁大牛的价格/美元	出售每头牛的收入/(美元/年)	村总收入/(美元/年)	边际收入/(美元/年)
1	126	26	26	26
2	119	19	38	12
3	116	16	48	10
4	113	13	52	4
5	111	11	55	3

10.4 当每吨废气的税收为每天 61 美元时，Sludge Oil 会选择生产方案 A，Northwest Lumber 则会采用生产方案 C。

单位：美元/天

方案（废气排放）	A (4吨/天)	B (3吨/天)	C (2吨/天)	D (1吨/天)	E (0吨/天)
Sludge Oil 的成本	100	200	600	1 300	2 300
Northwest Lumber 的成本	300	320	380	480	700

第 11 章

信息经济学

学习目标

学完本章后,你应该能够:
1. 解释中间人是如何给市场交易增加价值的。
2. 运用理性搜寻的概念来确定市场参与者应该获得的最优信息量。
3. 定义不对称信息,并描述其如何影响买卖决策。
4. 讨论不完整信息如何导致统计歧视。
5. 了解人们为什么购买保险,以及逆向选择和道德风险问题如何影响保险市场。

很多年以前,一位天真而又年轻的经济学家在克什米尔首府斯利那加城外风景优美的达尔湖度假。达尔湖上的游艇便是他的栖身之所。克什米尔的木雕声名远播。一天下午,一位木雕师乘小船经过,并向这位经济学家展示了他雕刻的一些木碗。经济学家对其中的一个木碗十分喜爱。木雕师开价 200 卢比,这位经济学家在当地居住了较长时间,深知这一价格要高于木雕师预期得到的价格水平,因此他还价 100 卢比。

木雕师似乎不甘心如此就范,强调他不可能以低于 175 卢比的价格出售木碗。年轻的经济学家怀疑木雕师只不过是虚张声势,因此坚持自己的报价,丝毫不肯让步。木雕师看上去更生气了,但很快把价格降到 150 卢比。经济学家有礼貌地重申,他不愿意接受高于 100 卢比的价格。于是木雕师又把价格降到 125 卢比,而经济学家仍以 100 卢比是他可接受的最终价格作为回应。最后,他们以 100 卢比的价格成交,木雕师拿着现金怒气冲冲地离开了。

经济学家对这笔买卖十分满意,于是在当天晚上向游艇的主人讲述了这件事情。"这确实是一个很可爱的碗。"游艇的主人对之表示赞赏,并询问经济学家花多少钱买的这个碗。经济学家将自己支付的金额告诉了游艇主人,满以为自己的谈判才能会得到他的肯定。哪知道游艇主人听闻之后忍不住笑出声来,这一反应让经济学家意识到自己支付的价格过高了。于是经济学家向游艇主人打听这样的一个木碗一般售价是多少。游艇主人欲言又止,神情十分为难。但在经济学家的再三请求之下,游艇主人沉思片刻终于吐露了实情:这个碗顶多值 30 卢比。

亚当·斯密"看不见的手"理论隐含这样一个假设:购买者对于自身货币支出的各种用途都拥有完全的信息,这些信息包括——他们可以购买哪些产品与服务,产品与服务的售价是多少,使用寿命有多长,出现问题的频率是多少,等等。但实际上没有人能对任何事情都拥有完全信息。有些时候,就像在上述与木雕师交易的例子中,人们甚至对最基本的信息也是一无所知。尽管如此,人们的生活仍然要继续,大部分人都要以某种形式予以应对。

消费者使用各种方法来收集信息,这些方法有优有劣。他们既可以阅读《消费者报道》(Consumer Reports),也可以与家人和朋友交流;既可以逛商场询价,也可以用类似亲自踢一脚二手车轮胎的方式来观察已使用过的产品的情况。但是,在不具有完全信息情况下进行明智选择最重要的一个方面是至少要对自己的无知有所认识,即要有自知之明。曾经有人把世界上的消费者分为两种类型:第一类是不清楚状况的消费者;第二类是不知道自己不清楚状况的消费者。正如在上述木碗的例子中,第二类消费者便是最可能做出不明智选择的人。

基本经济原理有助于人们辨别在哪些情形下额外的信息可能会发挥重大作用。本章将在这些原理的指导下探讨应该获取多少信息及应该如何充分利用有限信息等问题。

中间商如何增加价值

消费者所要面对的一个最普遍的问题,可能是不得不在某种产品的众多类型中进行选择,而这些不同类型的产品又具有许多他们并不完全理解的复杂特性。正如例11.1所要告诉我们的,在这种情况下,消费者有时候可以依靠他人的知识做决定。

例11.1　消费者选择

消费者应该如何决定购买哪副滑雪板?

假设你需要一副新的滑雪板,但是自从你上次购买滑雪板之后,滑雪板的材料与生产技术发生了重大突破,这让你面对众多品牌与型号时无从选择,无法确定哪款滑雪板最适合自己。"Skis R Us"商店有种类最齐全的滑雪板,于是你前往那里咨询。售货员看上去对滑雪板十分了解,在询问了你的滑雪经验与技术水平之后,他向你推荐 Rossignol Experience 77。你花600美元买下这副滑雪板,然后兴高采烈地赶回公寓,向你的室友展示新买的滑雪板,而他却告诉你,通过网购的方式你只需支付400美元就可以得到同样的滑雪板。这时你对自己的购买行为会有什么感觉?两个供应商收取的不同价格是否与他们提供的服务有关?通过在"Skis R Us"商店购买滑雪板你所获得的额外服务是否真的值200美元?

互联网零售商的商品售价之所以低于那些提供全面服务的零售商店,是因为它们的成本相对低很多。毕竟,实体店需要聘用具有相关知识的售货员,需要将商品陈列在展台上,还需要在豪华的大型购物中心租用空间,等等。相比之下,互联网零售商与邮购中心则不同,它们一般只需雇用知识水平低下的职员负责接听电话,将商品存放于租金低廉的仓库中。但如果你是一位不清楚自己需要哪款商品的消费者,在专业零售商处购买商品的额外花费很可能是一项正确的投资。为合适的滑雪板支付600美元可能比在与自己不匹配的商品上浪费400美元更加明智。

很多人都会认为,批发商、零售商及协助制造商销售产品的其他代理商在经济中所起的作用,与那些实际生产产品的企业相比具有实质性的不同。按照这种观点,生产工人是创造经济增加值的最终来源。销售代理商由于只是中间商而经常受到轻视,甚至有时候被认为是依附于从事实际生产的劳动者身上的寄生虫。

从表面上看，许多消费者费尽心思避免为销售代理商提供的服务买单的事实似乎能够很好地支持这种观点。许多制造商通过向消费者提供"直接购买"的机会来迎合他们这种希望绕过中间商直接面对生产商的需求。但是如果进行更深入的思考，我们会发现，销售代理商与生产工人所发挥的经济作用实际上是相同的。让我们来考虑例 11.2 的情形。

例 11.2　销售代理商的经济作用

更完全的信息如何影响经济剩余？

埃利斯最近得到了一张传奇的击球手贝比·鲁斯（Babe Ruth）入道时发行的极为珍贵的棒球卡。他希望收藏这张棒球卡，但为了偿还拖欠时间过长的一些债务，无奈之下决定将这张卡售出。他对这张卡的保留价格是 300 美元，不过他当然希望售价越高越好。关于出售这张棒球卡，他有两种方式可以选择：他既可以花费 5 美元在当地报纸上刊登一则分类广告，也可以将棒球卡放在拍卖服务网站 eBay 的拍卖品列表中。如果他通过 eBay 成功售出了这张卡，佣金将是成交价格的 5%。

由于埃利斯居住在一个小镇上，当地几乎没有什么人对这种珍贵的棒球卡感兴趣，有意购买的人中，最高的保留价格也不会超过 400 美元。然而，如果埃利斯将棒球卡置于 eBay 的拍卖品列表中，就会有大量的潜在顾客发现它。假设愿意为埃利斯的棒球卡支付最高价格的两家 eBay 商店的保留价格分别是 900 美元和 800 美元，那么如果埃利斯通过 eBay 出售棒球卡，经济总剩余会增加多少？（为简单起见，我们假设 eBay 的佣金与分类广告的费用都等于各自提供服务的成本。）

在 eBay 的拍卖中，每个竞价者要对竞价产品表明自己的保留价格。当拍卖结束时，给出最高保留价格的竞价者胜出，其所支付的价格等于报价第二高的竞价者的保留价格。因此在这个例子中，如果埃利斯通过 eBay 出售，这张贝比·鲁斯棒球卡的售价将是 800 美元。扣除 eBay 的佣金 40 美元之后，埃利斯将得到 760 美元，比他的保留价格高出 460 美元。这时埃利斯的经济剩余是 460 美元。竞价胜出者的经济剩余则是 900 美元 − 800 美元 = 100 美元，因此出售棒球卡这一行为的经济总剩余是 560 美元。

如果埃利斯并没有采取这种出售方式，而是在当地报纸上刊登棒球卡的广告，并将棒球卡卖给给出 400 美元保留价格的当地顾客，那么棒球卡的经济剩余（扣除 5 美元的报纸广告费用）将只有 95 美元，购买者的经济剩余则是 0。因此，如果埃利斯通过 eBay 而不是在当地报纸上刊登广告的方式出售棒球卡，经济总剩余将会增加 560 美元 − 95 美元 = 465 美元。

eBay 所提供的服务实际上是使那些能够充分使用商品的人获得信息。当商品最终被对之评价更高的顾客获得时，经济总剩余实际上增加了。这种增加与制造汽车、种植谷物，或者其他任何生产行为带来的经济剩余的增加具有同样的价值。

近年来出现了另一种重要的中间商（应用程序与在线市场），它们将靠其他方式无法找到彼此的买家与卖家联系起来。以优步（Uber）和来福车（Lyft）等网约车服务公司为例。这些公司提供实时信息，让司机和乘客能够找到彼此，并通过评级系统提供信息，让司机和乘客可以安心。正如其超高人气所证明的那样，这些数字中间商及 Craigslist、Etsy 和 eBay 等其他数字中间商对买家和卖家都有极大的好处，并促进了零工经济的增长。

> **重点回顾：中间商如何增加价值**
>
> 在信息不完全的世界里，销售代理商与其他中间商通过提高产品与服务被对之评价最高的消费者所获知的可能性实现经济价值的真实增加。如果没有销售代理商，一件价值很高的产品很可能会落入一个对之评价很低的顾客手中。当销售代理商通过努力使这件产品被一位具有高于前者 20 000 美元的保留价格的消费者购买之后，代理商使经济总剩余增加了 20 000 美元，这与制造一辆价值 20 000 美元的汽车一样，都是值得标榜的成绩。

最优的信息量

毫无疑问，人们对信息的拥有量总是多多益善的。但是，一般而言获得信息需要付出一定的成本。在大多数情况下，获得一定量的信息之后，额外信息的价值呈递减趋势。同时，由于低果先摘原理，人们总是倾向于首先去成本最低处收集信息，然后逐渐转向高成本的信息获得方式。因此，随着已收集信息量的增加，信息的边际收益通常是逐渐下降的，而边际成本则是逐渐上升的。

成本-收益检验

收集信息作为一种经济活动，与其他行为并没有本质区别。成本-收益原理告诉我们，只要信息的边际收益大于边际成本，理性的消费者就会继续收集信息。为了方便讨论，我们假设分析家发明了一种用于衡量信息量的尺度，如图 11.1 的横轴所示，信息量用信息单位来度量。如果相关的边际成本曲线与边际收益曲线也已经在图中表示出来，那么理性消费者会获得 I^* 单位的信息，在这一数量水平下，信息的边际收益等于它的边际成本。

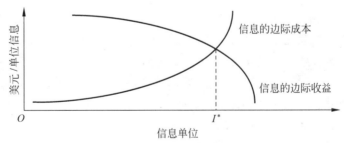

图 11.1　最优的信息量

根据图中的边际成本曲线和边际收益曲线，最优的信息量为 I^*。在信息达到该点之后，获得信息的成本将大于信息的价值。

图 11.1 同样表明了无知的最优水平。当获得信息的成本超过它所带来的收益时，获得额外信息将得不偿失。如果信息能够免费获取，决策制定者自然会愿意拥有更多的信息。但是当获得信息的成本大于它对决策所起的作用时，维持无知往往是更好的选择。

搭便车问题

"看不见的手"能否保证市场中的消费者可以获得最优水平的建议与指导？下面的例子将说明这一点可能无法实现的一个原因。

经济自然主义者11.1 人们为什么经常难以找到具有相关知识的售货员？

人们可以自己选择是否承担在零售商店购买产品所带来的额外成本。那些看重专家建议与购物便捷性的顾客愿意支付较高的价格，而那些明白自己需要什么的顾客则会以较低的价格网购产品。请判断正误：私人激励会导致零售服务达到最优的水平。

理想情况下，市场可能会提供最优的零售服务数量，但由于实际问题的存在，这一点往往不能实现。实际生活中，消费者可以利用零售商店提供的服务来了解产品，而不必为此花钱。在亲眼见到产品并享受了售货员对产品的介绍及相关建议等服务之后，由此受益的顾客可以选择离开商店，回家后从网络零售商或邮购中心购买相同的产品。当然并非所有的消费者都会这么做。不过，消费者不用承担任何费用就可以受益于零售商店提供的信息这一事实，确实证明了**搭便车问题**的存在。所谓搭便车问题，是指导致产品或服务的产出数量过少的激励问题。由于零售商店难以赚回提供产品信息的成本，因此提供零售服务的私人激励很难使该服务达到社会最优水平。根据上述分析，我们不难发现前面提出的观点是错误的。

经济自然主义者11.2 为什么新泽西州兰伯特维列市的最后一家书店——江门书店，最近也倒闭了？

面对诸如巴诺（Barnes and Noble）等大型连锁书店的激烈竞争，小书店经常通过提供更为人性化的服务，在市场上顽强地生存下去。江门书店的店主珍妮特·霍尔布鲁克（Janet Holbrooke）10多年来一直采取这一策略，并取得了经营上的成功。但1999年，她的书店最终仍无法逃脱关门的结局。是什么原因最终导致这家书店从市场上退出？

退休英语教师霍尔布鲁克女士说，当巴诺连锁书店在附近开了一家分店时，她的许多顾客都去逛过，但大多数顾客仍然喜欢光顾江门书店，因为他们看重江门书店的店员提供的更加个性化的服务。顾客也会由于他们时常举办朗诵会、作者签名售书等特别活动而被吸引。但在一次活动中，霍尔布鲁克女士意识到，她的书店距离关门的日子已经不远了。她邀请了国家图书奖得主、诗人杰拉尔德·斯特恩（Gerald Stern）来举办朗诵会。尽管参加这次活动的人很多，但几乎没有人买书。当无意中听到等候斯特恩签名的队伍中的一位女士说，她拿来签名的书是从亚马逊购买的时，霍尔布鲁克意识到这是一场注定失败的战斗。

练习11.1

互联网的日益普及除了会导致搭便车问题外，还会对经济总剩余产生怎样的影响？

理性搜寻的两个准则

当然，人们在实际中往往难以知道额外信息的准确价值，因此为了获得信息所需投入的时间与精力的数量并不总是显而易见的。不过，从以下两个例子中可以看到，成本-收益原理为思考这个问题提供了一种有效的理论框架。

例 11.3　寻找住所

> **生活在得克萨斯州巴黎市的人与生活在法国巴黎的人相比，谁会花费更多的时间来寻找住所？**
>
> 假设在得克萨斯州巴黎市，单卧室公寓的月租金为 500～700 美元，平均月租金为 600 美元。而在法国巴黎，类似的单卧室公寓月租金是 2 000～3 000 美元，平均月租金为 2 500 美元。那么，对一个理性人而言，他会在哪个城市花更长的时间去寻找公寓？
>
> 在这两个城市寻找公寓都不免要承担成本，其中绝大部分是人们查看一处又一处公寓所花时间的机会成本。在这两个城市，人们查看的公寓数量越多，就越有可能找到月租金靠近租金下限的公寓。但由于在法国巴黎公寓的月租金较高，租金变动范围也较大，因此在那里花更多时间进行搜寻所带来的预期回报（租到月租金较低的公寓）要比在得克萨斯州巴黎市进行同样的行为所产生的预期回报大。所以，对一个理性人而言，他会在法国巴黎花更多的时间去寻找公寓。

例 11.3 阐释了这样一个原理，花在昂贵物品上的额外搜寻时间很可能比花在廉价物品上的搜寻时间更有价值。例如，对于订婚钻戒与立方形锆石，人们会为前者花更多的时间以寻获一个优惠的价格；而对于去澳大利亚悉尼和去纽约悉尼的路费问题，美国人也会为前者花更多的搜寻时间；更明显的例子则是汽车与自行车的购买，人们显然会为购买汽车花更多时间。推而广之，雇用代理（能够协助你进行搜寻的人或者机构）也是如此，为了花费较大的事情聘请代理相比因一点鸡毛蒜皮的小事而劳师动众显然更有意义。例如，人们一般会要求房地产代理商帮自己寻找住房，但很少有人会为了购买一盒牛奶而去雇用代理。

例 11.4　搜寻的成本

> **为了能以比较便宜的价格购买一架二手钢琴，谁会花较长的搜寻时间？**
>
> 马特奥与塞缪尔都想购买一架二手钢琴。为了获知分类广告中所列钢琴的具体情况，他们必须前往该钢琴的现有主人家里查看。如果马特奥有一辆汽车而塞缪尔没有汽车，并且两人都是理性人，那么在做出购买决定之前，谁查看的钢琴较少呢？
>
> 对两人而言，多查看额外一架钢琴的收益是相同的，这种收益表现为增加了以较低价格获得较好钢琴的可能性。但由于塞缪尔没有汽车，他查看钢琴的成本更高，因此他所查看的钢琴数量应当比马特奥少。

例 11.4 告诉我们，当搜寻过程的成本增加时，我们应该减少搜寻行为。因此，我们可以认为较高的搜寻成本往往会带来较高的预期支付价格。

搜寻过程所蕴含的博弈

假设你在市场上寻找单卧室公寓,并且发现了一处符合要求的公寓,其月租金为900美元,那么你是应该马上租用这间公寓,还是抱着能找到更廉价的公寓的希望继续寻找?即使是在一个有许多闲置公寓的大型市场上,人们也无法保证进一步的搜寻一定会发现更物美价廉的公寓。深入的搜寻还不可避免地涉及成本问题,这种成本有可能会超过由此带来的收益。一般而言,为了获得未知的收益,进行深入搜寻的人必须对自己承担的成本有清楚的认识。从这个角度来看,深入搜寻又不可避免地蕴含着风险。

在考虑是否承担这种风险时,计算**期望值**是十分有益的初始步骤。期望值是指如果无限次地进行某种博弈你所能赢得的收益(或者遭受的损失)的平均值。对于某种具有多个可能结果的博弈而言,为了计算它的期望值,我们可以首先把每种结果乘以该结果发生的相应概率,然后进行加总。例如,假设你在玩一个掷硬币的游戏:如果掷出的硬币正面(有人头标志的一面)朝上你将赢得1美元,如果反面(有字的一面)朝上你将失去1美元。由于正面朝上的概率与反面朝上的概率一样,都是1/2,因此这个博弈的期望值为$(1/2) \times (1 \text{美元}) + (1/2) \times (-1 \text{美元}) = 0$。我们把期望值为0的博弈称为**公平博弈**。如果多次进行这类博弈,你不能指望得到任何收入,但你也不会有任何金钱损失。

盈利性博弈是指期望值大于0的博弈(例如,正面朝上时你赢得2美元而反面朝上时你只失去1美元的投掷硬币游戏就是一个盈利性博弈)。**风险中性者**是指会接受任何公平博弈与盈利性博弈的个体。而**风险规避者**是指会拒绝任何公平博弈的个体。

练习 11.2

考虑这样一种掷硬币的博弈游戏:你掷出硬币,如果正面朝上你将赢得4美元,如果反面朝上你将失去2美元。这个博弈游戏的期望值是多少?一位风险中性者是否会愿意参加这个博弈?

在例11.5中,我们将运用上述概念,就是否为租用公寓而深入搜寻这一问题进行决策。

例 11.5 搜寻中的博弈

你是否应该为租用公寓而进行深入的搜寻?

你刚来旧金山,准备在这里度过为期1个月的暑假。为此,你必须租到一处单卧室的公寓。在你所希望居住的地方附近只有两种类型的单卧室公寓,这两种公寓除了价格不同之外其余方面完全相同,一种公寓的月租金是2 400美元,而另一种公寓的月租金是2 300美元。在附近尚无人居住的公寓中,有80%是第一种类型的公寓,剩下的20%则是第二种类型的公寓。你获得某处公寓月租金信息的唯一方式是亲自前去询问。你走访了第一处公寓,它的月租金是2 400美元。如果你是风险中性的,并且走访额外一处公寓的机会成本是15美元,那么你应该走访另一处公寓,还是直接租住你已经找到的这处公寓?

> 如果你再走访另一处公寓,这时你将有 20% 的可能性找到一处月租金为 2 300 美元的公寓,80% 的可能性找到一处月租金为 2 400 美元的公寓。如果是前者,你将因此节省 100 美元的租金,但如果是后者,你所要支付的租金仍然是 2 400 美元。我们已经知道走访一处公寓的成本是 15 美元,因此可以把走访另一处公寓的行为视为这样一种博弈:20% 的机会赢得 100 美元－15 美元＝85 美元,80% 的机会失去 15 美元(赢得－15 美元)。可以计算出这个博弈的期望值为 20%×85 美元＋80%×(－15)美元＝5 美元。因此,走访另一处公寓的行为是一种盈利性博弈,而由于你是一位风险中性者,所以你应该采取这种行为。

练习 11.3

参照例 11.5 的情景设定,假设你又走访了另一处公寓,但发现它的月租金仍然是 2 400 美元。如果你是一位风险中性者,这时你应该再去走访第三处公寓吗?

存在搜寻成本情况下的信用问题

对大多数人来说,他们寻找公寓并不只是为了住 1 个月这么短的时间,其居住时间通常在 1 年以上。而对大多数房东来说,他们也希望把房屋租给长期居住的房客。在企业与应聘者之间也存在类似的关系。很少有人愿意在自己所选择的领域从事短期的全职工作,他们更希望获得能够维持多年的稳定工作。企业同样倾向于聘用那些能够长期工作的应聘者。最后,当大多数人都在寻找适合自己的对象时,他们都希望找到可以让自己稳定下来的对象。

由于在上述所有情况下,搜寻都是有成本的,尝试所有可能的选择显然没有意义。寻找公寓的人并不会走访所有空闲的公寓,房东也不会面见每一个潜在的房客。应聘者不会走遍每家用人公司,雇主也不会对所有的应聘者进行面试。即使是要求最严格的搜索者也不可能对每个符合条件的对象进行细致的分析。在上述及其他一些情况下,即使人们知道确实存在更加吸引人的选择,他们也总是会理性地终止自己的搜寻行为。

不过这时也存在一个难题。如果当搜寻过程结束之后,你偶然发现了一个更为吸引人的选择方案,这时会发生什么情况呢?如果房东在发现有人愿意支付更高的价格租用他的房屋之后,二话不说就将原来的房客赶出房间,那么很少有人会租用这种房东的房屋。同样,如果房客在发现一处更便宜的公寓之后,当即就搬出原来的公寓,那么也很少有房东愿意把房屋租给这样的房客。雇主、应聘者,以及所有寻找合适对象的人在达成一旦出现更优选择就会导致原有关系破裂的协议之前,都需要经过再三的考虑。

在一个具有完全信息的世界里,上述这种维持双方稳定关系过程中存在的潜在困难并不会出现。这是因为,在这样的世界里每个人最终都会实现可能建立的最优关系,因此没有人会有出尔反尔的必要。但是,当获得信息具有成本从而搜寻程度受到限制的时候,总是存在当前关系破裂的可能性。

在很多情况下,人们解决这一问题的手段并不是进行全方位的彻底搜寻(任何情况下这种方法都不大可能实现),而是通过达成某种终止搜寻过程的双方协议来维持其建立的稳定关系。例如，房东与房客要签订一份规定有效期限（一般为 1 年）的租赁合同。应聘者与企业之间也会达成某种正式或者非正式的雇用合同，这种合同规定了正常情况下双方都必须履行的义务。在大多数国家，婚姻合同会对那些抛弃配偶的人做出惩罚性规定。一旦达成这类协议，人们追求自身利益的自由就会受到限制。不过大多数人还是比较乐于接受这种制约的，因为他们知道如果没有这种约束，搜寻问题将无法解决。

> **重点回顾：最优的信息量**
>
> 额外的信息创造价值，但获得额外信息的过程不可避免地涉及成本。理性的消费者将会持续其收集信息的过程直至搜寻的边际收益等于边际成本。一旦边际成本超过边际收益，人们的理性选择将是维持无知状态。
>
> 信息市场并不总能完全发挥作用。搭便车问题经常会妨碍零售商做出为消费者提供信息的努力。
>
> 在没有得到任何关于搜寻结果一定能带来收益的保证的情况下，搜寻者首先要付出搜寻的成本，所以说搜寻过程不可避免地伴随着风险。理性的消费者往往会通过将搜寻努力集中于那些价格或者质量波动相对较大的产品，或者是搜寻成本相对较低的产品，来最小化这种风险。

▼ 不对称信息

当某项可能交易的参与者对交易的产品或服务拥有程度不同的信息时，他们之间就会出现最为常见的信息问题。例如，一辆二手车的所有者可能知道自己的车性能十分优良，但那些有意购买的人却对此毫不知情，他们最多只能观察车的外观或者是试驾一小段路程来获得对车的初步感觉。经济学家用**信息不对称**这个概念来描述买卖双方对产品或服务的特性拥有不对等信息的情况。在包括上面所举例子的大多数情况下，卖方一般要比买方拥有更多的信息，不过有些时候也可能是买方具有信息优势。

例 11.6 将告诉我们，信息不对称问题很容易导致本可使双方受益的交易无法发生。

例 11.6　不对称信息

凯蒂会把她的轿车卖给萨米尔吗？

凯蒂的 2014 款马自达 Miata 轿车的里程表显示它已经行驶了 7 万英里，不过它所行驶过的大部分里程都是凯蒂在周末去多伦多看男朋友时所经过的高速公路（在高速公路上行驶相比在城市道路上行驶对汽车的损耗较小）。凯蒂还严格按照制造商的建议对汽车进行定期保养。总而言之，凯蒂清楚地知道她的汽车性能十分出色。不过，她准备去波士顿读研究生，因此不得不出售这辆车。2014 款马自达 Miata 轿车在市场上的平均售价为 12 000 美元，但凯蒂认为她的车性能优良，所以她对这辆车的保留价格为 14 000 美元。

萨米尔想要购买一辆二手的 Miata 轿车。他愿意为一辆性能优良的车支付 16 000 美元，却只愿意为一辆性能一般的二手车支付 13 000 美元。但萨米尔无法判断凯蒂的 Miata 轿车性能是否优良（他可以雇一位机械师对车进行检查，但这么做要花很多钱，而且有许多问题即使是机械师也难以发现）。在这种情况下萨米尔会买凯蒂的车吗？这一结果是否有效？

由于凯蒂的车看起来与其他的 2014 款马自达 Miata 轿车没什么两样，所以萨米尔不会为此支付 14 000 美元。毕竟，他可以只花 12 000 美元买到他认为与凯蒂的车没什么差别的其他 2014 款马自达 Miata 轿车。因此，萨米尔会去购买其他人的 Miata 轿车，而凯蒂的车则卖不出去。这种结果并没有效。如果萨米尔用 14 500 美元购买了凯蒂的 Miata 轿车，他的经济剩余将是 1 500 美元，而凯蒂也可以获得 500 美元的经济剩余。可现在的结果是，萨米尔购买了一辆性能一般（也可能更差）的 Miata 轿车，他的经济剩余只有 1 000 美元，而凯蒂并没有得到任何经济剩余。

次品模型

当然，我们不能肯定萨米尔最终买到的 Miata 车性能一定会比凯蒂的车差——因为实际生活中确实有人会不得已廉价出售几乎全新的二手车。但即便如此，由信息不对称问题所造成的经济激励也会导致待售的大多数二手车的质量低于二手车质量的平均水平。原因在于，不好好保养自己车的人，或者那些一开始就买了一辆性能不好的车的人，相比其他人更希望出售自己的车。因此买者根据经验知道，二手车市场上待售的车在质量上往往要"次于"那些不出售的车。这种认识会导致他们降低对二手车的保留价格。

不过故事并没有就此结束。当二手车价格下降之后，那些拥有二手好车的车主就更不愿意出售他们的车了。这就会导致二手车市场上待售二手车平均质量的进一步下降。美国加州伯克利大学的经济学家乔治·阿克尔洛夫（George Akerlof）是第一位对这种二手车市场产品质量持续下降现象所蕴含的经济原理做出解释的经济学家，他也因此获得了诺贝尔经济学奖。[①] 经济学家用**次品模型**来描述阿克尔洛夫对信息不对称如何影响待售二手产品的平均质量的解释。

例 11.7 说明，次品模型对于实际生活中的消费者选择有着重要的指导意义。

例 11.7 实践中的次品模型

你是否应该买下你姑妈的车？

你想买一辆二手的本田雅阁车。而你有一位名叫杰曼妮的姑妈，她每 4 年就会买一辆新车，现在她正准备把她那辆开了 4 年的雅阁车低价卖出，然后去买新车。她告诉你她的车性能良好，你表示相信。而且她愿意以 16 000 美元的价格将她的车卖给你，这正是目前开了 4 年的雅阁二手车市场上的平均价格。你是否应该买下你姑妈的雅阁车？

阿克尔洛夫的次品模型告诉我们，二手车市场上待售车的平均质量要低于那些使用时间相同但不在市场上出售的旧车质量。如果你相信你姑妈关于该车性能良好的承诺，那么能以二手车市场上的平均价格买下这辆车对你而言是一笔很不错的交易，因为该价格是质量次于这辆雅阁车的其他二手车的市场均衡价格。

例 11.8 与例 11.9 将进一步说明，对产品质量的不对称信息还有可能导致市场上待售产品全是次品的情况发生。

[①] George Akerlof, "The Market for Lemons." *Quarterly Journal of Economics* 84(1970), pp. 488-500.

例 11.8　缺乏经验的买主（Ⅰ）

一个缺乏经验的买主会为一辆二手车支付多高的价格？

考虑一个只有优质车与次品车这两种车的世界。车主自然清楚自己的车属于哪种类型，但有意购买的人却无法区分这两种车。我们假定所有刚生产出来的新车中有 10% 是次品车。二手的优质车对其车主而言值 16 000 美元，而次品车只值 12 000 美元。现在有一个并不十分了解二手车市场的消费者，他认为目前待售的二手车的质量分布情况与新车一样（也就是说，他认为二手车里有 90% 是优质车，10% 是次品车）。如果这名消费者是风险中性者，他会为一辆二手车支付多高的价格？

购买一辆事先并不知道质量好坏的汽车，实际上就是一种博弈，但只要这种博弈是公平的，风险中性者就会愿意参加。如果买主无法识别优质车与次品车，那么他最后买到次品车的概率就等于次品车在他所面对的所有二手车中所占的比例。该买者相信，他有 90% 的可能性买到一辆优质车，而有 10% 的可能性买到一辆次品车。已知他愿意为这两种车所支付的价格，我们可以求出他所买二手车的期望值为 0.90×16 000 美元+0.10×12 000 美元=15 600 美元。既然他是一位风险中性者，那么 15 600 美元就是他对一辆二手车的保留价格。

练习 11.4

如果新车中次品车的比例不是 10% 而是 20%，那么你对例 11.8 中问题做出的回答会发生什么变化？

例 11.9　缺乏经验的买主（Ⅱ）

谁会愿意按照这位缺乏经验的买主所期望的价格来出售二手车？

参照例 11.8 的情形设定。如果你是一辆优质二手车的车主，对你而言，它的价值会是多少？你会愿意将它出售给这位缺乏经验的买主吗？如果你拥有的是一辆次品车，情况又会如何？

由于你知道自己的车是一辆优质车，因此根据例 11.8 中的假定，它对你而言值 16 000 美元。但这位缺乏经验的买主只愿意支付 15 600 美元，所以不管是你还是其他任何一位拥有二手优质车的车主，都不会愿意将车卖给这位买主。如果你拥有的是一辆次品车，显然你会欣然答应将车卖给这位买主，因为买主所愿意支付的 15 600 美元要比这辆次品车对你的价值高 3 600 美元。根据上述分析，我们不难发现，只有那些次品车才会成为待售的二手车。不过买主也会及时调整他们原先对二手车市场上待售汽车质量的天真乐观的看法。这样，最终所有二手车的售价都将变成 12 000 美元，所有待售的二手车也都将是次品车。

当然在实际生活中，仅凭一辆车处于待售状态这一事实并不能直接得出它是次品车的结论，这是因为优质车的主人有时候可能迫不得已要出售自己的车，这时的售价往往不能正确反映车的价值。次品模型的内在机理可以解释这类车主的尴尬处境。在这种情况下，这类车主需要让有意购车的人知道的首要事情便是，他们为什么要出售自己的汽车。例如，分类广告中经常会有类似下列语句的说明，"刚刚有了孩子，因而不得不出售我的 2015 款雪佛兰科尔维特跑车"，或者是"由于要前往德国居住，不得不出售我的 2016 款丰田凯美瑞轿车"。只要在任何时候车主因为与质量或性能无关的原因不得不出售他的车，而恰巧你又能以市场平均价格买下这样的二手车，那么就可以说你幸运地战胜了市场。

交易中的信用问题

为什么那些拥有优质二手车的车主不能把汽车的质量与性能情况告诉购买者？问题在于买主与卖主的利益是不一致的，经常会发生冲突。例如，二手车的卖主显然会有夸大描述其产品性能与质量的动机。而站在买主的角度，他们也有动机故意贬低其所要购买的二手车或者其他产品的质量，从而在讨价还价时争取一个较低的价格。求职者为了让雇主相信他确实具有足以胜任某项工作的资格与能力，往往会夸大自己的资历。还有一些人在交友时会使用欺骗的手段。

当然这并不是说人们会在与其交易伙伴的交流过程中有意歪曲事实，大多数人并非如此。这里想要强调的是，人们在面对模棱两可的含糊信息时，确实会朝着有利于自己的方向解释。有许多例子可以证明这一点。例如，某次员工调查显示，92%的工厂员工认为自己的生产率高于全体员工的平均水平。心理学家把这种现象称为"沃泊根湖效应"，这是根据加里森·凯勒（Garrison Keillor）在一部小说中所描述的明尼苏达州沃泊根湖一处虚构的家园命名的，在那里"所有的儿童都智力超常"。

尽管人们自然而然地会倾向于夸大其词，但交易双方发现，如果他们能够找到一种方法来实现知识交流的真实性，双方通常都能由此获益。然而，通常情况下人们只是对相关信息进行说明与陈述，这并不足以使人信服。很久以前人们就明白售货员总是会对那些急于出售的汽车进行大肆推销，因此人们在心里对这些汽车的标称价值总是要打个折扣。不过下面这个例子将告诉我们，尽管潜在对手之间的坦诚交流存在困难，但也并非完全不可能。

例 11.10 可信的信号

二手车的车主怎样才能传递优质车的可信信号？

凯蒂十分清楚她的 Miata 轿车性能优良，而萨米尔如果能够确保自己得到的是性能优良的轿车，他也愿意支付远高于凯蒂的保留价格的价格。在这种情况下，关于轿车质量的哪种信号才会让萨米尔觉得是可信的？

萨米尔与凯蒂在潜在利益上的不一致再次暗含了这样一个事实：仅对相关信息进行说明与陈述并不足以使人信服。现在假设凯蒂向萨米尔保证：在接下去的6个月里这辆轿车所出现的任何问题都由凯蒂来承担维修费用。凯蒂确实可以做出这样的保证，因为她清楚她的车不大可能需要大的维修。相比之下，那些知道自己的车引擎有问题的车主绝不敢提供这种担保。因此，这种担保便是传递汽车性能优良信息的可信信号。它使萨米尔可以放心地买下凯蒂的轿车，这笔交易的实现将让双方都受益。

难以伪造原理

上述例子实际上正好反映了**难以伪造原理**的内涵：如果利益冲突的双方希望实现相互之间的可信交流，那么他们所传递的信号就必须具有伪造成本巨大或难以伪造的性质。如果次品车的卖主能够像优质车的卖主一样很容易地提供质量担保，那么这种担保就无法成为传递汽车质量的信号。事实上为次品车提供质量担保的成本明显高于优质车的担保成本，因此这种担保作为传递产品质量的信号是可信的。

卖主总是尽自己所能去强调产品令人心动的一面，而对于买主而言，他们更希望获得关于产品质量的准确评价，因此双方不可避免地存在利益冲突。在下面的案例中我们将会看到，生产商在对产品质量的声明中是如何运用难以伪造原理来实现信息的真实传递的。

经济自然主义者11.3 为什么企业在杂志和社交媒体上为产品做广告时会加入类似"就如同您在我们的电视广告中所看到的"这样的文字内容？

A公司为推广其产品环绕立体声系统，不惜投入巨资在全国性的电视广告栏目进行产品广告宣传，宣称该产品相比市场上的其他任何环绕立体声系统而言，具有最清晰的音质与最低的产品返修率。B公司也生产环绕立体声系统，它在销售手册上为产品做了类似的广告宣传，而没有通过电视节目进行广告宣传。如果你只了解上述信息，你会觉得哪家公司的声明更加可信？为什么你觉得A公司肯定会在为其环绕立体声系统所做的报纸杂志广告及社交媒体上提及它的电视广告？

通常情况下我们总会对广告商的夸张宣传持怀疑态度，如果按照这种观点，上述信息可能不足以成为我们对这两种产品进行比较的真实依据。然而，经过进一步的比较我们发现，一家公司如果做出为产品在全国性电视节目上进行广告宣传的决定，实际上就传递了关于产品质量的可信信号。企业为了做全国性的电视广告往往要斥资数百亿美元，如果该企业生产的是一种劣质产品，它显然不会愚蠢地投入这笔巨资。

2020年超级碗赛30秒广告时段的现行价格为560万美元。全国性的电视广告可以吸引潜在买家的注意，并说服他们中的一小部分人尝试广告中的产品。但这种巨大的投资只有在初始销售会带来今后良好业绩（这种业绩的实现既可能是由于尝试过产品的消费者对产品产生了好感而经常购买，也可能是由于产品知名度扩大之后其他消费者经朋友推荐而开始购买这种产品）的情况下才不会付诸东流。

广告并不可能真的实现产品的以次充好，并以此来愚弄消费者，因此如果一家公司为一种劣质产品花费数百万美元大做广告，显然只会浪费金钱。从这个角度看，我们可以认为昂贵的全国性电视广告是一种可信信号，它传递了这样一种信息：生产商相信，它生产的产品是优质产品。当然，广告行为并不一定能确保生产商成为市场上的赢家，但在一个充满不确定性的世界里，它至少提供了额外的信息。不过我们需要注意的是，这份额外的信息指的是广告的费用，而不是广告本身所表达的内容。

上述分析所得到的结果，可以用来解释一些公司在其报纸杂志广告中提及它所做的电视广告的现象。做广告的企业深知难以伪造原理的内涵，它们希望消费者也能明白这一点。

下面这个例子将说明，许多雇主也知道难以伪造原理的重要作用，并能利用它来解决信号的可信性问题。

经济自然主义者11.4 为什么许多公司十分看重名校的学历证书?

微软正在为其下属的某新技术产品部门的初级管理岗位寻找一名精明而又上进的胜任者。目前有伊娃和唐娜两个候选人竞争这一岗位。伊娃以优异的成绩毕业于麻省理工学院(MIT),并获得过该校的最高荣誉,而唐娜毕业于萨默维尔大学,成绩一般。在其他任何方面,两人的表现都不相上下。那么,微软应该聘用谁呢?

如果你想让雇主相信你是一个既聪明又勤奋的人,那么可能没有什么会比凭优异的成绩从著名学府毕业这一事实更具有说服力了。绝大多数人都希望自己能够给雇主留下聪明刻苦的印象。但除非你真的具有这两种品质,否则要想顺利地从类似麻省理工学院这样的大学毕业是非常困难的。唐娜毕业于一所普通学校,其成绩也只是中等水平,虽然这一事实并不能证明她不聪明或者不勤奋,不过企业出于自身考虑总是会选择那些传递最可信信号的候选人。在这种情况下,成功的天平显然会向伊娃倾斜。

作为能力信号的炫耀性消费

有些能力较强的人并没有得到较高的收入(你可以回想一下那些教过你的优秀的小学老师们,他们的收入并不丰厚)。而另一些人,如亿万富翁级的投资家沃伦·巴菲特(Warren Buffet),他们赚的钱很多但却花得很少。不过,上述这两种情况毕竟是少数,不能反映社会上的普遍现象。在一个竞争性市场上,那些最有能力的人往往会得到最高的薪金。根据成本-收益原理,人们赚的钱越多,他们在高档产品与服务上的支出一般也越多。正如下面的例子所显示的,上述现象经常会使我们形成这样一种逻辑:从一个人的消费水平来推断这个人的能力。

经济自然主义者11.5 为什么许多客户更倾向于聘请身穿昂贵西装的律师?

你被不公正地指控犯有严重罪行,正在找律师。你有两位律师可供选择,他们两人除了消费水平以外其他方面给人的感觉完全相同。其中一位穿一件廉价的人造纤维西服,开着一辆10年前生产的现在已锈迹斑斑的道奇Caliber轿车。而另一位律师穿的是一件用料上乘、剪裁讲究的高档西服,驾驶的是一辆崭新的宝马750i。如果你在选择的时候只能获得上述信息,你会聘请谁作为你的辩护律师?

对法律界的人士而言,他们获得的薪金与最受客户重视的能力之间存在非常强的正相关性。一位经常打赢官司的律师比常导致当事人败诉的律师更受人们的欢迎,而这一点会在他们的报酬中反映出来。尽管某位律师的消费水平明显高于其同行这一事实并不能证明他一定是最好的律师,但如果这是你所能获得的唯一信息,那么你显然不会对它视而不见。

如果那名能力不够强的律师失去生意是因为他穿的衣服不够好、开的车不够贵,那么他为什么不去购买更好的衣服、驾驶更贵的车呢?他在如何消费这一问题上面临两个选择:要么为退休存钱,要么在车与衣服上花更多的钱。一方面,他的收入让他难以承受购买一辆更加昂贵的轿车的成本；另一方面，他不购买更贵的车又会让他面临失业威胁，这种成本也是他所难以承受的。如果潜在的客户只是对他目前的车感到失望，从而不想聘请他，那么购买一辆更好的车将是一项明智的投资。但由于所有的律师都存在进行这种投资的激励，因此他们的努力将会相互抵消，不会产生预期效果。

当人们都提高了自己的消费水平之后，他们所消费的物品仍会继续透露出体现他们各自能力水平的相关信息。难以伪造原理告诉我们，拥有宝马750i是一个证明自身实力的有效信号，这是因为一个能力低下的律师即使花光所有的积蓄也买不起这样豪华的轿车。但如果从社会的角度来看待这个问题，由此导致的这种支出结构却是缺乏效率的，原因在于这种地位军备竞赛是缺乏效率的（见第10章）。如果每个人都适当降低当期消费水平并为退休后的生活多储备一些积蓄，那么整个社会将会发展得更好。

在信息传递完全而又及时的环境里，作为能力信号的炫耀性消费问题就不会发生。例如，在人们相互之间非常熟悉的小城镇，一位律师如果想通过超出自己收入水平的巨额支出来取悦客户，效果会适得其反。因此，在诸如爱荷华州的迪比克市或俄亥俄州的雅典市这样的小城市，专业人士所"需要"的衣柜，与在曼哈顿或洛杉矶工作的专业人士的衣柜相比，里面的衣服要少得多，也便宜得多。

▼ 统计歧视

在一个具有完全信息的竞争性市场上，某种服务的买主支付给卖主的价格正好等于卖主提供这种服务的成本。但是，在很多市场上，卖主并不知道为每个买主提供服务的确切成本。

在这种情况下，信息就具有经济价值。如果卖主能够对他所不知道的信息做出判断，哪怕是并不准确的大致评价，他就能够改善自己的处境。就如同下面的例子将要说明的，企业经常根据个体属于哪个群体对个体的特征进行判断。

经济自然主义者11.6 为什么汽车保险公司规定不满25岁的男性司机要支付比其他司机更高的保险费？

23岁的杰拉尔德是一位开车十分小心、技术娴熟的司机。他开车从未发生交通事故，也没有交通违规行为。他的双胞胎姐姐杰拉尔丁则不同，她在过去3年里发生过两次交通意外，其中一次十分严重，她还得到过3张超速罚单。可为什么杰拉尔德每年要为车险支付1 600美元，而杰拉尔丁只需支付1 400美元？

保险公司对任何一位司机提供保险的预期成本取决于该司机造成交通事故的可能性。没有人知道每个司机酿成交通事故的可能性是多少，不过保险公司可以对每个司机所属的特定群体在某一年里造成交通事故的比例做出准确的估计。不满25岁的男性相比年纪较大的男性与任何年龄的女性，引起交通事故的概率要大得多（这一点可能与睾丸激素的分泌有关）。杰拉尔德的保险费用高于杰拉尔丁是因为，即使一些不满25岁的男性从未发生过交通事故，相比曾发生交通意外的同年龄段女性而言，他们酿成交通事故的可能性仍然更大。

当然,那些在过去3年里发生过两次交通事故而且积累了3张超速罚单的女性,发生交通事故的概率要大于从未有过违规记录的女性。保险公司知道这个道理,因此会根据杰拉尔丁的驾驶记录相应地提高她的保险费。不过她支付的费用仍然不会超过她的弟弟。这并不意味着杰拉尔德发生交通事故的概率一定大于杰拉尔丁。事实上,根据这对双胞胎兄妹的驾驶技能来判断,杰拉尔丁开车的风险显然更高。但由于保险公司缺乏如此详细的信息,他们只能根据自己所掌握的信息来设定两人的保险费。

为了实现持续经营的目标,保险公司必须能从保险费中获得足够收入,以补偿它所付出的赔偿金额及管理成本。我们可以考虑这样一家保险公司,它对那些没有不良驾驶记录的年轻男性收取的保险费低于对那些有过不良驾驶记录的女性收取的保险费。而我们知道前一群体要比后一群体更可能发生交通事故,因此这家公司将无法实现收支平衡,除非它对男性收取的保险费低于对他们的承保成本,而对女性收取的保险费高于对她们的承保成本,这样对男性承保所造成的损失可以通过对女性承保所产生的收益来弥补。但如果它做出这样的规定,其他与之竞争的保险公司就会如同发现桌子上的现金一样喜出望外:它们可以向女性提供稍低的保险费,这样就会吸引走这家公司的所有女性客户。这家公司最后将只剩下年轻男性投保人,从而会由于它所收取的保险费低于承保成本而蒙受经济损失。这就可以解释这样一个事实:在均衡状态下,那些没有不良驾驶记录的年轻男性要比那些有过不良驾驶记录的女性支付更高的保险费。

保险行业对年轻男性司机制定较高保险费的政策,正好可以用来说明**统计歧视**的含义。关于统计歧视的其他例子还包括:企业对持有大学文凭的员工支付的薪金高于没有大学文凭的员工;雇主倾向于雇用那些在 SAT 测验中获得较高分数的大学毕业生。只要对人或者产品的判断是基于其所属群体的特征,统计歧视现象就会发生。

尽管每个人心里都清楚,任何一个特定个体的特征都可能与其所属群体的特征有显著的差异,但只要竞争存在,统计歧视就会发生。例如,保险公司绝对相信现实中确实有一些年轻男性开车十分小心并且技术水平很高。但除非能够鉴别出哪些男性属于这类优秀的司机,否则竞争的压力将迫使其根据自己所掌握的年轻男性群体提出理赔的概率高于其他群体的知识来实施保险政策。

类似地,雇主也十分清楚,确实有许多只有中学学历的人的生产效率会高于大学毕业生。但由于雇主往往无法事先识别哪些中学毕业生属于这类人,因此他们迫于竞争的压力只能向有大学学历的应聘者支付较高的薪金,毕竟这些应聘者的平均生产率要高于只有中学学历的应聘者。同样的道理也适用于对大学招生现象的解释。各所大学都知道,许多 SAT 测验分数较低的申请者会比那些获得 SAT 测验高分的申请者在之后的学习中取得更好的成绩。但如果两名申请者看起来同样出色,只是 SAT 测验分数不同,那么竞争的压力就会促使大学倾向于录用 SAT 分数较高的申请者,毕竟从平均意义上说,高分申请者的表现会优于低分申请人。

统计歧视行为是观测到的群体特征存在差异的结果,而不是造成这种差异的原因。例如,年轻男性并不会由于统计歧视而更多地向保险公司提出理赔。统计歧视的行为会发生是因为保险公司知道年轻男性更有可能会提出理赔这个事实。同样,统计歧视也不会使年轻男性由于他们出险较多而要向保险公司支付较高的保险费。有些年轻男性司机开车十分小心，并具有较高的驾驶技术，但另一些人并非如此。统计歧视意味着，相对于年轻男性提出的理赔额来说，优秀的司机支付的保险费过高，而并不那么优秀的司机支付的保险费过低。但从平均意义上说，保险公司对这类群体收取的保险费相对于他们向保险公司理赔的数额来说是合理的。

但是，对于那些开车十分小心并具有较高驾驶技术的司机、那些只有中学学历但深知自己具有很高生产率的员工来说，仅靠上述发现并不能起到改善他们处境的作用。不过，竞争压力也会使企业有动力对这类个体进行鉴别，并且尽量改善他们的待遇。然而，当企业成功地做到了这一点之后，它们又会经常发现关于群体差异的其他相关信息。例如，许多保险公司对属于国家荣誉协会（National Honor Society）或者在大学院长名单之列的人收取较低的保险费。从平均意义上说，这类群体的成员相比其他年轻男性，向保险公司提出的理赔额较少。但即使是这些群体，也会包括一些喜欢冒险的驾驶者，而且保险公司对这类群体的成员提供优惠政策也就意味着其他所有年轻男性不得不承担更高的保险费。

消失不见的政治演说

政治家们经常需要决定自己如何对存在争议的公共事件发表看法，这时就会发生一种引人思考的统计歧视现象。政治家希望能够真实地表达自己的观点，但同时他们也希望自己在下一届选举中获胜。下面所举的例子将说明，这两种动机经常会发生冲突，尤其是当政治家对某起事件的态度会反映他在其他方面的观点时，这种冲突将变得不可调和。

经济自然主义者 11.7 为什么死刑的反对者经常保持沉默？

我们先不谈论对罪证确凿的罪犯判处死刑是否道德这个问题，在现实中还有其他许多重要的观点都不提倡采用死刑来惩罚罪犯。一种观点认为，相比其他不得假释的刑罚，死刑要求罪犯付出最沉重的代价——生命。从防止误判的司法公正性方面考虑，我们也会得出死刑成本巨大的结论。在美国，为了保证司法的公正性，每宗涉及死刑的案件都要花费律师以及法院其他工作人员上千工时来定案，这一成本往往高达数百万美元。[①] 尽管司法机关已经付出了相当大的努力，仍然会有很多案件在后来被证实发生了误判现象，而无辜的当事人却因为误判失去了生命。另一种反对判处罪犯死刑的观点则认为，设立死刑并未能阻止恶性犯罪，这种观点得到了许多统计研究的支持。虽然民主党与共和党的许多政治领袖觉得上述观点以及其他反对判处罪犯死刑的观点都很有道理，但他们中很少有人发表对死刑政策持反对意见的演说。这是为什么呢？

统计歧视理论可以为这个看似矛盾的问题提供一种可能的解释。两个党派的选民都对犯罪问题十分关注，他们都希望推选一名重视犯罪现象的政治领袖。假设存在两种类

---

① 参见 Philip J. Cook and Donna B. Slawson, "The Costs of Processing Murder Cases in North Carolina," The Sanford Institute of Public Policy, Duke University, Durham, NC, 1993.

型的政治家,一些政治家在内心深处确实十分重视犯罪问题,而另外一些政治家则只是做些表面工作。我们还假设,选民用另一种方式对政治家进行分类:一类是赞成死刑或者保持沉默的政治家,另一类是公开反对死刑的政治家。有些政治家会由于上面讨论的原因反对设立死刑;而另一些政治家反对设立死刑只是由于他们并不是很愿意惩罚罪犯——他们这么想有可能是因为他们觉得,应该是社会而不是罪犯对犯罪现象承担更大的责任(选民们会认为后一类政治家"不重视犯罪问题",因此不希望推选这类政治家作为政治领袖)。存在两种反对设立死刑的可能动机的事实告诉我们,在公众看来,设立死刑的反对者中重视犯罪问题的政治家所占的比例,要小于设立死刑的赞成者中这类政治家的相应比例。为方便讨论,我们假定赞成设立死刑的政治家里有95%"重视犯罪问题",而反对设立死刑的政治家里只有80%"重视犯罪问题"。

如果你是一位关注犯罪现象的选民,在听到某政治家反对设立死刑的消息之后,你对他的看法会发生怎样的改变?如果你一开始丝毫不了解这位政治家,那么在听到他反对设立死刑的消息之后,你最可能的猜测将是:这位政治家严肃对待犯罪问题的概率是80%。如果这位政治家发表了关于支持设立死刑的演说,那么你的猜测也会相应地变为:这位政治家严肃对待犯罪问题的概率是95%。由于选民希望选出的是一名重视犯罪现象的政治领袖,因此即使是那些事实上非常严肃地对待犯罪问题的政治家,他们如果发表了反对设立死刑的演说,也会引起自身政治支持度的小幅下降。

在得知了部分选民的这种倾向之后,一些并不十分鲜明地反对设立死刑的政治家很可能会刻意隐藏自己的真实观点。这么做的结果是,公开反对设立死刑的政治家群体的组成发生了较小的变化,群体内部并不是很愿意惩罚罪犯的政治家所占的比例增加了。例如,我们可以假设,在那些设立死刑的反对者里,严肃对待犯罪问题的政治家所占的比例从80%下降到了60%。此时,公开发表反对设立死刑观点的成本就变大了,这会导致更多的反对者保持沉默。这种互动过程将不断持续下去,到最后,反对设立死刑的政治家中,敢冒风险公开表露自己立场的人所剩无几。为了让选民相信自己在严肃对待犯罪现象这一问题上的决心,一些反对者甚至会言不由衷地公开发表支持设立死刑的言论。最终,政治家的公开演说就会呈一面倒的局面,赞成设立死刑的观点占据绝对优势。但我们不能因此就得出大多数政治领袖与大多数选民真正支持设立死刑的结论。

经济学家格伦·卢里(Glen Loury)是注意到上述例子中所描述现象的第一人。我们把这种现象称为"**消失不见的政治演说**"。一旦理解了它的内在机理,你就会注意到,这种现象不只出现在政界,在日常生活中也很常见。

经济自然主义者 11.8 毒品合法化观点的支持者为什么保持沉默?

海洛因、可卡因、甲基苯丙胺(俗称冰毒)等成瘾性毒品会造成严重的危害,这一点已是不争的事实。禁止这类毒品交易的法律,其目的十分明显,就是尽可能减少毒品造成的危害。不过这类法律不可避免地也会带来成本。法律规定了毒品交易的非法性,这会导致毒品的价格飞涨,而那些吸毒成瘾的人为了购买高价毒品,将不惜采取犯罪手段来实现自己的目的。同时,毒品非法交易商的巨额收入也会令许多人心动,他们宁愿放弃合法职业去冒险一搏。这种混战的结果是，大量毒品买卖的参与者走上了不归之路，一些与之没有半点关系的无辜者也会受到牵连。现在我们做一个大胆的设想，如果毒品交易是合法的，那么与毒品有关的所有犯罪行为都将不再存在。可以说，让毒品合法化的公共政策至少听起来有些道理，并且是可以让人接受的。既然如此，为什么现实中没有一位政治家公开支持这种政策？

许多政治家可能只是认为毒品合法化的想法不对。从理论上说，这种合法化的规定可能会导致毒品消费的激增，使这种政策的成本远大于其产生的收益。但事实证明，这种担忧是多余的，英国与荷兰等尝试推行毒品交易在一定范围内合法化政策的国家并没有发生上述后果。另一种解释是，那些支持毒品合法化的政治家由于担心被其他人误解而不愿意公开自己的观点。我们假设，一些人支持毒品合法化是基于成本-收益分析的认真考虑，而另一些支持者却仅是出于疯狂的臆想。如果在毒品合法化的支持者中疯狂者的比例高于毒品合法化反对者中疯狂者的比例，那么某位公开声明支持毒品合法化的政治家，就可能因此增加了那些不了解他的人认为他是疯狂者的可能性。这种可能性的存在使一些支持者不愿意公开表态，而这就会导致那些毒品合法化政策的公开支持者中疯狂者所占的比例上升——这种互动过程将不断持续下去，到最后，公开支持毒品合法化的政治家中几乎所有的人都是疯狂者。

"消失不见的政治演说"可以用来解释有关社会保障、医疗保险及其他福利项目改革等问题的公共争论所处的困境。

重点回顾：统计歧视

- 在面临实际中的信息不对称问题时，买卖双方也会根据人或者产品所属群体的特征对其品质做出判断。例如，汽车保险公司向年轻男性司机收取更高的费用，因为它们知道年轻男性经常发生事故。
- 由于人们对于各种事物的看法往往是相互关联的，因此了解一个人对于某事的看法至少有助于在某种程度上了解他对于其他事情的看法。之所以会出现消失不见的政治演说，是因为政治家通常不愿意就某些事项公开发表看法，他们担心这么做有可能被视为自己对相关事项持有不受人们欢迎的看法。

保险

飓风、火灾、车祸和疾病在很大程度上都是不可预见的事件。由于大多数人都不愿承担风险，人们经常购买保险，一旦出现此类事件可由保险公司承担相关的巨额费用。

我们以戴维为例。大多数时候，戴维都是健康的，但他知道自己有可能患上严重的疾病。具体而言，假设戴维全年没有任何医疗支出的可能性为 75%，但有 25% 的可能性将罹患重病，必须支付 1.6 万美元的医疗费用。因此，戴维的年度医疗费用是一场博弈，预期价值为 $0.75 \times 0 + 0.25 \times 16\,000 = 4\,000$（美元）。这意味着，如果戴维厌恶风险，他宁愿每年支付 4 000 美元，也不愿面临支付 16 000 美元的 25% 的概率。事实上，戴维可能愿意花 4 000 多美元来规避这种风险。

这正是保险的作用。假设戴维愿意每年支付 4 500 美元,以避免不得不支付 16 000 美元医疗费用的风险。保险公司可以向戴维收取每年 4 500 美元的费用,并承诺在他罹患重病时为他报销所付的医疗费用。这一安排让戴维的生活变得更好,因为如果他生病,他不再有 25% 的机会不得不支付 16 000 美元的医疗费用。这对保险公司也是有益的,因为它每年从戴维那里获得 4 500 美元,但预计只需支付 4 000 美元。支付给保险公司的额外 500 美元可用于其管理保险计划。而且,与戴维不同的是,保险公司并不介意与戴维的医疗费用相关的风险,因为该公司有许多其他客户,其中一些人在未来一年内不会患病,另一些人会患病,因此平均而言,该公司每年只需为每个客户支付 4 000 美元的医疗费用。

尽管有上述明显的好处,但保险市场的运作往往不如我们所希望的那样好。正如我们接下来要讨论的,这个问题也是不完全信息造成的。

逆向选择

保险市场面临的一个严重问题与信息不对称有关。为了维持经营,保险公司必须设定足够高的保费以支付其承诺支付的医疗费用。因此,保险公司会根据普通人的预期医疗费用确定保费。问题是,与保险公司相比,投保的人通常拥有关于自己患病可能性的更多信息。例如,戴维的保险公司可能不知道他有糖尿病家族史。这意味着保险公司设定的保费对高风险个人比低风险个人更有利,因此高风险个人比低风险个人更有可能购买保险。我们把这种现象称为**逆向选择**。逆向选择会导致保险公司提高保险费,而保险公司的这种行为又会使那些低风险的人进一步丧失购买保险的兴趣,这就再次提高了选择保险的人的平均风险水平。在一些情况下,只有那些面对极大风险的人才会购买保险。

道德风险

道德风险是导致购买保险对一般人缺乏吸引力的另一个原因。这种问题的产生源于这样一个事实:一些人在购买保险之后就会疏于对潜在危险的防范。例如,那些购买了车险的车主防止汽车失窃或受到损坏的防范意识就会减弱。毕竟,认真驾驶与寻找安全的停车位都需要付出努力,如果一时疏忽造成的损失可以由保险公司补偿,一些人就会放松警惕。

通过规定免赔额,保险公司弱化了逆向选择与道德风险所造成的后果。例如,保险公司可以规定 1 000 美元免赔额的赔偿金政策,一旦发生交通事故,保险公司只需赔偿维修费中超出 1 000 美元的部分。具体地说,如果你发生了交通事故,你那辆因此受损的轿车需要花费 3 000 美元进行维修。这时保险公司将只赔偿 2 000 美元,剩下的 1 000 美元维修费需要由你自己支付。

这种保险政策减轻逆向选择与道德风险负面效应的内在机理是什么呢?由于保险公司提供这种保险政策的成本相对较低,因此它们可以降低客户支付的保险费。保险费的降低会使投保客户的数量大大增加,尤其是那些由于不大可能发生交通事故而对购买保险没什么兴趣的客户,现在可能会做出购买保险的决定。赔偿金部分免赔的政策也会让那些粗心的司机对自己的粗心大意付出更高的成本,这显然有助于他们增强防范意识。

这种保险政策还以另一种方式使投保客户受益。由于有免赔条款的保单持有人如果在事故中对其汽车造成的损坏小于免赔额阈值，则根本不会提出理赔，这使保险公司可以减少处理和调查理赔的资源，从而让投保客户享受较低的保费。

由私人保险提供医疗保障的问题

在世界上的很多贫困国家，医疗护理是十分有限的，而这并不让人意外。毕竟，这些国家的公民没有足够的收入购买充足的食品、住所及其他一些基本的商品和服务。然而，令人感到惊讶的是，在奥巴马出任美国总统的2009年仍然有将近5 000万美国人没有购买任何形式的医疗保险。在美国这样一个富裕的国家，为什么会这样？

这个问题的答案就在于美国几乎是世界上唯一一个依靠没有管制的私人保险市场为公民提供医疗保障的国家。由于逆向选择问题，不受监管的私人保险市场在提供医疗服务方面存在严重缺陷。如前所述，如果保险公司根据普通人的预期医疗费用来制定费率，那么对于那些知道自己身体状况不佳的潜在客户来说，投保是划算的。与此同时，对于那些知道自己身体状况良好的人来说，保险费率则太高了。结果是，保险公司所吸引的客户中有相当一部分人身体欠佳，这意味着其初始保费将无法覆盖成本。为了继续经营下去，保险公司必须提高费率。但是，身体状况良好的潜在客户会发现保险方案更没有吸引力，此时往往会出现螺旋下降的局面，最终结果是大多数人买不起保险。

在美国，对不受监管的私人医疗保险市场的依赖可以说是历史的产物。二战后经济快速增长时期，很多工会成功地将雇主为雇员提供医疗保险纳入雇员福利计划中。美国政府规定，雇主为雇员支付的医疗保险费用是不用缴税的，因此由雇主支付医疗保险对于雇员来说要比用已经被扣除了所得税之后的收入自行购买私人保险划算得多。这种激励促使没有成立工会的企业也主动为雇员提供医疗保险。而只要医疗保险支出占总收入的份额相对较小、加入保险计划的人数众多，这种机制的运作相对而言就还算正常。

一个重要的政策细节是免税是有附加条件的，即所有员工都必须享受医疗保险，而不考虑其以往的病史。由于慢性病患者的医疗费用高昂，私营保险公司通常并不愿意承保患有严重疾病的人。不过通过承保人数众多的雇员，某一年中患上严重疾病的人所占的比例往往较低，保险公司就可以在不承担较大风险的情况下为患有严重疾病的人提供保险。事实上，由雇主支付的医疗保险这一巨大的新市场蕴藏着足够高的利润，大多数保险公司都急于从中分一杯羹。

尽管由雇主支付的团体投保方法多年来成功地规避了逆向选择问题，但随着医疗费用的增长超过了其他所有商品和服务价格的增长，这种方法的效果开始降低。由于医疗保险费用从员工的薪酬中挖走的金额越来越多，而日益严峻的竞争也促使企业寻找新的途径来削减成本，一些企业开始用增加薪酬来代替雇主支付医疗保险这一福利。身体健康的较为年轻的雇员因为医疗费用通常很低，更愿意接受这种方式。

曾几何时，不为家人购买医疗保险的父母被认为是不负责任的，然而随着不参保人群的逐渐壮大，这种观念已经被人们所淡忘。随着越来越多的人接受不提供医疗保险的工作，不参保日益被社会所接受。雪上加霜的是参保人群的组成发生了变化。随着越来越多的健康家庭接受不提供医疗保险的工作，参保人群中剩下的则是身体状况较差、医疗费用较高的家庭,这导致保险费率进一步上涨。简言之,美国的医疗保险制度陷入了长期的死亡螺旋。

2010 年平价医疗法案

2010 年 3 月经美国国会通过并由美国总统奥巴马签署的平价医疗法案(Affordable Care Act,ACA)是美国政府终结死亡螺旋的第一记重拳。该法案有三项主要内容,每一项都是保证改革成功的关键。法案首先要求保险公司对所有参保人员提供基本相同的保险条款,而不考虑其之前的医疗状况。如果没有这项规定,每一家私营保险公司都会在追逐经济效益最大化的驱动下竭尽全力将那些预期会造成巨额医疗费用的人排除在外,而不能将那些最需要医疗救助的人包含在内的任何保险机制显然都是令人无法接受的。

保险公司如果承保的都是身体状况最差的人,必然会入不敷出。因此,平价医疗法案还有一项强制规定,即要求所有人都必须购买医疗保险。如果没有这项强制规定,身体健康的人在患病之前将没有动力购买医疗保险,因为患病后保险公司不能根据其之前的身体状况提高保险费率,所以他们仍然可以买到平价医疗保险。

平价医疗法案的第三项重要内容是为低收入家庭提供补助。如果人们无力支付保险费,那么政府是不能强制其购买医疗保险的。由于医疗保险的费用已经很高,而且仍在快速增长,因此有必要想办法帮助那些无力支付的人减轻负担。

平价医疗法案还包括其他很多规定,这些规定大多是为了减缓医疗费用的增长,如要求提高医疗记录登记的规范化、为那些旨在找出哪些治疗更有效率的研究提供支持等。不过,平价医疗法案的精髓仍在于前面介绍的三项重要规定。缺乏上述任何一项规定,美国医疗保险行业的死亡螺旋都必将持续。

在 2017 年年末颁布的税收立法中,美国国会通过了一项废除平价医疗法案要求所有人购买医疗保险的强制规定。也许并不奇怪,2017—2018 年,没有医疗保险的美国人比例从 7.9% 上升到了 8.5%,这表明如果不采取进一步的立法行动,医疗保险行业的长期死亡螺旋可能会死灰复燃。

重点回顾:保险

厌恶风险的人会购买保险,以防范飓风、车祸和疾病等意外且代价高昂的事件的风险。逆向选择推高了保险成本,因为对保险公司来说,投保成本最高的人购买保险的动机最大。道德风险还推高了保险费,因为人们防范已投保的物品被盗窃或损坏的动机较低。在美国,逆向选择问题导致大量美国人没有医疗保险,并促使美国政府进行医疗体制改革。

不断上涨的保险费使很多健康状况良好的人不再购买医疗保险,从而进一步推高了保险费。2010 年颁布的平价医疗法案旨在纠正通过不受监管的私人保险合同提供医疗服务时存在的市场失灵。随着美国国会在 2017 年年末废除平价医疗法案的强制规定,没有医疗保险的美国人比例再次上升。

小结

零售商与其他销售代理商是信息的重要来源。他们可以帮助消费者发现适合自己的产品与服务,从这个意义上说,他们实现了经济价值的增加。站在这个角度分析,我们会得出如下结论:零售商及其他销售代理商对经济的贡献并不少于直接生产产品或提供服务的工人。但不幸的是,搭便车问题经常会妨碍企业向消费者提供有用的产品信息。

几乎所有的市场交易都是在不具有完全信息的基础上发生的。对买卖双方而言,额外的信息能够使双方受益,不过收集信息不可避免地要涉及成本问题。理性人将会持续其收集信息的过程直至搜寻的边际收益等于边际成本。一旦边际成本超过边际收益,人们的理性选择将是维持无知状态。

对信息的理性搜寻应该服从几个准则。当搜寻成本较低、目标产品或服务的质量较好或者价格波动较大的时候,人们应该对信息搜寻投入较多的时间与精力。深入搜寻实际上是一种博弈。只要搜寻的预期收益大于预期成本,风险中性者就会选择继续搜寻。理性的搜寻行为并不是全方位的彻底搜寻,不可能对所有符合条件的对象都进行细致的调查,在这之前,这种搜寻行为就已经终止了。因此,对于那些希望寻找合作伙伴以建立双边关系的搜寻过程,总是存在这样一种可能性:当搜寻过程结束之后,搜寻者又偶然地发现了另一个更为合适的合作伙伴。在大多数情况下,人们往往通过达成某种终止搜寻过程的双方协议来维持他们所建立关系的稳定性。

信息不对称问题是指进行某笔交易的一方拥有的信息少于另一方的现象,它阻碍了许多本可以使双方受益的市场交易的进行。例如,一辆二手车的车主清楚自己的车性能是否优良,但是有意购买这辆车的人对此却一无所知。即使买主可能愿意为一辆优质车支付比该车主人报价更高的费用,但由于买主无法肯定自己买到的一定是优质车,因此这类交易往往无法实现。更为一般的情况是,因为信息的不对称,对于消费者愿意支付的价格,卖主常常不能提供具有与该价格水平相对应的质量水平的产品。

交易双方发现,如果他们能够找到一种方法来实现交流的便捷性与真实性,那么双方通常都能由此获益。但由于买主与卖主之间往往存在利益冲突,对相关信息的简单声明与陈述并不足以使人信服。在交易双方之间传递的信号要想变得可信,必须具有伪造成本巨大或者难以伪造的性质。例如,一辆优质二手车的主人可以通过提供保证的方式来传递关于该车质量信息的可信信号,而那些劣质二手车的主人显然无法承担提供这种担保的成本。

实际中,企业与消费者经常根据他们所掌握的个人或者产品所属群体的特征对其品质做出判断。例如,保险公司会根据年轻男性整个群体的事故发生率对承保某位年轻男性司机的风险进行估计。这种实际中的操作被称为统计歧视行为。对于一些公众十分关注的社会现象,某些措施(如设立死刑)的反对者往往会选择沉默,这时就会发生被我们称为"消失不见的政治演说"的现象。

厌恶风险的人会购买保险,以防范飓风、车祸和疾病等意外且代价高昂的事件的风险。逆向选择推高了保险成本,因为对保险公司来说,投保成本最高的人购买保险的动机最大。在某些情况下,逆向选择可能会导致保险变得过于昂贵,以至于很少有人选择购买。道德风险还推高了保险费,因为人们防范已投保的物品被盗窃或损坏的动机较低。在美国,逆向选择问题导致大量美国人没有医疗保险,并促使美国政府进行医疗体制改革。

名词与概念

adverse selection	逆向选择	expected value of a gamble	博弈的期望值
asymmetric information	信息不对称	fair gamble	公平博弈
better-than-fair gamble	盈利性博弈	free-rider problem	搭便车问题
		lemons model	次品模型
costly-to-fake principle	难以伪造原理	moral hazard	道德风险
disappearing political discourse	消失不见的政治演说	risk-averse person	风险规避者
		risk-neutral person	风险中性者
		statistical discrimination	统计歧视

复习题

1. 试解释为什么画廊的所有者在售出一幅油画的过程中创造的经济剩余实际上可能比油画的创作者创造的剩余还大。

2. 一位消费者购买了一辆雪佛兰轿车,但他在决定购买这辆轿车时并没有先试驾福特、克莱斯勒、本田、丰田及其他汽车制造商生产的轿车以进行比较。这种消费行为是否理性?

3. 试解释就平均水平而言,为什么待售的二手车与那些并不出售的二手车在质量上存在显著差别。

4. 试解释在一个人人具有诚信观念的城市里,二手车市场的效率为什么会高于那些诚信观念淡薄的城市的二手车市场。

5. 试解释为什么银行通常更愿意把钱借给有工作的人而不是失业的人。

6. 如果非工作相关的伤害或疾病导致个人无法工作,收入损失险将支付个人工资的某一比例。试解释为什么如果每个人都被要求购买收入损失险,那么收入损失险的费率可能会更低。

练习题

1. 卡洛斯是一位风险中性者,他准备出售自己拥有的一座古朴典雅的农舍。他对这座农舍的保留价格是13万美元。惠特尼是当地唯一有可能购买这座农舍的人,她对这座农舍的保留价格是 15 万美元。该市场上的其他待售房都是一些新建的低矮平房,售价为 12.5 万美元,有兴趣购买这类房屋的消费者对它的保留价格也是 12.5 万美元。我们假设,如果卡洛斯不聘请房地产经纪人,那么惠特尼将从她的邻居那里得知卡洛斯有农舍待售的消息,并且以 14 万美元的价格买下这座农舍;如果卡洛斯聘请房地产经纪人,那么他的经纪人将会为他联系一位愿意为这座农舍支付 30 万美元的古屋爱好者。卡洛斯也知道,如果他与这位古屋爱好者谈判,他们达成的一致价格将是 25 万美元。如果房地产经纪人会从房屋售价中提取 5% 作为佣金,并且所有的经纪人谈成一笔生意的机会成本是 2 000 美元,那么卡洛斯是否会聘请房地产经纪人?如果他确实聘请了房地产经纪人,那么经济总剩余将会受到怎样的影响?

2. 梅肯娜与西恩娜都是纳什维尔市的电脑程序员,她们正准备搬去西雅图居住。两个人都拥有一座估价为 10 万美元的房子。不过梅肯娜的房子位于一处知名的大型偏远开发区,并且那里还有上百座几乎一模一样的房子;而西恩娜的房子则与众不同,是西恩娜按照私人建筑师的设计建造的。那么谁能够从聘请房地产经纪人协助销售房子的决策中获得较大收益,是梅肯娜还是西恩娜?

3. 通过互联网买卖股票的经纪人,相比那些通过邮件或电话联系客户的经纪人,能够为更多的消费者提供服务。网络连接的日益普及会如何影响那些仍然用传统方式经营运作的经纪人的平均收入水平?

4. 对于下列每组职业,请预测哪种职业的收入更可能受到网络普及的影响。
(1)股票经纪人与律师;
(2)医生与制药者;
(3)书店业主与出售原创油画的画廊所有者。

5. 肯德尔是一位已经退休的会计师,凯登思是一位政府管理者,两人是长相酷似的双胞胎,今年都已经 63 岁了。他们的爱好是收集陶制品古董。两人的年收入都是 10 万美元(肯德尔的收入来自养老金,而凯登思的收入来自薪金)。他们中的一个人在地方拍卖会上购买绝大多数的古董,而另一个人购买的大部分古董来自与一位地方商人的交易。请你推断,这对双胞胎兄弟中哪位更有可能从拍卖会上购买古董,他在古董方面的支出和他那位与地方商人进行交易的兄弟相比,是大还是小?

6. 互联网的日益普及会如何影响那些拥有影迷会的电影演员与拥有歌迷会的歌手的数量?

7. 消费者知道,所有刚生产出来并且已经售出的新车中有 $x\%$ 是有缺陷的车。除了车主以外,别人无法鉴别一辆车到底是不是有缺陷的车。我们假设汽车在使用过程中不会贬值。消费者都是风险中性的,他们认为无缺陷车的价值是 30 000 美元。新车的售价是 15 000 美元,而二手车的售价是 7 500 美元。根据上述信息,求 x 的值。

8. 试判断下列观点是否正确,并简要说明理由:
(1)许多公司投入数十亿美元的巨额资金在电视上做广告宣传它们的产品,这主要是因为它们所发布的这些广告的内容能够让消费者相信广告所宣传的产品是优质产品。
(2)当你去一家零售商店为你的自行车买车灯时,你可能无法得到最优的建议,这种现象是搭便车问题导致的。

(3) 如果你现在需要聘请一位律师,并且所有费用都由保险公司支付,那么你应该总是选择那个衣着最华丽、私家轿车最好、办公室装潢最豪华的律师作为你聘请的对象。

(4) 寻找配偶的收益会受到你所居住城市的规模的影响。

9. 对于下列每组工作岗位,试分析在哪种岗位上,个人所驾驶汽车的类型更可能说明他的工作胜任程度。

(1) 小学教师与房地产代理商;

(2) 牙医与市政府要员;

(3) 为私人企业服务的工程师与为军队服务的工程师。

10. 女性国家首脑(例如,以色列的葛达·梅依、印度的英迪拉·甘地、英国的玛格丽特·撒切尔)相比男性国家首脑,在对外政策问题上往往显得更强硬好斗。试运用格伦·卢里关于"消失不见的政治演说"理论对上述现象做出解释。

11. 安妮卡知道,她的房子明年被大火烧毁的可能性为2%,重建需要25万美元(如果她的房子没有被烧毁,则不需要支付任何费用)。如果安妮卡不愿承担风险,她会每年支付5 000美元购买一份保险,以支付如果房屋被大火烧毁重建房屋的全部费用吗?她会为买保险支付5 200美元吗?5 400美元呢?

12. 假设人们无法确定自己在某一年是否会生病。高风险人群正确地认识到自己患病的概率是30%,而低风险人群正确地认识到自己患病的概率是10%。无论是高风险人群还是低风险人群,如果生病都要支付1万美元的医疗费用,如果不生病则不用支付医疗费用。

(1) 高风险人群的预期年医疗费用是多少?

(2) 低风险人群的预期年医疗费用是多少?

(3) 假设保险公司无法分辨某人属于高风险人群还是低风险人群,他们只知道一半的人属于高风险人群,一半的人属于低风险人群。保险公司提供每年2 000美元保费的医疗保险,当投保人生病后会为其支付所有医疗费用。如果高风险人群和低风险人群是风险中性的,那么谁会购买该保险?如果保险公司每年仍收取2 000美元的保费,该公司能否盈利?简单解释你的答案。

正文中练习题的答案

11.1 在众多获得产品与服务相关信息的方式中,通过互联网进行搜寻的成本相对较低,因此互联网引起信息供给曲线向下移动。在均衡状态下,人们将会获得更多的信息量,并且人们所购买的产品或服务将会更加接近他们在一个具有完全信息的理想化世界里所决定购买的物品。这些效应将会导致经济总剩余的增长。但是,如果互联网会导致搭便车问题的日益严重,那么这种收益中就会有一部分被抵消。

11.2 正面朝上的概率与反面朝上的概率一样,都是0.5。所以这个博弈的期望值为0.5×4美元+0.5×(-2)美元=1美元。由于这个博弈具有盈利性,因此任何风险中性者都会愿意参加这个博弈。

11.3 因为如果继续走访第三处公寓,你仍然有20%的机会发现便宜的公寓,这一博弈的期望值仍然是 5 美元，所以你应该再次进行搜寻。任何以往搜寻所带来的不尽如人意的结果都是一种沉没成本，你是否再次搜寻的决定不应该受到它们的影响。

11.4　现在，一辆二手车的期望值将变为 $0.8 \times 16\,000$ 美元 $+ 0.2 \times 12\,000$ 美元 $= 15\,200$ 美元。任何相信目前待售的二手车与刚下生产线的新车具有同样的质量分布情况，并且对风险持无所谓态度的消费者都会愿意为一辆二手车支付 15 200 美元的价格。

第4部分

公共政策经济学

第12章　劳动力市场、贫穷和收入分配
第13章　公共品和税收政策

微观经济学原理(翻译版·第8版)
Principles of Microeconomics, Eighth Edition

第 12 章

劳动力市场、贫穷和收入分配

> **学习目标**
>
> 学完本章后，你应该能够：
> 1. 解释工资与工人的边际生产力之间的关系。
> 2. 分析在完全竞争的劳动力市场中工资和就业水平是如何决定的。
> 3. 对比经济学家为解释收入差距而提出的各种假设。
> 4. 讨论美国收入不平等的近期趋势，以及收入再分配的哲学证明。
> 5. 描述和分析美国采用过的几种消减贫穷的方法。

1999 年，塞雷娜·威廉姆斯（又称小威廉姆斯）在法国网球公开赛上以极其微弱的优势赢得了她的第一个职业单打冠军。从那时起，小威廉姆斯就成为有史以来最耀眼、收入最高的女网球运动员之一，仅奖金一项就超过 9 200 万美元。与此形成鲜明对比的是，很少有人听说过那场比赛的亚军法国选手阿米莉·毛雷斯莫，也是当时最有天赋的女网球运动员之一。尽管她差一点就可以击败小威廉姆斯，但她的知名度和收入却远不及小威廉姆斯。

法国的很多医生与美国的医生一样有才华、一样勤奋。然而美国医生的平均年收入超过 30 万美元，而法国医生的平均年收入仅略高于 10 万美元。

为什么一些人的收入可以比另一些人高这么多？这是经济学中最能引发人们的兴趣和讨论的话题。当然，身为美国人并不是必然和足以获得很高的收入。世界上最富有的人中有相当一部分来自贫穷国家，而一些美国人同样无家可归、营养不良。

本章将介绍几个简单的经济学原理以解释不同人获得不同收入的现象。我们首先将讨论人力资本模型，它强调了个体特征差异的重要性。接下来，我们将考察为什么具有相似特征的不同的人得到的收入会有很大差别。我们考虑的因素包括工会、歧视、非工资条件雇用及赢家通吃的市场。最后，我们将研究收入不均等现象是否应该为社会所关注，如果是，是否存在弥补措施。我们将看到，政府对收入的再分配计划既需要成本又可以产生收益。政策制定者必须将不完美的现状与那些不完美的政府补救措施的实践结果进行比较。

工作的经济价值

在某些方面,出售人类劳动与出售其他产品和服务有着本质的区别。例如,尽管人们可以出售电视机从而放弃在未来使用电视机的所有法定权利,法律却不允许人们卖身为奴。但是,法律允许雇主"租用"我们的劳动。而且,劳动力的出租市场在很多方面与大多数产品和服务的市场十分类似。每一种特定的劳动力都有供给曲线和需求曲线。两条线的交点决定了该劳动力的均衡工资和均衡数量。

更有甚者,相关的供给曲线和需求曲线的移动会引起与其他产品和服务的供给曲线和需求曲线移动相类似的变化。例如,对某种劳动力的需求增加会引起该种劳动力均衡工资和均衡数量的同时增加。同样,对某个特定职业的劳动力供给增加会导致雇用数量的增加及该职业均衡工资水平的降低。

正如我们对其他市场的讨论一样,我们会通过一系列的案例研究劳动力市场的运作。在第一个案例中,我们将集中讨论均衡原理如何有助于我们理解生产能力不同的工人,其工资会有怎样的差异。

例 12.1 生产能力和均衡原则

制陶工人应该赚多少钱?

麦金托什制陶工厂是众多类似工厂中的一个,它雇用一些工人专门从事用黏土制作陶罐的工作。这些陶罐将以每个 1.1 美元的价格出售给那些负责上釉和烧制的工厂,进而在零售市场上出售。制作陶罐的唯一投入品——黏土,是可以免费得到并且不限量的。伦尼和劳拉是麦金托什工厂仅有的两名制陶工人。该工厂不包括制陶工人薪水的管理费为每个陶罐 10 美分。伦尼每周生产 100 个陶罐,而劳拉可以生产 120 个。如果制陶工人的劳动力市场是完全竞争的,他们二人应分别得到多少报酬?

我们首先假设伦尼和劳拉决定做全职的制陶工人,因此我们的重点是研究他们应该得到多少薪水而不是应该工作多长时间。如果将管理费考虑在内,伦尼生产的陶罐的价值就是每星期 100 美元,即麦金托什工厂应该支付给他的报酬,少支付工资给他就可能存在被竞争者挖墙脚的风险。例如,如果麦金托什工厂每周仅支付伦尼 90 美元,对他的雇用可以给工厂带来每周 10 美元的经济利润。由于存在这种额外的剩余,工厂的竞争对手就会通过每周支付伦尼 91 美元的薪水使他离开麦金托什工厂,而自己仍可得到每周 9 美元的经济利润。因此,在这种来自竞争对手的竞价压力下,低于每周 100 美元的报酬水平很难将伦尼留在麦金托什工厂。但如果将报酬制定在高于每周 100 美元的水平上,工厂又会因此遭受经济损失。类似地,劳拉生产的陶罐价值是每周 120 美元,这也就是她的竞争性均衡工资。

在前面的例子中,每个制陶工人每周制作的陶罐数量是他的**边际实物产量**,或者说**劳动的边际产出**(MPL)。一般来说,一个工人的边际产出是企业雇用这名工人得到的额外产出。将工人的边际产出与出售的每单位产品的净价格相乘,就得到了这名工人**劳动的边际产出价值**(VMPL),即企业多雇用一单位劳动力时所能增加的产出价值(在前面的例子中每个陶罐的"净价格"为 1 美元——是出售价格 1.1 美元与制造成本 0.1 美元之间的差额)。竞争性劳动力市场的一般规律是,一个工人的长期均衡工资应该等于他的 VMPL——他对雇主利润的净贡献值。雇主显然乐于给工人支付低于他们期望 VMPL 的工资。但是如果劳动力市场真的是竞争性市场,雇主是不可能长期这样做的。

在例12.1中,每个工人的VMPL与企业雇用的其他工人人数无关。在这种情况下,我们无法预测一个企业将要雇用的员工人数。即使麦金托什工厂雇用2名、10名、1 000名甚至更多的制陶工人,都有可能破产。但是在其他一些情况下,我们可以确切地预测一个企业将要雇用的员工数量。我们来看下面的例子。

例12.2 雇用

Adirondack公司应该雇用多少员工?

Adirondack公司以每周350美元的薪水在一个竞争性劳动力市场上雇用工人制作切菜板,原料是可以免费得到的碎木屑。如果每块切菜板的售价为20美元,公司每周的产量随着雇用工人的人数而变化,如表12.1所示,Adirondack公司应该雇用多少工人?

表12.1 Adirondack公司的雇用人数和产量(每块切菜板的售价为20美元)

工人人数	切菜板的产量/(块/周)	边际产出/(额外的切菜板/周)	边际产出价值/(美元/周)
0	0		
		30	600
1	30		
		25	500
2	55		
		21	420
3	76		
		18	360
4	94		
		14	280
5	108		

在例12.1中,我们关注的是具有不同生产能力的雇员的工资差异。与此相反,我们在此假设所有工人的生产能力相同,而且市场规定了每名工人的工资水平。利润递减法则说明随着雇用工人人数的增加,边际产量会逐渐降低。(正如我们在第6章讨论的,这条法则说明,当一家公司的资产或其他生产投入在短期内保持不变时,将工人人数增加到一定程度会导致产出增加的减少。)表中第三列为每名额外工人的边际产出,最后一列为每名工人的边际产出价值——他增加的切菜板产量乘以售价20美元。只要下一名工人的边际产出价值至少为每周350美元(市场工资水平),Adirondack公司就应该增加雇用人数。前4名工人的边际产出价值均大于350美元,因此Adirondack公司应该雇用他们。但是由于雇用第5名工人只能为每周的利润增加280美元,Adirondack公司不应该雇用这名工人。

我们应该注意到完全竞争企业关于雇用工人人数的决策与我们在第6章中讨论的产出决策的相似之处。当劳动力是唯一的生产变量时,两个决策在根本上是一致的。总产出与雇用的总人数存在唯一的对应关系,因此决定雇用工人的人数与决定产量是一致的。

工人吸引雇主的并不只是他可以生产多少块切菜板,而是切菜板的价格和工人的工资水平。举例来说,由于产品价格上涨时边际产出价值会随之增加,产品价格的上涨会使雇主雇用工人的人数增加。当工资率下降时,雇主也会雇用更多的工人。

练习12.1

在例12.2中,当每块切菜板的价格增加到26美元时,Adirondack公司应该雇用多少工人?

练习 12.2

在例 12.2 中,当工资水平下降至每周 275 美元时,Adirondack 公司应该雇用多少工人?

> **重点回顾:工作的经济价值**
>
> 在竞争性劳动力市场上,雇主应该支付给每名工人他的边际产出价值。给定某个市场工资水平,如果一个企业可以雇用到它希望雇用的工人人数,它就应该不断地增加雇用人数直到边际产出价值超过市场的工资水平。

均衡工资和雇用水平

正如我们在第 3 章所看到的,在任意一个竞争性市场上,均衡价格和数量由供给曲线与需求曲线的交点决定。在竞争性劳动力市场上也是如此。

劳动力的需求曲线

雇主对于雇员的保留价格是雇主在保持利润不下降的前提下可以支付给雇员的最高工资。正如我们所讨论的,在一个完全竞争的劳动力市场上,雇主的保留价格即为**劳动力的边际产出价值 VMPL**。根据利润递减法则,我们知道劳动力的边际产出,进而 VMPL,会在短期内随着劳动力数量的增加而下降。对于某个特定的职业,个体雇主的劳动力需求曲线(如计算机程序员)如图 12.1(a)所示,是一个斜率为负的工资率方程。假设公司 1 [图 12.1(a)]和公司 2[图 12.1(b)]是社会上仅有的两家雇用程序员的公司,因此整个社会对程序员的需求就是两家公司需求的水平加总[见图 12.1(c)]。

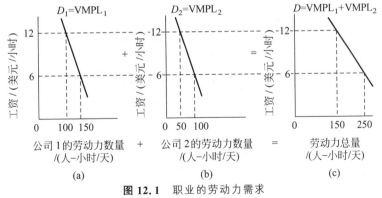

图 12.1 职业的劳动力需求

如果公司 1 和公司 2 是某一职业唯一的两个劳动力雇主,将两家公司的需求曲线水平相加即可得到该职业的需求曲线。

劳动力的供给曲线

某种职业的劳动力供给曲线又如何呢？在高工资下待雇用劳动力数量会比在低工资下多吗？一个类似的问题是，在高工资下消费者会比在低工资下希望消费更少的闲暇吗？就问题本身而言，经济学理论无法为我们提供答案，因为工资率的变化对闲暇需求量会产生两种相反的效应。其一是替代效应，即随着工资的增加，闲暇变得更贵，消费者因此选择减少消费量。其二是收入效应，即随着工资的增加，消费者的购买力增加，因此可以选择消费更多的闲暇。这两种彼此相反的效应哪个占据主导地位则是经验问题。

对于过去几个世纪的整体经济而言，每周的工作时间减少了，而真实工资水平增加了。这似乎说明对于整体经济而言，劳动力的供给曲线是向下倾斜的。另外有证据表明，工资高时个体雇员可能比在工资低时工作更短的时间。例如，一项对纽约市出租车司机的研究表明，司机在雨天的出车时间（由于对出租车的高需求而引起较高的有效工资）比晴天的出车时间（有效工资较低）要早得多。[①]

尽管存在这些现象，我们几乎可以肯定的是，任何特定职业的劳动力供给曲线都是向上倾斜的，这是由于不同职业的工资水平影响了职业选择。例如，与1970年相比，现在有更多的人选择计算机程序员这一职业。程序员的工资在过去几十年上升得十分迅猛，这导致很多人放弃其他职业而选择从事程序员工作。图12.2中的S曲线为程序员的供给曲线。它的正斜率也是大多数职业的劳动力供给曲线的特征。

市场的转变

最近几十年间很多工作计算机化，对程序员的需求增加了，在图12.2中从D_1移到D_2。计算机程序员市场的均衡发生在供给曲线与需求曲线的交点处。需求的增加导致均衡水平从L_1增加到L_2，均衡工资从W_1增加到W_2。

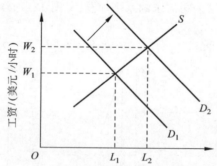

图12.2　对计算机程序员需求增加的效应

计算机程序员从D_1增加到D_2导致了均衡供给水平的增加（从L_1到L_2）和均衡工资的增加（从W_1到W_2）。

---

① L. Babcock, C. Camerer, G. Loewenstein, and R. Thaler, "Labor Supply of New York City Cab Drivers: One Day at a Time," *Quarterly Journal of Economics* 111(1997), pp. 408-441.

正如我们在第 7 章中所讨论的,在股票及其他金融资产的市场上,当供给曲线和需求曲线移动时,市场可以很快达到新的均衡。与此相反的是,劳动力市场调整十分缓慢。当一种职业对员工的需求增加时,短缺可能会在数月或数年内持续存在,这取决于人们掌握该职业所需技能的情况和接受训练的时间。

> **重点回顾:劳动力市场的均衡**
>
> 在一个完全竞争的劳动力市场中,对劳动力的需求是每个雇主的 VMPL 曲线的水平加总。单个劳动力市场的供给曲线是向上倾斜的,而整个经济的劳动力供给曲线却可能是垂直的或者向下倾斜的。在每个劳动力市场中,需求曲线与供给曲线的交点决定了市场的均衡工资和雇用水平。

▼ 对收入差异的解释

竞争性劳动力市场的理论告诉我们,工资的差异反映了相应 VMPL 的差异。因此,在例 12.1 中,劳拉比伦尼多赚 20% 是因为她每周比伦尼多制作 20% 的陶罐。产量的差异可能是由于天赋或培训,也可能是由于劳拉工作得比伦尼卖力。

但是我们经常会看到,在那些具备同样天赋和同样努力工作的人之间依然存在工资水平的差异。例如,为什么律师的收入比与他们同样聪明、同样努力工作的水管工高得多?为什么外科医生的收入比普通医生高很多?这些工资差异看上去违背了"桌子上不存在现金"原理,该原理告诉我们只有天赋、运气和努力程度会造成长期的收入差异。例如,如果水管工成为律师可以得到更多的收入,为什么他们不改行?类似地,如果普通医生可以通过成为外科医生提高收入,为什么他们不从一开始就做外科医生呢?

人力资本理论

人力资本理论可以帮助我们回答这些问题,该理论认为个体的 VMPL 是与其**人力资本**存量成比例的——人力资本由多种因素共同决定,如受教育程度、经验、培训、智力、精力、工作习惯、可信赖性和主动性等。根据这一理论,一些职业由于需要更高的人力资本存量而比其他职业支付更多的报酬。例如,普通医生要想变为外科医生,必须再接受几年的专业教育。而水管工要想成为律师,需要的额外教育投资就更多了。

需求的差异会造成某些人力资本的价值高于其他人力资本。再次考虑在过去几十年内对计算机程序员需求的急剧增加。在同一时期内,随着越来越多的纳税人开始使用税收申报软件替代会计师来处理他们的纳税事务,对税务会计师服务的需求也就随之下降了。上述两种职业都需要专业技术培训,但是程序员的培训在市场上得到了更好的回报。

工会

两个具备同样人力资本的工人,如果一个参加了工会而另一个没有参加,那么他们获得的收入可能不同。**工会**是这样一个组织,工人们试图通过它一起与雇主谈判以获得更高的报酬和更好的工作环境。

很多经济学家认为工会对劳动力市场的影响方式大致与企业联合会对产品市场的影响方式相同。例如,我们设想一个只有两个劳动力市场的简单经济,它们在一开始都没有成立工会。假设两个市场对劳动力的总供给 S_0 固定为每天 200 名工人,需求曲线如图 12.3(a) 和 12.3(b) 中的 $VMPL_1$ 和 $VMPL_2$ 所示。两条需求曲线之和($VMPL_1 + VMPL_2$)[图 12.3(c)]与供给曲线的交点决定了均衡工资为每小时 18 美元。在这个工资水平下,市场 1 中的企业每天雇用 125 名工人[图 12.3(a)],而市场 2 中的企业每天雇用 75 名工人[图 12.3(b)]。

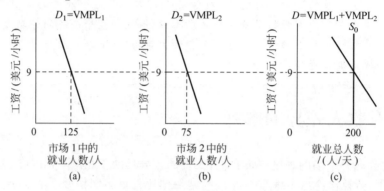

图 12.3　由两个不存在工会的劳动力市场组成的经济

供给曲线与需求曲线的交点决定市场工资为每小时 18 美元[图 12.3(c)]。在这个工资水平下,市场 1 中的雇主每天雇用 125 名工人,市场 2 中的雇主每天雇用 75 名工人。每个市场中的 VMPL 是 18 美元。

现在假设市场中的工人成立了工会并且在工资水平低于每小时 24 美元时拒绝工作。由于劳动力的需求曲线是向下倾斜的,工会工人的雇主们从每天雇用 125 名工人减少到每天雇用 100 名工人[图 12.4(a)]。在这个市场上的那 25 名没有被雇用的工人如果能以每小时 24 美元的工资找到其他工作当然会十分高兴。但是这并不能实现,因此他们只能到没有工会的市场上找工作。这就导致了在每小时 18 美元的工资水平下,没有工会的市场产生了 25 人的超额供给。很快,这个市场上的工资下降到了每小时 $W_N = 12$ 美元,此时 100 名工人可以在该市场上找到工作[图 12.4(b)]。

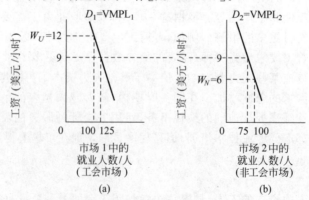

图 12.4　工会的工资高于均衡工资时对市场的影响

当工会的工资固定在 $W_U = 24$ 美元/小时[图 12.4(a)]时,会有 25 名工人失业。当这些工人转而到没有工会的市场上找工作时,这个市场上的工资会下降到 $W_N = 12$ 美元/小时[图 12.4(b)]。

看上去似乎工会工人的收益与非工会工人的损失相互抵消了。但是进一步分析可以发现,将工会工资固定在高于均衡水平降低了总产出的价值。如果劳动力在两个市场之间有效分配,在每个市场上他们的边际产出价值相等。另外,如果我们将工人从低 VMPL 市场移动到高 VMPL 市场,总产出的价值会随之增加。两个市场的初始均衡工资均为每小时 18 美元时,由于 VMPL 也均为每小时 18 美元,这就满足了有效分配条件。但是由于集体谈判过程导致了两个市场上工资(进而 VMPL)的差异,总产出的价值将不再是最大化的。为了证明这一推断,我们应注意到,如果一个工人离开了没有工会的市场,该市场中的产出价值仅下降为每小时 12 美元,这低于同样一名工人加入工会市场所增加的产出价值(每小时 24 美元)。

练习 12.3

在图 12.4 中,如果每个市场上的工资都是每小时 18 美元,总产出价值会增加多少?

成立了工会的企业给工人支付的工资有时比未成立工会的企业给工人支付的工资高 50% 或者更多。那么一个警觉的经济自然主义者马上会提出下面的问题。

经济自然主义者 12.1 如果成立了工会的企业要支付更高的工资,它们如何在与未成立工会的企业的竞争中生存?

事实上,未成立工会的企业有时会令成立了工会的企业失去商机,例如,19 世纪末 20 世纪初美国纺织工业转移到南方以躲避新英格兰高额工会工资的负担。尽管如此,成立了工会和未成立工会的企业也经常会开展长期的直接竞争。如果它们的成本非常高,工会企业又将如何生存?

我们观察到的工资差异事实上夸大了两类企业劳动力成本之间的差异。由于较高的工会工资导致了工人的超额供给,工会的雇主比起非工会的雇主可以规定更严格的雇用条件。因此,工会的工人比非工会的工人更有经验和熟练。有研究表明,对具有同等人力资本的工人,工会工资仅高出 10%。

此外,工会也许可以通过增强管理者与工人之间的交流来提高具有任何人力资本水平的工人的生产力。类似地,正式投诉程序的实施和更高的报酬可能会增强工会工人的士气,进而提高生产力。在工会企业里劳动力的流动也会显著降低,进而降低雇用和培训成本。研究表明,工会生产力的增长可能足以补偿额外高出的工资。因此,尽管工会企业的工资更高,其单位产出的劳动力成本却未必明显高于那些非工会企业。

2019 年,在美国的工人中仅有 10.3% 的人加入了工会,还不到 20 世纪 50 年代工会成员人数的 1/3。由于工会工资只是高出很小的比例,而且仅应用到了很小一部分企业,美国的工会制可能并不是具有类似资质的工人收入存在明显差异的重要原因。

补偿工资差异

如果支付给人们的报酬就是他们产出的价值,为什么清洁工的报酬比救生员高很多?事实上,清运垃圾是一件很重要的工作,但是这比挽救溺水儿童的生命更有价值吗?类似地，我们也不必因为惊讶于水管工的报酬比四年级教师高就质疑及时修理水管的价值。修理水管真的比教育儿童更有价值吗？正如我们要在下一个例子中看到的，一项工作的工资不仅取决于工人生产产品的价值，还取决于工作环境的优劣。

经济自然主义者 12.2 为什么广告文案的收入比其他人高很多？

你计划找一份与广告相关的工作，现在有两个选择，一个是美国癌症协会，另一个是为骆驼烟草公司针对年轻人市场的广告创作文案。除了广告的主题之外，两份工作的工作环境是相同的。如果两份工作的年薪均为3万美元，而且具备相同的发展前景，你会选择哪个呢？

我们最近在康奈尔大学四年级学生中就此问题做了抽样调查，近90%的人选择了美国癌症协会的工作。当我们问到需要多支付他们多少工资才可以让他们转而选择骆驼烟草公司时，答案的均值是每年1.5万美元。这项抽样调查表明，对于那些工作条件较差的工作，如果雇主不能提供更高的薪水，就雇用不到足够的雇员。

其他条件均相同时，具备较好工作环境的工作比那些环境较差的工作支付的工资少。工资差异与工作环境差异之间的联系被称为**补偿工资差异**。经济学家认为补偿差异是由工作环境的差异引起的。例如，研究表明，安全的工作比起那些需要承担更大的健康和安全风险的工作倾向于支付更少的工资。研究还表明，工资会随着工作的舒适程度而变化。例如，夜班工人会产生补偿工资需求，教师的工资较低部分原因是他们的工作时间与校历一致，从而令有子女的教师受益。

劳动力市场的歧视

平均而言，与那些具有相似人力资本的男性白人相比，女性和少数族裔的工资仍然保持在较低的水平。这种现象是对竞争性劳动力市场基本理论的巨大挑战，该理论认为竞争压力可以消除工资差异，而并不以生产力的差异为基础。基本理论的拥护者认为工资差异是由不可测量的人力资本差异造成的。而该理论的一些批评者并不认为劳动力市场是有效竞争的，而是认为工资差异是由各种歧视造成的。

雇主歧视

雇主歧视是指由雇主对某类工人的独断偏好引起的工资差异。例如，有两个劳动力群体（如男性和女性），平均而言他们的生产力相同，但是一些雇主（"歧视者"）更喜欢雇用男性，并愿意为此支付更高的工资。

大多数消费者不会因为一种产品是由男工人而不是由相同生产力的女工人制作的就倾向于支付较高的价格（如果他们真的知道生产这种产品的工人是何性别）。如果产品价格不受生产这种产品的工人性别的影响，一个企业的利润会因为雇用较多的男性工人而降低，因为男性工人的成本更高但生产力却没有提高（这里基于一个假设：歧视导致了工资差异）。因此，利润最高的企业一定是那些仅雇用女性员工的企业。

独断的工资差异明显违背了"桌子上不存在现金"原理。最初的工资差异为那些雇用很多女性员工的雇主提供了在损害其竞争对手的情况下获得增长的机会。由于这种企业每出售一单位产出都可以获得经济利润,他们就有动机以最快的速度扩张。为了实现这一点,他们自然会希望继续雇用那些廉价的女性员工。

但是随着追求利润的企业继续实行这种策略,在一个较低工资水平下女性员工的供给将被逐渐耗尽。短期的解决办法就是给女性员工提供相对高的工资。但是这种策略仅在其他企业不这样做的时候有效。一旦开始提供更高的工资,女性员工将再次处于短缺状态。仅在女性员工的工资达到与男性员工同等的水平时才会实现稳定状态。男女员工的工资等于他们的 VMPL。

那些偏好雇用男性员工的雇主现在必须通过提供超过 VMPL 的工资水平实现这一点。雇主可以歧视女性员工,但前提是他们必须愿意用利润的一部分为男性员工增加工资。竞争模型最强烈的批判者似乎都将这种行为归咎于资本主义企业的雇主。

因此,如果雇主歧视是在一个不完全竞争的市场上产生的,那么如果市场突然变得更具竞争性,我们预计这种歧视会消失。与这一预测一致的是,有证据表明,20 世纪 70 年代中期至 80 年代中期放松管制导致的银行业竞争加剧,缩小了该行业员工的性别工资差距和族裔工资差距。[①]

其他人的歧视

如果雇主歧视并不是工资差异的主要原因,那么原因是什么呢?在某些时候,**消费者歧视**可能提供了似乎合理的解释。举例来说,如果人们认为陪审团和委托人不太可能重视女性或少数族裔律师,女性和少数族裔进入法学院学习的动机就会降低,律师事务所雇用这些人的动机也会降低。

这种持久工资差异的另一个可能的来源是家庭内部的歧视和社会化。例如,家庭可能只让女孩接受较少的教育,或者给她灌输一种思想,让她们认为找到一份好工作的期望是不现实的。

工资差异的其他来源

工资差异可以部分地通过来自对其他非工资因素的不同偏好引起的补偿工资差异来解释。例如,承担自然风险的工作要求较高的工资,如果男性员工更愿意接受这种风险,他们就可以比那些与他们具备相同人力资本存量的女性员工获得更高的收入(如果雇主受到社会准则的约束而不能雇用女性员工从事这种危险的工作,也会导致同样的差异)。

这些比较难以测度的人力资本因素也有助于解释收入差异现象。例如,生产力不仅受到易测量的个体受教育程度的影响,还受到难以测量的员工素质的影响。

人们在学校中所学习课程的差异可能是引起生产力差异的又一个原因。例如,学习数学、工程或商学的学生比起那些研究人类学的学生而言可以获得明显高的薪水。以上群体中男性所占比例的差异导致了与雇主歧视无关的男性工资补偿。

随着经济学家对衡量人力资本方法和影响个体工资率各因素研究的不断深入,由性别和种族引起的工资差异越来越小,甚至在某些研究中这些因素已经不在考虑之列了。

---

① R. Levine, A. Levkov, and Y. Rubinstein, "Bank Deregulation and Racial Inequality in America," *Critical Finance Review* 3, no. 1 (2014), pp. 1-48; S. Black and P. Strahan, "The Division of Spoils: Rent Sharing and Discrimination in a Regulated Industry," *American Economic Review* 91 (2001), pp. 814-31.

但是其他一些研究仍然显示出性别和种族对工资差异的显著影响。关于工作歧视的争论将持续下去直到引起差异的各个因素都已被更彻底地了解。

赢家通吃的市场

人力资本的差异在很大程度上解释了收入的差异。但是对于一些人力资本分布没有根本改变的职业，收入差异依然迅速增长。请看下面的例子。

经济自然主义者 12.3 为什么泰勒·斯威夫特得到了比那些水平仅比她差一点点的歌手高出数百万美元的收入？

据《福布斯》报道，泰勒·斯威夫特2019年的收入高达1.85亿美元，远超其他女歌手，包括收入位居第二位的碧昂斯（8 800万美元）。两位女歌手的收入都是其他绝大多数女歌手的数倍。尽管最有才华的歌手总是比其他歌手挣得多，但现在的收入差距比19世纪时大得多。鉴于许多歌手之间的天赋差异非常小，为什么他们的收入差异如此之大？

答案在于我们对音乐的消费方式已经发生了根本性的变化。19世纪，几乎所有的专业音乐家都在音乐厅为观众现场表演。（1900年，仅爱荷华州就有1 300多个音乐厅。）那个时代的观众很想聆听世界上最有才华的歌手的演唱，但没有一个歌手希望仅在世界某个角落里的音乐厅演出。然而如今我们听到的大多数音乐都是录音形式，从而使最受欢迎的歌手可以同时出现在任何地方。一旦录音母带制作完成，最新的泰勒·斯威夫特歌曲就可以被保存为MP3或其他音频文件格式，其成本与制作一位才华逊色于她的歌手的歌曲音频相同。

全球数以千万计的买家愿意多花几分钱聆听最受欢迎的歌手的演唱。因此，人才的微小差异被放大为巨大的收入差异，使顶级歌手每年赚取数百万美元（其中大部分构成经济租金），而才华稍逊的歌手的收入则少得多。

歌手市场是赢家通吃的市场的一个例子。在这样的市场上，能力或人力资本其他方面的微小差别导致了收入的巨大差异。长期以来，娱乐和职业运动行业一直处于这种市场状况。但是随着技术为那些最有天赋的个体开拓市场提供了机遇，赢家通吃报酬结构已经成为现代经济生活一项日益重要的特征，渗透进了很多行业中，如律师、记者、咨询师、医药行业、投资银行、企业管理、出版、设计、时尚，甚至神圣的学术殿堂。

与它的名字所表达的含义相反的是，赢家通吃的市场并不意味着市场上仅存在一个赢家。事实上，上百位专业音乐家的年薪高达数百万美元。但是也有数万名几乎同样杰出的音乐家入不敷出。

微小的人力资本差异导致巨大收入差异的事实看上去违背了人力资本理论。但我们应该注意到，赢家通吃报酬模式与竞争性劳动力市场理论认为个体的收入取决于他对雇主净利润的贡献的观点是完全一致的。技术的杠杆作用经常放大微小的绩效差异。

> **重点回顾：对不同人之间收入差异的解释**
>
> 不同人之间收入的差异在一定程度上是由于其人力资本的差异，这是由影响生产力的个人特征综合决定的。但是具备相同人力资本的两个人的收入也常常有所不同。这可能是由多种原因造成的：他们当中的一个人加入了工会而另一个人没有；其中一个人可能是歧视的牺牲品；或者其中一个人在技术或其他因素对人力资本具有巨大杠杆作用的环境中工作。

近期的不平等趋势

在美国，正如在其他很多市场经济中，大多数居民通过提供自身劳动来获得收入。自由市场理论的一个很有趣的特征在于它会给积极主动、努力和风险承担以回报。一个人工作得越努力，时间越长，并且越有效率，他的收入就会越高。

但是由市场分配收入的机制同样存在严重的缺陷：那些做得好的人常常在赚了多得花不完的钱以后中止工作，而另外那些做得不太好的人却经常连最基本的商品和服务都负担不起。数十万的美国家庭没有住宅，更多的人每天都在饥饿中入睡。许多著名的哲学家争论说这种富裕中存在贫穷的现象并不能从道德的层面上评价。

从二战结束到 20 世纪 70 年代早期，美国试图平衡收入的增长。在这段时期，富人、中产阶级及穷人每年的收入均增长了 3% 左右。但是，在接下来的若干年内，收入增加的模式则出现了巨大差异。

如表 12.2 的第一行所示，收入分配最底层 20% 的家庭在 1980—2018 年的整个 38 年间，其实际收入仅增长了 9.2%（年增长率不到 0.3%）。如表 13.2 的第三行所示，收入中等的 20% 的家庭的实际收入在这段时间增长了大约 28.7%（年增长率略高于 0.5%）。与此形成鲜明对比的是，这段时间收入较高的 20% 的家庭的实际收入增长超过 82%，而收入最高的 5% 的家庭的实际收入增长了近 125%。然而，即使是这些家庭，收入增长率也低于二战后几十年的水平。

表 12.2 1980—2018 年在收入分布中各 20% 及前 5% 家庭的平均收入（以 2018 年的美元价格折算）

收入划分	1980 年	1990 年	2000 年	2009 年	2010 年	2018 年
收入最低的 20%	15 889	15 643	17 590	15 289	17 224	20 378
收入次低的 20%	34 588	36 488	40 218	37 045	42 602	49 214
收入中等的 20%	52 251	56 194	63 208	59 907	69 437	78 966
收入中上的 20%	72 492	80 813	93 156	90 962	105 938	119 904
收入较高的 20%	122 054	150 188	195 451	189 486	215 971	261 762
收入最高的 5%	173 510	235 652	346 342	325 023	361 116	457 189

资料来源：https://www.census.gov/data/tables/time-series/demo/income-poverty/historical-income-families.html。

收入增长速度比起早些时候明显加快的是那些收入在层级中处于较高位置的人。例如,在美国处于前1%的那些人的实际收入从1980年到现在已经增长了两倍多,而收入更高的人拿到的薪水在40年前几乎是难以想象的。美国大企业的CEO 1980年的工资大概为普通工人平均工资的30倍,而现在大概已经达到了200多倍。

在这里需要强调的是,那些在某一年中处于接近收入分布底部位置的人并不一定永远处于这个位置。与此相反的是,美国人从国际标准上说一直有着较高的经济流动性。例如,现在那些每年赚到几千万美元薪水的CEO在1980年还只是努力奋斗的年轻毕业生,处在表12.2中收入最低的20%的位置。有一点我们必须牢记,并非所有的经济流动性都是向上的。例如,一些蓝领工人在1980年的实际收入就比现在高。

总而言之,表12.2告诉我们一个很重要的事实。与40年前的经济不同的是,那些现在处于收入层级顶部的人的薪水达到了前所未有的高度,而那些处于层级底部的人的生活水平的增长则缓慢得多。

收入不平等属于道德问题吗?

约翰·罗尔斯是哈佛大学的一位道德哲学家,他从道德层面对基于自我选择经济理论的边际生产系统进行了强有力的批评。[①] 在思考构成公平收入分配的因素时,罗尔斯让我们想象大家聚集在一起对收入分配法则进行选择的情形。这个聚会发生在"不知情的面纱"背后,也就是说参与者并不知道每个人拥有的天赋和能力。由于没有人知道自己是聪明还是迟钝,强壮还是软弱,因此没有人知道何种分配法则对自己有利。

罗尔斯指出,人们在这种不知情的情况下选择的分配法则一定是公平的;而且只要法则是公平的,利用该法则进行的收入分配就一定是公平的。

在不知情的面纱背后,人们会选择何种法则呢?如果国家收入是一个固定数额,大多数人可能会给每个人相等的份额。罗尔斯认为这种情况是真实的,因为大多数人是强烈的风险厌恶者。由于收入的不公平分配不仅有可能做得更好,也有可能表现不佳,因此大多数人愿意通过选择公平的收入分配来消除这种风险。例如,假设你和你的两个朋友被告知一个匿名捐赠者捐款30万美元,这笔钱要在你们三人之间分配。你们将如何分配呢?如果你们和大多数人一样,就会选择公平分配,每个人得到10万美元。

但是公平的吸引力远不是如此绝对的。事实上,在现代市场经济中,当我们制定财产分配法则时,绝对公平的目标很快就会被其他方面的担心击垮。毕竟财产通常不会来自匿名捐赠者,我们必须通过自己的努力获得。在一个大经济体中,如果每个人都被保证得到一个平等数量的收入,很少人会选择对教育或特定天赋的发展进行投资。正如我们将要在下一个例子中看到的,工作的动机也会大幅减弱。

[①] John Rawls, *A Theory of Justice* (Cambridge, MA: Harvard University Press, 1971).

例 12.3 收入分配

收入分配会影响劳动力供给吗？

苏在蒙大拿大学图书馆得到了一份整理图书的工作，时间是每周五中午至下午 1 点。她对这份工作的保留工资是每小时 10 美元。如果图书馆馆长提供给苏的薪水是每小时 100 美元，通过接受这份工作，她可以获得多少经济剩余？现在假设图书馆馆长要将这份薪水平均分配给苏所在集体宿舍中的 400 名学生。苏会接受吗？

当每小时 100 美元的工资直接发给苏时，她会接受这份工作，得到的经济剩余为 100 美元 - 10 美元 = 90 美元。但是如果这 100 美元在 400 名学生中平均分配，每个人仅可得到 25 美分。对于苏而言，接受这项工作就意味着负的剩余（0.25 美元 - 10 美元 = -9.75 美元），因此她不会接受这份工作。

练习 12.4

如果平均分配工作收入，苏会接受这份工作的宿舍人数最多是多少？

努力工作和承担风险却没有报酬的国家的国民收入会比有报酬的国家低得多。当然，对努力工作和承担风险的物质报酬必然会造成不平等。但是罗尔斯认为，只要报酬可以带来可分配总产出量的巨大增长，人们就会愿意接受某种程度的不平等。

但是人们愿意接受多大程度的不平等呢？罗尔斯认为，这要比纯竞争市场的产量小得多。在不知情的面纱背后，每个人都不愿意处于劣势，因此每个人都会选择那种可以带来比边际生产系统中现存法则更多的平均分配收入的法则。罗尔斯认为，由于这样的选择定义了收入的平均分配，公平至少要求试图减少由市场系统产生的不平等。

> **重点回顾：不平等趋势及收入不平等属于道德问题吗？**
>
> - 1945 年到 20 世纪 70 年代中期，富人、中产阶级及穷人家庭的收入均大约增长了 3%。与此相反的是，从 20 世纪 70 年代开始，大部分的收入增长都集中在高收入人群。
> - 约翰·罗尔斯认为不受管制的市场体系中典型的不平等程度是不公平的，因为如果在不知情的情况下选择分配法则，人们应该愿意选择较少的不平等性。

收入再分配的方法

尽管整个社会希望限制收入的不平等现象，减少这种现象的实践过程却充满困难。寻找为那些不能自行谋生的人提高收入的方法，同时又不降低他们工作的动机以及避免将稀缺资源资助给那些并不贫穷的人是一项富有挑战的任务。当然，有些人就是没有能力工作，或者无法找到支付能让他们继续生存的足够高的工资的工作。在一个信息充分的世界里,政府可以对这些人施以广泛的现金补助,而不必照顾那些可以自食其力的人。但是在实践中,我们很难将这两类人区分开来。因此,我们必须在那些不完美的候选方案中进行选择。

福利支出和实物转移

现金转移和实物转移是全球运用最广泛的反贫穷措施。**实物转移**是将产品和服务直接转移给低收入个体或家庭的方法,如补充营养援助计划(又称 SNAP 或食品券)、政府为低收入者所建的住房、学校午餐津贴及医疗补助等。

20 世纪 60 年代中期到 1996 年,最重要的一项联邦现金转移项目是针对有子女家庭的补助计划(AFDC),大部分现金补贴发放给了单亲家庭。对这项计划持批评态度的人认为它忽视了激励原则。一个贫穷的母亲如果与丈夫或其他强壮的成年男子住在一起,就不符合 AFDC 补贴的标准,因此 AFDC 使人们有动机降低家庭的稳定性。而且这项计划使那些长期失业的父亲面临痛苦的抉择。他们可能离开家庭,使自己的家庭符合公共救助的条件;如果选择不离开,他们的家庭将无法符合条件。有些深爱着自己家庭的人因此选择了离开。

对工作激励的担忧促使国会在 1996 年通过了《个人责任和工作机会和解法案》(简称个人责任法案)。该法案废除了 AFDC 计划,而用贫困家庭临时援助(TANF)予以替代。新法案要求联邦政府向各州提供一次性现金补助,各州在确定 TANF 福利水平和资格要求时有广泛的自由裁量权。此外,新法案对 TANF 福利的领取设定了 5 年的终身限制。

个人责任法案的支持者认为,这充分缩减了国家福利救济人员名册,并且从长远的角度来看可以鼓励人们自食其力。而法案的怀疑者却担心当整体经济恶化时,对救济金的否定可能会最终导致贫穷儿童生活的窘困。关于 2001 年和 2008—2009 年经济低迷时期美国最贫穷的家庭中没有住宅和营养不良现象的增加应该在多大程度上归因于个人责任法案的实施的争论仍在持续。但是有一点很清楚,终止联邦政府在国家反贫困努力中的直接作用并不意味着我们不再需要寻找为有需要的人提供救助的有效途径。

家计调查社会福利保障制度

包括 TANF 在内的一些福利制度是需要经过**家计调查**的,也就是说一个家庭的收入越高,在这种制度下获得的福利就越少。进行家计调查的目的是避免将福利支付给那些并不需要的家庭。但是由于这种福利制度的实施,人们的工作动机往往受到负面影响。

例如,假设一个失业人员参加了四项福利计划:食物补贴票、房租补贴票、能源补贴票和日常护理补贴票。每项计划每个月发给他价值 100 美元的补贴票,使他可以免费得到食物、免付房租、免费使用能源及日常护理。如果他找到了一份工作,每收入 1 美元,他从各个计划得到的福利就会减少 50 美分。也就是说,如果他接受了每周 50 美元的工作,他每周从各个计划得到的福利就会减少 25 美元,进而每周因此减少的福利金总额为 100 美元。这样一来,接受这份工作使他每周的收入仅为 50 美元,比工作前的情况差。低收入的人无须通过正式的经济学培训就可以意识到,在这种情况下寻找工作并不划算。

而且，需要对家庭经济进行调查的现金和实物转移计划对于管理者而言是高成本的。如果政府去除了这些计划中包含的所有现存的福利和社会服务机构，节约的成本将足以使每个穷人脱离贫困。对于这种做法的一项提议就是负所得税。

负所得税

在**负所得税**（NIT）下，每个男人、女人和儿童（无论富裕或贫穷）都会接受每年 5 000 美元的所得税扣除。没有收入的人可以以现金的形式得到这项扣除。有收入的人除了得到同等的扣除之外，他们的收入还将以低于 100% 的税率纳税。

负所得税削弱工作动机的作用比现行的计划小得多，因为与现行计划不同的是，它可以保证那些有收入的人部分地保留收入。另外，由于计划会受到美国国税局的监管，管理成本比现行计划的成本低得多。

但是，尽管有这些优点，负所得税也绝不是一个解决收入转移问题的完美方案。虽然计划引起的工作动机问题不会像现行的福利计划那么严重，但仍存在很多困难。探究其原因，我们应该注意到，如果负所得税是使人们脱离贫困的唯一办法，支付给那些没有收入的人的补贴就必须高于政府规定的**贫困线**。

贫困线是一个家庭的年收入水平，低于这个水平的家庭，政府将他们归入"贫困"一类。贫困线是政府依据估算的经济食品计划和农业部制订的四项营养充足食品计划的成本设定的。1955 年的家庭食品消费调查发现，三口或三口以上家庭大约将他们税后收入的 1/3 用于食品消费，因此政府将贫困线定在经济食品计划成本的 3 倍的水平上。2020 年，一个四口之家的贫困线大约为 26 200 美元。

对于一个城市中的四口之家，每年 26 200 美元并不足以维持一年的生活。但是假设八个四口之家把各自的负所得税集中在一起，并搬到新墨西哥州北部的山区居住。每年 209 600 美元的现金补贴，加上种植水果和饲养动物，他们可以生活得很好。

一旦一群人的实践证明了他们辞去工作、仅依靠负所得税生活的可行性，其他人就会效仿这种做法。接着就会产生两个操作上的困难：第一，随着越来越多的人辞去工作而依靠政府补贴生活，计划的成本最终必然会升高；第二，政治成本一定会导致支持者在此之前就放弃这个计划。晚间新闻中一定会出现报道有人用纳税人的钱休闲度日的新闻。整天努力工作的人会很纳闷为什么他们纳的税要被用于供养那些原本有能力自食其力却选择辞去工作的人。即使由此产生的政治对抗不能完全消除负所得税计划，也会迫使政策制定者削减支付，使那些过着乡间生活的人再也无法负担舒适的生活。这同时意味着这笔钱不再够供养一个城市家庭。这些难题导致政策制定者开始考虑可以增加有工作穷人收入的其他措施。

最低工资

美国和其他一些工业国家发现通过制定最低工资法规——一种避免雇主对工人支付低于某一特定水平小时工资的法律——可以减轻低工资工人的负担。美国现行的联邦最低工资为每小时 7.25 美元，而一些州的最低工资水平更高。例如，华盛顿州 2020 年将最低工资提高到每小时 13.5 美元。

最低工资会对市场中的低工资劳动力产生什么影响呢？如图12.5所示，当法规禁止雇主支付低于 W_{min} 的工资水平时，雇主会减少雇用工人人数（从 L_0 减少到 L_1），从而导致失业。L_1 名工人继续工作并且收入比以前高，但是 L_0-L_1 名工人失业且失去了收入来源。所有工人的收入总和是否比以前高取决于劳动力的需求弹性。如果需求弹性小于1，工人的收入总和高于从前；如果弹性大于1，工人的收入总和则小于从前。

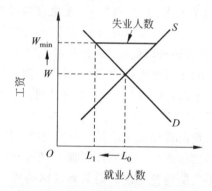

图 12.5　最低工资法规对就业的影响

最低工资法规要求雇主对工人支付高于均衡工资水平的工资，这会导致低工资工人就业水平的下降。

曾几何时，经济学家几乎一致反对最低工资法规，他们认为这项法规就像其他规章一样阻止了市场达到均衡进而降低了总经济剩余。但是，近些年来，由于并没有研究显示最低工资水平的上升显著地导致了就业水平的降低，一些经济学家对最低工资法规的反对变得不再那么坚决了。这些研究可能意味着，最低工资法规可以使低收入工人的状况变得更好。但是正如我们在第7章中看到的，任何阻止市场达到均衡的政策都会引起经济总剩余的减少，这意味着社会应该可以找到更有效的政策措施帮助那些低工资工人。

劳动所得的税收减免

劳动所得的税收减免（EITC）政策是每年为低工资工人提供的一种联邦所得税优惠。它最初是由理查德·尼克松总统实施的，1975年正式被制定成法律，近些年开始受到自由党和保守党的一致赞同。这项计划从根本上说是一种以家庭联邦所得税优惠形式实施的工资补助。例如，2019年，年总收入为2.4万美元的有两个不满18岁子女的已婚夫妇可以根据该计划获得约5 800美元的年度税收抵免。也就是说，该计划将使这个家庭每年缴纳的联邦所得税减少大约5 800美元的所得税基。收入越高的家庭获得的税收抵免越少，而收入超过5.6万美元的四口之家则不享受税收抵免。税收抵免超过所欠税款的家庭实际上会收到政府的差额支票。因此，EITC本质上与负所得税相同，不过该计划仅面向有工作的人。

与负所得税和最低工资相同的是，劳动所得的税收减免为那些从事低工资工作的人提供额外收入。但是与最低工资不同的是，劳动所得的税收减免不会使雇主产生解雇低工资员工的念头。

下面的例子可以说明,从低工资计划转变为劳动所得的税收减免计划可以为雇主和工人创造收益。

> **例 12.4　无管制劳动力市场上的剩余**
>
> **最低工资会导致经济总剩余减少多少?**
> 假设在塔拉哈西的劳动力市场上,非熟练工人的供给曲线和需求曲线如图 12.6 所示。将最低工资定为每小时 7 美元会减少多少经济总剩余?接受这个最低工资水平引起的工人剩余和雇主剩余的变化各是多少?

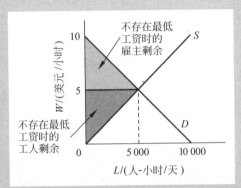

图 12.6　无管制劳动力市场上的工人和雇主剩余
对于图中所示的供给曲线和需求曲线,工人剩余是位于下部的阴影三角形的面积,每天 12 500 美元,与雇主剩余(位于上部的阴影三角形的面积)相等。

没有最低工资限制时,塔拉哈西的均衡工资为每小时 5 美元,每天有 5 000 人-小时的就业。雇主和工人的剩余等于图 12.6 中阴影部分的面积,分别为每天 12 500 美元。

当最低工资水平规定为每小时 7 美元时,雇主剩余是图 12.7 中交叉斜线三角形部分,每天 4 500 美元,而工人剩余是图中的深灰色阴影部分,每天 16 500 美元。最低工资使每天的雇主剩余减少了 8 000 美元,而每天的工人剩余增加了 4 000 美元。两种剩余的净减少量是图 12.7 中右边的三角形部分,每天 4 000 美元。

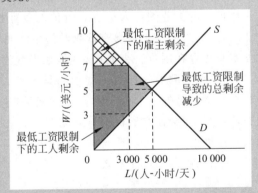

图 12.7　最低工资对经济剩余的影响
每小时 7 美元的最低工资使市场上每天的就业量减少了 2 000 人,每天的经济总剩余减少了 4 000 美元(图中右边的三角形)。雇主剩余降低到了每天 4 500 美元(如图中的交叉斜线区域所示),而工人剩余则增加到了每天 16 500 美元(如图中的深灰色阴影部分所示)。

练习 12.5

在例 12.4 中，如果塔拉哈西的劳动力需求量在每天 5 000 人-小时的水平上完全无弹性，每小时 7 美元的最低工资水平会使经济总剩余减少多少？

下面的例子将说明效率原理的核心内容，该理论认为如果经济蛋糕可以被做得更大，每个人都能得到更多。

例 12.5　效率原理的应用

> 根据例 12.4，政府实施的可以使工人得到与最低工资为每小时 7 美元时相同的经济剩余的劳动所得的税收减免政策的日运行成本是多少？（为了简化问题，我们假设劳动所得的税收减免政策不会对劳动力的供给水平产生影响。）
>
> 以劳动所得的税收减免代替最低工资时，市场将达到每小时 5 美元的工资水平和每天 5 000 人-小时的就业量。由于在无管制市场上，工人剩余为每天 4 000 美元，低于最低工资时的水平，政府会对每个工人提供每小时 0.8 美元的税收优惠以保证他们的剩余维持在工资为每小时 7 美元时的水平。在这种劳动所得的税收减免政策下，工人的剩余与每小时 7 美元的最低工资下的剩余相等。如果劳动所得的税收减免的资金来源是雇主缴纳的 4 000 美元的税，雇主剩余比每小时 7 美元的最低工资下的雇主剩余高 4 000 美元。

需要强调的是，我们的观点并不是最低工资计划没有为低收入工人创造收益，而是说如果放弃这种妨碍劳动力市场达到均衡的计划，这些工人可能获益更多。

穷人的公共就业

劳动所得的税收减免的主要缺点是它对那些失业的穷人毫无帮助。负所得税没有这方面的缺点，但可能会降低工作动机。有一种将收入转移给穷人的方法可以同时避免这两个缺点。政府援助性工作可以为失业的穷人提供有价值的就业机会，并向他们支付工资。由于公共服务性就业的存在，人们就不会再有依靠救济生活而不工作的念头了。

但是公共服务性就业本身也存在困难。有证据表明，如果政府工作提供与私人工作相同水平的工资，一些人会由于认为政府工作更加稳定而辞去私人工作。这样的变动会使公共服务性就业变得非常昂贵。另外一个令人不安的可能是，这种工作可能包括一些无意义的价值很低的任务，但它们却会使政府机构日益庞大。

单独实施对穷人的政府援助性工作、劳动所得的税收减免或者负所得税计划都不能解决收入转移问题，而这些计划的组合却可能奏效。

各种方法的综合运用

假设负所得税计划的现金补助不足以使任何人生存，还需要低于最低工资水平的公共服务性工作的补充。将公共服务性工作的工资水平保持在最低工资以下可以消除人们大批辞去私人工作的风险。而且当人们不可能单独依靠负所得税或公共服务工资生存时,同时实施两项计划可以帮助人们脱离贫困(见图12.8)。

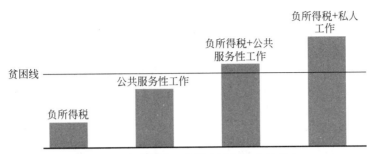

图 12.8　负所得税工作组合计划带来的收入

小额负所得税和低于最低工资水平的公共服务性就业的组合可以在不显著地降低工作动机的前提下,给一个家庭提供足够多的收入以帮助他们脱离贫困。

为了防止机构膨胀,政府应该聘请私人管理公司对公共服务性就业计划进行监督。有证据表明,对那些非熟练工人的适当监督可以使他们表现得比在私人部门时更有价值,这就减轻了我们对这种计划最终会不可避免地转变成一些无价值的项目的担忧。例如,他们可以在公园做风景美化和维护工作;为老年人和残疾人提供交通服务;填补城市路面上的坑洼以及更换坏掉的路灯灯泡;为腐蚀控制项目移植树苗;清除公共场所和政府大楼乱涂乱画的痕迹;回收报纸和容器;到日常护理中心工作。

小额负所得税和低于最低工资水平的公共服务性就业的组合不会是廉价的。但是现行福利计划的直接成本同样很高,而表现为对工作动机的负面影响和对控制价格的被误导的努力等形式的非直接成本甚至更高。用经济学术语来说就是,一旦社会意识到不能巧妙解决收入转移问题所造成的高额机会成本,用巧妙方法解决的成本就变得相对较低了。

重点回顾:收入分配的方法

最低工资法规通过减少就业降低了经济总剩余。劳动所得的税收减免就没有这方面的缺陷,并且会提高那些有工作的穷人的收入,但是这两种政策都没有为失业人口带来福利。

在对抗贫困的战斗中,其他一些手段包括食品券、学校午餐补助、公共医疗补助和公共房屋等实物转移以及对抚养儿童家庭的救助等现金补贴。由于在大多数计划下的福利都需要经过家庭经济状况调查,受益人获得工作往往会导致收入的净减少。

负所得税将失业工人纳入考虑范围,是劳动所得的税收减免的延伸。将这些计划与公共服务性工作相结合可以使政府有能力在不显著降低工作动机的前提下保证穷人最基本的生存状况。

小结

在一个竞争性劳动力市场上，工人的长期均衡工资额等于其边际产出价值（VMPL）——他为雇主生产的产品和服务的市场价值。利润递减法则说明当一家公司的资产或者其他生产投入在短期内保持不变时，将工人人数增加到一定程度会导致产出增加的减少。在竞争性劳动力市场上，企业以固定的工资水平不断地雇用工人，直到VMPL与市场工资水平相等为止。

人力资本理论说明个体的VMPL是与其人力资本存量成比例的——人力资本由多种因素综合决定，如受教育程度、经验、培训、智力及其他影响生产率的因素。根据这一理论，一些职业的工资水平之所以比另一些高，就是因为他们雇用了具有较高人力资本存量的员工。

对于具有类似人力资本存量的两个人，如果他们中一个加入了工会而另一个没有，他们的工资往往会存在差异。补偿工资差异——由不同的工作环境引起的工资差异——是对相似人力资本个体获得不同薪水的另一个重要解释。它有助于我们理解为什么清洁工的收入高于救生员，更一般地说，为什么一个人的人力资本存量给定时，他可以通过从事工作环境欠佳的职业获得更高的工资。

很多企业对某些群体（如黑人和女性）支付的工资低于对那些具有相似个人特征的白人男性支付的工资。如果这种工资差异是由雇主歧视造成的，则意味着企业可以通过放弃歧视获得更高的利润。其他一些因素，包括消费者和除企业外的一些机构歧视，也可以至少在一定程度上解释我们所观察到的工资差异。

技术使那些最具生产能力的人可以适应更广阔的市场，这就使原本十分微小的人力资本差异被放大成了巨大的工资差异。因此，这种技术造成了赢家通吃的市场，通常是在娱乐和体育行业，并逐渐向其他专业领域延伸。

尽管在二战后的30年间，各个阶层的收入几乎都在以每年3%的速度增长，从收入增长中受益最大的还是那些处于收入层级顶端的人。

哲学家认为至少一些收入再分配在公平的名义下是正当的，因为如果人们在不了解自己个人环境的前提下选择社会分配法则，大多数人希望较少的不公平，而不是接受市场的分配结果。

消除贫困的政策和计划包括最低工资法规、劳动所得的税收减免政策、发给失业者或贫民的食品券补助、学校的午餐补助、医疗补助、公共房屋补助及对抚养儿童家庭的救助等。这些措施中，除劳动所得的税收减免之外的其他政策由于损害了人们的工作动机和阻止市场达到均衡而没有实现社会经济剩余的最大化。

负所得税与劳动所得的税收减免的作用大体相同，但是它考虑了失业人口。小额负所得税和低于最低工资水平的公共服务性就业的组合可以在不显著降低工作动机的前提下保证穷人得到足够多的收入以维持生活。

名词与概念

compensating wage differential	补偿工资差异	means-tested	家计调查
customer discrimination	消费者歧视	negative income tax, NIT	负所得税
earned-income tax credit, EITC	劳动所得的税收减免	Personal Responsibility and Work Reconciliation Act	个人责任与工作和解法案
employer discrimination	雇主歧视	poverty threshold	贫困线
human capital	人力资本	value of marginal product of labor, VMPL	劳动力的边际产出价值
human capital theory	人力资本理论	winner-take-all labor market	赢家通吃的劳动力市场
in-kind transfer	实物转移		
labor union	工会		
marginal product of labor, MPL	劳动力的边际产出		

复习题

1. 为什么任何特定职业的劳动力供给曲线都是向上倾斜的,甚至对于整个经济而言,当工资率提高时人们会减少工作时间?

2. 判断正误:如果两个人拥有的人力资本大体相同,他们的工资率也会大体相等。解释原因。

3. 近些年,技术进步使那些最具生产能力的人可以适应更广阔的市场,这对收入不平等现象有何影响?

4. 就那些处于收入层级顶端的人可能偏好收入再分配政策的现象,从利己主义的角度给出两个原因。

5. 为什么单靠负所得税政策无法解决长期贫困问题?

练习题

1. 山风公司为零售市场提供空气过滤器,并雇用工人安装零件。一个空气过滤器在市场上的售价是 26 美元,山风公司购买每台过滤器的零件要花 1 美元。桑德拉和博比是山风公司的员工。桑德拉每个月可以安装 60 台空气过滤器,博比可以安装 70 台。如果劳动力市场是完全竞争的,桑德拉和博比的工资分别应该是多少?

2. Acme 公司为零售市场提供火箭船,并雇用工人进行组装。一条火箭船的售价为 30 000 美元,Acme 公司为每条火箭船购买零件的成本为 25 000 美元。威利和萨姆是

Acme 公司的员工。萨姆每个月可以组装 1/5 条火箭船,威利可以组装 1/10 条。如果劳动力市场是完全竞争的,而且零件是 Acme 公司唯一的其他成本,萨姆和威利的工资分别应该是多少?

3. 斯通公司拥有一个制衣厂,并在竞争的劳动力市场上雇用工人缝制牛仔裤。每条牛仔裤需要的布料的成本是 5 美元。这家公司每周生产的牛仔裤数量随着雇用的工人数量而变化,如下表所示:

工人数量	每周的产量/条	工人数量	每周的产量/条
0	0	4	72
1	25	5	80
2	45	6	85
3	60		

(1) 如果每条牛仔裤的售价是 35 美元,竞争市场的工资为每周 250 美元,斯通公司应该雇用多少工人?每周应该生产多少条牛仔裤?

(2) 假设制衣工会将最低工资水平制定为每周 230 美元。斯通公司雇用的所有工人均加入了工会。这个最低工资会如何影响斯通公司的雇用决策?

(3) 如果工会制定的最低工资为每周 400 美元,最低工资会如何影响斯通公司的雇用决策?

(4) 如果斯通再次面临每周 250 美元的市场工资水平,但是牛仔裤的价格上涨到了每条 45 美元,公司会雇用多少员工?

4. 卡罗琳拥有一个苏打水公司,并从竞争性劳动力市场雇用工人给苏打水装瓶。她的公司每周产出的瓶装苏打水随着雇用工人的数量而变化,如下表所示:

工人数量	每周的产量/箱	工人数量	每周的产量/箱
0	0	3	480
1	200	4	560
2	360	5	600

(1) 如果每箱苏打水的市价是 10 美元,高于生产所用材料的成本,竞争市场上的工资为每周 1 000 美元,卡罗琳应该雇用多少工人?每周的产量应为多少箱?

(2) 假设苏打水装瓶工会将最低工资水平定为每周 1 500 美元。卡罗琳雇用的所有工人都加入了工会。这个最低工资会对卡罗琳的雇用决策产生什么影响?

(3) 如果工资为每周 1 000 美元,但是苏打水的价格上升到每箱 15 美元,卡罗琳会雇用多少工人?

5. 高中四年级学生马利克得到一份每周五下午帮邻居遛一小时狗的工作。他对这份工作的保留工资是 6 美元。

(1) 如果马利克的邻居每小时给他 15 美元,那么接受这份工作后,马利克每周会有多少经济盈余?

(2) 现在假设马利克的父母宣布,他必须与两个弟弟平分收入。马利克还会接受这份工作吗?

(3) 解释你对上面两个小题的回答如何说明了收入再分配计划中固有的激励问题。

6. 琼斯是一名失业工人,加入了三个需要调查家庭经济收入的福利计划:食品券补助、房租补助和日常护理补助。每个计划每月发给他 150 美元的补助券,可以用于购买允许范围内的商品和服务。

(1) 如果每项计划的福利随着琼斯在劳动力市场上每收入 1 美元而降低 40 美分,如果他接受了一份每周工资为 120 美元的工作,琼斯的经济地位会有什么变化?

(2) 根据(1)中的答案,解释为什么对福利接受者的家计调查不会对人们的工作动机产生合意的效果。

7. 假设在新泽西州,非熟练工人的均衡工资为每小时 16 美元。如果州政府立法将最低工资从每小时 8.85 美元提高到 15 美元,新泽西州非熟练工人的工资和就业水平会有什么变化?

8.* 假设 Corvallis 劳动力市场上非熟练工人的需求曲线和供给曲线如右图所示。

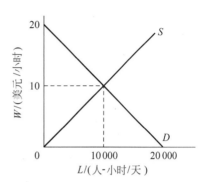

(1) 制定每小时 12 美元的最低工资会减少多少经济总剩余?计算最低工资引起的雇主剩余和工人剩余。

(2) 要使工人在劳动所得的税收减免政策下每天得到的经济剩余与在每小时 12 美元的最低工资水平下得到的经济剩余相等,政府实行劳动所得的税收减免的日成本是多少?(为简单起见,假设劳动所得的税收减免政策不影响劳动力供给。)

9.* 假设雇主和工人都是风险中性的,并且与第 8 题一样,美国国会将要颁布法律将最低工资定为每小时 12 美元。国会的研究人员希望立法者考虑实施劳动所得的税收减免政策,放弃最低工资。我们假设,除非雇主和工人各自的期望经济剩余价值不低于最低工资下的经济剩余,否则他们不会支持这一提案。什么样的劳动所得的税收减免政策(和一项足以应付该政策的支出额的税收计划)可以得到雇主和工人的一致赞同?

正文中练习题的答案

12.1 当每块切菜板的价格为 26 美元时,第 5 名工人的 VMPL 为每周 364 美元,因此 Adirondack 公司会雇用 5 名工人。

12.2 由于每名工人的 VMPL 都超过了 275 美元,Adirondack 公司应该雇用 5 名工人。

12.3 当每个市场上的工资率都是每小时 18 美元时,没有工会的市场会少雇用 25 名工人,而有工会的市场则多雇用 25 名工人。将 25 名工人从没有工会的市场中转移引起的产出损失为这些工人的 VMPL 之和,如下页右图中的阴影部分所示,为每小时 375 美元。(提示:计算这部分的面积时,首先将图形分为矩形和三角形两部分。)存在工会的

---

* 表示题目难度较高。

市场中由于增加了 25 名工人而得到的产出增加是下面左图中的阴影部分，为每小时 525 美元。产出的净增量就是每小时 525－375＝150 美元。

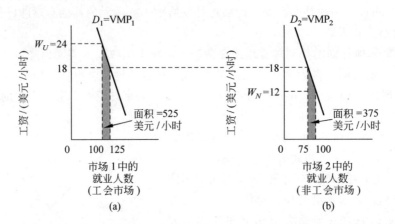

12.4　由于苏的保留工资是每小时 10 美元，只有提供给她的工资不低于这个水平时，她才会接受这份工作。因此，她会接受这份工作的最大室友数量为 10 人，这时她从事这份工作的收入恰好为每小时 10 美元。

12.5　由于需求是完全无弹性的，就业将会保持在每天 5 000 人-小时的水平，因此最低工资没有减少经济剩余。

Principles of Microeconomics

第 13 章

公共品和税收政策

> **学习目标**
>
> 学习本章后,你应该能够:
> 1. 运用竞争性和排他性的概念来区分私人品、公共品、集体品和共有品。
> 2. 说明可以如何运用经济学的概念找出公共品的最优数量,并描述私人企业提供公共品的方式。
> 3. 分析与公共品提供相关的有效率和无效率的类型。
> 4. 讨论能够提高效率的税收标准。

政府有征税的权力。只有在我们自愿购买产品时,私营企业才能得到我们的钱,而与此不同的是,政府在我们不需要它所提供的产品和服务时仍然可以得到我们的钱。

政府在立法权的使用上也具有垄断势力。如果人们违反了法律,政府有权制止他们,必要时还可以动用武力。它还有权剥夺违法的人在一段时期内的自由,有些时候甚至可以将其判处死刑。政府还可以征召守法的公民入伍,派他们去杀人,同时承受被杀死的危险。

这些都是令人生畏的权力。尽管这种权力通常用于追求高尚的目的,历史上却有大量滥用权力的例子。美国共和党与民主党的选举人和政客对权力的滥用都十分敏感。事实上,当代的政坛论战几乎都包括对日益臃肿、几近失控的政府官僚机构的诘难。就连主流的美国民主党也认为政府的职能应该受到约束。例如,前总统克林顿(Clinton)在 1996 年的联邦宣言中称,"大政府主义的时代已经结束了。"

其他人主张进一步削减开支。例如,1996 年自由党的总统候选人哈里·布朗(Harry Browne)提倡撤销负责征收联邦所得税的美国国税局。这么做将导致联邦政府被撤销,因为没有税收收入,政府将无法支付公共产品和服务的费用。

当然,布朗是正确的,阻止政府滥用职权的万全之策就是不设政府。但是由于事实上世界上几乎没有哪个社会是不设政府的,我们可以猜测,整体来讲,政府的存在还是利大于弊的。

但是政府应该有多大?应该提供什么样的产品和服务?它们应该如何得到支付这些产

品和服务的费用？为了约束公民的行为，政府还应该拥有哪些权力？我们应该如何分配各个地区、州及联邦级别的权力？本章我们将利用微观经济学的原理回答上述实际问题。

 政府对公共品的供给

政府的一个主要职能就是提供经济学家们所称的**公共品**，如国防和司法系统。

公共品和私人品

公共品是**无竞争性**和**无排他性**的产品或服务。无竞争性的产品是那些被一个人使用时并不降低其他人使用的可能性的产品。举例来说，如果军队阻止敌人入侵你所在的城市，你所享有的军队抵抗侵略的好处并不会减少该行动对于其他人的价值。无排他性的产品是那些很难排除未支付人群消费的产品。例如，即使你的邻居没有支付应缴的维护军队的成本，他们同样可以享受军队的保护。

无竞争性和无排他性产品的另一个例子是史蒂芬·科尔伯特（Stephen Colbert）的晚间秀节目。你每晚收听该节目并不会减少其他人收听该节目的机会，一旦无线电波通过广播频道传播出来，就很难阻止其他人收听。类似地，如果在纽约市的港口进行烟花表演来庆祝某个特殊的时刻，我们并不能收取观看费用，因为在纽约市的很多地方都可以看到烟花。而且更多的人观看表演并不会减少其他观看者得到的价值。

与此相反的是，典型的私人品的价值随着越来越多人的消费而逐渐减少。例如，你在吃一个芝士汉堡的时候，就没有其他人可以吃到这个汉堡了。而且，我们可以很容易阻止那些没有为芝士汉堡付款的人消费这种食品。

练习 13.1

下面哪些是无竞争性的？
（1）凌晨 3 点时美国劳工统计局的网站。
（2）现场观看世界杯足球锦标赛。
（3）从电视上观看世界杯足球锦标赛。

同时具备无竞争性和无排他性的产品被称为**纯公共品**。政府愿意提供这种产品的理由有两个。第一，以盈利为目的的私人企业很难收回生产成本。一些人可能愿意支付很高的价钱以收回生产成本，但是如果产品是无排他性的，企业就很难定价了（在第 11 章讨论过的搭便车就是一个例子）。第二，产品生产出来后，增加服务对象的边际成本为零，即使存在一些对这种产品收费的可行的办法，也是无效率的。这种无效率常常体现在集体品的供应上——可能排除未付款人消费的无竞争性产品。网飞等订阅视频流服务就是一个例子。未付费的人无法观看仅在网飞上播放的节目，这一限制将许多本来可以从观看中受益的观众排除在外。因为他们观看节目的社会边际成本基本为零，所以将这些观众排除在外是不经济的。

纯私人品是一种可以轻易排除未付款人群的产品，这种产品的可得性随着消费人数的增多而逐渐减少。第6章介绍的完全竞争供给理论就涉及纯私人品,基本的农业产品是最好的例子。**纯共有品**是一种无排他性的竞争性产品,具备这种组合性质的产品几乎总会导致共有地悲剧(见第10章)。海洋中的鱼就是一个例子。

根据无竞争性和无排他性两条性质对产品进行分类的结果见图13.1。图中各列表示一个人对一种产品的消费不会减少其他人对该种产品可获得的程度。右列中的产品是无竞争性的,而左列中的产品则不是。图中的行表示排除非付款人群对产品的消费的难易程度。上面一行中的产品是无排他性的,而下面一行中的产品则具有排他性。私人品(左下方)是竞争性和排他性的。公共品(右上方)是无竞争性和无排他性的。两种混合类物品是具有竞争性但无排他性的共有品(左上方)和具有排他性但无竞争性的集体品(右下方)。

	无竞争性	
	低	高
无排他性 高	共有品 (海里的鱼)	公共品 (国防)
无排他性 低	私人品 (小麦)	集体品 (按次计费的电视节目)

图13.1 私人品、公共品和混合品

集体品有时由政府提供,有时由私人企业提供。绝大多数纯公共品是由政府提供的,但有时候私人企业也可以找到一些有利可图的方式来生产无竞争性和无排他性的产品。一个例子就是广播和电视,其所有者可以通过将播放时间卖给广告客户收回成本。

一种产品是纯公共品并不意味着政府必须提供这种产品。恰恰相反,政府应该考虑提供的公共品仅是那些收益超过成本的产品。公共品的成本是由提供这种产品引起的所有显性成本和隐性成本的简单加总。公共品的收益通过人们对这种产品的支付意愿来衡量。尽管这听起来与我们衡量私人品收益的方法类似,二者之间却存在重要的差异。额外一单位的私人品的收益,如芝士汉堡,是个人支付意愿中最大的一个。与此相反的是,额外一单位的公共品的收益,如"芝麻街"(Sesame Street)新的一季节目,是所有即将观看这季节目的人的保留价格之和。

即使一种公共品的所有受益者的支付意愿超过了它的成本,仅当没有其他成本更低的供应途径时,政府提供这种产品才是有意义的。举例来说,尽管市政府常常为烟花表演支付费用,却总是雇用私人企业进行表演。最后,如果公共品的收益没有超过成本,我们最好不要提供这种产品。

为公共品支付费用

并非每个人从公共品中得到的收益都是相同的。例如,一些人觉得烟花表演非常有趣,而另一些人对它则毫无兴趣,甚至还有一些人根本不喜欢这种表演。理想情况下,为一种既定的公共品筹集资金的最公平的方法是按人们对这种产品的支付意愿的一定比例征税。为了实现这种方法,假设琼斯认为一个公共品的价值是100美元,史密斯则认为是

200美元,而这种产品的成本是240美元。这样琼斯会被征收80美元的税,史密斯则会被征收160美元的税。政府会选择供应这种产品,而在这个例子中每个纳税人都可以得到相当于纳税额的25%的剩余:琼斯得到20美元,史密斯得到40美元。

但是实际上,政府官员通常无从得知每个人对特定公共品的支付意愿,从而无法确定征税额。(考虑一下:如果美国国税局的一位官员询问你对新修高速公路的支付意愿,而你知道你会被按照支付意愿的一定比例征税,你会如何回答?)例13.1到例13.3列举了一些为公共品筹集资金时存在的问题,并对这些问题提出了若干可能的解决办法。

例13.1 共同购买

普伦蒂斯和威尔逊会购买滤水器吗?

普伦蒂斯和威尔逊都拥有位于卡尤加湖(Cayuga Lake)沿岸的别墅。最近,由于斑马蚌的泛滥,他们每周必须在进水口的真空管中加入氯以防止小型软体动物进入水管。某个制造商引进了一种新型的过滤设备以消除每周加氯的麻烦。这种可以同时为两栋别墅过滤的设备的成本是1 000美元。两位房屋拥有者认为安装过滤设备是非常公平的。但是由于威尔逊的收入是普伦蒂斯的两倍,威尔逊愿意为滤水器支付800美元,而对于普伦蒂斯这名退休教师而言,支付意愿仅是400美元。他们希望单独购买这种设备吗?共同购买是否有效率?

他们没有人会愿意单独购买这种设备,因为每个人的保留价格都低于出售价格。但是由于两个人的保留价格之和是1 200美元,从整个社会的角度来看,共同购买是有效率的。而且如果选择共同购买,经济总剩余比他们都不购买这种设备时高200美元。

由于共同购买是有效率的,我们认为普伦蒂斯和威尔逊可以很快达成购买协议。但是,不幸的是,这种共同购买通常是容易计划却很难实现的。一个困难是商议共同购买的过程会产生成本。只有两个人时,成本可能并不显著。但是如果是成百上千的人,协议成本将非常高。

很多人参与时,也会出现搭便车的问题(见第11章)。毕竟,每个人都知道项目成功与否与单个人的贡献并不十分相关。因此,每个人都倾向于减少自己的贡献——或者说搭便车——而寄希望于他人的贡献。

最后,甚至在很少人参与时,达成公平分配总支出的协议可能也是十分困难的。举例来说,普伦蒂斯和威尔逊可能并不愿意向他人透露他们各自真实的支付意愿,就像你可能并不愿意向国税局官员透露你对一项公共品的支付意愿一样。

这些现实的考虑可能会促使我们授权政府代表我们购买公共品。但是正如例13.2中说明的,这种方法并不能消除达成关于如何为公共支出筹集资金的政策协议的需要。

例13.2 人头税

如果存在一项"等额税收"政策,政府会购买滤水器吗?

假设例13.1中的普伦蒂斯和威尔逊可以要求政府代为购买滤水器。同时假设政府的税收政策必须遵循"无歧视"原则,不允许对一个人征收的公共品税额高于他的邻居。另一项原则是只有当大多数居民支持时,政府才可以提供这种公共品。在这种限制下,政府会提供普伦蒂斯和威尔逊所需要的滤水器吗?

> 对所有居民等额征税的税种被称为人头税。如果政府征收人头税,普伦蒂斯和威尔逊各自需要缴纳500美元。但是由于设备的价值对于普伦蒂斯而言仅为400美元,他会投票反对这个项目,从而无法达到项目得以通过所需的大多数。如果必须征收人头税,一个民主的政府将无法提供这种滤水器。

人头税是**递减税**的一个例子,递减税是指随着收入的增加,按收入纳税的比例逐渐降低。

例13.2中的方法不仅适用于特定公共品,而是可以应用于任何纳税人对公共品的估价显著不同的情况,这种情况总是发生在人们的收入显著不同的时候。这种情况下的等额税收原则总是应用于一些有价值的公共品的供给中。

如例13.3所述,解决这个问题的一个办法就是允许税收随着收入的变化而变化。

例 13.3 比例收入税

> **如果按收入的一定比例征税,政府会购买滤水器吗?**
> 假设普伦蒂斯提议政府通过按居民收入的一定比例征税来为例13.1中提及的滤水器筹集资金。收入是他的两倍的威尔逊会支持这项提议吗?
> 比例收入税下,所有纳税人均按收入的同等比例纳税。这种情况下,威尔逊会支持普伦蒂斯的提议,因为如果他不支持,每个人都将不能享受这种收益大于各自分摊成本的公共品。在这种比例收入税下,对于价格为1 000美元的滤水器,普伦蒂斯需要缴纳333美元,而威尔逊则需要缴纳667美元。政府会购买滤水器,普伦蒂斯得到67美元的剩余,而威尔逊得到133美元的剩余。

下面的例子说明了正如等额税收通常是一种为公共品筹集资金的较差的方法一样,比例收入税通常是一种在家庭内部分配支出的较差的方法。

经济自然主义者 13.1 为什么绝大多数已婚夫妇为共同购买支出的金额并不相等?

假设希拉里的年收入是200万美元,而她的丈夫比尔的年收入只是2万美元。给定她的收入,希拉里个人对房屋、旅行、娱乐、子女教育及其他共同消费的项目的支付意愿远高于比尔。如果夫妇二人达成协议,各自对每个消费项目承担等额支出,会出现什么情况呢?

这条规则使他们只能住在小房子里,不能享受奢华的假期,并要在娱乐、外出吃饭及子女教育方面节省支出。由此我们可以很容易地明白为什么希拉里可能更希望为共同消费的商品支付超过50%的费用,因为这样做可以让他们在组合收入的允许下享受更高水平的消费。

公共品和共同消费的私人品与个体消费的私人品在下面几个方面存在差异:不同个体对于他们所选择的绝大多数私人品的任何数量和质量的消费都是无成本的,但是共同消费必须对所有人提供相同的数量和质量。

与在私人品的情况中一样,人们对公共品的支付意愿通常为收入的增函数。富裕的人倾向于比低收入的人负担更多的公共品价值,这并不是因为他们有着不同的偏好,而是由于他们的收入更高。人头税可能造成的结果是高收入的人得到的公共品数量比他们所期望的少。通过增加所有人的经济总剩余,令高收入者负担更大部分支出的税收制度可以使富人和穷人都变得更好。事实上,每个国家都至少在一定程度上规定有累进税制,也就是说征税比例随着家庭收入的增加而增加。

累进税制常常由于对富人的不公平而受到批评,甚至比例税制也是如此,因为在这两种制度下富人被迫为公共品支付比其他人更多的费用。但是这种指责之所以令人感到讽刺,是因为对人头税甚至是比例税的排他性的依赖,会限制那些对富裕家庭最有价值的公共品和服务的供给。例如,研究表明,对诸如公园、娱乐设施、清洁的空气和水、公共安全、畅通无阻的公路以及令人愉悦的公共场所等公共品的需求的收入弹性显著大于1。不使用累进税制可能会造成这些公共品和服务的供给总量不足。

重点回顾:公共品

公共品是无竞争性和无排他性的。私人企业常常不能收回生产这种产品的成本,因为它们不能排除未付款的人对这种产品进行消费。对公共品收费并不能提高效率,因为一个人对这种产品的消费不会减少该产品对其他人的可得性。

政府征税可以克服这些困难。高收入的人常常偏好累进税制,因为比例税制或递减税制可能会造成用于支付这些纳税人所喜欢的公共品的资金不足。

公共品的最优数量

迄今为止我们所讨论的例子都是关于是否应该提供一种公共品,以及应该如何支付这些公共品的费用的问题。在实践中,我们还时常面对应该提供什么数量和质量的公共品的问题。

标准的成本-收益分析法也可以用于分析这些问题。例如,在烟花表演中,当且仅当所有市民对一组烟花的支付意愿的总和至少等于这组烟花的成本时,纽约市政府才应该增加这组烟花。

公共品的需求曲线

为了计算公共品的社会最优数量,我们必须先绘制这种公共品的需求曲线。这个过程与我们为私人品绘制市场需求曲线的过程大不相同。

对于一个私人品,所有买者面对相同的价格,并根据该价格选择愿意消费的产品数量。当我们通过个体消费者的需求曲线绘制一个私人品的需求曲线时,是将每个个体的需求曲线水平相加。也就是说,在每个既定价格下,我们将个体的需求数量相加。例如,在图13.2中,我们将个体对该私人品的需求曲线 D_1 和 D_2 [见图13.2(a)和(b)]水平相加即可得到这种商品的市场需求曲线 D[见图 13.2(c)]。

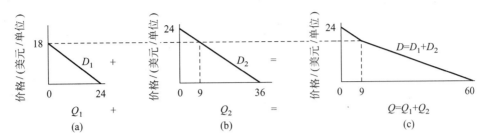

图 13.2　绘制一种私人品的市场需求曲线

为了绘制私人品的市场需求曲线[图(c)],我们将个体需求曲线[图(a)]和[图(b)]水平相加。

对于一个公共品,尽管每个人对额外一单位产品的支付意愿可能不尽相同,但所有买者的消费量必然是相等的。因此,绘制公共品的需求曲线时,就不是个体需求曲线的水平相加而是垂直相加了。也就是说,在每个数量下,我们将个体对额外一单位产品的支付意愿相加。图 13.3(c)和图 13.3(b)中的曲线 D_1 和 D_2 表示了两个不同的个体对公共品的需求曲线。在每个数量上,这些曲线告诉我们个体对额外一单位公共品的支付意愿的值。我们垂直相加 D_1 和 D_2,就可以得到公共品的总需求曲线 D[见图 13.3(a)]。

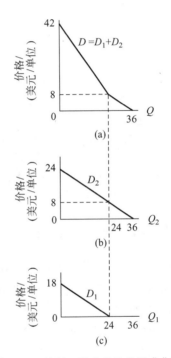

图 13.3　绘制一种公共品的需求曲线

为了绘制公共品的需求曲线[图(a)],我们将个体需求曲线[图(c)]和[图(b)]垂直相加。

练习 13.2

比尔和汤姆是一个公共品仅有的两个需求者。如果比尔的需求曲线是 $P_B = 6 - 0.5Q$,汤姆的需求曲线是 $P_T = 12 - Q$,绘制这种公共品的需求曲线。

在例 13.4 中,我们将说明如何综合应用公共品的需求曲线与这种公共品的成本信息来决定一个城市中公用土地的最优水平。

例 13.4　应用需求曲线来确定最优水平

城市公用土地的最优数量是多少?

新一届的市政府必须决定提供多少公用土地。城市公用土地的边际成本曲线和公共需求曲线如图 13.4 所示。为什么边际成本曲线是向上倾斜的而需求曲线是向下倾斜的?给定这些曲线,公用土地的最优数量是多少?

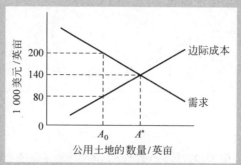

图 13.4　公用土地的最优数量

城市公用土地的最优数量为 A^*，是公众对额外一英亩公用土地的支付意愿恰恰等于其边际成本的那一点。

城市公用土地的边际成本曲线是向上倾斜的，这是由于低果先摘原理：一个城市首先需要的是那些最便宜的土地，然后才是比较贵的。类似地，边际支付意愿曲线向下倾斜是由于边际效用递减规律。就像一般而言人们对第 5 个热狗的支付意愿小于第 1 个一样，他们对第 101 英亩土地的支付意愿也小于第 100 英亩。给定这些曲线，A^* 是公用土地的最优数量。对于小于 A^* 的任何数量，额外一英亩公用土地的收益都大于它的成本，这意味着通过增加公用土地的数量可以提高经济总剩余。例如，在 A_0 点，社会愿意为额外一英亩公用土地支付 200 000 美元，但是成本仅为 80 000 美元。类似地，对于大于 A^* 的任何数量，社会得到的比低价出售部分公用土地的损失要多。

公共品的私人供给

由政府提供公共品的一个好处在于，一旦成立了为某种公共品筹集资金的税收机构，就可以以相对低的成本扩大该机构的规模为其他公共品筹资。另一个好处是，由于政府有权征税，它可以迅速而有效地分配对公共品成本的责任，而不会出现那种无休止地争论负担分配的局面。在未付款的人不能被排除在外的情况下，政府可能是唯一合适的供给者。

但是单独依靠政府同样存在弊端。从根本上说，政府全权代理总会使一些人不得不为他们并不需要的公共品支付费用，而另一些人则得不到他们十分需要的公共品。例如，一些人强烈反对在公立学校提供性教育，而另一些人则认为现在绝大多数公立学校的课程中提供的性教育是远远不够的。另外，强制征税让很多人认为遭到了胁迫，尽管他们支持这种公共品的供给。

然而，并不奇怪的是，在任何社会中政府都不是公共品的唯一供给者。事实上，一些公共品是通过私人渠道进行日常供给的。这种情况下的一个关键问题就是设计筹集所需资金的合适方案。下面介绍几种可能有效的方法。

通过捐款筹集资金。 2018 年，美国向私人慈善机构的拨款总额超过 4 270 亿美元，这些机构中的一部分向社会提供公共品。一些人还会在提供公共品的慈善机构义务工作。当你粉刷房屋、割草或者种花时，你可以提高邻居的生活质量，从这种意义上讲，你就是一个向邻居提供公共品的志愿者。

找出新方法排除未付款的人。新的电子技术使排除未付款的使用者成为可能。举例来说,电视台采用扰频技术,只有那些购买了解码设备的消费者才能接收到信号。

私人契约。现在已经有超过1 100万名美国人住在独立的私人社区——这是一种与邻近房产隔开,并为居民提供各种服务的私人房屋业主协会。其中一些协会提供安全、教育、防火等服务,并具备其他一些类似地方政府的功能。个体的动机可能并没有强烈到足以维护和美化环境到社会最优水平的程度,因而这些协会常常直接向房屋业主宣传他们的服务。协会实施的一些规则可能比地方政府更加严格,而这两者之间的一个区别在于,如果人们并不喜欢某个房屋业主协会的规则,他们可以立即无成本地选择其他协会。一些人可能不愿忍受阻止人们将房屋粉刷成紫色的地方法规,而在业主协会的规章中常有这种限制。

出售副产品。一些公共品通过出售作为其副产品的权利或服务来筹集资金。例如,正如我们在前面提到的,广播和电视节目这种公共品常用出售广告时段的收入来支付其费用。互联网服务也是部分地通过那些突然跳出的或者出现在页首和网页边缘的商业广告收入支付其费用的。

鉴于私人提供公共品的自愿性质,我们可以看到,当被证明为可行时,依靠私人供给更受公众的欢迎。但是正如我们将要在下面的例子中看到的,私人供给也常会产生一些问题。

经济自然主义者13.2 为什么与杰作(*Masterpiece*)相比,电视台更愿意播出NFL周日晚间足球赛?

在某个给定的时间段,电视台有两个播出选择:NFL周日晚间足球赛或杰作(原名杰作剧场)。播出周日晚间足球赛可以得到20%的收视率,而播出杰作的收视率仅为18%。假设选择NFL周日晚间足球赛的人总共愿意为观看该节目支付1 000万美元的费用,而选择杰作的人总共愿意支付3 000万美元。同时假设该时段由一家洗涤剂公司提供赞助。电视台会选择哪个节目?哪个节目又是社会最优选择?

作为赞助商的洗涤剂公司关心的主要是看到其广告的人数,因此会选择吸引了最多观众的节目,在本例中就是NFL周日晚间足球赛。事实上,那些喜欢杰作的人愿意支付更多费用的事实并不是赞助商所关心的问题。但是为了得到社会最优观看结果,我们必须将这种区别考虑在内。因为喜欢杰作的人可以向NFL周日晚间足球赛的观众支付足够多的钱,以补偿他们放弃这个时间档的损失,因此杰作是有效率的选择。但是,除非这些支持者购买的洗涤剂总数超过NFL周日晚间足球赛的观众,否则电视台就会选择播出NFL周日晚间足球赛。简言之,依靠广告及其他间接机制为公共品筹集资金并不能保证最终的选择可以实现经济剩余最大化。

当然,最大限度地满足了广告商的节目可能并非社会最优选择的事实并不意味着政府的决策会更好。例如,可以想象,文化部选择的电视节目可能是"对我们有益"的,但是我们当中却很少有人愿意收看这类节目。

为了避免广告商选择节目时产生的无效率问题,我们可以采用对电视节目按次计费的方式。这种办法让观看者不仅可以表明自己喜欢看哪些节目,而且可以表明偏好的程度,这是根据他们的支付意愿衡量的。

但是尽管对电视节目按次计费最有可能挑选那些最具公共价值的节目,它仍在一个很重要的方面不如广播电视网有效率。正如我们在前面提到的,对每个家庭收取一定的观看费用会使一些家庭放弃观看。而且由于为额外一个家庭提供服务的社会边际成本为零,通过这种方法限制观众人数就是无效率的。哪种无效率更加重要——电视节目收费对于节目选择的无效率还是在排除潜在受益者方面的无效率?这是一个经验问题。

无论如何,由私人和公众共同提供的公共品在各个社会之间以及每个社会的不同地区之间都存在重要差异。这些差异取决于供给和支付公共品的可利用技术的性质以及人们的偏好。

例 13.5　订阅视频流服务对经济剩余的影响

网飞按月收取订阅费使经济剩余减少了多少?

假设网飞用户每月访问其视频库的需求曲线如图 13.5 所示。如果网飞的月订阅费为 12 美元,当网飞的视频库免费提供时,经济剩余会增加多少?

如图 13.5 所示,月订阅费为 12 美元时,网飞每月有 6 000 万名用户。如果同样的视频库是免费提供的,则会有 1 亿名用户。每月新增的 4 000 万名用户带来的额外的经济剩余是图中阴影三角形的面积,即 2.4 亿美元。允许这些额外的用户访问网飞的视频库的边际成本基本为零,因此每月的经济总剩余增加了 2.4 亿美元。

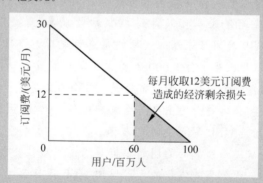

图 13.5　网飞按月收取订阅费造成的剩余损失

如果订阅费为零而不是每月 12 美元,那么会有额外的 4 000 万用户希望访问网飞的视频库。增加的经济剩余是阴影三角形的面积,即每月 2.4 亿美元。

一般而言,对边际成本为零的产品收取费用会导致经济剩余的损失。将价格制定在边际成本以上所造成的损失取决于需求的价格弹性。当需求富有弹性时,经济剩余的损失较大。练习 13.3 说明了这一点。

练习 13.3

如果需求曲线如下图所示,例 13.5 的答案会有什么不同?

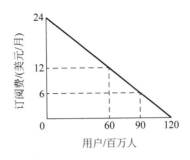

> **重点回顾:公共品的最优数量**
>
> 由于公共品的数量对于每个消费者而言必然是相同的,一个公共品的总需求曲线就可以通过将个体需求曲线垂直相加而得到。公共品的最优产量就是需求曲线与该公共品的边际成本曲线相交时的数量。
>
> 政府并不总是公共品的最佳供给者。公共品可以由依靠慈善捐赠或者副产品销售的私人组织提供。当诸如按次计费等新技术可以将公共品转换成集体品时,以营利为目的的私人企业同样可以成为供给者。

法律、法规及集权化问题

公共品的供给并非政府存在的唯一理由。政府还会制定和实施法规,从而使私人品的有效生产成为可能。

外部性和财产所有权

正如我们在第 10 章中看到的,外部性常常存在于私人活动的社会最优资源分配中。我们还提到,当财产所有权的界定不清晰时(如公有地悲剧),未必可以实现最优分配。这些现象说明政府存在的另外两个重要作用:对具有外部性的活动进行限制,以及财产所有权的界定和实施。

这些政府行为的理论基础解释了为什么绝大多数政府会限制那些产生污染的活动、资助教育(基于受教育的人会产生正外部性的假设)、限制养鱼水域和公共森林的进入以及实施城市区划法等。事实上,绝大多数法律都是出于界定财产所有权或者控制外部性的目的。例如,法律要求驾驶汽车时靠右行驶,是为了防止发生车祸以至给他人造成伤害。

极简主义政府的支持者常常反对说,当政府通过城市区划法限制建造房屋的规模或者对在高速公路上超速驾驶的司机罚款时,就是不公平地剥夺了我们的自由。但是这些法规与阻止你用拳头打邻居的鼻子一样是合理的。在不会伤害其他人的前提下，你可以任意挥动拳头。但是如果你的拳头打到了邻居的鼻子，你就是违法的，就应该受到惩罚。如果极简主义政府的支持者赞成通过这种方法限制人们的行为，为什么他们不赞成限制那些会给他人造成伤害的其他行为的法规？

他们的顾虑可能来自外部性的普遍性，被授权管制这种外部性的政府也许很快会失控。这绝不是杞人忧天，在这里需要强调的是，外部性的存在并不意味着政府必然是最好的管制者。正如我们将要在下面看到的，管制本身也存在成本。因此，最根本的问题存在于实践中：政府对外部性的管制是否利大于弊？无政府干预的自由生活的主张对我们回答这样的问题毫无帮助。

地方、州还是联邦？

美国宪法的制定者对中央集权持强烈的怀疑态度。因此在起草宪法时，他们试图尽可能多地限制联邦政府的权力，并将绝大部分重要权力分配给各个州，各个州再将部分权力下放到各个地方政府。

开国之父们对高高在上的集权政府带来的危险给予更多的关注是很正常的。毕竟，当时人们对美国沦为英格兰君主制殖民地时所遭受的独裁统治的痛苦经历还记忆犹新。开国之父们认识到，政府官员与投票选举他们的选民之间的距离越短，政府越容易回应人民的需求。

给予地方政府尽可能多的权力的另一个明显好处在于不同的团体在对公共品的支出数额甚至是提供何种公共品方面也常表现出不同的偏好。当这种决策由地方政府做出时，人们可以选择那些投票人的偏好与他们自身相吻合的社区。那些偏爱高水平公共产品和服务的人可以联合起来缴纳较高的税以支付其费用。那些认为公共服务的价值较低的人则可以选择服务和税收水平都较低的社区。

当地方政府所做决定的吸引力既定时，为什么开国之父们仍要设立联邦政府和州政府？一个原因在于国防的规模经济。一个国家要想在政治斗争中生存，就必须有能力阻止敌对政府的侵略。如果一个国家仅由新罕布什尔州的康科德城组成，就不可能实现这一点。规模巨大、装备精良的陆军和海军会花费很多钱，那些没有足够人口的国家将无力负担。

但是，国防并不是同时授权于除地方和州以外的政府的唯一原因。举例来说，当单一政府不能同时管制众多污染源时，污染问题就是难以解决的。例如，加拿大遭受的大部分酸雨都是由美国北边的中西部地区排放的工业硫化物造成的。这种排放并不受加拿大的环境管制。在很多例子中，对于二氧化碳、甲烷等导致温室效应的气体的排放，所有美国北部、中部和南部的政府联合在一起都没有足够的力量采取有效的行动。地球上任一地方排放的二氧化碳在数月之内就会扩散到世界各地。

因此，对不同级别政府的选择常常使我们难以权衡。将征税权交给联邦政府时常需要各个州的投票者做出痛苦的让步。但是政治自主权的损失则是更差的选择。类似地，各国一定很不情愿将自主权让渡给更高一级的权力机构，但是不这样做在长期内可能会产生难以承受的环境成本。

> **重点回顾：法律、法规及集权化问题**
>
> 政府不仅可以通过提供公共品来创造经济剩余，还可以通过管制那些产生外部性的行为以及明确界定和实施财产所有权来实现这一点。这就解释了为什么绝大多数政府管制污染、资助教育、限制养鱼水域和公共森林的砍伐以及实施城市区划法等。
>
> 尽管宪法的制定者并不喜欢中央集权，他们也认识到了地方和州一级政府并不是某些政府职能的最好实施者。规模经济说明国防应该由国家供给。而超越地方界限的外部性又对国家政府乃至国际政府提出了要求。

政治程序无效率的源泉

在大多数国家，对公共品、税收政策及法规管制行为的支出大部分由民主选举出来的代表投票决定。这个程序是极不成熟的(温斯顿·丘吉尔将民主政治称为"除了其他任何形式以外的政府的最差形式")。公共范围内时常发生的无效率并不是因为那些无能力的或者无知的立法者，而是因为结构激励问题的存在。

地方建设经费立法

下面的例子并非出自政治生活而是来自我们的日常生活，它描述了一个重要的激励缺口。

经济自然主义者 13.3　为什么分摊费用使账单总费用变得更高？

Sven Torvaldsen 和他的 9 个朋友在明尼阿波利斯的一家四星级饭店用餐。为了付款方便，他们事先达成协议平均分摊费用，每个人支付账单总额的 1/10。吃过主菜后，服务员拿来了甜点菜单，上面有 Sven 最喜欢的两种甜点：价格为 10 美元的南瓜面包布丁和价格为 6 美元的巧克力奶油冻。Sven 对这两道甜点的保留价格分别为 4 美元和 3 美元。他会点甜点吗？如果会，会选择哪一种？如果只有他一个人去吃饭，他还会点甜点吗？

当 Sven 和朋友们平均分摊费用时，Sven 需要对他点的任何甜点支付的费用只是菜单价格的 1/10。因此，对于他而言，面包布丁和巧克力奶油冻的价格分别是 1 美元和 60 美分。由于他可以从面包布丁得到 4 美元－1 美元＝3 美元的消费者剩余，而从巧克力奶油冻仅可以得到 3 美元－0.6 美元＝2.4 美元的消费者剩余，他会选择南瓜面包布丁。但是，如果 Sven 独自去吃饭，他需要支付的价格与菜单价格相同。由于菜单价格超过了相应甜点的保留价格，他根本不会点甜点。

当然，具有讽刺意味的是，如果 Sven 的 9 位朋友对甜点有着同样的偏好，每个人都会选择南瓜面包布丁，那么每个人分摊到的费用就不仅是 1 美元而是 10 美元了。与没有人点甜点时相比，每个人都损失了 6 美元的消费者剩余。然而，每个人都选择南瓜面包布丁是合情合理的，因为不这样做的话每个人分摊的费用仅会减少 1 美元。

练习 13.4

在上面的例子中,如果仅有 5 个人分摊费用,Sven 还会点甜点吗?

细心的读者可能已经发现,上面的例子中提出的问题与经济自然主义者 10.4 中的问题是类似的,即两个双胞胎用两根吸管喝一杯奶昔的例子。在这两个例子中,同样的激励问题都导致了无效率的结果。

下面的例子阐述了立法过程中存在的相同的激励问题。

经济自然主义者 13.4 为什么立法者常常相互支持对方的地方建设经费支出计划?

地方建设经费计划是一项有益于地方的政府计划,但从整个国家的角度来看它的价值却是打问号的。为什么投票者似乎总是支持发起这种计划的立法者,甚至在这种计划对地方税收的影响远远超过地方收益时也是如此呢?

考虑一个包含了全国 1% 纳税人的选区中的投票者。假设这个投票者的代表可以递交一项能够为该地区创造 10 亿美元收益,但是会使联邦政府的成本增加 15 亿美元的计划。由于该地区为这项计划负担的税收仅是 15 亿美元/100 = 1 500 万美元,实施这项计划将使该地区的居民享受 9 850 万美元的好处。这也解释了为什么众多投票者偏爱那些有着成功记录的立法者。

但是为什么立法者 A 会支持立法者 B 家乡的计划呢?毕竟,B 的计划会导致 A 所在地区投票者的税负增加——尽管只是很少量的增加——但是他们并不能从这项计划中得到任何直接好处。答案在于如果 A 不支持 B 的计划,B 就不会支持 A 的计划。这种现实中存在的一方立法者支持另一方计划的现象被称为互投赞成票。这种现象造成了超额支出的倾向,就像平均负担账单费用时的情况一样。

寻租

公共领域发生无效率的另一个相关原因是政府计划的收益常常掌握在少数人手中,而成本却由多数人承担。这意味着受益者常常有强烈的动机来组织公共计划并游说议员。与此相反,由于任何公共计划都与个体纳税者没有太多关联,他们也就没有什么动机反对这种计划。

举例来说,假设支持蔗糖议案将使每磅蔗糖的价格升高 10 美分,现在美国家庭对蔗糖的平均消费量是每年 100 磅。这项立法将如何影响家庭的平均蔗糖消费量呢?回忆我们在第 5 章中讲过的,食盐或糖这类商品对于绝大多数家庭而言,需求价格弹性都比较低。因此,每磅蔗糖的价格上升 10 美分只会导致家庭的年消费量减少很小一部分。由此导致的家庭年蔗糖支出增加额(略小于 10 美元)是微不足道的,从而没有多少人会向民意代表们抱怨。但是,同样的提案会使蔗糖产业的年利润增加近 1 亿美元。显然该产业会强烈支持这项提案。

为什么市民们不会反对这种提案？一个原因在于我们在第 11 章讨论的理性的无知问题。绝大多数投票者并不知道这种蔗糖的提价提案及其他一些特殊利益提案的存在，更不知道个体立法者如何对这些提案进行表决。如果所有的投票者都对这些提案有着清楚的认识，立法质量的提高就有可能足以弥补使每个投票者都了解信息所带来的成本。但是由于搭便车的问题，每个投票者都知道国会的投票结果并不会由于他们熟知这些提案而有任何显著的改变。

甚至在那些收益超过成本的计划中仍然会有无效率问题的存在。例如，20 世纪 80 年代，联邦政府宣布建造一个 250 亿美元的高能物理研究室（"超导加速器"），为了成为这个研究室的基地，20 多个州展开了激烈的竞争。投标准备、咨询及其他游说活动花费了上亿美元。这种投资被称作寻租，它与那些对军备地位竞赛的投资（见第 10 章）一样，是无效率的。

由于我们在例 13.6 中将要看到的激励问题，在寻租上做出的努力从整个社会的角度来看是无益的。

例 13.6 激励

为什么会有人对一张 20 美元的钞票支付 50 美元？

假设一张 20 美元的钞票将拍卖给出价最高的投标人。拍卖要求最初的出价至少是 50 美分，随后的出价必须超出先前最高价至少 50 美分。拍卖结束后，出价最高的投标人和出价次高的投标人必须对拍卖人支付他们的出价。出价最高的投标人得到这 20 美元，而出价次高的人什么都得不到。例如，如果最高价是 11 美元，次高价是 10.5 美元，胜者的净收入就是 20 美元 − 11 美元 = 9 美元，而第二名就损失了 10.5 美元。平均来讲，胜者的出价会是多少？

实验室中已经做过很多对类似拍卖的研究。尽管这类实验的参与者有交易的执行者也有高校的大学生，竞标的模式都是相同的。开放式竞价下，出价很快达到 10 美元，或者说是拍卖价格的一半。由于接下来出价中最高的两个价位之和会超过 20 美元，这时会出现短暂的停滞。此时出价次高（9.5 美元）的投标人一定会出价 10.5 美元，显然比起 9.5 美元的确定性损失，他更偏好争取赢得 9.5 美元的一搏。

在绝大多数情况下，出价最高的两个投标人以外的所有人都会在这时放弃竞标，而这两个人的出价会迅速升高。当出价达到 20 美元时，最高价马上就会产生，因此出现第二次暂停。此时出价次高（19.5 美元）的投标人会不情愿地出价 20.5 美元。考虑另一种情况，这时他如果放弃，则肯定会损失 19.5 美元。但是如果他出价 20.5 美元并胜出的话，他只会损失 50 美分。因此只要他觉得对方有可能退出，继续出价就是合理的。一旦越过了 20 美元的界限，出价的速度又会加快，从这时起就是这两个剩余投标人之间的勇气较量了。因此竞价达到 50 美元也就是很平常的事情了。

有人可能会想，任何明智的、信息完全的人都应该知道不参加这种成本不断增加的拍卖是更好的选择。但是这些拍卖中的一些参与者可能是久经商场的人，而另一些则是接受过博弈论和战略干扰的正规训练的人。例如，心理学家马克斯·巴泽曼（Max Bazerman）在报告中提到，近 10 年中他通过向他那些西北大学凯洛格管理学研究生院的 MBA 学生拍卖 20 美元的钞票赢取的数额超过 17 000 美元，而这个 MBA 学院在全美的 MBA 排名中是非常靠前的。在近 200 次的拍卖中，最高的两个出价之和从未低于 39 美元,有一次竟然达到了 407 美元。

正如我们在例 13.7 中将要看到的,那些有利的政府合同带给企业的激励与 20 美元钞票的拍卖中参与者感受到的激励是类似的。

例 13.7 排他性许可证的投标

移动电话企业会为唯一的一张许可证出价多少?

怀俄明州政府计划颁发一张许可证,仅允许一家企业提供州内的移动电话服务。两家企业符合申请许可证的要求。许可证的有效期是一年,这一年中被许可的企业可以赢得 2 000 万美元的利润。州立法机构会把许可证颁发给在游说立法者的活动中支出最多的企业。如果申请者之间不能相互勾结,他们各自会为游说活动支出多少费用?

如果两家企业的支出相等,每家企业都有 50%的机会赢得 2 000 万美元,也就是说期望收益是 1 000 万美元减去游说活动的支出。如果它们可以勾结,每家企业在游说活动上的支出都将是很少的。但是不存在这种约束协议时,每家企业都会努力支出比另一家更多的费用。一旦每家企业的支出达到了 1 000 万美元,它们的期望收益就都为零(50%的机会赢取 2 000 万美元,再减去游说活动支出的 1 000 万美元)。

进一步的竞价会导致期望损失。如果一家企业支出 10 000 001 美元,而另一家企业支出 10 000 000 美元,第一家企业将得到许可证并赢得 9 999 999 美元的经济利润,另一家企业则遭受 10 000 000 美元的经济损失。因此,比起 10 000 000 美元的损失,这家企业更倾向于支出 10 000 002 美元。当然,这种情况下它的竞争对手也面临类似的激励。无论这种成本的不断增加何时结束,都会浪费比它们能从计划中得到的收益更多的费用。很有可能像 20 美元钞票的拍卖一样,浪费的总价值比许可证本身的价值还要大。

从个体的角度来讲,我们很容易看出为什么企业愿意为得到政府利润而在游说活动中支出大量经费。但是从整个社会的角度来看,这种行为纯粹是一种浪费。游说者是明智的、受过高等教育并善于社交的。他们的时间机会成本相当高。如果不进行这些游说政府官员的活动,他们可能已经生产出了其他有价值的产品和服务。政府可以通过不根据游说活动支出额的多少而根据他们承诺对各自的服务收取费用的高低来选择承包商。如果这些机构能够鼓励越来越多的人从事创造财富的活动,而不仅是从事转移现有财富的活动,我们的社会会变得更加美好。

饿死政府?

诺贝尔经济学奖获得者米尔顿·弗里德曼(Milton Friedman)曾经说过,没有一个官员花费纳税人的钱像纳税人自己花这些钱一样谨慎。事实上,很多政府支出毫无疑问都被浪费了。除了互投赞成票常常导致不满足成本-收益原理的地方建设经费计划以外,我们必须考虑到政府雇员可能并不总有着强烈的动机从支出的经费中赚取最多的利润。例如,五角大楼购买了一个价值 7 600 美元的咖啡壶和 600 美元的马桶座圈。这种支出可能是不正常的,但是毫无疑问,私人承包商通常可以用比其公共竞争对手低得多的成本提供同等的服务。

面对这些浪费,一些批评者督促削减公共产品和服务的数量。这些批评者认为,如果允许政府支出更多的金钱,他们会变得更加浪费。当然是这样的,但是仅从肤浅的角度来看,如果政府的支出增加,它所做的每件事情(无论好坏)也都会增加。

我们对削减政府支出的后果更加广泛的认识之一来自加利福尼亚的《第13条款》运动。这一运动开始于1978年《第13条款》的通过,它要求大量削减穷人的税负。由于加利福尼亚州政府对于该问题的认识过迟,对政府浪费的补救就像试图通过禁食饿死一条绦虫一样。禁食固然会带给绦虫很多伤害,可是带给宿主的伤害更大。曾经以将自己的孩子送到全美最好的学校为荣的加利福尼亚居民现在只能将孩子送到那些差得多的学校了。

医生通过开一些可以杀死寄生虫但是对宿主无害的药来治疗感染了绦虫的病人。类似的策略可以用于解决政府浪费的问题。例如,我们可能会考虑采用竞选运动融资改革法,它可以阻止立法者接受烟草行业及其他一些支持政府津贴的特殊利益集团对竞选运动的捐助。

问题在于,官员们并不知道应该如何支配我们的钱财。更确切地说是"我们希望在公共服务上支出多少"。尽管我们必须对政府浪费保持警惕,我们同样应该记住,一些公共服务可以为我们的钱财带来价值。

重点回顾:政治程序无效率的源泉

政府做了很多事情使我们的经济运行得更加有效率,但是它同样是浪费的源泉。例如,立法者可能会支持地方建设经费计划,这项计划并不符合成本-收益原理,但是投票者从中获得的收益却多于他需要承担的相应的税负。

寻租,无效率的第二个重要的源泉,发生在个体或企业利用实际资源努力取得政府支持的时候。由于搭便车问题产生的部分投票者理性无知现象,投票者常常无法规范那些支持寻租的立法者的行为。

政府浪费使我们得出一个结论,最好的政府必然是支出最少的政府。这些批评者提出的解决方案就是通过削减税收来减少政府开支。但是这样做虽然减少了一种浪费,却会令政府通过减少那些收益超过成本的公共服务而增加了另一种浪费。

▼ 我们应该对什么征税

尽管税收制度的主要目的是为公共品及其他政府支出筹集资金,征税同样会导致其他后果,一些是在预料中的,而另一些则不是。举例来说,税收改变了不同活动的相对成本和收益。税收还影响了实际购买力在经济体中的分配。最好的税收制度是在收取所需资金的同时具有最大的有益副作用或者最小的有害副作用的制度。

对于第一条标准,联邦税收制度表现得并不十分令人满意。1969年以来,联邦预算持续保持赤字,每年都需要借上亿美元来维持开支,但在20世纪90年代末期却出现了少量盈余。但是现在,21世纪初期,联邦预算再次出现赤字。

政府和私人企业在同一个资本市场上融资的事实解释了一个名为**挤出**的经济现象。当政府对资本市场上的资金需求量增加时,利率升高,进而导致一些企业放弃部分融资计划。当政府无法从税收中得到足够的收入来支付公共产品和服务时,它就会从那些有助于经济增长的投资中转移部分资金。

税收对激励的影响又如何呢?在私人成本和收益与所有相关的社会成本和收益相吻合的市场中,税收会使生产和消费保持在社会最优水平上。例如,假设生产汽车的长期私人边际成本是每辆20 000美元,汽车的需求曲线如图13.6所示。均衡数量则是每年600万辆,而均衡价格为20 000美元。如果汽车的生产和消费没有外部性,那么这就是数量和价格的社会最优水平。但是如果现在我们对每辆汽车征收2 000美元的税,新的均衡数量就是400万辆,均衡价格为22 000美元。经济剩余的损失等于图中阴影三角形的面积(每年20亿美元),这是所有被排除在外的买者的支付意愿与汽车的边际成本的差额的总和。

为知名报刊撰写文章的经济学家长期关注如图13.6所示的这种由税收引起的剩余损失。这些经济学家认为如果税收降低一些、政府总支出减少一些,整个经济都会变得更好。

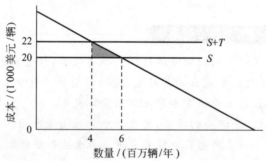

图13.6 对汽车征税带来的剩余损失
如果汽车的供给曲线与需求曲线反映了生产和消费汽车的所有相关成本和收益,对汽车征税就会导致生产不足及相应经济剩余的减少。

但是这种观点并不是很有说服力。例如,尽管如图13.6所示,税收引起了市场参与者生产剩余的损失,但只要筹集资金后进行的公共支出带来了更多的剩余,这么做就是值得的。对于供求曲线更有弹性的产品,对该产品(或活动)征税的无谓损失将更大。这一原则表明,通过将税收集中在具有高度非弹性供求曲线的产品上,可以将无谓损失降至最低。

税收不利于经济的观点的另一个问题是十分重要的——也就是说,税收可能并不会造成任何剩余的损失,甚至在那些直接作用的市场上也是如此。例如,假设在我们前面讨论的汽车市场上,私人边际成本仍然是20 000美元,但是生产和使用汽车会造成空气污染、交通堵塞,这些负外部性的价值是每年2 000美元。这样汽车的社会最优数量就不是600万辆而是400万辆(见图13.6)。如果不对汽车征税,市场将在价格为20 000美元、数量为每年600万辆时达到均衡。但是如果对每辆汽车征税2 000美元,均衡数量就是每年 400 万辆,恰好是社会最优水平。此时,税收的直接影响不但没有减少经济总剩余,反而带来了每天 20 亿美元的剩余增加。

如果仅对那些具有负外部性的活动征税,我们是否可以得到足够的收入来支持政府运作呢?没有人知道确切的答案,但因为这类活动有很多,所以是存在这种可能的。

举例来说,当一个人开车进入拥堵的高速公路时,就为已经在这条路上的人带来了更严重的拥堵。现有的技术使我们可以对那些反映了拥堵外部性的道路使用者征税。汽油在燃烧时,就会向大气中排放二氧化碳、甲烷等导致温室效应的气体,从而加速了地球变暖的进程。对碳排放征税通过使决策者将额外成本考虑在内而增加了经济剩余。对其他形式的空气和水污染征税同样可以对资源分配带来良性影响。最近的一些对食品和饮料包装的可退税款的研究表明,这些税在增加所需资金的同时为我们带来了更加洁净的环境。

小结

本章的目标是应用微观经济学原理来研究政府在现代社会中的作用。政府的主要任务之一是提供公共品,如国防和司法体系。这种产品在不同程度上是无竞争性和无排他性的。第一个性质是指一个人对一种产品的消费不会减少其他人对这种产品消费的可能性;第二个性质则说明了阻止未付款人群消费某种产品是很困难的。

同时具备较高的无排他性和无竞争性的产品称为纯公共品。集体品——如订阅视频流服务——是无竞争性但具有排他性的。共有品是那些具有竞争性但是无排他性的产品。

提供最优数量和质量的公共品的标准是只要边际收益大于边际成本,就要持续增加数量和提高质量。公共品由政府提供的一个优点在于,为某项公共品筹集资金而成立了征税机构后,我们可以用相对较低的成本扩大这个机构来为其他公共品筹集资金。另一个优点是,由于政府有权征税,它可以很容易地分配公共品的成本。在未付款的人不能被排除在外的情况下,政府可能是唯一合适的供给者。

只依靠政府提供公共品的一个不足之处在于税收制度固有的强迫性,使一些人为他们并不需要的公共品支付费用,而另一些人则不能拥有他们所需要的公共品。一些公共品通过私人渠道供给,所需资金由慈善机构捐赠,或者通过出售副产品得到,还可以通过发展一些新手段将那些未付款的人排除在外,有的时候则是通过私人合同解决这个问题。但是,对这种无竞争性产品消费征收的费用总是会导致经济剩余的损失。

由于并非每个人从任何既定的公共品中得到的收益都相等,对所有的纳税人收取同样的公共品费用是不可行且不适当的。就像在私人品的例子中一样,人们对公共品的支付意愿往往随着收入的增加而增加,而且绝大多数政府因此对富人征收比穷人更高的税。具有这种性质的税收制度由于对富人的不公平受到了批评,但是这些批评者忽略了一个事实,那就是其他的税收制度可能导致富人和穷人的情况都变得更差。

除了提供公共品以外,政府还扮演两个重要的角色:对那些产生外部性的行为进行管制以及对财产所有权进行清晰的界定。尽管大多数人都认为公民与选举出的代表之间的距离越近，政府越容易对公民的需求做出响应，诸如公共品供给中的规模经济以及超越地域界限的外部性等因素往往意味着一些重要功能应交由州政府和联邦政府完成。

尽管历史表明民主政治是政府的最佳形式，但它远未达到完美的境界。例如，实践中存在于绝大多数民主政治的互投赞成票和寻租等现象常常导致那些成本超过收益的法律和公共计划的采用。

为了给公共品筹集资金，所有级别的政府都需要征税。但是对任何行为征税不仅可以产生收入，同时也造成了减少这种行为的激励。如果这种行为在不存在税收时已经达到最优水平，税收就会导致该行为过少。这种现象使很多批评者认为所有的税收都对经济有害。但是必须通过比较税收对激励的负面作用与通过税收筹集资金供给的公共品的收益来进行权衡。

名词与概念

collective good	集体品	proportional income tax	比例收入税
crowding out	挤出	public good	公共品
head tax	人头税	pure commons good	纯共有品
logrolling	互投赞成票	pure private good	纯私人品
nonexcludable good	无排他性产品	pure public good	纯公共品
nonrival good	无竞争性产品	regressive tax	递减税
pork barrel spending	地方建设经费	rent-seeking	寻租
progressive tax	累进税		

复习题

1. (1) 下面哪种产品是无竞争性的？

苹果；斯蒂芬·金（Stephen King）的小说；校园里的路灯；国内公用无线电台（NPR）的广播

(2) 上述产品中哪些是无排他性的？

2. 举一些产品的例子，它们具有如下性质：

(1) 具有竞争性但是无排他性；

(2) 无竞争性但是具有排他性；

(3) 既无竞争性也无排他性。

3. 为什么富人也更偏爱比例收入税而不是人头税？

4. 判断对错：对一项具有负外部性的活动征税会增加对私人部门的资源分配，并能带来可以为有用的公共品支付费用的收入。解释原因。

5. 考虑一个由私人市场最优供给的产品。为什么对该产品征税导致的剩余的直接损失夸大了税收导致的剩余损失？

练习题

1. 史密斯和琼斯这两名消费者对 Podunk 公共电台在周六播出的歌剧的需求曲线如下：

$$史密斯：P_S = 12 - Q$$
$$琼斯：P_J = 12 - 2Q$$

其中，P_S 和 P_J 分别表示史密斯和琼斯的边际支付意愿，Q 表示每周六歌剧广播的小时数。

(1) 如果史密斯和琼斯是 Podunk 公共电台仅有的两名听众，绘制歌剧广播的需求曲线。

(2) 如果歌剧广播的边际成本是每小时 15 美元，社会最优的歌剧广播小时数是多少？

2. 假设节目时长一小时的 NFL 周日晚间足球赛和杰作的需求曲线如下图所示。电视台正在考虑在即将到来的秋季的节目单上增加其中一个节目或者同时增加两个节目。现在剩余的两个时间档是由高露洁(Colgate)赞助的，合同规定对每个收看节目的观众，高露洁要支付给电视台 10 美分，电视台要用这些收入负担每个节目的成本 400 000 美元（电视观众的数量可以由电话调查准确地估计）。任何不播出 NFL 周日晚间足球赛或杰作的时间档都用于播出一个减肥项目的广告片，电视台不需要为该广告片承担成本但可以收到 500 000 美元的收入。观众则可以通过收看节目从每期广告片中得到 500 万美元的经济剩余。

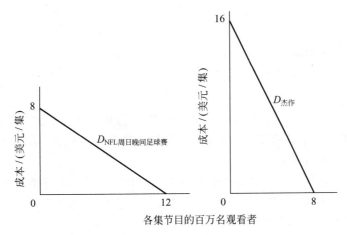

(1) 电视台将如何选择这两个时间档要播出的电视节目？

(2) 从整个社会的角度来看，结果是有效率的吗？

(3) 如果电视台免费播出杰作，此时的经济总剩余比利润最大化的按次计费的播出方式多多少？

3. 一家视频流媒体公司在确定节目的订阅收费方案时，下面哪项陈述是正确的？解释原因。

(1) 从整个社会的角度来看,结果是有效率的。
(2) 选择播出的节目可以使广告收入最大化。
(3) 额外一个节目观看者的边际成本比依靠广告为节目筹集资金时低。
(4) 比起利用广告筹集资金的方法,此时的结果总是更具社会效益。
(5) 播出的节目会更加多样化。

4. 当一群人必须决定是否共同购买一种公共设施时,经常会出现搭便车问题,这是由于:
(1) 如果需要纳税来为这种公共设施筹集资金,人们倾向于将这种设施对于自己的价值说得更低。
(2) 每个人需要贡献的部分都是整体中非常小的一部分。
(3) 如果不用纳税来为这种公共设施筹集资金,人们倾向于将这种设施对于自己的价值说得更高。
(4) 人们总是希望其他人对这种设施的估价足以支付其费用。
(5) 上述各种理由中仅有一种不是搭便车问题产生的原因。

5. Smallsville 小镇正在考虑修建一个博物馆。Smallsville 用于修建博物馆的贷款利息将是每年 1 000 美元。每个居民对博物馆的边际收益如下表所示,而且这个边际收益是公开的信息。

居　　民	从博物馆得到的边际收益/(美元/年)
Anita	340
Brandon	290
Carlena	240
Dallas	190
Eloise	140

(1) 假设每个居民根据自己的利益投票,修建博物馆并向每个居民每年征税 200 美元的公民投票表决会通过吗?
(2) 一个居民提议由一家私人企业修建博物馆,然后每年对居民收取固定的费用后任由大家自由参观。交费的居民才能参观博物馆。如果私人企业只能设定单一的价格,会有企业愿意修建这个博物馆吗?
(3) 又有一个居民提议允许私人企业对不同居民设定不同的价格,通过拍卖的方式将修建博物馆的权利交给出价最高的企业。仍然是交费的居民才能参观博物馆。私人企业愿意为修建该博物馆支出的最高价是多少?

6. 杰克和吉尔是某个地区仅有的两名居民,他们希望雇用一名保安。一名保安的价值对于杰克而言是每个月 50 美元,而对于吉尔则是每个月 150 美元。无论谁支付费用,保安都会保护他们两个人。
(1) 保安可以要求的,并且保证至少被两个人之一雇用的最高月工资是多少?
(2) 假设保安的合理工资是每个月 120 美元。地方政府提议杰克和吉尔每人支付 50% 的费用,并让这两个人投票决定。这项提议会通过吗?雇用保安会增加经济剩余吗?

7. 参考第 6 题。假设杰克的月收入是 1 000 美元,吉尔的月收入是 11 000 美元。

(1) 提出一个可以为大多数人赞同并支付保安费用的比例收入税制度。

(2) 假设由杰克提出税收计划,在这项计划下,杰克和吉尔从雇用保安中得到的收益是相同的。杰克和吉尔会支付多少费用?吉尔会支持这项计划吗?

(3) 在实际生活中,什么问题将导致(2)中的计划无法实施?

8. 某个小镇的委员会正考虑修建一个至少可以容纳 3 个市民的新游泳池,下表是小镇中各个投票者的边际收益。游泳池的成本是每周 18 美元,并与实际使用人数无关。

投 票 者	边际收益/(美元/周)
A	12
B	5
C	2

(1) 如果这个游泳池必须通过每周对所有的投票者征收人头税来筹集资金,它会得到大多数人的支持吗?从整个社会的角度看,结果是有效率的吗?解释原因。

(2) 小镇的委员会现在决定通过拍卖的方式向私人垄断企业出售一张许可证来修建和维护游泳池。如果它不能找到一家希望承担这个项目的企业,这项计划将被搁置。如果法律规定所有垄断企业都必须对使用者收取相同的价格,会有企业购买许可证吗?如果有,价格是多少?从整个社会的角度看,结果是有效率的吗?解释原因。

(3) 假设所有的垄断企业都可以实施完全价格歧视。还会出售许可证吗?如果会,出售的价格是多少?从整个社会的角度看,结果是有效率的吗?解释原因。

(4) 小镇的委员会决定不采用拍卖许可证的办法,而是选择在游说委员会成员活动中支出最多的企业。如果共有 4 家企业参加竞标,并且这 4 家企业之间不能相互勾结,情况会怎么样呢?

正文中练习题的答案

13.1 (1) 凌晨 3 点时劳工统计局的网络有能力为比所吸引到的用户数量更多的人服务,因此额外一个用户登录该网站并不会减少其他用户登录该网站的机会。不过,其他网站并没有表现出这种无竞争性,至少在特定的一段时间内,它们所吸引的用户数量多于可承受的数量。

(2) 世界杯足球赛的现场总是爆满的,因此一个人到现场观看会阻碍其他人到现场观看。

(3) 更多的人从电视上观看世界杯足球赛并不会减少其他人观看的机会。

13.2 为了绘制需求曲线[图(a)],我们首先画出比尔的需求曲线[图(c)]和汤姆的需求曲线[图(b)],然后将两个需求曲线垂直相加。所得需求曲线的公式是 $P = 18 - 1.5Q$。

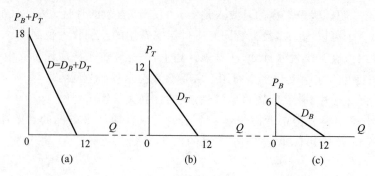

13.3 收取12美元的月订阅费如今将6 000万名用户排除在外,因此造成的剩余损失(同样是图中阴影三角形的面积)为3.6亿美元。

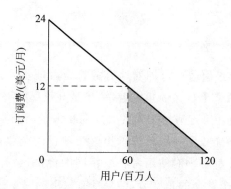

13.4 如果Sven点了南瓜面包布丁,他需要支付的账单费用从1美元增加至2美元。如果他点了巧克力奶油冻,他需要支付的账单费用就从0.6美元增加至1.2美元。因此他仍然会点南瓜面包布丁(经济剩余=4美元-2美元=2美元),而不是巧克力奶油冻(经济剩余=3美元-1.2美元=1.8美元)。

教师反馈表

McGraw-Hill Education，麦格劳-希尔教育出版公司，美国著名教育图书出版与教育服务机构，以出版经典、高质量的理工科、经济管理、计算机、生命科学以及人文社科类高校教材享誉全球，更以丰富的网络化、数字化教学辅助资源深受高校教师的欢迎。

为了更好地服务于中国教育界，提升教学质量，2003年麦格劳-希尔教师服务中心在京成立。在您确认将本书作为指定教材后，请您填好以下表格并经系主任签字盖章后寄回，麦格劳-希尔教师服务中心将免费向您提供相应教学课件或网络化课程管理资源。如果您需要订购或参阅本书的英文原版，我们也会竭诚为您服务。

书名：	
所需要的教学资料：	
您的姓名：	
系：	
院/校：	
您所讲授的课程名称：	
每学期学生人数：	_____ 人 _____ 年级 学时：
您目前采用的教材：	作者：_____ 出版社：_____ 书名：_____
您准备何时用此书授课：	
您的联系地址：	
邮政编码：	联系电话：
E-mail：（必填）	
您对本书的建议：	系主任签字 盖章

 清华大学出版社

经管事业部
北京海淀区学研大厦 B509
邮编：100084
电话：010-83470332/83470293
传真：010-83470107
电子邮件：wangq@tup.tsinghua.edu.cn

 Education

麦格劳-希尔教育出版公司教师服务中心
北京市东城区北三环东路 36 号环球贸易中心 A 座 702
邮编：100013
电话：010-5799 7618
教师服务信箱：instructorchina@mheducation.com
网址：www.mheducation.com

教师服务

感谢您选用清华大学出版社的教材！为了更好地服务教学，我们为授课教师提供本学科重点教材信息。请您扫码获取。

≫ 样书赠送

经济学类重点教材，教师扫码获取样书

 清华大学出版社

E-mail：tupfuwu@163.com
电话：010-83470332 / 83470142
地址：北京市海淀区双清路学研大厦 B 座 509

网址：http://www.tup.com.cn/
传真：8610-83470107
邮编：100084